立信会计系列精品教材
国家级特色专业教材
普通高等院校"十三五"规划教材

U0753991

管理会计学

GUANLI KUAIJIXUE

（第三版）

主　编　曹中
副主编　郭大伟

立信会计出版社
LIXIN ACCOUNTING PUBLISHING HOUSE

图书在版编目(CIP)数据

管理会计学 / 曹中主编. —3 版. —上海：立信
会计出版社,2017.6
立信会计系列精品教材
ISBN 978 - 7 - 5429 - 5315 - 5

Ⅰ.①管… Ⅱ.①曹… Ⅲ.①管理会计—教材
Ⅳ.①F234.3

中国版本图书馆 CIP 数据核字(2017)第 126938 号

策划编辑	洪梅春	
责任编辑	陈　旻	
封面设计	南房间	

管理会计学(第三版)

Guanli Kuaijixue

出版发行	立信会计出版社		
地　　址	上海市中山西路 2230 号	邮政编码	200235
电　　话	(021)64411389	传　　真	(021)64411325
网　　址	www. lixinaph. com	电子邮箱	lixinaph2019@126. com
网上书店	http://lixin. jd. com		http://lxkjcbs. tmall. com
经　　销	各地新华书店		
印　　刷	上海肖华印务有限公司		
开　　本	787 毫米×1092 毫米	1/16	
印　　张	22.5		
字　　数	515 千字		
版　　次	2017 年 6 月第 3 版		
印　　次	2019 年 7 月第 4 次		
印　　数	9301—12400		
书　　号	ISBN 978 - 7 - 5429 - 5315 - 5/F		
定　　价	43.00 元		

序

上海立信会计金融学院是中国现代会计教育的发源地之一。立信会计这一品牌由我国现代会计之父、会计学家及会计教育家潘序伦博士所创立。立信会计因其会计教育、会计师事务所与会计出版社三位一体办学模式而使其教材在国内独树一帜。在我国会计国际趋同及其企业会计准则体系已经形成与不断完善,资本市场的发展对会计信息不断提出新的要求,会计诚信受到普遍关注的背景下,高等院校会计学专业无论是教学的理念,还是教学的内容与手段,都发生了很大变化。为适应这一变化,我们组织编写并不断更新这套"立信会计系列精品教材"。这套系列教材以高等院校会计学本科专业的学生为使用对象,由《会计学原理》《中级财务会计学》《高级财务会计学》《成本会计学》《管理会计学》《财务管理学》《审计学》与《电算化会计》八本教材构成,涵盖了高等院校本科会计学专业的八门核心课程,也适用于财务管理、审计学以及工商管理等财经类专业的教学。

之所以将这套系列教材列为精品教材,是因为这套系列教材的编写将努力传承潘老校长开创的立信会计教材编写的良好传统,吸收潘老校长以及各位立信会计前辈编写立信会计教材的精华,吸收国内外同类教材的精华,吸收当前会计理论与会计教育研究成果的精华,采用教授领衔、任课老师参与的原则,将教材编写与精品课程建设、教师的教学以及学生的学习紧密地结合起来,在内容上将会计理论与会计实务有机地结合起来。

尽管我们将这套系列教材定格为精品教材,也为编写与更新这套系列教材作出了努力,但限于水平,教材中仍会有种种不足。会计学科是与社会经济环境密切相关的,新的会计业务与新的会计问题总是在不断地出现,也需要对教材进行及时更新。为此,真诚地期待着各位专家、学者及广大的使用者对这套系列教材的任何方面,提出意见和建议,以便再版时进行改进,使其成为名副其实的精品教材。

2016 年 7 月

前　　言

　　本教材是立信会计系列精品教材之一,适用于大学本科教学,也可以作为财务会计人员、经济管理人员在职培训和自学教材。

　　管理会计是现代企业会计的一个重要分支,也是企业提升其价值,进行技术创新、管理创新、组织创新的重要工具。管理会计将会计与现代管理融为一体,旨在为企业正确地进行经营决策、改善经营管理和全面提高经济效益提供信息和支持。

　　财政部 2014 年 10 月 27 日推出的《关于全面推进管理会计体系建设的指导意见》在深入分析当今国际国内经济环境、企业和行政事业单位现实需要和会计发展阶段的基础上,提出"争取 3—5 年内,在全国培养出一批管理会计人才,力争通过 5—10 年的努力,基本形成中国特色的管理会计理论体系"的总目标;并建立理论、指引、人才、信息化加咨询服务"4+1"的有机发展模式,使中国的管理会计发展接近或达到世界先进的水平。本教材在编写过程中坚持理论与实践相结合的原则,有选择地介绍西方先进的管理会计的理论,并结合我国实际,较全面、系统地阐述企业预测、决策、预算、控制和责任考评等方面的理论和方法;同时,重视学生素质和能力的培养,体现教育目标的转变。本教材的特点主要体现在以下几个方面:

　　1. 通俗易懂。内容深入浅出,对教材的重点、难点力求结合实例讲深讲透。

　　2. 注重能力培养。以培养学生的能力为主旨,主要阐述管理会计的基本理论和基本方法,介绍一些管理会计研究的新领域和新内容,但不刻意介绍复杂的数学模型。

　　3. 侧重实务。管理会计是一门应用性、实践性很强的学科,本教材在阐述管理会计理论和方法的同时,结合我国的实际情况,介绍管理会计工作的经验和规律,并安排一些案例供读者参考。

　　4. 学练并重。本教材每一章都配有复习思考题和练习题,并在书后附有参考答案,便于读者复习和巩固所学内容。

　　本教材由曹中教授担任主编,郭大伟教授担任副主编,编写和修订分工如下:第一、第六章由曹中执笔,第二章由郭大伟执笔,第三章由杨月芬执笔,第四章由施用进执笔,第五章由金梅执笔,第七章由李颖琦执笔,第八、第十一章由徐德镛执笔,第九章由殷俊执笔,第十章由梅劲执笔,第十二章由柴庆孚执笔,巩娜负责第八、第十章的修订,韩志丽负责第四、第十一章的修订;曹中负责拟订提纲,并负责总纂和定稿。

为方便教学,本教材配有教学课件,需要的教师请提供后附"教学课件索取单"表格中的信息,向立信会计出版社索取。

财政部在《关于全面推进管理会计体系建设的指导意见》中指出,应当"推动加强管理会计理论、概念框架和工具方法研究,形成中国特色的管理会计体系"。管理会计这门学科正处于快速发展时期,内容也在不断更新与丰富,还有很多问题有待继续讨论和研究。由于编写时间紧迫和作者水平所限,教材如有不妥甚至错误之处,恳请各位专家和读者批评指正。

曹　中

2017 年 4 月

目　　录

第一章 总 论

┤学习目的与要求├

　　本章介绍了管理会计的定义、基本职能、基本内容和特点,管理会计的产生与发展,以及管理会计师知识体系和职业道德规范。通过本章的学习,应理解管理会计的主要内容和特征,熟悉管理会计的发展过程及其发展趋势,了解管理会计师的知识体系、管理会计原则、管理会计师的基本工具和职业道德规范及与职业道德冲突的解决方法。

第一节 管理会计概述

一、管理会计的定义

　　20 世纪初,企业内部会计的核心工作是对包括直接材料、直接人工在内的生产成本及管理费用的计算和控制。20 世纪中叶,人们逐渐认识到:企业内部的会计信息应该满足管理者对管理的需要,之后,为管理决策服务的会计信息日益受到人们重视。随着社会生产力水平的不断提高、商品经济的迅速发展和企业管理方式的变革,管理会计从传统的会计系统中分离出来,并逐步形成一门相对独立而具有比较完整的理论与方法体系,适应企业不断加强和完善经济管理要求的一门新兴的、边缘的会计学科。它与财务会计并存,是现代会计系统的重要组成部分。财务会计的主要目标是按照公认的会计原则报告业绩,满足外部监管的需要;而管理会计的主要目标是满足企业制定总体战略和长远规划、进行资源分配决策和定价决策、编制责任领域的分析报告以及人员业绩的评估和衡量等方面的需要。所以管理会计系统是一个为完成特定的管理目标服务的信息系统。它有强大的信息处理功能,能将输入的数据转化为各种有用信息(如预测决策结果、预算、业绩报告等)。

　　在西方会计发展史上,1922 年出版的美国会计学者奎因斯坦所著的《管理的会计:财务管理入门》和 1924 年出版的麦金斯所著的《管理会计》提出,企业会计工作的重点应该从对外提供信息转移到对内加强经营管理。这两本教材被视为早期管理会计的代表作。在1952 年伦敦举行的会计师国际代表大会上,正式提出了"管理会计"这一术语。

　　美国会计学会于 1958 年和 1966 年先后两次为管理会计提出了如下定义："管理会计是指在处理企业历史和未来的经济资料时,运用适当的技巧和概念来协助经营管理人员拟订能达到合理经营目的的计划,并作出能达到上述目的的明智的决策";"管理会计是为信息使用者作出正确判断和决策而进行识别、计量和交换经济信息的过程。"1996 年,英国会计学者德卢里所著的在英国最畅销的管理会计教材给出了一个更简明的定义:"管理会计在企业内部提供有助于人们作出更有效决策的信息。"1999 年,亨克瑞所著的在世界范围最畅销的管理会计教材指出:"管理会计计量并报告财务和其他类型的信息,这些信息主要目的是帮助管理者实现企业的目标。"显然,以上的定义仅将管理会计的活动领域局限于企业环境,即微观层面上。

　　1981 年,美国会计师联合会所属的管理会计实务委员会给出的管理会计的定义为:"管理会计是为管理当局用于企业的计划、评价、控制,保证适当使用各项资源并承担经营责任,而进行确认、计量、累积、分析、解释和传递财务信息等的过程。"并指出管理会计的活动领域不仅适用于企业,同样适用于非营利组织。1988 年,国际会计师联合会在其发表的《论管理会计概念(征求意见稿)》一文中指出:"管理会计可定义为:在一个组织中,对管理部门用于计划、评价和控制的(财务和经营)信息的确认、计量、收集、分析、编报、解释和传递的过程,以确保其资源的合理使用并履行相应的经营责任。"这两个定义将管理会计活动领域从微观扩展到宏观。

　　管理会计的定义可以从狭义和广义两个方面来理解。

　　狭义的管理会计,或称微观管理会计,是指在市场经济条件下,以加强企业内部经营管理,实现最佳经济效益为最终目的,以现代企业经营活动及其价值表现为对象,通过对财务信息及其他各种信息的深加工和再利用,实现对企业生产经营过程的预测、决策、规划、控制和责任考评等职能的一个会计分支。它是一种侧重于在现代企业内部经营管理中发挥作用的会计,同时又是企业管理的重要组成部分。本书主要讨论狭义的管理会计问题。

　　广义的管理会计,是指现代会计系统中区别于传统会计的,直接体现预测、决策、规划、控制和责任考评等会计职能的那部分内容。这个定义既揭示了微观管理会计的本质,又有助于正在逐步形成的宏观管理会计、战略管理会计和国际管理会计的定位。

　　20 世纪 70 年代末 80 年代初,西方管理会计的理论被介绍到中国,经过数十年的发展,我国会计学界对"管理会计是从传统的会计系统中分离出来,与财务会计并列的独立学科,是一门新兴的综合性的边缘学科,是一个服务于企业内部经营管理的信息系统";"管理会计是向管理当局提供有效信息以帮助其进行经营管理的会计分支,是会计和管理的直接融合";"管理会计是管理信息系统的一个子系统,是企业决策支持系统的重要组成部分"等描述基本上达成了共识。

　　2014 年 10 月英国皇家特许管理会计师公会(CIMA)和美国注册会计师协会(AICPA)在征询全球 170 多个国家和地区意见的基础上,联合发布了《全球管理会计原则》(Global management accounting principles,简称 GMAP)。GMAP 首次给出了全球统一的管理会计定义:为了组织创造价值和保值而收集、分析、传递和使用与决策相关的财务和非财务信息。在对管理会计进行定义的基础上,GMAP 就其适用范围与对象、目的与作用以及内容框架等方面进行了界定与阐述。

二、管理会计的基本职能

管理会计的基本目标是帮助管理当局对资源的最优化使用作出决策。管理会计的目标是通过其职能的发挥来实现的。

管理会计的职能是指管理会计在企业管理过程中所承担的职责和具有的功能。从管理会计的产生和发展的过程来看，其职能是随着社会经济的日益发展而逐渐扩大的。传统的财务会计的基本职能是核算和监督，而管理会计的基本职能扩大到了预测、决策、规划、控制及责任考评等方面。

1. 预测职能

预测是指采用科学的方法推断客观事物未来发展必然性和可能性的行为。管理会计发挥预测职能，主要体现在按照企业未来的总目标和经营方针，充分考虑经济规律的作用和经济条件的约束，选择合理的数学模型，有目的地预计和推断企业未来的销售、利润、成本及资金变动趋势和变化水平，为企业经营决策提供可靠依据。

2. 决策职能

决策是指在充分考虑各种可能的前提下，遵循客观规律，采用一定的方法，通过一定程序对未来将采取的行动作出决定的过程。决策作为企业经营管理的核心，贯穿于企业管理的各个方面和整个过程。管理会计发挥决策的职能，主要体现在根据企业的决策目标，收集、整理各种相关信息资料，利用科学的方法计算出各方案的指标值，并作出各方案的财务评价，从中选出最优方案。

3. 规划职能

管理会计的规划职能，是通过编制各种计划和预算来实现的。它要求在最终决策方案的基础上，将事先确定的有关经济目标分解落实到各有关预算中去，做到有效地配置企业的各项资源，使企业获得最大的经济利益，为过程控制和责任考评奠定基础。

4. 控制职能

控制的目的是为了使实际经营活动能按预期计划或预算进行，最终达到或超过预期目标。管理会计发挥控制职能，主要体现在将经济过程的事前控制和事中控制有机结合起来，对执行过程中实际脱离事先确定的标准而发生的差异进行分析，查明原因，并及时采取措施进行调整，以确保经济目标的顺利实现。

5. 责任考评职能

管理会计发挥责任考评职能，是通过建立责任会计制度来实现的。在责任会计制度下，企业内部划分不同层次的责任单位，它们均有各自明确的责任、权限及所承担的义务，通过考核评价各有关方面的责任指标的执行情况，找出成绩和不足，从而为奖罚制度的实施和改进今后的工作提供依据。

三、管理会计的基本内容

管理会计的基本内容是指与其基本职能相适应的工作内容，大致可分为预测决策会计、规划控制会计和责任会计三部分,具体包括预测分析、决策分析、全面预算、成本控制和责任会计等方面。预测决策会计、规划控制会计和责任会计三者既相对独立,又相辅相成,共同构成了现代管理会计的基本内容。

1. 预测决策会计

预测决策会计包括预测分析、决策分析等内容,在管理会计中侧重于发挥预测经济前景和实施经营决策的作用。它处于现代管理会计的核心地位,又是现代管理会计形成的关键标志之一。

2. 规划控制会计

规划控制会计包括全面预算和成本控制等内容,在决策目标和经营方针已经明确的前提下,侧重于发挥为执行既定的决策方案而进行有效规划和控制的作用。

3. 责任会计

责任会计的作用是,组织在企业经营时,按照分权管理的模式分解各个内部管理层次的相应职责、权限及所承担义务的范围和内容,并形成不同层次的责任中心,通过考核评价各责任中心履行职责的情况,反映其真实业绩,作为调动企业职工积极性、形成激励机制的主要依据。

四、管理会计的特点

管理会计与财务会计是现代会计的两个分支,财务会计主要是为外部利益相关者或有关部门提供信息,所使用的数据和有关处理过程都应遵循会计准则制定机构和证券交易机构规范的原则和惯例。这些原则和惯例对收入、成本和费用的计量,以及资产负债表项目的划分都作出了规定。而管理会计,没有任何官方组织对其使用的数据和处理过程,编制财务报表的形式、内容和应遵循的规则作出任何规定。在符合成本效益原则的前提下,财务人员可以自由地选择他们所需要的任何信息,可以任意选择他们所需要的方法。所以新兴的管理会计与传统的财务会计之间既有区别又有联系。分析两者的区别与联系可以帮助我们理解管理会计的特点。

(一) 管理会计与财务会计的区别

管理会计是从传统的财务会计分离出来的,对比财务会计,它们之间的区别主要表现在八个方面。

1. 两者的服务对象不同

财务会计的服务对象主要是企业外部与企业有经济利益关系的组织或个人(如投资者、债权人、税务部门等等),所以需定期编制有关会计报表,向他们报告企业的财务状况和经营成果,以便他们能够及时、准确地作出决策和判断。因此财务会计也称"外部会计"。当然,企业的财务报表也呈报给企业管理部门,以便管理者加强企业的经营管理,但这并非是其主要目的。

管理会计的服务对象主要是企业管理当局,所以需运用特定的理论和专门的方法,对企业的各种信息资料进行加工整理,向管理当局提供有关经营决策的各方面的信息。因此管理会计也称"内部会计"。

2. 两者的工作主体不同

财务会计主要以整个企业为工作主体,提供总括的财务会计信息,用来反映和评价整个企业的财务状况和经营成果。

管理会计主要以企业内部责任单位为工作主体,它的主体既可能是整个企业,也可能是企业内部的局部区域或个别部门,甚至是某一专门项目或某一管理环节。这样,更能体现分权管理的原则。

3. 两者的遵循原则不同

财务会计必须严格遵守公认的会计原则(在我国必须遵守企业会计准则与企业会计制度),以保证所提供的财务报表和财务信息在时间上的一致性和空间上的可比性,让外部使用者能有一个较为客观的标准来评价企业的财务状况。

管理会计则不受公认的会计原则的约束,企业管理部门可以按照内部管理的需要编制各种报表,编制的方法和原则可以根据需要而定。

4. 两者的时间导向不同

财务会计主要以历史为导向,着重于对企业生产经营全过程进行事后核算和监督,反映已经发生的经济活动情况。

管理会计的重点是利用已发生的财务信息和其他有关资料,进行预测决策,规划未来和控制现在,但也不排斥总结过去。

5. 两者的核算程序不同

财务会计必须执行固定的会计核算程序,从制作凭证、登记账簿到编制财务报表都必须按规定的程序处理,在通常情况下不得随意改变工作内容或颠倒工作顺序,具有明显的强制性。

管理会计的核算程序不固定,没有强制性,有较大的选择余地。企业可以根据自己的实际情况自行设计管理会计核算程序。这样,就会导致不同企业间管理会计工作产生较大的差异。

6. 两者的核算方法与要求不同

财务会计要求在一定时期内,统一以货币为计量单位,采用同一种核算方法,反映企业的经济活动,核算时往往只需要应用简单的算术方法,要求数字准确,并体现会计要素的平衡关系。

管理会计在一定时期内可采用多种核算方法,提出不同的经营决策方案,并大量采用高等数学、运筹学、统计学和行为科学等学科的方法来确定最优方案,但不要求绝对准确,一般只要求计算近似值。

7. 两者的编报时间不同

财务会计的报表要求按月、季、半年、年定期编制。

管理会计计量与提供报表的时间跨度通常不固定,且不要求定期编制,根据管理需要,从小时、日到几年,甚至几十年都有可能。

8. 两者的体系完善程度不同

财务会计的体系目前已经达到相对成熟和稳定的程度,虽然财务会计工作为了适应新形势也在不断地改革,但是财务会计体系已形成了通用的会计规范和统一的会计模式,已具有相当的规范性和统一性。

管理会计的体系目前还缺乏规范性和统一性,正处于完善和发展阶段。

管理会计与财务会计的区别可以概括如表 1-1 所示。

表 1-1   管理会计与财务会计的区别

项　　目	财　务　会　计	管　理　会　计
1. 服务对象	侧重对外:主要为企业外部的投资人、债权人以及有关部门或个人提供相关资料	侧重对内:满足企业内部各级管理人员管理的需要
2. 工作主体	以整个企业为工作主体	可以是企业,也可以是车间、部门、班组、个人或者某一项目、某一管理环节
3. 遵循原则	必须遵守"公认会计原则"	不受"公认会计原则"限制,只要从管理需要出发,遵循成本效益原则
4. 时间导向	着重反映过去已发生的经济业务	规划未来、控制现在和评价过去,着重于规划未来
5. 核算程序	核算程序比较固定,具有强制性	核算程序不固定,有较大的灵活性
6. 核算方法与要求	主要采用会计的方法,力求准确	采用会计的、数学的和统计的等各种方法,不要求绝对精确,只需计算近似值
7. 编报时间	定期编制财务会计报表	不要求定期编制管理会计报表
8. 体系完善程度	已相当完善	还不够完善

(二) 管理会计与财务会计的联系

1. 管理会计与财务会计的目标一致

从结构关系上来看,管理会计与财务会计两者同源于一个母体,同属于现代企业会计的范畴,共同构成了现代企业的会计系统。它们相互依存、相互制约、相互补充、共同发展。管理会计与财务会计所处的工作环境都是市场经济条件下的现代企业,它们都以企业生产经营活动为对象,都以为企业创造价值为导向,它们都必须服从现代企业管理的总体要求,共同为实现企业和企业管理目标服务。所以,管理会计与财务会计的最终目标是一致的。

2. 管理会计与财务会计基本信息来源相同

企业财务会计系统是一个较完备的信息收集、加工系统。管理会计要有效地进行预测决策、规划控制和责任考评,就要从不同的渠道取得多种形式的资料。管理会计所需要的最重要、最基本的资料来源于财务会计系统。

3. 财务会计的改革将推动管理会计的发展

一方面,我国开展的一系列会计改革,如会计准则的国际趋同化等,使财务会计工作质量大大提高,管理会计的主要工作内容之一是对财务会计信息进行深加工和再利用,因而管理会计工作受到财务会计工作质量的约束。另一方面,会计改革使财务人员从传统会计核算模式中解放出来,他们将有更多的时间和精力从管理的角度审视企业会计环境,从而为开创管理会计的新局面创造了条件。而且财务会计的主要领域可以由特殊方法或特殊理论的使用所驱动,也可以由对某一特殊问题的关注所驱动,财务会计开展的作为收益决定模型基础的先验研究、决策有用研究、经验研究、实证会计理论研究、计量观点的复归、会计工程研究以及国际会计研究都对管理会计的发展起到相当大的推动作用。

第二节　管理会计的产生与发展

管理会计起源于19世纪末20世纪初,20世纪上半叶已成雏形,第二次世界大战以后在西方发达国家正式形成学科并得以发展,20世纪70年代后在世界范围内得到迅速发展。管理会计从传统的会计系统中分离出来后,成为与财务会计并列的一个会计分支。作为一门有相对独立的理论及方法体系的新兴学科,管理会计随着社会经济的不断发展经历了由简单到复杂,从低级到高级的发展阶段。管理会计的发展,大体经历了两个基本阶段。

一、传统管理会计阶段

在早期的资本主义社会中,由于原有的会计体系与当时凭经验和直觉的传统管理模式相适应,对社会经济发展起到了重要作用。但随着商品经济的迅速发展和社会生产力水平的不断提高,传统管理模式与大机器工业的矛盾越来越明显。为解决资源浪费严重、生产效率低下等方面的弊端,取代落后的"传统管理"的"科学管理"模式在19世纪末20世纪初应运而生。由于以泰罗为代表的"科学管理"学说的核心是强调提高生产和工作效率,因此逐步应用了以确定定额为目的的时间与动作研究技术、差异工资制,制定在一定客观条件下认为可以实现的,同时又是最有效率的标准,以实现生产各个方面的高度标准化。标准制定以后,要求按标准执行,不允许一切可避免的浪费。标准的制定和差异工资制的实行充分调动了工人的生产积极性,大大提高了生产效率。在推行泰罗制的同时,原有的会计体系也发生了相应的变化,产生了同泰罗"科学管理"学说相联系的某些技术方法,如标准成本、预算控制、差异分析等相继出现,并在实践中充实和完善,逐渐形成了管理会计的雏形,这称为传统管理会计。传统管理会计是以泰罗的科学管理学说为基础形成的会计信息系统。

然而,以标准成本、预算控制和差异分析等为主要内容的传统管理会计,仍有较大的局限性,主要表现在:

第一,泰罗的科学管理学说着眼于对生产过程进行科学管理,重点是通过对生产过程的个别环节、个别方面的高度标准化,为尽可能提高生产和工作效率创造条件,但对企业管理全局、企业的外部环境则很少考虑。

第二,泰罗的科学管理学说不把工人当作具有主动性、创造性的人,而是当作机器的附属品,强调管得严才能提高效率,使工人处于消极被动和极度紧张的状态,这样,势必会引起广大工人群众的强烈不满,因而不可能取得理想的效果。

二、现代管理会计阶段

从 20 世纪 50 年代开始,世界经济进入战后发展期,战后发展期的资本主义经济呈现许多新的特点:① 技术革命的浪潮日益高涨,并大规模应用于生产实际,迅速推动了社会生产力的进步,具体表现在新技术、新工艺和新装备的广泛使用,产品更新换代的周期越来越短。② 跨国公司大量涌现,新兴行业层出不穷,企业的资本越来越集中、规模越来越大,生产经营日趋复杂,企业外部的市场环境瞬息万变,竞争越趋激烈。这种新的条件和环境,迫使企业管理者转变观念,将过去的以生产为中心的管理模式调整转变为以市场开发、能调动各方面积极性、能取得最大经济效益为中心的经营决策型管理模式,以适应市场的变化;同时,相应地对企业管理也提出了新的要求,它包括:一方面,强烈要求企业的内部管理更加合理化、科学化;另一方面,还要求企业具有灵活性和高度的适应能力。显然,战前风靡一时的泰罗科学管理学说是无法满足战后资本主义经济发展要求的,因为,在新的情况下,大量的实践证明,企业的盛衰、成败首先取决于所定的经营目标是不是同外界的客观经济情况相适应,企业采取的经营决策是否正确。如果决策严重失误,企业的个别环节、某个方面效率再高也无济于事,还是会在激烈的竞争中被淘汰。现代管理科学认为,提高企业生产经营各个环节、各个方面的生产、工作效率固然很重要,但更重要的是要正确地进行经营决策。"管理的重心在经营,经营的重心在决策",这是现代企业管理的新的指导方针。

现代管理科学,有两个重要支柱:运筹学和组织行为学。正是这两个支柱能够在相当大的程度上克服泰罗的科学管理学说的缺陷,能较好地适应战后资本主义经济发展的新形势,因而在企业管理工作中得到广泛而有效的运用。运筹学主要应用现代数学和数理统计的原理和方法,通过许多数量化的管理方法和技术,帮助管理人员按照最优化的要求,对企业的生产经营进行科学的预测、决策、计划、组织和控制,促使企业实现最优运转;财务人员运用运筹学的原理和方法,对企业财务信息进行加工、编制预算、对未来进行预测并参与经营决策。运筹学与会计相结合,形成了预测决策会计,并为管理会计奠定了基础。组织行为学主要是应用心理学、社会学等方面的研究成果来研究人的各种行为的规律性,旨在调整和改善人与人之间的关系,引导、刺激人们在生产经营中发挥主动性、积极性和创造性。按照组织行为学的原理和方法来管理大规模的现代化企业,可以有效地消除管理工作中的主观随意性,使企业各责任中心的经济活动按照确定的总体目标进行,并按照各责任中心完成目标情况,进行业绩考核与评价。责任考评与会计相结合,形成了责任会计。

在现代管理会计阶段,管理会计的特征和内容有了较大的变化,现代管理会计不但完善和发展了传统管理会计的理论并指导实践,还逐步形成和充实了预测决策会计和责任会计的内容。管理会计在现代企业中所起的作用越来越大,适用面越来越广,受重视的程度越来越高。从 20 世纪 50 年代开始,有些国家就先后成立了管理会计学术团体,编辑出版管理会计的专业性刊物。20 世纪 70 年代初,美、英等国的管理会计协会开始主持执业管理会计师资格考试。这些都标志着管理会计已进入了成熟期。

三、管理会计的发展趋势

20 世纪 80 年代以来,由于科技进步迅速,信息技术已被广泛应用,企业面临的制造环境发生了重大变化,同时管理理念和管理技术也发生了巨大变革。计算机集成制造系统、适时制造系统以及零库存、全面质量管理、以顾客为导向、作业管理等崭新的管理理念和技术应运而生,这为节约材料、能源和人工成本,提高劳动生产率创造了条件,也为管理会计的不断更新和发展提供了良好的环境。在这种环境下,管理会计着重研究以下几个方面的问题:

第一,为适应适时制造系统的需要,遵循只有当顾客需要时才生产,而且只生产顾客需要的产量的原则;只有接到下一道工序的信号,表明有生产需求时,前一道工序才进行生产;遵循用于生产的材料和部件都要适时地运到的原则,树立"零库存"的管理理念,建立"及时适量生产和存货控制系统",将库存水平和储存成本降到最低,杜绝"停工待料"或"有料待工"的现象,借以提高生产效率并由此来提高产品质量。

第二,现代企业为了在激烈竞争的环境中生存,就要做到"几乎没有浪费地生产出完全符合规格的产品"。全面质量管理的"无瑕疵,高质量"的管理理念正在取代以前的"可接受的质量水平"的管理思想,对产品质量的日益强调,要求管理会计能够提供有关质量的财务和其他有关信息,特别是质量成本计量方面的资料和质量成本报告。

第三,作业成本管理是对导致成本发生的原因进行管理,识别增值与非增值作业,寻求减少或消除非增值作业,改善作业链,有效降低成本的方法。作业管理要求管理会计改变传统的成本计算方法,采用与现代管理会计相适应的作业成本法(ABC 法)按照作业提供成本信息,并强调对过程进行价值分析。

第四,20 世纪 90 年代以后,随着市场竞争的日益加剧,企业将会以质量为中心的发展战略改变成以客户为中心的发展战略。但是以财务指标为主体的绩效考核体系制约了企业发展战略的实施,单纯用财务数据作为考评企业绩效的指标是不够的。如何结合创新能力、市场份额、产品质量和顾客满意度等能够反映企业整体状况和发展潜力的指标形成绩效考核体系是管理会计需解决的一个重要问题。平衡计分卡从财务维度、从顾客维度(顾客如何评价企业和产品)、内部业务流程维度(企业必须具备的核心能力)、学习与成长维度(能否提升企业的价值)评价企业的业绩,把对企业长期战略目标的评价和短期财务指标的评价结合了起来。

第五,战略管理会计是企业战略管理与会计相结合的产物。它服从于企业的战略选择,通过报告战略的实施情况对战略管理产生影响。战略管理会计分析和提供与企业战略相关的信息,特别是反映实际成本、业务量、价格、市场占有率、现金流量和企业总资源的需求等方面的相对水平和趋势的信息。其解决的主要问题是:如何适应变化中的内外部环境;企业资源在内部如何分配与利用;如何使企业内部之间协调行动,以取得整体上更优的战略效果。

从管理会计产生和发展的过程不难看出,管理会计是伴随着社会经济的发展而发展的,生产力的不断进步是管理会计产生和发展的根本原因,商品经济的发展为管理会计的产生奠定了物质基础,管理科学的发展是管理会计产生发展的理论基础。随着社会生产力和科学技术的不断进步,管理会计的基本理论与方法将日趋成熟和完善,它在现代企业管理中的地位和作用也将进一步加强。

第三节　管理会计师知识体系、管理会计原则、管理会计师的基本工具和职业道德

管理会计在以英、美为代表的西方主要先进发达国家明显地具有职业化特征。执业管理会计师(CMA)和注册会计师(CPA)一样得到社会的公认。

一、管理会计师应有的知识体系

1972 年由美国管理会计师协会主持,第一次举行了全美执行管理会计师资格考试;几乎与此同时,英国也安排了类似的考试。要获得"执行管理会计师证书",除了要符合所规定的应考条件外,还要 3 年内参加 5 个单元的考试,其具体考试内容能帮助我们对管理会计师应有的知识体系有个大致了解:① 经济学和企业财务;② 组织与行为科学;③ 对外报表的编制准则、审计学和税务;④ 企业对内和对外的定期报告及分析;⑤ 决策分析(包括决策模型的建立和信息系统的分析与设计)。

1986 年,美国管理会计师协会下属的管理会计实务委员会发布了管理会计师应具备知识体系的公告,该公告将管理会计师应具备的知识体系分成三个部分。

1. 信息和决策过程的知识

(1) 管理决策程序,包括重复性管理决策程序、非规划性管理决策程序、战略性管理决策程序。

(2) 内部报告,包括信息的收集、归纳、表达和传递。

(3) 财务计划的编制和业绩评价,包括预测报告编写和预算的编制、分析和评价。

2. 会计原则和会计职能知识

(1) 组织结构与管理,包括会计职能的结构和管理、内部控制和内部审计。

(2) 会计概念和原则,包括会计的本质和目标、会计实务。

3. 企业经营活动知识

(1) 企业的主要经营活动,包括财务和投资、项目研究及开发、生产和经营、销售和人力资源。

(2) 经营环境,包括法律环境、经济环境、道德和社会环境。

(3) 税务,包括税收政策、税收的结构和种类、税收计划。

(4) 外部报告,包括报告准则,满足信息使用者需要。

(5) 信息系统,包括系统分析和设计、数据库管理、软件应用、技术基础知识和系统分析等。

二、全球管理会计原则

在复杂多变的经济环境下,管理会计决策的价值越来越受到各类组织(包括各种性质各种规模的商业组织、公用事业组织、政府机构、非营利组织和私人组织等)的重视,但是管理会计却一直缺乏全球统一的规范和框架指引,对管理会计也没有全球统一的定义。英国皇家特许管理会计师公会(CIMA)和美国注册会计师协会(AICPA)在广泛征询全球 170 个国家和地区意见的基础上,于 2014 年 10 月联合发布了《全球管理会计原则》(Global management accounting principles,简称 GMAP),旨在提供全球通用的管理会计基本框架,帮助各类组织提高复杂环境下的决策能力。GMAP 的发布。填补了管理会计领域缺乏全球统一框架指引的空白,为全球各类组织规范管理会计工作提供了可参考的国际标准,具有重要的理论意义和实践价值。

由于每个组织的性质、规模、管理方式、内部环境等不同,管理会计不可能像财务会计那样制定全球统一的准则来规范,在制定全球统一的管理会计规范时必须考虑管理会计的特点和灵活性。因此,CIMA 和 AICPA 在制定全球统一的管理会计规范时不是以"准则"而是以"原则"的形式来体现,在内容上也着重体现管理会计的原则框架而不是细节操作。GMAP 主要由 5 个部分构成,即引言、全球管理会计原则、如何应用全球管理会计原则、在绩效管理中的应用、在实践中的应用。

(1)引言部分对管理会计的职能及其决策有用性、GMAP 的目的及适用对象、提升GMAP 的应用效果的成功因素等进行了说明,提出高效的管理会计职能必须有能胜任的人将管理会计的原则应用到他们的工作中去管理组织的绩效和实践。

(2)全球管理会计原则部分在给出管理会计的定义的基础上,描述了管理会计职业需要具备的基本价值观、素质、标准和特征,提出了全球管理会计的 4 项基本原则,即沟通提供有影响力的建议;提供相关性信息;履行受托责任,建立信任;分析对价值的影响。

(3)如何应对全球管理会计原则部分指出了全球管理会计原则的应用对象,提出了全球特许管理会计师职业能力框架,对管理会计师应具备的职业能力进行了要求;阐述了管理会计职能在组织战略与商业模式之间的桥梁作用;对管理会计在绩效管理中的应用进行了说明;规范了管理会计的实践领域。

(4)在绩效管理的应用部分规定了绩效管理的步骤及其内容,介绍了全球管理会计原则在绩效管理系统中的应用,分别从组织战略、计划、执行、修订与完善等环节详细阐述了全球管理会计原则在绩效管理中的运用。

(5)在实践中的应用部分规定了全球管理会计原则应用的范围,即管理会计起作用的关键活动,并规定了各项活动的内容和范围;介绍了 CIMA 战略记分卡、平衡记分卡、价值链分析和企业风险管理(ERM)等在内的 20 项管理会计工具;规定了管理会计职能的 14 个核心实践领域,并对全球管理会计原则在各核心实践领域的应用进行了详细的阐述。

三、管理会计师的基本工具

2015 年 10 月 15 日,《管理会计师的基本工具——支持企业取得可持续成功的工具和技术》中文版由英国皇家特许管理会计师公会（CIMA）联合中国注册会计师协会（CICPA）在北京共同发布。

管理会计工具是一个能够帮助管理会计师提升绩效、促进决策、支持战略目标以及增加价值的框架、模型、技术或流程。

《管理会计师的基本工具——支持企业取得可持续成功的工具和技术》一书能够帮助管理会计师和业务经理从浩如烟海的备选项中识别出正确的工具，并通过以下途径来获得这些工具的全部价值：① 评估顶级管理会计工具的价值，支持业务发展；② 帮助管理会计师和组织选择恰当的工具；③ 为如何有效地实施工具提供指南和最佳实践。

《管理会计师的基本工具——支持企业取得可持续成功的工具和技术》高度概括了基本管理会计工具能为大多数组织（无论规模大小及所处行业）所带来的益处和价值，提供了客观的分析，审视了管理工具的有效性、注意事项以及充分实施和使用管理工具的要点。提供的分类管理会计工具如下所述。

1. 治理和风险管理方面的工具

（1）CIMA 战略计分卡。

（2）企业风险管理（ERM）。

（3）风险热度图。

（4）CGMA 职业道德管理反思清单。

2. 战略规划与执行方面的工具

（1）战略规划工具，包括使命和愿景声明、各类目标、SWOT 以及 PEST。

（2）平衡计分卡，包括营运仪表板。

（3）战略地图。

（4）波特竞争五力分析。

3. 绩效管理与计量方面的工具

（1）关键绩效指标（KPI）——财务和非财务。

（2）对标。

（3）绩效棱柱模型。

4. 规划与预测方面的工具

（1）滚动计划与预测。

（2）作业预算法（ABB）。

（3）情景与应急规划。

（4）现金流模型。

5. 产品和服务交付方面的工具

（1）作业成本法（ABC）。

（2）精益管理。

（3）质量管理工具，包括全面质量管理（TQM）、六西格玛、质量成本、欧洲质量管理基金会模型（EFQM）。

6. 价值认同方面的工具

（1）价值链分析。

（2）客户关系管理（CRM）。

《管理会计师的基本工具——支持企业取得可持续成功的工具和技术》包含了读者需要了解的有关基本管理会计工具（无论是新工具还是旧工具）的信息，使用者能从中获得下列信息：

一是工具是什么？它能够为管理会计师和他们所在的组织带来怎样的价值？

二是实施和使用工具时，需要重点考虑哪些事项？

三是为了最大化地发挥工具的潜力，你需要考虑采取和避免哪些行为？

四是何为最佳实践，包括来自已经实施工具组织的真实范例和案例研究。

五是如果想进行深入钻研，《管理会计师的基本工具——支持企业取得可持续成功的工具和技术》提供了相应资源，其中包括关于每项工具的进一步阅读材料。

四、管理会计师的职业道德规范

随着管理会计师发挥作用的范围日益扩大，为使管理会计作为一种专门职业及其专业地位得到会计职业界和社会的公认，管理会计师职业道德规范得到应有的重视。管理会计师职业道德规范是指有关专业机构颁布的职业道德准则。遵守这些准则是实现管理会计目标的必要保证，管理会计师在为组织、专业团体、公众服务及其本身履行职责时，有必须遵循职业道德准则的义务。管理会计师不得违反这些准则，也不应听任其他人员违反这些准则。美国全国会计师协会下属的管理会计实务委员会于1983年6月1日发表了一份公告，其中概括了管理会计师职业道德准则。

（一）专业能力

管理会计师有责任：

（1）通过不断提高自身的知识和技能，使执业能力保持在一定的水平上。

（2）按照有关法律、规章和技术规范履行其职责。

（3）在对相关和可靠的信息进行分析基础上，能够编制完整和清晰的报告与建议书。

（二）保密

管理会计师有责任：

（1）除法律规定外，非经批准或授权，不得披露工作过程所获得的机密信息。

（2）告诫下属要注意工作中所得信息的机密性并监督他们的行为，以确保严守机密。

（3）禁止利用或变相利用工作中所获得的机密信息为个人或通过第三方获取不道德或非法的利益。

（三）诚实正直

管理会计师有责任：

（1）避免介入实际的或形式上的利益冲突，并向可能发生利益冲突的各方提出忠告。

（2）禁止从事道德上有害于其履行职责的活动。

（3）拒绝收受影响其行动的任何馈赠、优惠或接待。

（4）禁止主动或被动地破坏组织的合法和道德目标的实现。

（5）寻求阻碍业务活动的可靠判断或顺利完成工作的某些限制和其他约束条件。

（6）发表赞成或不赞成的职业判断意见。

（7）禁止从事或支持任何破坏职业声誉的活动。

（四）客观性

管理会计师有责任：

（1）公正而客观地交流信息。

（2）充分披露会影响潜在使用者对所发表的报告、评论和建议理解的所有相关信息。

（五）职业道德冲突的解决

在应用各项职业道德行为准则时，管理会计师可能会遇到怎样确认不道德行为或者怎样解决道德冲突的问题。当遇到重大的职业道德问题，管理会计师必须遵循其组织制定的相关准则和政策。如果这些准则和政策不能解决问题，管理会计师可考虑采用如下方法：

（1）与直接上级商讨这些问题。但如果直接上级卷入冲突的话，就直接上报到高一级的管理层。如果问题还得不到解决，应提交给更高一层的主管人员。可以解决职业道德冲突的机构包括审计委员会、董事会、监事会或大股东等。

（2）与一位公正客观的顾问级人士秘密讨论，澄清相关概念，以求取得一个各方能够接受的解决方案。

（3）如果经过各种尝试，道德冲突依然存在，而且道德冲突发生在很关键的事项上，管理会计师只能提出辞职，并向组织的合适领导提交一份内容详细的备忘录。

除法律规定，一般认为与无关的上级或与组织没有雇佣关系或联系的个人讨论上述道德冲突是不合适的。

本章要点概览

管理会计是从传统的会计系统分离出来的，是同财务会计并列而又相对独立的一门新兴的、边缘性交叉学科。它的形成和发展，不仅是商品经济发展的产物，也是多种方法和思想共同作用的结果。

第二次世界大战后，西方国家的经济得到迅猛发展，科学技术日新月异，并被大规模应用于生产，资本进一步集中，从而使得企业规模日益扩大，生产经营日趋复杂，竞争也越来越激烈，这就对企业管理提出了新的要求。同时，管理科学、组织行为学和以现代微观经济学为核心的新古典经济学推动了管理会计的产生和发展。

会计，现有三个主要领域，即管理会计、财务会计和成本会计，它们共同构成企业的会计信息系统。财务会计主要为股东、债权人、政府机构以及其他外部使用者提供信息，所以要受到"公认会计原则"及证券交易机构的约束。管理会计则主要为企业内部管理人员的决策、预算、控制等活动提供信息，发挥会计信息的管理职能。而管理会计和财务会计都需要成本会计系统提供相关信息。早期的管理会计主要满足了企业管理的需要，随着工业化的深入,全球经济的发展,整个管理会计信息系统不仅可以提供有关成本管理的及时、真实的信息,还逐步发展成为一种双向沟通系统,在企业内部规划、控制、沟通、激励和评价等方面发挥重要作用。管理会计已成为企业长期战略决策的一部分,虽然其机制本身并不能保障企业的成功,但缺乏有效率的管理会计系统的企业是很难成功的。

管理会计是大学会计专业、财务管理专业、审计专业的核心课程之一。

随着信息经济学、委托代理理论、行为科学的引入,特别是高新技术的蓬勃发展,管理会计的研究领域进一步拓宽,适时制造系统、全面质量管理、作业成本管理等新观念、新理论和新方法相继形成。本章还介绍了管理会计师应具备的知识体系和职业道德,即英国皇家特许管理会计师公会(CIMA)和美国注册会计师协会(AICPA)联合发布的《全球管理会计原则》和《管理会计师的基本工具——支持企业取得可持续成功的工具和技术》。

 关键词

1. 管理会计 　　　　　　 2. 会计信息
3. 会计系统 　　　　　　 4. 微观管理会计
5. 宏观管理会计 　　　　 6. 战略管理会计
7. 国际管理会计 　　　　 8. 预测决策会计
9. 规划控制会计 　　　　 10. 责任会计
11. 管理会计原则 　　　　 12. 管理会计工具

阅　读　文　献

1. 余绪缨主编:《管理会计学》(第一部分导论),首都经济贸易大学出版社2004年版。

2. 孙茂竹等主编:《管理会计学》(第一章管理会计概论),中国人民大学出版社2002年版。

3. 周宝源主编:《管理会计学》(第一章导论),南开大学出版社2004年版。

4. 鲍勃·瑞安等著:《财务与会计研究——方法与方法论》(第四章管理会计的研究传统),机械工业出版社2004年版。

5. Ronald W. Hilton:《管理会计学——在动态商业环境中创造价值》(第一章在动态企业环境中管理会计的角色变化),机械工业出版社2002年版。

6. 英国特许管理会计师公会(CIMA)和美国注册会计师协会(AICPA):《全球管理会计原则》,2014年。

7. 英国特许管理会计师公会(CIMA)和美国注册会计师协会(AICPA):《管理会计师的基本工具——支持企业取得可持续成功的工具和技术》,2015年。

复习思考题

1. 管理会计的主要目标是什么?
2. 什么是管理会计的职能? 管理会计的基本职能有哪些?
3. 管理会计的职能与目标有何关系?

4. 管理会计的基本内容有哪些？管理会计的内容核心是什么？

5. 管理会计和财务会计的主要区别是什么？

6. 管理会计和财务会计有哪些联系？

7. 管理会计产生和发展的根本原因是什么？

8. 在新环境下管理会计着重研究的问题有哪些？

9.《全球管理会计原则》主要由哪几个部分构成？

10. 全球管理会计的 4 项基本原则包括哪些内容？

练　习　题

一、判断题

1. 预测决策会计、规划控制会计和责任会计组成管理会计的基本内容。　　　　（　　）

2. 管理会计工作应以整个企业为工作主体,向管理当局提供经营决策等各方面的信息。　（　　）

3. 管理会计与财务会计的目标一致,但基本信息来源不一致。　　　　　　（　　）

4. 管理会计是一种侧重于在企业内部经营管理中发挥作用的会计。　　　　（　　）

5. 管理会计的工作重点是进行预测决策,规划未来和控制现在,因而管理会计信息的形成不以过去的资料为基础。　　　　　　　　　　　　　　　　　　　　　　（　　）

6. 相对于财务会计工作,管理会计工作的程序缺乏固定性。　　　　　　（　　）

7. 管理会计工作可以不受公认的会计准则的约束。　　　　　　　　　　（　　）

8. 管理会计与财务会计一样,在核算过程中力求数据的准确性,不可求近似值。　（　　）

9. 管理会计人员只关注财务会计信息,而对非财务会计信息不感兴趣。　　（　　）

10. 管理会计与财务会计一样,应定期编制有关报告。　　　　　　　　　（　　）

11. 管理会计必须像财务会计那样制定全球统一的准则来规范。　　　　　（　　）

12. 管理会计工具是一个能够帮助管理会计师提升绩效、促进决策、支持战略目标以及增加价值的框架、模型、技术或流程。　　　　　　　　　　　　　　　　　　　　（　　）

二、单项选择题

1. 财务会计与管理会计的侧重面有所不同,其差别在于(　　　　)。

　　A. 财务会计服务于企业外部有经济利益关系的组织或个人,管理会计服务于企业内部的经营管理

　　B. 财务会计为企业债权人服务,管理会计为企业经营管理服务

　　C. 财务会计的服务对象与企业无关,管理会计则有关

　　D. 财务会计只是简单、被动地记录反映企业的经营状况,管理会计则主动地反映

2. 处于管理会计核心地位的是(　　　　)。

　　A. 责任会计　　　　B. 规划控制会计　　　　C. 预测决策会计　　　　D. 成本预算会计

3. 管理会计的服务对象主要是(　　　　)。

　　A. 投资人　　　　B. 债权人　　　　C. 内部经营管理人员　　　　D. 政府机关

4. 财务会计的服务对象主要是(　　　　)。

　　A. 内部经营管理人员　　　　　　　　B. 外部信息使用者

　　C. 企业董事会　　　　　　　　　　　D. 企业总经理

5. 财务会计主要是通过(　　　　)为企业外部的各种社会集团服务。

　　A. 原始凭证　　　　　　　　　　　　B. 记账凭证

    C. 会计凭证   D. 定期编制财务会计报表

6. 管理会计工作所具有的特点是(   )。

    A. 具有强制性   B. 报表形式与内容灵活多样

    C. 所用方法单一   D. 必须严格遵守公认的会计原则

7. 预测决策会计是以(   )为基础形成的会计信息系统。

    A. 现代管理科学   B. 现代经营学   C. 运筹学   D. 组织行为学

8. 现代管理科学的两大支柱是(   )。

    A. 泰罗的管理科学、决策学   B. 决策与计划管理、责任管理

    C. 运筹学、组织行为学   D. 管理学、数学

9. 现代管理会计把预测决策会计放在首位,其主要原因是(   )。

    A. 任何经营行为都是决策在前,执行在后

    B. 管理的重心在经营,经营的重心在决策

    C. 决策包含了预测、计划、组织、评价等各个方面

    D. 决策体现在企业生产过程的各个方面

10. 管理会计为了有效地服务于企业内部经营管理,必须(   )。

    A. 反映过去   B. 反映现在   C. 历史描述   D. 面向未来

11. 《全球管理会计原则》提出了全球管理会计的(   )项基本原则。

    A. 2   B. 3   C. 4   D. 5

12. 《全球管理会计原则》在实践中的应用部分规定了全球管理会计原则应用的范围,即管理会计起作用的关键活动,并规定了各项活动的具体内容和范围;介绍了 20 项管理会计工具;规定了管理会计职能(   )个核心实践领域,并对全球管理会计原则在各核心实践领域的应用进行了详细的阐述。

    A. 10   B. 14   C. 18   D. 20

13. 《管理会计师的基本工具》提供的治理和风险管理方面的工具不包括(   )。

    A. CIMA 战略计分卡   B. 情景与应急规划

    C. 企业风险管理(ERM)   D. 风险热度图

14. 《管理会计师的基本工具》提供的价值认同方面的工具包括(   )。

    A. 精益分析   B. 全面质量分析   C. 价值链分析   D. 六西格玛分析

三、多项选择题

1. 管理会计的作用有(   )。

    A. 有效地为企业管理部门科学地筹划未来

    B. 控制企业的经济活动,为实现决策预定的目标服务

    C. 主要为企业内部的经营管理服务

    D. 为企业内部管理决策提供信息

2. 管理会计的发展过程,大体经历了两个阶段,分别是(   )。

    A. 现代管理会计阶段   B. 战略管理会计阶段

    C. 传统管理会计阶段   D. 预算管理会计阶段

3. 管理会计与财务会计(   )。

    A. 服务对象完全不同   B. 时间导向不同

    C. 都以为企业创造价值为导向   D. 基本信息来源相同

4. 财务会计的主要服务对象有(   )。

A. 投资者   B. 债权人   C. 国家   D. 企业内部人员

5. 管理会计的主要内容包括( )。

    A. 利用各种信息进行决策   B. 进行业绩评价

    C. 规划与控制   D. 编制对外财务报告

6. 传统管理会计的主要内容包括( )。

    A. 预测决策   B. 标准成本   C. 预算控制   D. 差异分析

7. 下列关于现代管理会计的说法中,正确的有( )。

    A. 以预测决策会计为核心   B. 按会计制度要求核算成本

    C. 以现代管理科学为基础   D. 为提高企业经济效益服务

8. 管理会计的特点有( )。

    A. 主要为企业的投资者服务   B. 方式方法更为灵活多样

    C. 规划未来   D. 数学方法的广泛应用

9. 战略管理会计作为一门新兴的分支学科要解决的主要问题有( )。

    A. 企业资源在内部的分配与利用

    B. 如何使企业取得长期、持续的发展战略效果

    C. 如何使企业适应变化中的内外部环境

    D. 如何使企业内部之间协调行动

10. 管理会计师职业道德准则主要包括( )。

    A. 专业能力   B. 诚实正直   C. 客观性   D. 保密

11. 《全球管理会计原则》在给出管理会计的定义的基础上,描述了管理会计职业需要具备的( )。

    A. 基本价值观   B. 素质   C. 标准   D. 特征

12. 《全球管理会计原则》在实践中的应用部分规定了管理会计起作用的关键活动以及各项活动的内容和范围;并介绍了包括( )在内的 20 项管理会计工具。

    A. CIMA 战略记分卡   B. 平衡记分卡

    C. 价值链分析   D. 企业风险管理(ERM)

13. 《管理会计师的基本工具》提供的战略规划与执行方面的工具主要有( )。

    A. 战略规划工具   B. 平衡记分卡   C. 成本控制   D. 波特竞争五力分析

14. 《管理会计师的基本工具》提供的规划与预测方面的工具主要有( )。

    A. 全面质量管理(TQM)   B. 滚动计划与预测

    C. 现金流模型   D. 作业预算法

第二章　成本性态分析与变动成本法

──────学习目的与要求──────

　　本章介绍了成本的分类、成本性态分析和变动成本法。通过本章的学习,应理解成本分类的目的、成本性态分析的意义。了解变动成本、固定成本及半变动成本的基本特征,掌握变动成本计算的特点,变动成本法与完全成本法的区别。掌握变动成本法的基本原理,明确变动成本法的优缺点及其在企业经营管理中的应用。

第一节　成本的概念与分类

一、成本概念的多样性

　　成本管理中的一个基本原则是"不同的成本服务于不同的目的",因而成本的含义是由它所服务的管理目标决定的。在传统的会计中,反映企业的财务状况和计量企业的经营成果,只有一种成本概念,即产品成本。所以,传统会计通常把成本解释为在一定条件下企业为生产一定种类和数量的产品所发生的各种耗费的货币表现。

　　现代管理会计以企业内部经营管理为服务对象,着重为企业管理部门的预测、决策、控制和业绩考核等服务,这就需要根据各种职能要求核算与提供符合各种目的的成本信息。所以,现代管理会计中,成本是指在生产经营过程中为达到一定目的而应当或可能发生的各种资源的价值牺牲或代价。

　　管理会计扩展了成本的内涵和外延,管理会计的成本概念具有多样性。由于管理会计提供的信息是为经营决策服务的,在"不同的成本服务于不同的目的原则"的指导下,作业成本、产品设计成本、机会成本、差量成本、质量成本、标准成本、责任成本等都是管理会计成本概念所包括的内容。

二、成本的分类

　　根据各种管理职能的不同,可以将成本按照多种不同的标志进行分类,以满足企业管理的不同需要。

（一）成本按其经济用途分类

在制造企业中，成本按其经济用途可分为生产成本和非生产成本两类。

1. 生产成本

生产成本(也称制造成本)，是指为生产产品或提供劳务而发生的成本，通常包括直接材料、直接人工、制造费用三个成本要素。

2. 非生产成本

非生产成本(也称期间成本或期间费用)，包括销售费用和管理费用。销售费用是指为销售产品发生的各项成本，如销售人员工资、广告费、运输费等。管理费用是指在行政管理中发生的各项支出，如董事会经费、行政管理人员工资、行政管理部门固定资产折旧费等。

将成本按经济用途分类，是财务会计按完全成本法进行成本核算的基础，也是正确计算企业损益，满足对外报告的需要。但这种分类不能完全适应企业决策分析与成本控制的需要。

（二）成本按其性态分类

成本性态(cost behavior)亦称成本习性，是指成本总额的变动与业务量之间的依存性。换句话说，成本性态是指成本总额随业务量的增减而变动的特性。从成本性态来分析研究成本，揭示成本与产量、销售量、机器工时等业务量之间的内在联系，可为企业改善经营管理、科学决策提供有价值的信息，是管理会计进行规划决策、控制考核的重要方法基础。

按成本性态可以将企业的全部成本分为三类：变动成本、固定成本和混合成本。

（三）成本的其他分类

成本除按其经济用途和性态进行分类外，还可按其他多种不同标志进行分类。

1. 按成本的发生时间分类

按成本的发生时间，成本可分为历史成本和未来成本。历史成本是指已经实际发生的成本，如财务会计提供的成本信息大多属于历史成本。未来成本是指未来发生的成本，未来成本与管理会计的规划、控制、考核相联系，如目标成本、预算成本、标准成本均属于未来成本。

2. 按成本的可控性分类

按成本的可控性，成本可分为可控成本与不可控成本。从一个单位或部门看，凡成本的发生属于这个单位或部门权责范围内，能为这个单位或部门所控制的，称为这个单位或部门的可控成本。相反，若成本的发生不属于某一单位或部门的权责范围内，不能为这个单位或部门加以控制的，称为这个单位或部门的不可控成本。

3. 按成本与决策的关系分类

按成本与决策的关系，成本可分为相关成本与非相关成本。相关成本是与某一特定决策有关的成本，如重置成本、机会成本、边际成本等；反之，与该决策方案无关的成本即为非相关成本，如沉没成本、不可避免成本等。这些成本概念将在后续章节详细阐述。

第二节   成本性态分析

成本性态分析，是指在成本性态分类的基础上，按照一定程序和方法将全部成本分为变动成本和固定成本两部分,并建立相应的成本——业务量的函数模型的过程。通过成本性态分析可以更好地把握成本同业务量的内在联系,为管理会计的本量利分析、预测分析、短期决策分析和全面预算等提供依据。

一、变动成本

(一) 变动成本的概念与特点

1. 变动成本的概念

变动成本是指在相关范围内,其总额随业务量的变动而呈正比例变动的成本。例如,构成产品实体的直接材料、生产工人的计件工资、按工作量法计算的固定资产折旧,以及按销售量支付的销售佣金等都是变动成本。

2. 变动成本的特点

(1) 变动成本总额的正比例变动性。在相关范围内,成本总额随着业务量的增减呈正比例的增减。若业务量增长 1 倍,其成本总额也会相应增长 1 倍。

(2) 单位变动成本的不变性。总成本与业务量之间呈正比例关系,但是单位变动成本将不受产量变动的影响,保持不变。

【例 2-1】　大华电器公司生产电冰箱,每装配 1 台电冰箱需外购压缩机 1 台,目前市场上压缩机单价为 800 元,则变动成本与产量的关系见表 2-1。

表 2-1　　　　　　　　　　　大华电器公司成本与产量资料

电冰箱产量 x(台)	压缩机外购单价 b(元)	外购成本总额 bx(元)
100	800	80 000
200	800	160 000
300	800	240 000
400	800	320 000
500	800	400 000

从表 2-1 可以看出,如果用 y 表示总成本,则变动成本总额的成本习性模型可以用下式来表示:

$$y = bx$$

将表 2-1 的有关数据在坐标图上表示,可以反映变动成本的两个重要特性,见图 2-1 和图 2-2。

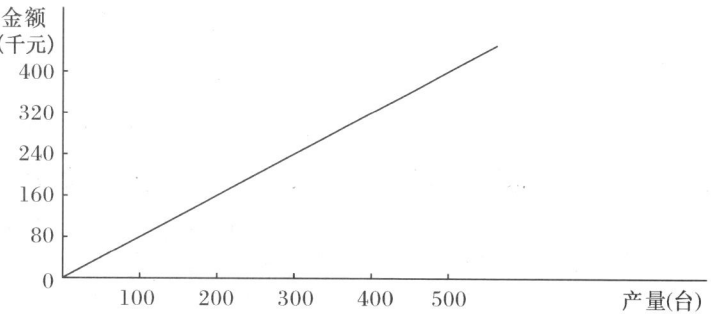

图 2-1　变动成本模型

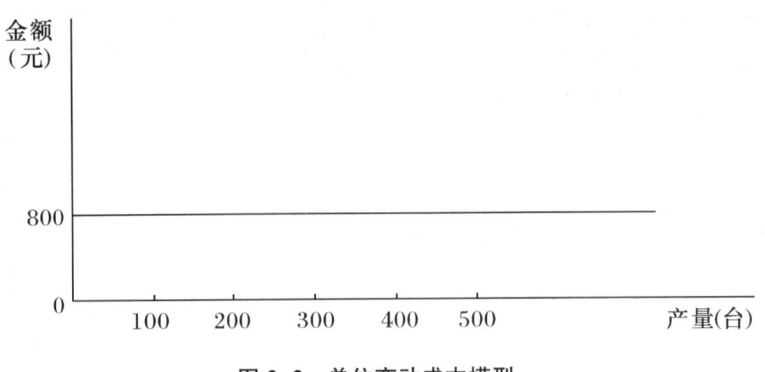

图 2-2　单位变动成本模型

(二) 变动成本的种类

变动成本也可进一步区分为两大类。

1. 技术性变动成本

技术性变动成本是指其单位成本主要受技术因素决定的变动成本, 如生产线上的生产工人工资、构成产品的直接材料成本等。这类成本的特点是与产量有明确的技术或实物关系, 是利用生产能力进行生产所必然发生的成本。若要降低此类成本, 需通过改进产品设计、降低单耗、提高劳动生产率等手段来实现。

2. 酌量性变动成本

酌量性变动成本是指可以通过管理决策行动而改变的变动成本, 如按销售收入的一定比例提取的销售佣金、技术转让费等等。这类成本的特点是其单位变动成本的发生额受企业管理层的决策影响。

(三) 变动成本的相关范围

对于变动成本, 只有其单位成本不变, 其总额才能与业务量呈正比例变动关系。而单位变动成本的不变性是相对的, 即只有在一定时期和一定的业务量范围内相对保持稳定。例如, 外购零部件成本, 在外购单价稳定的时期其成本符合变动成本的特点, 在单价连续上涨或下降期间则不属于严格意义上的变动成本。再如, 对于产品的生产, 即使在物价稳定的情况下, 在投产的初期可能因生产工艺、生产技术方面原因使得单位产品的材料消耗不断增加, 以后随着产量的增加、生产技术的提高、生产工艺趋于平稳, 使单位产品的直接材料等消耗相对稳定, 单位变动成本不变, 这样, 成本与产量之间就呈现完全的线性关系。但当产量继续增长, 就可能出现一些新的不经济因素 (如多支付加班津贴费等), 从而使单位产品的变动成本提高。变动成本在不同产量情况下的变动见图 2-3。

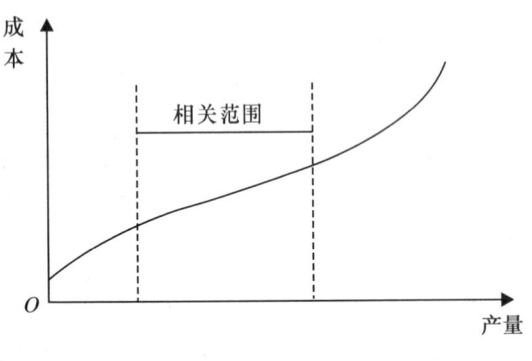

图 2-3　变动成本的相关范围

二、固定成本

(一) 固定成本的特点

固定成本是指其总额在一定时期及一定业务量范围内,不受业务量变动影响的固定不变的成本。例如,行政人员工资、按直线法计提的折旧费、财产保险费、广告费、职工培训费、租金等均属固定成本。固定成本的特点是:

(1) 固定成本总额的不变性。即在相关范围内,固定成本总额不随业务量的变动而变动。

(2) 单位固定成本的反方向变动性。即单位固定成本随业务量的增加或减少而呈反方向变动。

【例 2-2】 大华电器公司生产电冰箱,其装配车间的厂房是从外部租赁的,每月租金为 90 000 元。产量与租金成本之间的关系见表 2-2。

表 2-2 　　　　　　　　　大华电器公司生产量与租金成本资料

月产量 x(台)	固定成本 a(租金)(元)	单位成本 a/x(元)
100	90 000	900
200	90 000	450
300	90 000	300
400	90 000	225
500	90 000	180

从表 2-2 可以看出,如果用 y 表示单位固定成本,则单位固定成本的成本习性模型可以用下式来表示:

$$y = \frac{a}{x}$$

将表 2-2 的有关数据在坐标图上表示,可以反映固定成本的两个重要特性,见图 2-4 和图 2-5。

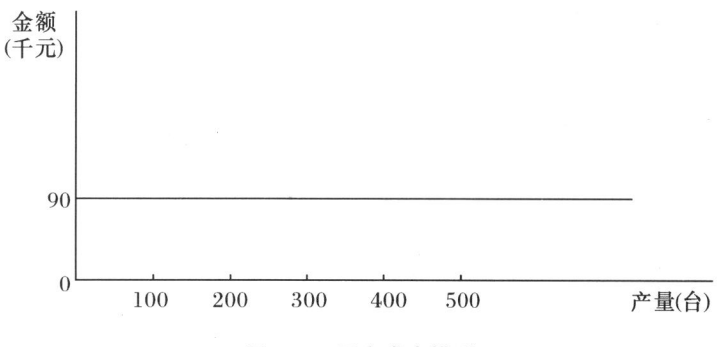

图 2-4 固定成本模型

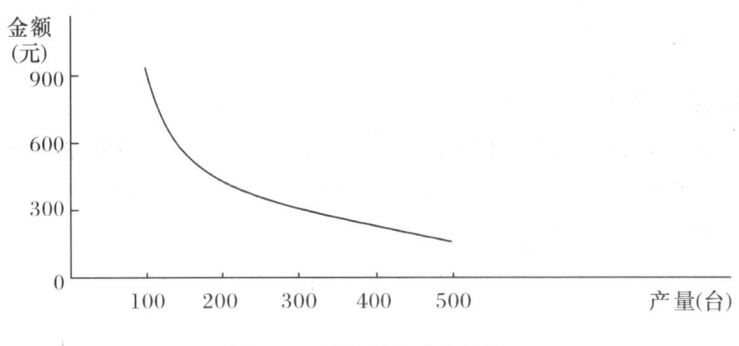

图 2-5 单位固定成本模型

（二）固定成本的分类

固定成本按其金额是否可以在一定期间内改变，可分为约束性固定成本和酌量性固定成本。

1. 约束性固定成本

约束性固定成本亦称经营能力成本，是指维护企业正常生产经营所必不可少的成本，它与企业经营能力的形成及正常维护直接相联系，是企业管理当局的短期决策行为不能改变其支出数额的固定成本。例如，厂房、机器设备按直线法计提的折旧费、保险费、管理人员薪金、照明费，取暖费等。约束性固定成本与企业的长期目标相关，即使短期内削减业务，也不能使此类成本消除或降低。约束性固定成本在企业经营的长期内存在并发挥作用。

2. 酌量性固定成本

酌量性固定成本是指企业管理层根据经营战略，通过确定期间预算而形成的固定成本，它与特定的预算期及生产经营的实际需要相联系，是通过企业管理当局的短期决策行为，可以改变其支出数额的固定成本。例如，研究开发费、广告宣传费、职工培训费等。酌量性固定成本是因管理人员对某些项目所做的短期决策而产生的，可以在各期间因决策不同而发生变化，但不会影响企业的长期目标。

需要说明的是，虽然酌量性固定成本的支出额是由企业管理层决定的，但绝不是说这种成本是可有可无的，因为它关系到企业的竞争能力。降低酌量性固定成本应从精打细算、厉行节约、杜绝浪费着手。

（三）固定成本的相关范围

固定成本的相关范围是指使固定成本总额保持不变的期间与业务量范围。固定成本总额相对一定时期和一定业务量而言保持不变，如超出其范围固定成本将会发生变化，即使是约束性固定成本，其总额也会发生变化。因为一旦业务量超过现有生产能力水平，势必要扩建厂房、增添设备、扩充必要的机构和增加相应的人员，从而使原属于固定成本的折旧费、修理费、管理人员工资等必须相应增加。也就是说，如果脱离了一定的"相关范围"，固定成本的"固定性"就不复存在。

假设在[例 2-2]中，大华电器公司月产电冰箱为 500～700 台时，就需要再租用厂房一间，月租金由原来的 90 000 元增加到 150 000 元，以图 2-6 表示固定成本的相关范围。

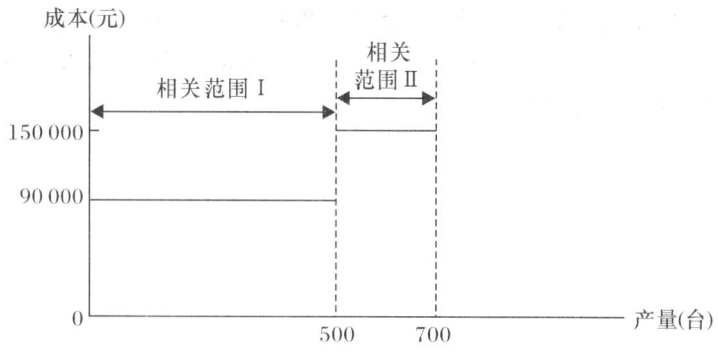

图 2-6　固定成本的相关范围

三、混合成本

从成本习性来看,固定成本与变动成本只是成本的两种极端的类型,前者与业务量无关,后者与业务量呈正比例变化。实际上,大多数成本与业务量之间的关系介于两者之间,即一方面,它们要随业务量的变化而变化;另一方面,它们的变化又不能与业务量的变化保持正比例关系,这种同时兼有变动成本和固定成本双重特性的成本,称为混合成本。

混合成本与业务量的关系比较复杂,按其变动形态不同,混合成本还可进一步分为以下四种。

(一)半变动成本

半变动成本亦称标准式混合成本。这种成本通常有一个基数,且与业务量的变化无关,这部分成本相当于固定成本;在此基数之上的其余部分,随着业务量的变动呈正比例变动,这部分成本又相当于变动成本。例如,水电费、电话费等,一般每月有一个固定收费基数,不管企业使用量大小都必须支付,在此基础之上再根据用量的大小乘以单价计算支付。半变动成本与业务量的关系参见图 2-7。

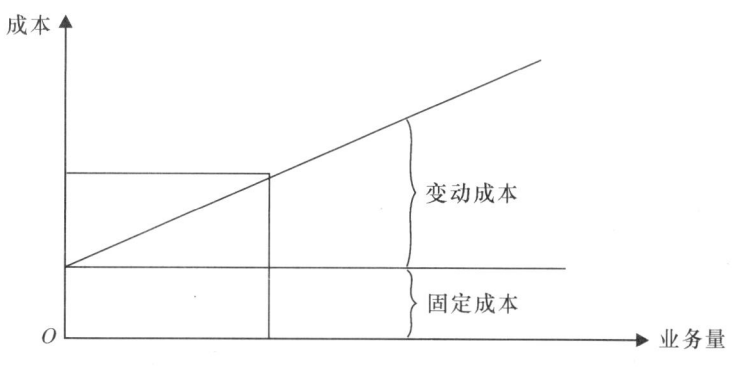

图 2-7　半变动成本模型

(二)半固定成本

半固定成本,亦称阶梯式变动成本。在一定的业务量范围内这种成本的发生额是固定的,当业务量增长到一定限度,其发生额就突然跳跃到一个新的水平,然后在业务量增长的一定范围内,其发生额又保持不变,当业务量增长再超出一定范围,它又再跳跃到一个更高的水平,如此重复。例如,检验人员的基本工资、机器设备维修费等,都具有这种性质。这种成本与业务量的关系参见图 2-8。

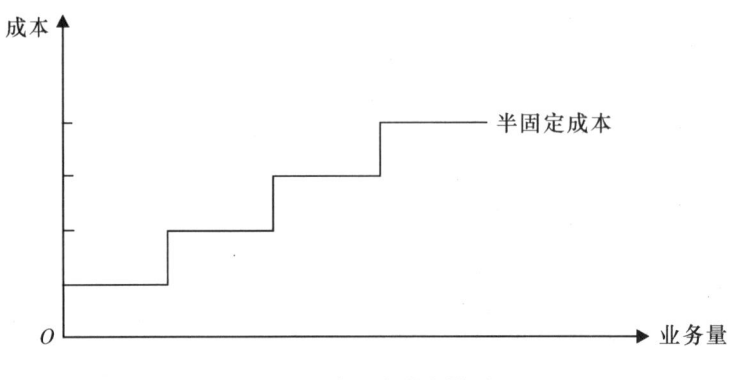

图 2-8　半固定成本模型

(三) 延期变动成本

这种成本在一定的业务量范围内有一个固定不变的基数,当业务量增长超出了这个范围,它就与业务量的增长呈正比例变动。例如,支付给职工的工资,在正常业务量情况下是不变的,属于固定成本性质,但当业务量超过正常水平后,则需根据超产业务量支付加班工资或超产奖金。这种成本与业务量的关系参见图 2-9。

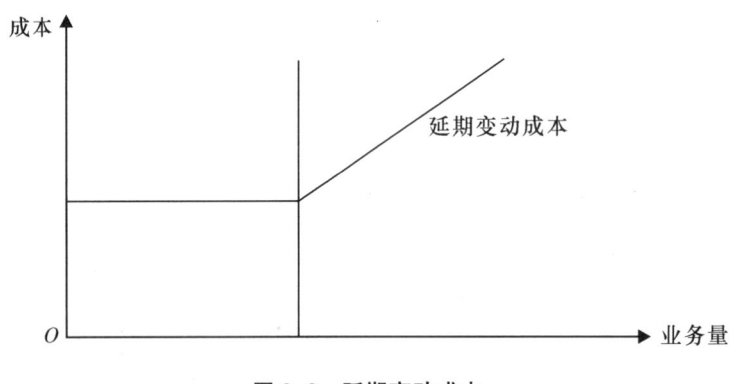

图 2-9　延期变动成本

(四) 曲线式混合成本

曲线式混合成本是指成本总额与产量之间表现为不同类型非线性关系的成本。这类成本通常有一个初始量,相当于固定成本,在这个初始量的基础上,随着产量的增长成本逐步增加,成本总额呈非线性的增加。曲线式混合成本又可分为递增型混合成本和递减型混合成本两种。例如,累进计件工资,这种成本随产量增加而增加,而且比产量增加得还要快,其变化斜率是递增的,属于递增型混合成本,见图 2-10。又如,热处理的电炉设备,每班均需预热,其预热成本(初始量)属固定成本性质,但预热后进行热处理的耗电成本,虽然也随处理量的增加而逐步呈抛物线上升,但上升速度越来越慢,其变化斜率是递减的,属于递减型混合成本,见图 2-11。

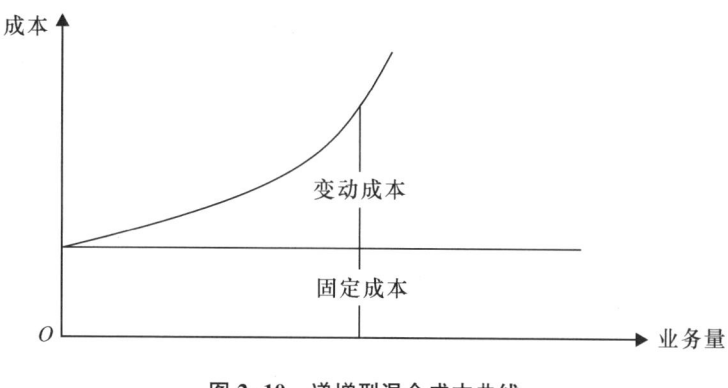

图 2-10　递增型混合成本曲线

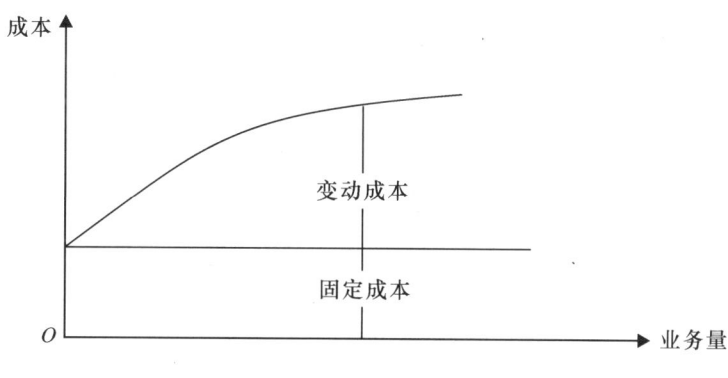

图 2-11　递减型混合成本曲线

四、混合成本分解

混合成本由变动成本和固定成本组成,其性质与总成本的性质相似。为满足管理上的需要,企业必须采用适当的方法,将其中的变动因素与固定因素分解开来,并分别归入变动成本和固定成本。

混合成本分解主要有高低点法、散布图法、回归直线法、工程研究法、账户分析法和合同确认法。

(一) 高低点法

高低点法(high-low points method)是根据若干时期的历史资料,以业务量(或成本)的最高点和最低点为依据来分解混合成本的一种方法。这种方法的特点是首先分解出单位变动成本,即以两点之间的成本增量除以两点之间的业务量增量计算出单位变动成本,然后再计算出固定成本。单位变动成本和固定成本的计算公式如下:

$$单位变动成本=\frac{高点成本-低点成本}{高点业务量-低点业务量}$$

用数学公式来表示即为:

$$b = \frac{Y_h - Y_l}{X_h - X_l}$$

$$a = Y_h - b \cdot X_h$$

或

$$a = Y_l - b \cdot X_l$$

式中　b 表示单位变动成本；

　　　a 表示固定成本总额；

　　　Y 表示总成本；

　　　X 表示业务量；

　　　h 表示高点；

　　　l 表示低点。

【例 2-3】　欣欣公司 2015 年度 1～6 月份设备维修费(混合成本)资料见表 2-3。

表 2-3　　　　　　　　　　欣欣公司成本与业务量历史资料

月　　份	1	2	3	4	5	6
工作小时	4 000	4 200	5 000	4 100	3 900	4 100
成本(元)	55 000	56 500	65 000	55 500	54 000	56 000

从所给的资料可以看出,业务量(工时)的最高点为 3 月份,最低点为 5 月份。按高低点法混合成本的分解,单位变动成本与固定成本总额计算如下:

$$单位变动成本 = \frac{65\,000 - 54\,000}{5\,000 - 3\,900} = 10(元)$$

$$固定成本总额 = 65\,000 - 10 \times 5\,000 = 15\,000(元) =$$

或

$$54\,000 - 10 \times 3900 = 15\,000(元)$$

由此建立成本性态模型:

$$Y = 10X + 15\,000$$

应注意的是,高点与低点的选择,既可以以成本为依据,也可以以产量为依据。如果按业务量选择的高点或低点与按成本选择的高点或低点不在同一月份,应以业务量为依据确定高低点。确定最高点和最低点后,产量和成本必须是同一个月的数据。

高低点法虽然具有运用简便的优点,但它仅以高低两点决定成本性态,因而带有一定的偶然性。所以这种方法通常只适用于各期成本变动趋热较稳定的情况。如果各期成本波动较大,计算结果会有较大的误差。

(二) 散布图法

将观察到的历史成本数据,在坐标图上绘出各期成本点,并根据目测,在各成本点之间画出一条反映成本变动趋势的直线,直线与纵轴的交点即为固定成本,然后将各期总成本之和减去各期固定成本之和,再除以总产量即得出单位变动成本,这就是散布图法(scatter diagram method)。单位变动成本的计算公式如下:

$$单位变动成本 = \frac{各期总成本之和 - 各期固定成本之和}{各期产量之和}$$

散布图法的主要优点是全面考虑了已知的所有历史成本数据,排除了仅以高低两点决定成本性态所带来的偶然性,因而计算结果较高低点法精确。同时,以图示反映成本性态更为直观和易于掌握。但由于仅根据目测画出的反映成本变动平均趋势的直线,仍带有一定程度的主观随意性,所以还不能十分精确。

(三)回归直线法

根据过去一定时期的业务量和成本资料,运用数学中的最小二乘法原理,建立反映成本和业务量之间关系的回归直线方程,并据此确定混合成本中的固定成本 a 和单位变动成本 b,这就是回归直线法(regression line method)。具体计算公式如下:

$$a = \frac{\sum y - b\sum x}{n}$$

$$b = \frac{n\sum xy - \sum x \sum y}{n\sum x^2 - (\sum x)^2}$$

【例 2-4】 以例[2-3]的资料,利用回归直线法进行混合成本分解,计算过程见表 2-4。

表 2-4　　　　　　　　　　　　　回归直线法计算表

月份(n)	x(小时)	y(元/小时)	xy(元)	x^2	y^2
1	4 000	55 000	220 000 000	16 000 000	3 025 000 000
2	4 200	56 500	237 300 000	17 640 000	3 192 250 000
3	5 000	65 000	325 000 000	25 000 000	4 225 000 000
4	4 100	55 500	227 550 000	16 810 000	3 080 250 000
5	3 900	54 000	210 600 000	15 210 000	2 916 000 000
6	4 100	56 000	229 600 000	16 810 000	3 136 000 000
合计($\sum$)	25 300	342 000	1 450 050 000	107 470 000	19 574 500 000

将有关数据代入公式得:

$$b = \frac{6 \times 1\ 450\ 050\ 000 - 25\ 300 \times 342\ 000}{6 \times 107\ 470\ 000 - (25\ 300)^2} = \frac{47\ 700\ 000}{4\ 730\ 000} = 10.08(元)$$

$$a = \frac{342\ 000 - 10.08 \times 25\ 300}{6} = 14\ 496(元)$$

由此建立成本性态模型:

$$y = 10.08x + 14\ 496$$

必须指出,采用回归直线法分解混合成本,混合成本总额与产量之间必须具有线性联系,如果没有这种线性联系,分解出来的结果也就失去了意义。因此,应先进行相关程度分析,并根据相关程度的分析结果来确定这种方法的适用性。相关程度以相关系数 r 来表示。r 的计算公式如下:

$$r=\frac{n\sum xy-\sum x\sum y}{\sqrt{[n\sum x^2-(\sum x)^2][n\sum y^2-(\sum y)^2]}}$$

相关系数 r 的取值范围在 -1 与 $+1$ 之间,但由于会计中一般成本不会与业务量之间呈现负相关,故 r 的取值范围就在 0 与 1 之间。当 $r=1$ 时,说明混合成本总额与业务量之间完全正相关;当 $r=0$ 时,说明两者之间不相关。在管理会计中,一般当 $r\geqslant0.8$,就表明成本总额与业务量之间有密切联系。这样就可以运用回归直线法进行分解。

根据[例 2-3]资料,相关系数 r 的计算如下:

$$r=\frac{6\times1\,450\,050\,000-25\,300\times342\,000}{\sqrt{(6\times107\,470\,000-25\,300^2)(6\times19\,574\,500\,000-342\,000^2)}}=0.9979$$

由于相关系数接近于 1,相关程度较高,因此可使用回归直线法。

以上三种方法,前两种得到的都是近似值,而回归直线法所得到的是较为精确的结果。不管是高低点法、散布图法还是回归直线法,都是属于历史成本分析的方法,它们只适用于有历史成本数据的情况。

(四)工程研究法

工程研究法(technique determine approach),又称技术测定法,它是由工程技术人员通过某种技术方法测定正常生产流程中投入与产出之间的规律性,并依据其工程技术特点来区分固定成本和变动成本的一种混合成本分解方法。

在企业生产中,有关部门通常要提供有关的工程设计说明书,它规定了在一定生产量条件下应耗用的材料、燃料、动力、工时和台时消耗标准,这些数据通常可较为准确地反映出一定生产技术管理水平条件下的投入产出规律。

工程研究法是在缺乏历史成本数据条件下进行成本性态分析最有效的方法,也是用于检验历史成本分析结论的最佳方法,但是采用工程研究法要求较高,工作量也较大,一般适用于新建企业或新产品的成本性态分析。

(五)账户分析法

账户分析法(account analysis approach),又称会计分析法,是以会计人员的经验和主要成本性态划分成本的一种定性分析方法。采用这种方法时,会计人员应取得某一期间实际产量及成本资料,然后对每一账户进行分析,把与变动成本较为接近的划入变动成本,把与固定成本较为接近的划入固定成本,对不易直接区分的混合成本则按照一定比例将它们分解为变动成本和固定成本。

(六)合同确认法

合同确认法(contract confirm approach)是根据所签订合同规定的计价方法与合同提供的业务量的关系分析成本的一种定量分析方法。这种方法将不论业务量多少均需支付的部分,即基数部分划入固定成本,将按业务量计价的部分划入变动成本。

上述各种成本分解方法,各有优缺点及适应性,在实际工作中可起互相补充和印证的作用。

第三节　变　动　成　本　法

一、变动成本法概述

（一）变动成本法的概念

变动成本法是相对于传统的成本计算方法——完全成本法而言的。变动成本法起源于 20 世纪 30 年代的美国，第二次世界大战后，西方发达国家的企业管理当局为了能在激烈的市场竞争中立于不败之地，要求会计提供更有用、更广泛的信息，以便加强对经济活动的事前规划与日常控制，于是变动成本法在企业管理中不断得以推广应用。

变动成本法是指在组织常规的成本计算过程中，以成本性态分析为前提条件，只将变动生产成本作为产品成本的构成内容，而将固定生产成本作为期间成本，并按贡献式损益确定程序计量损益的一种成本计算模式。变动成本法是管理会计专用的成本计算方法。

（二）变动成本法的理论依据

在完全成本法下，将凡是因产品生产而发生的耗费都归属于产品成本；而在变动成本法下，以变动生产成本作为产品成本，将固定制造费用计入当期损益，不计入产品生产成本。变动成本法的理论依据是：直接材料、直接人工、变动性制造费用是在产品生产过程中发生的并随产量变动的成本，所以产品成本只包括这三部分成本；固定性制造费用只是为企业提供一定的经营条件而发生的，它与产品产量的关系并不密切，在一定范围内，产量的变动与固定制造费用数额的多少无关。相反，固定性制造费用与会计期间的关系更为密切，不同时期的经营条件不同，相应的固定性制造费用的数额就有所不同，所以固定性制造费用不应计入产品成本而应归属于会计期间，计入期间成本。

（三）变动成本法的特点

与完全成本法相比，变动成本计算具有以下特点：

（1）变动成本法以成本性态分析为基础，即将所有的成本区分为变动成本和固定成本两大类，将直接与产品生产有联系的所有变动成本称为"产品成本"，而把同产品生产没有直接联系的所有固定成本，包括固定制造费用统称为"期间成本"。

（2）变动成本法分两步计算期间损益，首先以销售收入减去销售产品的变动成本计算确定边际贡献；然后再减去期间成本（固定成本）确定营业利润，即采用所谓贡献式损益计量程序。

（3）变动成本法主要用于企业内部的经营管理。按企业会计准则要求，企业应按完全成本法提供的成本资料编制对外的财务报表；而变动成本法作为一种成本会计制度，主要为企业内部经营管理提供成本计算基础。

（四）变动成本法的优点

（1）采用变动成本法有利于企业掌握每种产品的盈利能力信息。各种产品的边际贡献，即产品的销售收入扣减其变动成本后的余额的大小，体现了各种产品盈利能力，以及对企业最终利润所作贡献的大小,而边际贡献的计算必须以变动成本法为基础。

(2)变动成本法可为制定经营决策以及进行成本的计划和控制,提供有价值的资料。以边际贡献分析为基础,进行盈亏临界点和本量利分析,有助于揭示产量与成本变动的内在规律,找出生产、销售、成本与利润之间的依存关系,以及预测经济前景、规划未来。

(3)变动成本法便于和标准成本、弹性预算和责任会计等直接结合,在计划和日常控制的各个环节发挥重要作用,也有利于正确评价各部门的工作业绩。

二、变动成本法与完全成本法的比较

由于变动成本法与完全成本法对固定制造费用的处理不同,使得两种方法在产品成本的内容、存货的计价及分期损益的计算方面存在一系列的差异。

(一)产品成本及期间成本构成内容的比较

在变动成本法下,产品成本全部由变动生产成本构成,而将固定生产成本和非生产成本全部列入期间费用。

在完全成本法下,产品成本包括全部生产成本(即直接材料、直接人工和制造费用),期间费用则仅包含非生产成本。

这两种方法在产品成本及期间成本的构成内容上的区别见表 2-5。

表 2-5　　　　　　　　　　产品成本及期间成本的构成内容

成　本　划　分	完　全　成　本　法	变　动　成　本　法
产品成本	直接材料 直接人工 制造费用	直接材料 直接人工 变动制造费用
期间成本	管理费用 销售费用	固定制造费用 管理费用(变动与固定) 销售费用(变动与固定)

【例 2-5】　顺通量具厂 2016 年生产刀具 40 000 件,年初存货为零,销售 30 000 件,销售单价每件 80 元,有关成本资料如下:

直接材料	1 000 000 元
直接人工	600 000 元
变动制造费用	200 000 元
固定制造费用	400 000 元
变动销售费用	30 000 元
固定销售费用	40 000 元
变动管理费用	35 000 元
固定管理费用	15 000 元

分别按完全成本法和变动成本法计算该企业产品成本和期间成本,具体计算过程见表2-6。

表 2-6 　　　　　　　　　　　　**完全成本法和变动成本法计算比较**

产量: 40 000 件　　　　　　　　　　　　　　　　　　　　　　　　　　　　单位:元

		完 全 成 本 法		变 动 成 本 法	
		总 成 本	单位成本	总 成 本	单位成本
产品成本	直接材料	1 000 000	25	1 000 000	25
	直接人工	600 000	15	600 000	15
	变动制造费用	200 000	5	200 000	5
	固定制造费用	400 000	10		
	合　　计	2 200 000	55	1 800 000	45
期间成本	固定制造费用			400 000	10
	销售费用	70 000		70 000	2.33
	管理费用	50 000		50 000	1.67
	合　　计	120 000		520 000	14

以上计算表明,按完全成本法计算的产品总成本和单位成本分别为 2 200 000 元和 55 元;按变动成本法计算的产品总成本和单位成本分别为 1 800 000 元和 45 元。两种成本计算方法的区别在于对固定制造费用的处理不同,即完全成本法将固定制造费用 400 000 元计入产品成本,而变动成本法将固定制造费用 400 000 元计入期间费用。

(二)销售成本及存货成本水平的比较

当期末存货量和本期销售量都不为零时,产品成本一部分转化为销售成本,一部分转化为期末存货成本。在变动成本法下,固定制造费用作为期间成本直接计入当期利润表,因而本期销售成本、期末存货成本都不包括固定制造费用,两者均按变动成本计价(变动成本法下的成本流转见图 2-12)。在完全成本法下,由于固定制造费用计入产品成本,这样已销产品与期末存货均"吸收"了一部分固定制造费用,即销售成本和期末存货成本均按完全成本计价。由此,会引起两种方法下销售成本及存货成本水平的不同。

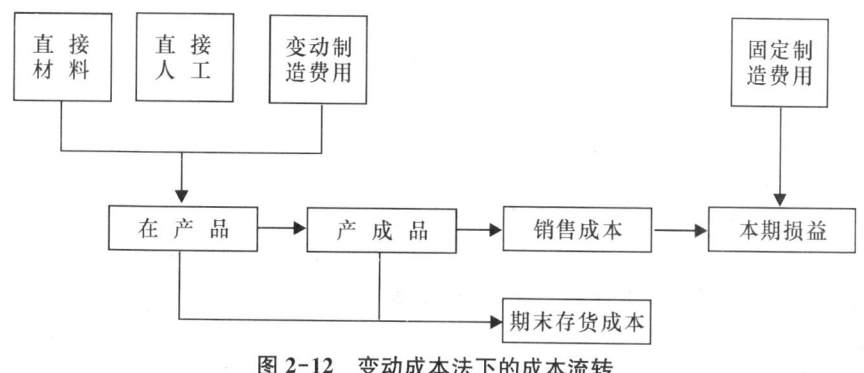

图 2-12　变动成本法下的成本流转

【例 2-6】　按[例 2-5]所提供的资料,2016 年生产刀具 40 000 件,年初存货为零,销售 30 000 件,期末存货 10 000 件,则两种成本法下的销售成本和期末存货成本计算如下:

在变动成本法下:

销售存货成本＝单位产品成本×本期销售量＝45×30 000＝1 350 000(元)

期末存货成本＝单位产品成本×期末存货量＝45×10 000＝450 000(元)

在完全成本法下:

销售存货成本＝单位产品成本×本期销售量＝55×30 000＝1 650 000(元)

期末存货成本＝单位产品成本×期末存货量＝55×10 000＝550 000(元)

(三) 损益确定程序的比较

两种成本计算法的区别不仅限于成本计算方面,而且营业利润的计量程序也有区别。在变动成本法下,只能按贡献式损益确定程序计量营业利润;而在完全成本法下则必须按传统式损益确定程序计量营业利润。

1. 完全成本法下的损益确定程序

传统式损益确定程序下,首先用营业收入补偿本期销售产品的销售成本,从而确定销售毛利,然后再用销售毛利补偿期间费用以确定当期营业利润。具体计算如下:

(1) 计算销售毛利:

销售毛利＝销售收入－销售成本

销售成本＝期初存货成本＋本期发生的生产成本－期末存货成本

(2) 计算营业利润:

营业利润＝销售毛利－销售费用和管理费用

2. 变动成本法下的损益确定程序

在贡献式损益确定程序下,首先用营业收入补偿本期变动成本总额,从而确定边际贡献,然后再用边际贡献补偿固定成本总额确定当期营业利润。具体计算如下:

(1) 计算边际贡献:

边际贡献＝销售收入－变动成本总额

其中,变动成本总额包括销售产品的变动生产成本、变动销售费用和变动管理费用。

(2) 计算营业利润:

营业利润＝边际贡献－固定成本总额

其中,固定成本总额包括当期固定制造费用、固定销售费用和固定管理费用。

这两种成本计算方法在损益确定程序上的不同源于两者的服务对象不同。完全成本法主要是财务会计应用的成本计算方法,侧重于为外部信息使用者提供企业经营成果的信息,它的重点在于确定最终收益;变动成本法主要是管理会计应用的成本计算方法,侧重于为企业内部管理提供事前的规划、决策所需的信息,它的重点是确定边际贡献,反映产销量变动对边际贡献的影响。

【例 2-7】　按[例 2-5]所提供的资料,分别按两种方法计算的营业利润,见表 2-7。

(四)分期损益的比较

分期损益是指某一特定的会计期间的营业利润。由于变动成本法与完全成本法对固定制造费用的处理不同,因此,它们计算出来的损益有可能不同。表 2-7 的计算结果表明,按完全成本法确定的营业利润比按变动成本法确定的营业利润多 100 000 元。其原因是本期生产量大于销售量,发生的 400 000 元固定性制造费用中,在完全成本法下,300 000 元通过销售成本计入利润表,其余 100 000 元被期末存货吸收并结转下期。而在变动成本法下,固定性制造费用全部作为期间成本计入利润表。

表 2-7　　　　　　　　**按两种成本计算法编制的利润表**　　　　　　　单位:元

完全成本法(传统式)		变动成本法(贡献式)	
销售收入	2 400 000	销售收入	2 400 000
销售成本		变动成本	
期初存货成本	0	销售产品的变动生产成本	1 350 000
本期生产成本	2 200 000	变动销售费用	30 000
可供销售的商品生产成本	2 200 000	变动管理费用	35 000
减:期末存货成本	550 000	减:变动成本	1 415 000
销售成本	1 650 000	边际贡献	985 000
销售毛利	750 000	固定成本	
减:销售费用	70 000	固定制造费用	400 000
管理费用	50 000	固定销售费用	40 000
		固定管理费用	15 000
营业利润	630 000	减:固定成本	455 000
		营业利润	530 000

1. 两种成本计算方法分期损益差异的计算并验证

两种成本计算方法分期损益差异可按下列关系计算并验证:

$$\text{两种成本计算方法分期损益差异} = \text{完全成本法计算的某期利润} - \text{变动成本法计算的某期利润}$$

$$\text{完全成本法计入分期损益的固定制造费用} = \text{期初存货的固定制造费用} + \text{本期发生的固定制造费用} - \text{期末存货的固定制造费用}$$

$$\text{变动成本法计入分期损益的固定制造费用} = \text{本期发生的固定制造费用}$$

$$\text{两种成本计算方法计入当期损益的固定制造费用差异} = \text{完全成本法计入分期损益的固定制造费用} - \text{变动成本法计入分期损益的固定制造费用} = \text{完全成本法下期初存货的固定制造费用} - \text{完全成本法下期末存货的固定制造费用}$$

$$\begin{aligned}两种成本计算方\\法分期损益差异\end{aligned}=\begin{aligned}&两种成本计算方法计入分期\\&损益的固定制造费用差异\end{aligned}=$$

$$\begin{aligned}完全成本法下期末\\存货的固定制造费用\end{aligned}-\begin{aligned}完全成本法下期初\\存货的固定制造费用\end{aligned}$$

【例2-8】 某企业生产销售甲产品,2015年期初存货量为15 000件,2015年甲产品生产量50 000件,销售量60 000件;单位产品变动生产成本20元,变动销售管理费用5元;年固定制造费用总额200 000元,固定销售管理费用65 000元;前后各期生产量与成本水平不变,产品销售单价40元。则按两种方法计算的2015年营业利润及其差异验证如下:

(1)按完全成本法计算:

单位产品生产成本＝单位产品变动生产成本＋单位产品固定制造费用＝20＋4＝24(元)

营业利润＝60 000×40－60 000×24－60 000×5－65 000＝595 000(元)

(2)按变动成本法计算:

变动成本总额＝60 000×20＋60 000×5＝1 500 000(元)

固定成本总额＝200 000＋65 000＝265 000(元)

营业利润＝60 000×40－1 500 000－265 000＝635 000(元)

(3)营业利润差异及其验证:

两种成本计算方法的利润差异＝595 000－635 000＝－40 000(元)

以上计算表明,该企业2015年按完全成本法计算的营业利润小于按变动成本法计算的营业利润,两种方法的营业利润差额为40 000元。其原因是本期销售量大于生产量,在完全成本法下,期初存货释放计入本年的固定制造费用60 000元,大于由期末存货吸收未计入本年的固定制造费用20 000元,使得在完全成本法下计入当期的制造费用为240 000元(60 000＋200 000－20 000),而变动成本法下计入当期的制造费用为200 000元。两种方法计算的营业利润差异可按公式计算验证如下:

$$\begin{aligned}两种成本计算方法\\计算分期损益差异\end{aligned}=\begin{aligned}完全成本法下期末\\存货的固定制造费用\end{aligned}-\begin{aligned}完全成本法下期初\\存货的固定制造费用\end{aligned}$$

5 000×4－15 000×4＝－40 000(元)

2. 两种成本计算方法分期损益差异的变动规律

根据分期损益差异的验证公式,我们可以归纳出两种成本计算方法分期损益变动的一般规律。

(1)如果完全成本法下期末存货的固定制造费用与期初存货的固定制造费用相等,则用这两种成本计算方法计算的分期损益相等。

(2)如果完全成本法下期末存货的固定制造费用大于期初存货的固定制造费用,则按完全成本法计算的利润大于按变动成本法计算的利润。

(3)如果完全成本法下期末存货的固定制造费用小于期初存货的固定制造费用,则按完全成本法计算的利润小于按变动成本法计算的利润。

如果按[例 2-8]情况,前后各期产量相同、成本水平不变,即按完全成本法计算的单位产品成本相等,则两种成本计算方法分期损益的验证可按下列公式简化计算。

$$\begin{array}{l}\text{两种成本计算方法}\\\text{计算分期损益差异}\end{array} =(\text{期末存货量}-\text{期初存货量})\times\text{单位固定制造费用}$$

从公式中可以看出,在前后各期产量相同、成本水平不变的情况下,两种成本计算方法分期损益的差异存在以下规律:

第一,如果某期生产量等于销售量(期末存货量等于期初存货量),则用这两种成本计算方法计算的分期损益相等。

第二,如果某期生产量大于销售量(期末存货量大于期初存货量),则按完全成本法计算的利润大于按变动成本法计算的利润。

第三,如果某期生产量小于销售量(期末存货量小于期初存货量),则按完全成本法计算的利润小于按变动成本法计算的利润。

3. 不同产销水平下两种成本计算方法的比较

变动成本法体现了销售量、成本与利润之间的变化规律,在单价、成本水平不变的情况下,在变动成本法下,各期利润直接与销售量多少相关。如果销售量不变,不管产量增加多少,按变动成本法计算的利润不变,如果销售量增加或减少,利润也随之增加或减少。因此,采用变动成本法有利于促使企业以销定产,减少或避免因盲目生产而带来的损失。

完全成本法由于将固定制造费用计入产品成本,在单价和成本水平不变的情况下,产量成为影响营业利润的一个重要因素。因为如果产量不同,单位产品分摊的固定制造费用不同,产量越高,单位产品的固定生产成本越小;反之,产量越低,单位产品的固定生产成本越大,这样,转入当期销售产品的成本不同,利润当然也不相等。这样有时就会出现销售量增加、利润反而减少,或销售量减少、利润反而增加等不正常的现象。

【例 2-9】 某企业从 2010 年起投产生产 A 产品,各年产销量资料见表 2-8。

表 2-8   某企业 2010—2017 年 A 产品各年产销量   单位:件

年 份	生 产 量	销 售 量	期初存货量	期末存货量
2010	600	600	0	0
2011	660	600	0	60
2012	800	860	60	0
2013	1 000	900	0	100
2014	1 100	1 100	100	100
2015	1 200	1 250	100	50
2016	1 100	850	50	300
2017	1 000	1 300	300	0
合 计	7 460	7 460	0	0

A 产品单价 50 元,单位变动生产成本 12 元,年固定制造费用 13 200 元,单位变动销售和管理费 5 元,年固定销售和管理费用 3 600 元,假定各年产品单价和成本水平不变,存货计价采用先进先出法。按完全成本法和变动成本法计算的各年营业利润分别见表 2-9

和表 2-10。

表 2-9

利 润 表

（按完全成本法计算）　　　　　　　　　　　　　单位：元

年　份 项　目	2010	2011	2012	2013	2014	2015	2016	2017	合　计
销售收入	30 000	30 000	43 000	45 000	55 000	62 500	42 500	65 000	373 000
减：期初存货	0	0	1 920	0	2 520	2 400	1 150	7 200	0
本期生产成本	20 400	21 120	22 800	25 200	26 400	27 600	26 400	25 200	195 120
可供销售产品成本	20 400	21 120	24 720	25 200	28 920	30 000	27 550	32 400	195 120 *
减：期末存货	0	1 920	0	2 520	2 400	1 150	7 200	0	0
销售成本	20 400	19 200	24 720	22 680	26 520	28 850	20 350	32 400	195 120
销售毛利	9 600	10 800	18 280	22 320	28 480	33 650	22 150	32 600	177 880
减：销售和管理费用									
变动销售和管理费用	3 000	3 000	4 300	4 500	5 500	6 250	4 250	6 500	37 300
固定销售和管理费用	3 600	3 600	3 600	3 600	3 600	3 600	3 600	3 600	28 800
销售和管理费用小计	6 600	6 600	7 900	8 100	9 100	9 850	7 850	10 100	66 100
营业利润	3 000	4 200	10 380	14 220	19 380	23 800	14 300	22 500	111 780
单位产品成本	12+22 =34	12+20 =32	12+16.5 =28.5	12+13.2 =25.2	12+12 =24	12+11 =23	12+12 =24	12+13.2 =25.2	—

* 由于 2010 年年初的存货与 2017 年的期末存货均为零，所以销售成本合计数应等于本期生产成本合计数。

表 2-10

利 润 表

（按变动成本法计算）　　　　　　　　　　　　　单位：元

年　份 项　目	2010	2011	2012	2013	2014	2015	2016	2017	合　计
销售收入	30 000	30 000	43 000	45 000	55 000	62 500	42 500	65 000	373 000
减：变动成本									
变动生产成本	7 200	7 200	10 320	10 800	13 200	15 000	10 200	15 600	89 520
变动销售和管理费用	3 000	3 000	4 300	4 500	5 500	6 250	4 250	6 500	37 300
变动成本小计	10 200	10 200	14 620	15 300	18 700	21 250	14 450	22 100	126 820
边际贡献	19 800	19 800	28 380	29 700	36 300	41 250	28 050	42 900	246 180
减：固定成本									
固定制造费用	13 200	13 200	13 200	13 200	13 200	13 200	13 200	13 200	105 600
固定销售和管理费用	3 600	3 600	3 600	3 600	3 600	3 600	3 600	3 600	28 800
固定成本小计	16 800	16 800	16 800	16 800	16 800	16 800	16 800	16 800	134 400
营业利润	3 000	3 000	11 580	12 900	19 500	24 450	11 250	26 100	111 780

　　各年按完全成本法和变动成本法计算的利润与产销量的比较、各期损益差异及其验证，见表2-11。

表 2-11　　　　　　　　　两种方法利润计算结果及比较　　　　　　　单位：元

年　份	生产量（件）	销售量（件）	完全成本法的营业利润	变动成本法的营业利润	损益差异	差　异　验　证
2010	600	600	3 000	3 000	0	0－0＝0
2011	660	600	4 200	3 000	1 200	1 200－0＝1 200
2012	800	860	10 380	11 580	－1 200	0－1 200＝－1 200
2013	1 000	900	14 220	12 900	1 320	1 320－0＝1 320
2014	1 100	1 100	19 380	19 500	－120	1 200－1 320＝－120
2015	1 200	1 250	23 800	24 450	－650	550－1 200＝－650
2016	1 100	850	14 300	11 250	3 050	3 600－550＝3 050
2017	1 000	1 300	22 500	26 100	－3 600	0－3 600＝－3 600
合　计	7 460	7 460	111 780	111 780	0	0

　　由表2-11可以看出，在变动成本法下各期营业利润呈现与销售量相一致的变动趋势，完全成本法却并不如此，如2016年与2013年相比，销售量减少50件，营业利润却反而增加了80元；2011年与2010年相比，销售量相同，但2011年的营业利润却比2010年高出1 200元，这是由于2011年的生产量比2010年多60件，单位产品分摊的固定制造费用低了2元（20－22）引起的。从连续各年来看，如总的生产量与销售量相同，则两种方法计算的营业利润总额相等，如本例中2010年期初存货为0，2017年期末存货为0，表明2010—2017年产销量相同，两种方法下8年的营业利润合计均为111 780元。

　　完全成本法和变动成本法是既有联系又有区别的两种成本计算方法。采用完全成本法，有利于财务会计的资产计价和利润计量，有利于财务报表的对外报告，但是它无法提供企业内部管理所需的各种信息，不利于企业经营决策、目标制定、业绩控制和责、权、利考核分析。而变动成本法能弥补完全成本法的上述缺点，它能提供企业内部经营管理所需的各种信息。但是变动成本法下的会计信息无法满足企业外部投资者和债权人决策的需求，也无法满足政府监管部门、国家税收征收部门对相关信息的需求。因此对企业来说，需要建立能够使两种方法统一起来的新的会计核算系统。

本章要点概览

　　现代管理会计中，成本是指在生产经营过程中为达到一定目的而应当或可能发生的各种资源的价值牺牲或代价。管理会计的成本概念具有多样性，包括作业成本、机会成本、差量成本、标准成本、责任成本等概念。

　　管理会计为满足企业内部管理的需要，按成本性态分类，成本分为变动成本、固定成本和混合成本三类。在成本性态分类的基础上,进一步按照一定程序和方法对混合成本分解,最终将全部成本分为变动成本和固定成本两部分,并建立相应的成本—业务量的函数模型,这就是管理会计的成本性态分析。通过成本性态分析可以更好地把握成本与业务量的内在联系,为管理会计的本量利分析、短期决策分析和全面预算等提供依据。

管理会计以变动成本法计算产品成本。变动成本法是以成本性态分析为前提条件,将变动生产成本作为产品成本的构成内容,将固定生产成本作为期间成本,并按贡献式损益确定程序计量利润的一种成本计算模式。

管理会计的变动成本法与财务会计的完全成本法在产品成本、期间成本的构成、存货计价、对固定成本的处理方法、利润计算程序等方面有所区别。由此,用两种方法计算的利润也存在一定差异。在前后各期产量相同、成本水平不变的情况下,如果某期生产量等于销售量,则用两种成本计算方法计算的分期损益相等;但是,如果某期生产量大于销售量,则按完全成本计算法计算的利润大于按变动成本计算法计算的利润;如果某期生产量小于销售量,结果则相反。

 关键词

1. 成本性态　　　　　　　　2. 变动成本
3. 固定成本　　　　　　　　4. 混合成本
5. 技术性变动成本　　　　　6. 酌量性变动成本
7. 约束性固定成本　　　　　8. 酌量性固定成本
9. 变动成本法　　　　　　　10. 完全成本法

阅 读 文 献

1. 孙茂竹主编:《管理会计学(第五版)》(中国人民大学会计系列教材),中国人民大学出版社 2009 年版。

2. 许萍主编:《管理会计学》,厦门大学出版社 2010 年版。

3. 孟焰主编:《管理会计学》,经济科学出版社 2009 年版。

4. 卓敏主编:《管理会计》(普通高校"十一五"规划教材),中国科学技术大学出版社 2010 年版。

5. 吴大军主编:《管理会计习题与案例》,东北财经大学出版社 2006 年版。

复 习 思 考 题

1. 什么是成本性态? 管理会计中成本为什么要按性态分类?
2. 比较变动成本、固定成本、混合成本,举例说明变动成本和固定成本的特征。
3. 什么是成本性态分析? 成本性态分析有何意义?
4. 完全成本法、变动成本法的理论依据是什么? 各有何优缺点?
5. 完全成本法和变动成本法下,产品成本和期间成本的内容有什么区别?
6. 用完全成本法和变动成本法计算利润会出现差异,其原因是什么? 说明在单价、成本水平不变的情况下,这两种成本计算方法下利润差异的规律。

练　习　题

一、判断题

1. 由于相关范围的存在,变动成本与固定成本具有暂时性、相对性和可转化性。（　　）

2. 管理会计将全部成本区分为固定成本和变动成本两部分,这种分类的目的是进行成本核算,揭示成本与业务量之间的内在联系。（　　）

3. 变动成本的特点是随产销量的变动而呈正比例变动,其单位变动成本不变。（　　）

4. 成本性态分析以成本性态分类为基础,成本性态分类是成本性态分析的结果。（　　）

5. 完全成本法应用的前提是成本按其经济用途的分类,变动成本法应用的前提是进行成本性态分析。（　　）

6. 完全成本法与变动成本法的营业利润差异,可按完全成本法下的"期末存货固定制造费用－期初存货固定制造费用"或"本期生产存货固定制造费用－本期销售存货固定制造费用"关系验证。（　　）

7. 如果某期间生产量大于销售量,则该期间按完全成本法计算的利润一定大于按变动成本法计算的利润。（　　）

8. 某企业本期期末存货量大于期初存货量(即产大于销),该期发生的固定生产成本的水平与前期相同,但两期产量不同,则本期用完全成本法与变动成本法计算的营业净利润差额可能大于等于零,也可能小于零。（　　）

二、单项选择题

1. 下列关于变动成本的说法正确的是(　　)。

    A. 随业务量的增减变动而变动　　　　　　B. 在相关范围内单位变动成本不变

    C. 一般应计入产品生产成本　　　　　　　D. 分为半变动成本和延期变动成本

2. 混合成本的分解方法中的高低点法,其"高点"一般是指(　　)。

    A. 成本总额最大的点　　　　　　　　　　B. 成本和业务量都最大的点

    C. 业务量总额最大的点　　　　　　　　　D. 单位成本最大的点

3. 甲企业每月生产某种零件数量在 1 000 件以内时,需要化验员 2 名;在此基础上,每增加产量 400 件,需要增加 1 名化验员。在此种情况下,化验员的工资成本属于(　　)。

    A. 阶梯式混合成本　　　　　　　　　　　B. 标准式混合成本

    C. 低坡式混合成本　　　　　　　　　　　D. 曲线式混合成本

4. 适用于新建行业或新产品的成本性态分析的方法是(　　)。

    A. 散布图法　　　　B. 回归直线法　　　　C. 高低点法　　　　D. 工程研究法

5. 如果某期按变动成本法计算的营业利润为 6 000 元,该期产量为 3 000 件,销售量为 2 000 件,期初存货为零,固定性制造费用总额为 3 000 元,则按完全成本法计算的营业利润为(　　)元。

    A. 1 000　　　　　　B. 5 000　　　　　　C. 6 000　　　　　　D. 7 000

6. 在成本水平不变动的情况下,某年按完全成本法计算的营业利润大于变动成本法计算的营业利润,其原因是(　　)。

    A. 生产量大于销售量　　　　　　　　　　B. 销售量大于生产量

    C. 对固定制造费用处理不同　　　　　　　D. 期间费用金额不同

7. 完全成本法与变动成本法相比,下列说法正确的是(　　)。

    A. 只要期末存货量等于期初存货量,任何条件下按两种方法计算的利润都相等

B. 如果期初、期末存货均为 0,任何条件下按两种方法计算的利润都相等

C. 期初、期末单位存货固定制造费用不相等,任何条件下按两种方法计算的利润都不同

D. 前后各期成本水平不同,任何条件下按两种方法计算的利润都不同

8. 营业净利润在贡献式损益确定程序下计算正确的是( )。

    A. 营业收入－变动生产成本－固定成本　　B. 营业收入－营业成本－营业费用

    C. 营业收入－固定成本－变动成本　　　　D. 边际贡献－固定成本

三、多项选择题

1. 固定成本的主要特点有( )。

    A. 在一定业务量范围内成本总额不变　　B. 在一定时期内成本总额不变

    C. 在一定条件下单位固定成本呈反比例变动　　D. 固定成本一般属于期间成本

2. 下列成本项目中,属于酌量性变动成本的有( )。

    A. 销售佣金　　　　　　　　　　　　　B. 直接材料的采购成本

    C. 产品技术转让费　　　　　　　　　　D. 生产工人计件工资

3. 企业固定成本可分为约束性固定成本和酌量性固定成本,企业降低固定成本的途径有( )。

    A. 通过增加产量相对降低约束性固定成本　　B. 通过增加产量相对降低酌量性固定成本

    C. 通过财务决策绝对降低约束性固定成本　　D. 通过财务决策绝对降低酌量性固定成本

4. 半变动成本和半固定成本两者的共同点有( )。

    A. 成本通常有一个基数,与业务量的变化无关

    B. 兼有固定成本性质和变动成本性质

    C. 可建立连续性的成本业务量关系模型

    D. 成本性态分析中需运用一定方法对成本进行分解

5. 关于变动成本法,下列说法正确的有( )。

    A. 理论依据是产品生产成本应随生产量的变动而变动

    B. 揭示了成本、业务量和利润三者之间的联系

    C. 为成本控制、业绩考核、长期和短期决策提供了依据

    D. 比完全成本法提供的成本信息更准确、可靠

6. 变动成本法下产品生产成本一般包括( )。

    A. 直接材料　　　　　　　　　　　　　B. 变动销售管理费用

    C. 变动制造费用　　　　　　　　　　　D. 固定制造费用

7. 下列项目中,不会导致完全成本法和变动成本法所确定的分期营业利润不同的有( )。

    A. 营业收入　　　　　　　　　　　　　B. 变动生产成本

    C. 变动销售费用和变动管理费用　　　　D. 固定销售费用和固定管理费用

8. 变动成本法与完全成本法两种成本计算方法的区别有( )。

    A. 产品成本构成内容不同　　　　　　　B. 营业利润计算程序不同

    C. 所提供成本信息的用途不同　　　　　D. 各期间营业利润不同

四、计算题

1. 资料：东方公司只生产销售甲产品,企业的历史资料表明,最高年产量为 2010 年的 140 000 件,生产成本 400 000 元,最低年产量为 2015 年的 80 000 件,2015 年的有关成本为:变动成本 120 000 元,固定成本 80 000 元,混合成本 80 000 元。

    要求：

(1) 用高低点法进行混合成本分解,并建立成本与业务量关系的数学模型。

(2) 预计年生产量为 126 000 件时企业的成本总额。

2. 资料:ABC 公司 2016 年 1～6 月份有关产量和成本资料见表 2-12。

表 2-12　　　　　　　　　　　产量和成本资料表

月　份	1	2	3	4	5	6	合　计
产量(件)	400	200	300	500	400	600	2 400
成本(元)	30 000	20 000	28 000	40 000	32 000	44 000	194 000

要求:说明该企业成本与业务量相关性,按回归直线法建立成本性态数学模型。

3. 某企业生产销售甲产品,2016 年按完全成本法和变动成本法两种方法编制的利润表部分资料见表 2-13。

表 2-13　　　　　　　　　　　利　润　表　　　　　　　　　　单位:元

完 成 本 法		变 动 成 本 法	
项　目	金　额	项　目	金　额
营业收入		营业收入	240 000
期初存货成本	0	减:本期销售产品生产成本	
加:本期生产成本		变动销售费用	9 600
减:期末存货成本	21 600	变动管理费用	2 400
营业成本		边际贡献	
营业毛利		减:固定制造费用	36 000
减:销售费用	18 000	固定销售费用	
管理费用	18 000	固定管理费用	
营业利润	9 600	营业利润	

要求:填列利润表中空白项目金额。

4. 某企业生产甲产品,2016 年 6 月初存货数量为零,6 月份生产甲产品 5 000 件,单位产品生产工时 2 小时,销售 4 000 件,每件售价 100 元。6 月份有关成本费用账户发生额记录如下:

生产成本:　　　　　335 000 元
其中:直接材料　　　180 000 元(生产开始时一次投入)
　　　直接人工　　　 60 000 元(计件工资)
　　　间接人工　　　 20 000 元(计时工资)
　　　折旧费　　　　 40 000 元(按生产工时计提)
　　　其他生产费用　 35 000 元(与生产工时的函数关系模型为:$y=3x+5 000$)
管理费用:　　　　　 43 000 元
其中:管理人员工资　 14 000 元(计时工资)
　　　折旧费　　　　 21 000 元(直线法计提)
　　　办公费用(每月) 8 000 元
销售费用:　　　　　 47 000 元

其中：销售佣金   40 000 元(按每件 10 元标准计提)

日常支出(每月)   3 000 元

广告费用(每月)   4 000 元

要求：

(1) 分别按完全成本法、变动成本法计算本月产品生产成本、销售成本、期末存货成本。

(2) 分别按完全成本法、变动成本法计算本月营业利润与利润差异,说明营业利润出现差异的原因。

5. 某企业只生产销售一种产品,产品单位售价 40 元,以正常的年生产和销售量 100 000 件为基础确定的成本费用资料如下(单位：元)：

	总 成 本	单位成本
产品变动生产成本	2 000 000	20
变动销售费用和变动管理费用	400 000	4
产品固定制造费用	522 500	5.225
固定销售费用和固定管理费用	104 500	1.045

假定生产中没有成本差异,存货的计价采用先进先出法,2010 年期初存货数量为零,2014—2016 各年的生产量和销售量如下：

2014 年生产量 100 000 件,销售量 80 000 件

2015 年生产量 95 000 件,销售量 80 000 件

2016 年生产量 110 000 件,销售量 140 000 件

要求：

(1) 分别按完全成本法和变动成本法计算 2014—2016 年各年的营业利润。

(2) 计算完全成本法下 2015 年和 2014 年利润差异,说明出现差异的原因。

(3) 计算 2016 年完全成本法和变动成本法利润差异,并进行验证,说明出现差异的原因。

五、案例分析题

2016 年,某公司财务处处长根据本公司各企业的会计年报及有关文字说明,写了一份公司年度经济效益分析报告送交总经理。总经理对报告中提到的两个企业情况感到困惑：一个是专门生产止咳液的甲制药厂,另一个是生产制药原料的乙制药厂。甲制药厂 2015 年产销不景气,库存大量积压,贷款不断增加,资金频频告急。2016 年,该厂努力扭转局面,一方面适应市场,减少产量；另一方面则想方设法扩大销售,减少库存,但报表上反映的利润 2016 年却比 2015 年下降。乙制药厂情况则相反,2016 年市场不景气,销售量比 2015 年下降,年度财务决算报表上几项经济指标,除资金状况外,都比上年好。于是经理请公司财务处处长将这两个厂交上来的有关报表和财务分析拿出来进行进一步的研究。

甲制药厂的有关利润表和库存资料见表 2-14。

表 2-14   利润表和库存资料表

利润资料(金额单位：元)：

年 份 \ 项 目	2015	2016
销售收入	1 855 000	2 555 000
减：销售成本	1 172 000	1 980 000
销售费用	110 600	114 600
营业利润	572 400	460 400

（续表）

库存资料（数量单位：千克）：

在制品		
期初存货数	16 000	35 000
本期生产数	72 000	50 400
本期销售数	53 000	73 000
期末存货数	35 000	12 400
期末在制品		
单位售价（元/千克）	35	35
单位成本（元/千克）	24	30
其中：		
材料	7	7
工资	4	5.71
燃料和动力	3	3
制造费用	10	14.29

　　该公司工资均为计时工资，制造费用均为固定费用，两项费用每年分别为288 000元和720 000元；单位产品变动销售费用0.2元/千克，年固定销售费用100 000元，销售成本采用先进先出法结转。

　　该厂在分析其利润下降原因时，认为这是生产能力没有充分利用，工资和制造费用等固定生产成本未能得到充分摊销所致。

　　乙制药厂的有关利润和库存资料见表2-15。

表 2-15　　　　　　　　　　　**利润和库存资料表**

利润资料（金额单位：元）：

年份 项目	2015	2016
销售收入	1 200 000	1 100 000
减：销售成本	1 080 000	964 930
销售费用	30 000	30 000
净利润	90 000	105 070
期初存货数	100	100
本年生产数	12 000	13 000
本年销售数	12 000	11 000
期末存货数	100	2 100
单位售价（元/千克）	100	100
单位成本（元/千克）	90	87.70
其中：		
原材料	50	50
工资	15	13.85
燃料和动力	10	10
制造费用	15	13.85

工资、制造费用均为固定费用,这两年都为 180 000 元。销售费用为固定费用,销售成本采用先进先出法结转。

该厂在分析其利润上升的原因时,认为这是在市场不景气的情况下,全厂职工充分利用现有生产能力,增产节支的结果。

请问:甲制药厂和乙制药厂的分析结论对吗? 为什么? 你认为应如何正确分析甲、乙两个制药厂的经营成果,解释总经理的困惑所在?

第三章　本量利分析

学习目的与要求

　　本章介绍了本量利分析的概念、基本假设和作用,本量利分析的基本模型、经营安全程度的评价指标、本量利关系中的敏感分析。通过本章学习,能用模型与图形来揭示固定成本、变动成本、销售量、单价、销售额、利润等变量之间的内在规律和联系,熟练掌握盈亏平衡点的分析、有关因素变动对保本点和保利点的影响,进而能将本量利分析的基本原理和分析方法在企业的预测、决策、计划和控制等方面具体运用,为会计预测、决策和规划提供必要的财务信息。

第一节　本量利分析概述

一、本量利分析的概念和作用

(一) 本量利分析的概念

　　本量利分析是分析成本、业务量、利润三者之间依存关系的一种定量分析方法。它是在成本性态分析的基础上,运用数学模型或图形着重揭示、分析固定成本、变动成本、销售量、销售单价、销售额、利润等变量之间的内在联系和变动规律,为企业预测、决策、预算、控制和规划提供必要的财务信息。

(二) 本量利分析的作用

　　本量利分析是管理会计的基本方法之一,是企业经营管理活动中一种比较实用的工具。它的运用十分广泛,可用于规划经济活动、进行经营决策、控制经济过程等方面。

　　1. 确定预期的目标

　　通过本量利分析,可以预测企业达到多少销售量(销售额)才能保本,或达到多少销售量(销售额)才能取得预期的利润。

　　2. 制定产品或劳务的价格

　　企业为其产品、劳务制定的价格,必须使预期销量下的销售额能够弥补总成本。通过本量利分析,可以预测在不同的售价下,企业能够获取多少利润,是否弥补了总成本,从而帮助企业制定出合理的产品价格。

3. 确定成本结构

企业的成本结构(变动成本和固定成本的比例)影响着企业在不同产销水平上的保本点和盈利水平。通过本量利分析,可以预测和分析成本结构变化对企业总体利润水平的影响,从而帮助企业确定一个最佳的成本结构。

4. 确定产品的最佳销售量

通过本量利分析,可以预测销售量变化对企业利润水平产生的影响,从而帮助企业决策一个合适的销售量,使其盈利达到最佳水平。

二、本量利分析的基本假设

在进行具体分析时,为了便于揭示成本、业务量与利润三者之间的内在联系,需要作一些基本假设。

1. 成本性态分析和变动成本法假设

假设所有的成本都已划分为固定成本和变动成本两大类,并建立了相应的成本模型;产品成本是按变动成本法计算的,即产品成本中只包括变动成本,所有的固定成本(包括固定制造费用),均作为期间成本计入当期损益。

2. 相关范围及线性假设

假设一定时期、一定产销范围内(即相关范围),固定成本总额和单位变动成本保持不变,总成本函数为线性方程 $y = a + bx$;同时在相关范围内,单价保持不变,其销售收入函数也为线性方程 $y = px$。

3. 产销平衡和品种结构不变假设

假设在单一品种情况下,生产出来的产品总是可以销售出去的。在多品种情况下,不仅生产出来的产品可以销售出去,而且当销售额发生变化时,各种产品的销售额在全部产品总销售额中所占的比重不变。

4. 目标利润假设

本量利分析中所使用利润是指营业利润,不考虑投资收益和营业外收支等项目。

有了上述这些假设,可以比较容易地建立模型,清楚地反映各因素之间的关系及规律性,有助于初学者深刻理解本量利分析的基本原理,也可为在实际工作中应用本量利分析原理指出努力方向,但这些假设也给本量利分析带来一定的局限性,在操作中,要结合实际情况对本量利分析的结果加以修正。

三、本量利分析的基本公式和相关指标

(一) 基本公式

$$利润 = 销售收入 - 总成本$$

由于　　　　总成本 = 变动成本 + 固定成本 = 单位变动成本 × 销售量 + 固定成本

销售收入 = 单价 × 销售量

则　　　　　　利润＝单价×销售量－（单位变动成本×销售量＋固定成本）＝

销售量×（单价－单位变动成本）－固定成本

该公式就是本量利分析的基本公式,保本分析、保利分析都是在这个基本公式的基础上进行的。

本量利分析的基本公式含有五个相互联系的变量,给出其中四个,便可求出剩余一个变量的值,于是可引出多个基本公式的变换形式。

1. 计算销售量的变换公式

销售量＝（固定成本＋利润）÷（单价－单位变动成本）

2. 计算单价的变换公式

单价＝（固定成本＋利润）÷销售量＋单位变动成本

3. 计算单位变动成本的变换公式

单位变动成本＝单价－（固定成本＋利润）÷销售量

4. 计算固定成本的变换公式

固定成本＝（单价－单位变动成本）×销售量－利润

由于单位变动成本由单位变动产品成本和单位变动销售及管理费用构成,固定成本由固定制造费用和固定销售及管理费用构成,因此利润又可进一步分解为:

$$
利润 = \frac{销售}{收入} - \left(\frac{变动产}{品成本} + \frac{变动销售及}{管理费用} \right) - \left(\frac{固定制}{造费用} + \frac{固定销售及}{管理费用} \right) =
$$

$$
\frac{单}{价} \times \frac{销售}{量} - \left(\frac{单位变动}{产品成本} + \frac{单位变动销售}{及管理费用} \right) \times \frac{销售}{量} - \left(\frac{固定制}{造费用} + \frac{固定销售及}{管理费用} \right)
$$

（二）边际贡献和其他相关指标

1. 边际贡献

边际贡献是指销售收入总额和变动成本总额之间的差额,也称贡献毛益、边际利润,记作 Tcm。

在只有单一产品的情况下,边际贡献计算公式为:

边际贡献＝销售收入－变动成本＝

单价×销售量－单位变动成本×销售量＝

销售量×（单价－单位变动成本）

在具有多种产品的情况下,边际贡献计算公式为:

边际贡献＝∑（各种产品边际贡献）＝

∑（各种产品销售收入－各种产品变动成本）

2. 单位边际贡献

单位边际贡献是指边际贡献除以销售量,或者单价减去单位变动成本后的差额,表

示每增加一个单位的产品销售,可为企业带来的贡献,记作 cm。单位边际贡献计算公式为:

$$单位边际贡献＝边际贡献÷销售量＝单价－单位变动成本$$

有了边际贡献的概念后,利润可用下列公式表示:

$$利润＝边际贡献－固定成本＝单位边际贡献×销售量－固定成本$$

从上面计算利润的公式中可知,边际贡献大于固定成本,企业才有利润;边际贡献小于固定成本,企业就会亏损;边际贡献等于固定成本,企业不亏不盈,利润为零。当固定成本不变时,边际贡献增加多少,利润就增加多少;边际贡献减少多少,利润就减少多少。

3. 边际贡献率

边际贡献率是指边际贡献占产品销售收入总额的百分比,表示每增加一元销售,可为企业带来的贡献,记作 cmR。

在单一产品的产销情况下,边际贡献率的计算公式为:

$$边际贡献率＝边际贡献÷销售收入总额×100\%＝$$
$$单位边际贡献÷单价×100\%$$

在多种产品的产销情况下,综合边际贡献率的计算公式为:

$$综合边际贡献率＝\sum(各种产品边际贡献)÷\sum(各种产品销售收入)×100\%＝$$
$$\sum(各种产品边际贡献率×该产品的销售比重)×100\%$$

4. 变动成本率

变动成本率是指变动成本总额占销售收入总额的百分比,或者单位变动成本占销售单价的百分比,表示每增加一元销售所增加的变动成本,记作 bR。变动成本率的计算公式为:

$$变动成本率＝(变动成本总额÷销售收入总额)×100\%＝$$
$$(单位变动成本÷销售单价)×100\%$$

$$边际贡献率＋变动成本率＝1$$

变动成本率和边际贡献率具有互补关系。变动成本率高,边际贡献率就低,盈利能力就低;变动成本率低,边际贡献率就高,盈利能力就高。

【例 3-1】 某企业准备生产一种新产品,预计单位变动成本为 60 元/件,固定成本总额为 34 万元,变动成本率为 60%,销售量为 1 万件。

要求:

(1)该产品的单位售价是多少?

(2)该产品的边际贡献、单位边际贡献是多少?

(3)该产品的边际贡献率、利润是多少?

解: (1)变动成本率＝单位变动成本÷单价

$$单价＝单位变动成本÷变动成本率＝60÷0.6＝100(元/件)$$

（2）单位边际贡献＝单价－单位变动成本＝100－60＝40(元/件)

边际贡献＝销售收入总额－变动成本总额＝100×1－60×1＝40(万元)

或　　　　边际贡献＝单位边际贡献×销售量＝40×1＝40(万元)

（3）边际贡献率＝单位边际贡献÷单价×100％＝40÷100×100％＝40％

或　　　　边际贡献率＝1－变动成本率＝1－0.6×100％＝0.4×100％＝40％

变动成本率＋边际贡献率＝0.4＋0.6＝1

利润＝边际贡献－固定成本总额＝40－34＝6(万元)

四、本量利分析的评价

尽管本量利分析是一种简便、实用、有效的管理工具,但由于本量利分析是建立在一些假设条件之上的,因此本量利分析存在一定的缺陷。

（1）对总成本,尤其是对某些混合成本的划分不够精确,有时带有一定的主观因素。

（2）本量利分析中有关函数的线性假设,与实际有较大的偏离。在实际经济活动中,随着产销量超出一定范围,固定成本可能会呈阶梯状变化;变动成本由于受经营规模和生产效率的影响,可能会呈曲线变化;在较长的时间范围内,生产要素价格也可能发生变动,所以总成本与销售收入不会总是呈现一条直线,那么所假设的线性关系不一定能成立。

（3）影响成本和收入的因素除了产销量外,还包括效率、市场供求等其他多种因素。

（4）不管企业的预测和计划做得多么好,要使实际的产量和销量完全平衡是十分困难的,在多品种的情况下,各产品的产量变化也不会总是按固定的比例变化。

因此,本量利分析对企业管理者来说,只适用于短期的计划和预测,它的分析结果不是十分精确,一般只能作为决策的参考依据,不能完全代替管理者的判断和经验。

第二节　保本、保利分析

一、保本分析

保本分析是本量利分析的基础,其基本内容是分析确定产品的保本点,从而确定企业经营的安全程度。

（一）保本和保本点的概念

保本是指企业在一定时期内收支相等,即边际贡献等于固定成本,利润为零。保本分析主要确定使企业既不亏损又不盈利的保本点,这是本量利分析中最基本的内容。保本分析也可称作盈亏平衡分析。

保本分析的关键是确定保本点。保本点是指企业达到边际贡献等于固定成本,利润为零,不亏不盈时的业务量。在该业务量水平下,企业的收入正好等于全部成本。超过该业务量水平,企业就有盈利;低于该业务量水平,企业就亏损。保本点也可称作盈亏平衡点、盈亏临界点。

(二) 单一品种保本点的确定

单一品种的保本分析是假设企业只生产、销售一种产品的保本分析,它的保本点有两种表现形式,一是保本点销售量(简称保本量),二是保本点销售额(简称保本额),它们都是标志企业达到收支平衡实现保本的销售业务量指标,统称为保本点业务量,常用的方法有公式法和图解法。

1. 公式法

根据   利润＝销售量×(单价－单位变动成本)－固定成本

当利润为零时,该销售量就是保本量,所以

保本销售量×(单价－单位变动成本)－固定成本＝0
保本销售量＝固定成本÷(单价－单位变动成本)＝
固定成本÷单位边际贡献
保本销售额＝单价×保本量＝固定成本÷边际贡献率＝
固定成本÷(1－变动成本率)

【例 3-2】 按[例 3-1]的资料。

要求:计算保本点的保本销售量、保本销售额。

解: (1)保本销售量＝固定成本÷(单价－单位变动成本)＝
340 000÷(100－60)＝8 500(件)

或   保本销售量＝固定成本÷单位边际贡献＝
340 000÷40＝8 500(件)

(2)保本销售额＝固定成本÷边际贡献率＝
340 000÷0.4＝850 000(元)

或   保本销售额＝固定成本÷(1－变动成本率)＝
340 000÷(1－0.6)＝850 000(元)

保本销售额＝单价×保本销售量＝
100×8 500＝850 000(元)

计算表明,企业要保本,至少要销售 8 500 件产品,或销售额达到 85 万元。

2. 图解法

图解法是以作图的方式来反映成本、收入和销量之间关系的,主要有保本图和利量图两种。

1) 保本图

保本图反映在一定的价格下,企业各种产销量所对应的固定成本、变动成本、总成本和总收入的金额。保本图具体有三种画法。

(1) 标准式保本图。现结合[例 3-1]的资料,说明其绘制方法。

a. 在直角坐标系中,以横轴表示销售量,纵轴表示成本和销售收入(金额)。

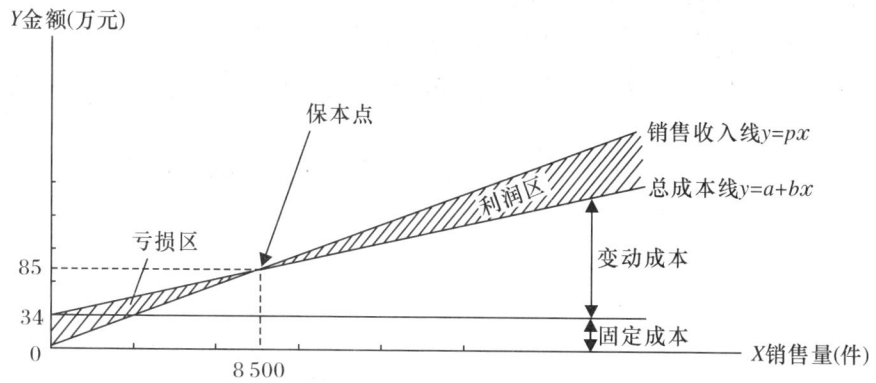

图 3-1 标准式保本图

b. 绘制固定成本线。以固定成本的数值(34万元)为纵轴上的截距,并以此为起点,绘制一条平行于横轴的直线,即为固定成本线。

c. 绘制总成本线。在横轴上任取一销售量(1万件),计算出相应的总成本94万元(1×60+34),在坐标中找出该点(10 000,94),然后连接该点与纵轴上的固定成本点,即可绘制出总成本线。

d. 绘制销售收入线。在横轴上任取一个整数销售量(1万件),计算出相应的销售收入100万元(1×100),在坐标系中找出与之对应的坐标点(10 000,100),用直线将该点与原点相连接,就可画出总收入线。

在图 3-1 中,销售收入线与总成本线的交点(8 500,85)即为保本点。保本点所对应的 X 轴上的数量(8 500件)是保本点销售量,对应的 Y 轴上的金额(85万元)是保本点销售额。当销售量或销售额超过保本点,即为盈利,低于保本点即为亏损。从图 3-1 中可得出下面几条基本规律:

第一,在保本点不变的条件下,销售量越大,能实现的利润就越多;反之,销售量越小,能实现的利润就越少。

第二,在销售量不变的条件下,保本点越低,能实现的利润就越多;反之,保本点越高,能实现的利润就越少。

第三,在销售总成本不变的条件下,保本点受单价的影响而发生变动。产品单价越高(销售收入线的斜率越大),保本点就越低;反之,保本点就越高。

第四,在销售收入不变的条件下,保本点的高低取决于固定成本和单位变动成本的大小。固定成本或者单位变动成本越大,保本点就越高;反之,保本点就越低。

(2) 边际贡献式保本图。结合[例 3-1]的资料,说明其绘制方法。

a. 在直角坐标系中,以横轴表示销售量,纵轴表示成本和销售收入(金额)。

b. 绘制变动成本线。在横轴上任取一销售量(1万件),计算出相应的变动成本60万元(1×60),在坐标中找出该点(10 000,60),连接该点与原点即为变动成本线。

c. 绘制总成本线。以固定成本的数值(34万元)为纵轴上的截距,并以此为起点,画一条与变动成本线平行的直线,即为总成本线。

d. 绘制销售收入线。在横轴上任取一个整数销售量(1万件),计算出相应的销售收入100万元(1×100),在坐标系中找出与之对应的坐标点(10 000,100),以直线将该点与原点相连接,就可画出总收入线。

在图3-2中,销售收入线与总成本线的交点(8 500,85)即为保本点。

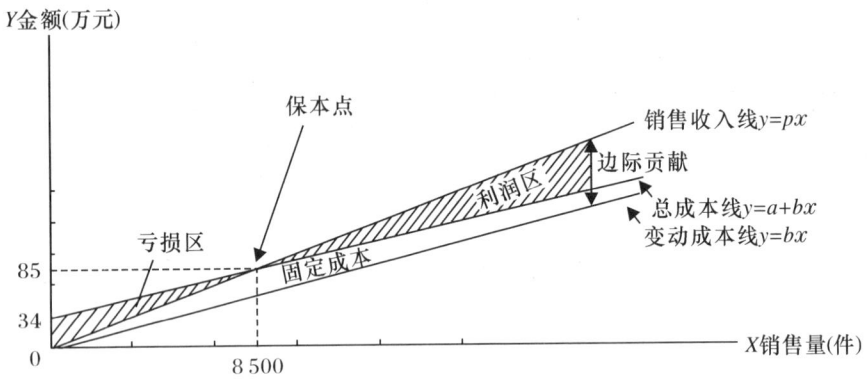

图 3-2   边际贡献式保本图

边际贡献式保本图是将固定成本置于变动成本之上,形象地反映边际贡献的形成过程和构成,即产品的销售收入减去变动成本就是边际贡献,边际贡献再减去固定成本就是利润。由于边际贡献总额会随着销售收入的增加而不断增加,因此,当边际贡献总额等于固定成本时就是保本点,边际贡献达到保本点之前是用来弥补固定成本的,当边际贡献小于固定成本,不足弥补时则发生亏损;超过保本点后,边际贡献大于固定成本,就会有盈利。

标准式保本图将固定成本置于变动成本之下,反映了固定成本在相关范围内不变的基本特征。

(3) 单位式保本图。标准式和边际贡献式保本图都是用来描述销售总量、总成本和总利润这三者之间相互关系的,而单位式保本图则可反映产品的销售单价、单位产品成本和单位利润三者之间的关系以及这三者与销售总量之间的关系。仍结合[例3-1]的资料,说明其绘制方法。

a. 在直角坐标系中,横轴表示销售量,纵轴表示单价、单位产品成本和单位利润。

b. 绘制单位变动成本线。以单位变动成本的数值(60 元)为纵轴上的截距,并以此为起点,绘制一条平行于横轴的直线,即为单位变动成本线。

c. 绘制销售单价线。以销售单价的数值(100 元)为纵轴上的截距,并以此为起点,绘制一条平行于横轴的直线,即为销售单价线。

d. 绘制单位产品成本线。在横轴上任取几个整数销售量(如2 000 件、4 000 件、5 000件、8 000 件、10 000 件、17 000 件等),计算出相应的单位产品成本(230 元、145 元、128 元、102.5 元、94 元、80 元等),然后在坐标系中找出与之对应的坐标点,将这些坐标点连接起来,即可画出单位产品成本线。

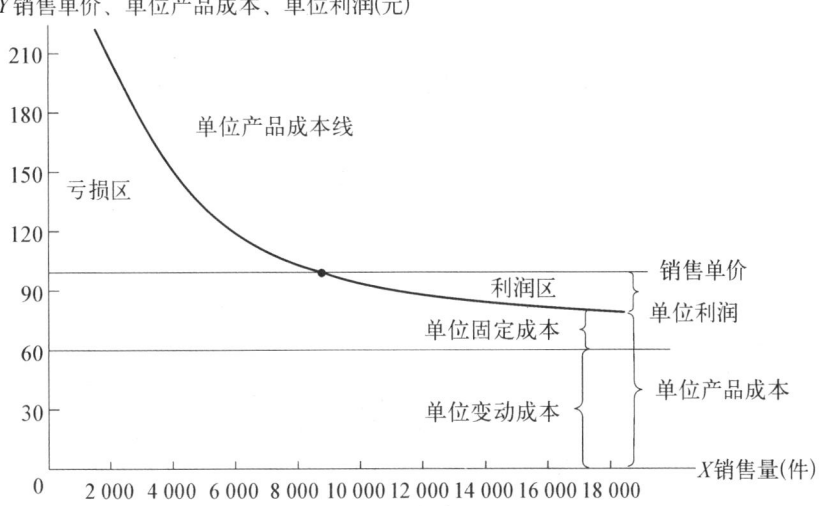

图 3-3　单位式保本图

在图 3-3 中,销售单价线与单位产品成本线的支点(8 500,100)即为保本点的销售量。当销售量超过保本点销售量即为盈利,低于保本点销售量为亏损,从图中可得出以下几个特点。

第一,单位变动成本是固定不变的,单位变动成本线是一条直线;单位固定成本是变动的,单位固定成本线是一条曲线。因此,单位产品成本线也是一条曲线,随着产量的变化而变化。

第二,当产品销量越来越小时,企业的亏损就越来越趋于固定成本;反之当销量越来越大时,由于单位产品所负担的固定成本越来越小,因此单位产品成本也越来越小,并且越来越接近单位变动成本,单位产品的利润也越来越接近单位边际贡献。

第三,产品销售单价线与单位成本线的支点即为盈亏平衡点、在该点的销售量下,销售收入刚好抵消全部的成本,既不盈利也不亏损。

2) 利量图

利量图是一种简化的保本图,略去了销售收入和成本因素,用利润线代替销售线和总成本线,着重分析利润和销售业务量之间的关系。仍结合[例 3-1]的资料,说明其绘制方法,见图 3-4。

(1) 在直角坐标系中,横轴表示销售额,纵轴表示利润。

(2) 绘制利润线。在纵轴的负数区确定固定成本,即在横轴的下方,以固定成本的数额(34 万元)为纵轴的截距,再任取整数销售量(1 万件),计算出相应的利润 6 万元(1×100－1×60－34),在坐标系中找出与之对应的坐标点(10 000,6),以直线将该点与纵轴上的固定成本点相连接,就可画出利润线。

利润线与横轴的交点(85,0)就是保本点。从图 3-4 中可得出以下规律:

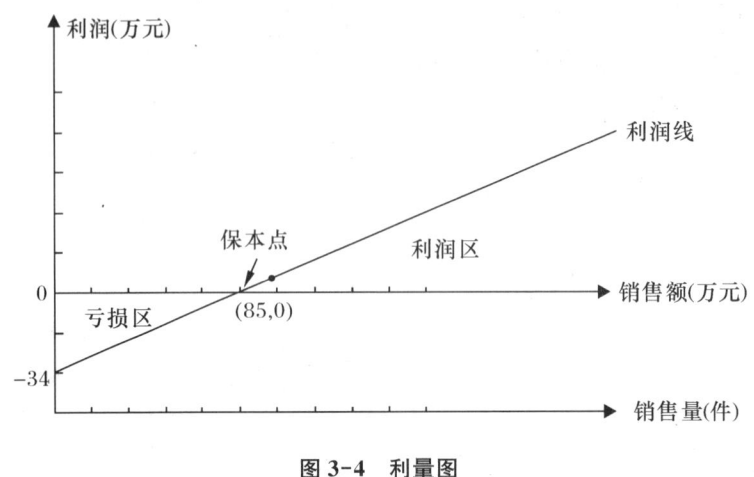

图 3-4　利量图

第一，当销售额为零时，企业的亏损额等于固定成本；随着业务量的增加，亏损逐渐减小，直到亏损为零时即为保本点；过了保本点，随着业务量的增加，利润不断增加。

第二，在产品的销售价格和成本水平不变的条件下，销售量越大，利润就越多（亏损越小）；反之，销售量越小，利润就越少（亏损越大）。

利量图可以明确反映销售业务量的变动对利润的影响，但无法反映销售业务量的变动对成本的影响。

（三）多品种保本点的确定

上面介绍了单一品种的保本分析模式，但事实上，大部分企业生产和销售的产品有好多种，因此必须了解和掌握多品种的保本分析模式。由于各种产品的计量单位可能不一样，不同品种的产品销售量无法直接相加减，因此只能根据多品种产品的保本点销售额进行保本分析，主要有四种常用方法。

1. 加权平均法

加权平均法是以每种产品的边际贡献率为基础，按各产品销售额占总销售额的比重进行加权平均，计算出综合边际贡献率，来反映企业多品种综合创利能力的本量利分析方法。综合边际贡献率的计算公式为：

综合边际贡献率＝∑（某产品的边际贡献率×该产品的销售比重）

其中：某产品的边际贡献率＝（该产品的边际贡献÷该产品的销售收入）×100％

该产品的销售比重＝该产品的预计销售额÷∑（各种产品的预计销售额）×100％

综合保本销售额＝固定成本总额÷综合边际贡献率

在加权平均法下，不仅可以计算综合边际贡献率，确定综合保本销售额，还可以在此基础上按销售比重将其分解，计算出每一品种的保本销售额和保本销售量。

某产品的保本销售额＝综合保本销售额×该产品销售比重

某产品的保本销售量＝某产品的保本销售额÷该产品的单价

【例3-3】 某企业生产和销售A、B、C三种产品,年固定成本为60万元,有关资料见表3-1。

表3-1 产品资料表

产品	销量(万件)	单价(元)	销售收入(万元)	单位变动成本(元)	单位边际贡献(元)	边际贡献(万元)
A	40	20	800	17	3	120
B	10	40	400	32	8	80
C	4	100	400	50	50	200
合 计	54		1 600			400

要求:用加权平均法进行保本分析。

解: A产品的边际贡献率$=3\div20\times100\%=15\%$

B产品的边际贡献率$=8\div40\times100\%=20\%$

C产品的边际贡献率$=50\div100\times100\%=50\%$

A产品的销售比重$=800\div1\,600\times100\%=50\%$

B产品的销售比重$=400\div1\,600\times100\%=25\%$

C产品的销售比重$=400\div1\,600\times100\%=25\%$

综合边际贡献率$=15\%\times50\%+20\%\times25\%+50\%\times25\%=25\%$

综合保本销售额$=60\div25\%=240$(万元)

A产品保本销售额$=240\times50\%=120$(万元)

A产品保本销售量$=120\div20=6$(万件)

B产品保本销售额$=240\times25\%=60$(万元)

B产品保本销售量$=60\div40=1.5$(万件)

C产品保本销售额$=240\times25\%=60$(万元)

C产品保本销售量$=60\div100=0.6$(万件)

2. 分算法

分算法是在一定条件下,先将固定成本总额按一定标准在各种产品之间进行分配,然后对每一个品种分别计算保本点,最后将各个品种的保本额汇总,计算出多品种综合保本销售额的本量利分析方法。

【例3-4】 按[例3-3]的资料,假设固定成本按各种产品的边际贡献比重来分配。

要求:用分算法进行保本分析。

解: 固定成本分配率$=60\div400=15\%$

A产品分配的固定成本$=120\times15\%=18$(万元)

B产品分配的固定成本$=80\times15\%=12$(万元)

C产品分配的固定成本$=200\times15\%=30$(万元)

A产品保本销售量$=18\div3=6$(万件)

A产品保本销售额$=6\times20=120$(万元)

B产品保本销售量$=12\div8=1.5$(万件)

B 产品保本销售额＝1.5×40＝60(万元)

C 产品保本销售量＝30÷50＝0.6(万件)

C 产品保本销售额＝0.6×100＝60(万元)

综合保本销售额＝120＋60＋60＝240(万元)

分算法可以提供各产品计划与控制所需要的详细资料,但对固定成本分配标准的合理性和科学性的要求比较高,并且当企业产品品种较多时,工作量较大。在实际应用中,由于固定成本是由边际贡献来补偿的,因此,一般按照各种产品的边际贡献比重来分配固定成本。

3. 联合单位法

联合单位法是按多种产品之间相对稳定的产销实物量比例组成一组产品,确定每一联合单位的单价和单位变动成本的本量利分析方法。

如果企业生产的多种产品的实物产出量之间存在着比较稳定的数量比例关系,就可用联合单位作为保本点的计算单位。例如,企业生产甲、乙、丙三种产品的销量比为 1∶2∶3,即 1 个甲产品,2 个乙产品,3 个丙产品的组合就构成的一个联合单位。再按这种销量比计算出每一组合的联合单价和联合单位变动成本,并据以确定联合单位保本点,然后按单一品种的本量利分析法计算出各产品的保本点。有关计算公式为:

联合保本销售量＝固定成本÷(联合单价－联合单位变动成本)

综合保本销售额＝联合保本销售量×联合单价

某产品保本销售量＝联合保本销售量×该产品销量比

某产品保本销售额＝该产品保本销售量×该产品的单价

其中,联合单价为一个联合单位的全部收入,联合单位变动成本为一个联合单位的全部变动成本。

【例 3-5】 按[例 3-3]的资料。

要求:用联合单位法进行保本分析。

解: 企业生产的 A、B、C 三种产品的销量比为 10∶2.5∶1

联合单价＝20×10＋40×2.5＋100×1＝400(元)

联合单位变动成本＝17×10＋32×2.5＋50×1＝300(元)

联合保本销售量＝600 000÷(400－300)＝6 000(联合单位)

综合保本销售额＝6 000×400＝2 400 000(元)

A 产品保本销售量＝6 000×10＝60 000(件)

A 产品保本销售额＝60 000×20＝1 200 000(元)

B 产品保本销售量＝6 000×2.5＝15 000(件)

B 产品保本销售额＝15 000×40＝600 000(元)

C 产品保本销售量＝6 000×1＝6 000(件)

C 产品保本销售额＝6 000×100＝600 000(元)

4. 综合保本图法

综合保本图是一种分析多品种产品保本点的图解法,用销售额来表示保本点。

现结合[例3-3]的资料,具体说明绘制方法,见图3-5。

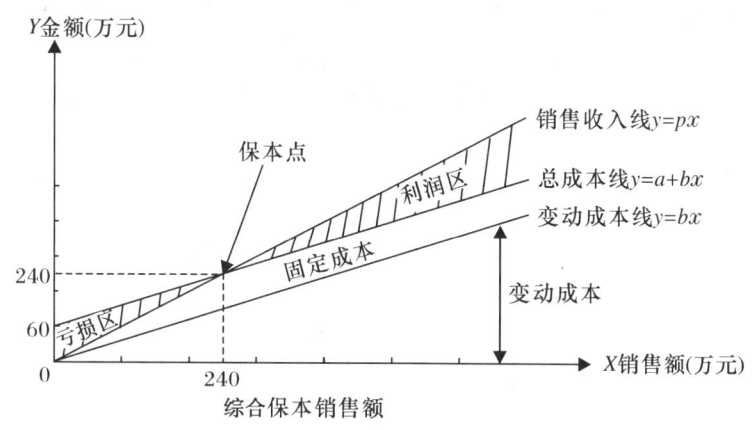

图 3-5　综合保本图

（1）在直角坐标系中,横轴和纵轴均表示金额。

（2）绘制销售收入线。由于横轴和纵轴均表示金额,可根据两轴的对应金额画一直线。按[例3-3]的资料,如果 A 产品销售 40 万件,B 产品销售 10 万件,C 产品销售 4 万件,那么总销售收入为 1 600 万元（40×20＋10×40＋4×100）,在坐标系中找出与之对应的坐标点（1 600,1 600）,以直线将该点与原点相连接,就可画出销售收入线。若横轴和纵轴的坐标计量单位相同时,销售收入线过原点且呈 45°夹角上升。

（3）绘制变动成本线。根据变动成本总额与销售收入总额的比例关系确定变动成本线的斜率。在[例3-3]中,A 产品销售 40 万件,B 产品销售 10 万件,C 产品销售4 万件,总销售收入为 1 600 万元,相应的总成本为 1 200 万元（17×40＋10×32＋50×4）,则变动成本线的斜率为 3/4（1 200/1 600）,再过原点即可作变动成本线。

（4）绘制总成本线。以固定成本的数值（60 万元）为纵轴上的截距,并以此为起点,画一条与变动成本线平行的直线,即为总成本线。

总成本线和销售收入线的交点（240,240）即为多品种产品的综合保本销售点。综合保本图可对企业的目标利润进行控制,着重反映销售成本、销售利润与销售收入的关系。该图不仅可以反映保本点销售额,而且可以反映任何销售水平上的盈亏情况,以便控制和分析企业的销售利润。

二、保利分析

（一）保利分析的意义

保本以企业利润为零,不亏不盈为前提,尽管保本是企业生产的最基本目标,是安全经营的前提,但企业的经营目标不在于保本,而是尽可能地获取利润,达到一定的盈利目标,所以保利才是企业生产的真正目的,也只有在盈利的条件下,才能充分揭示成本、业务量和利润之间的关系。通过保利分析,可以确定为了实现目标利润而应该达到的目标销售量和目标销售额,从而以销定产,确定企业经营方向。

（二）保利点的概念

保利点是指在单价和成本水平确定的情况下，为了实现一定的目标利润，而应达到的业务量。保利点也有保利量和保利额两种，保利量是实现目标利润应达到的销售量，可记作 X_1；保利额是实现目标利润应达到的销售额，可记作 Y_1；目标利润可记作 TP。

（三）保利点的计算

（1）单品种保利点的计算。其计算公式为：

保利量＝（固定成本＋目标利润）÷（销售单价－单位变动成本）＝

（固定成本＋目标利润）÷（单位边际贡献）

保利额＝保利量×单价＝（固定成本＋目标利润）×单价÷单位边际贡献＝

（固定成本＋目标利润）÷边际贡献率

【例3-6】 按［例3-1］的资料，若计划年度的目标利润为6万元。

要求：计算保利量和保利额。

解：　保利量＝（固定成本＋目标利润）÷（销售单价－单位变动成本）＝

（34＋6）÷（100－60）＝1（万件）

保利额＝保利量×单价＝1×100＝100（万元）

或　　　保利额＝（固定成本＋目标利润）×单价÷单位边际贡献率＝

（34＋6）×1÷0.4＝100（万元）

计算表明，企业为了实现6万元的目标利润，应达到1万件的销售量，或达到100万元的销售额。

此外，上述保利点没有考虑所得税的影响，企业在一定时期实现的税后利润才归所有者。因此，企业的目标税后利润和确保目标税后利润实现的保利分析更受投资者关注，也更受企业管理人员的重视。

在考虑所得税的情况下，上述公式中的目标利润就是目标税后利润，即目标税后利润＝目标利润×（1－所得税税率）。考虑所得税的保利点计算公式为：

保利量＝［固定成本＋目标税后利润÷（1－所得税税率）］÷（销售单价－单位变动成本）＝

［固定成本＋目标税后利润÷（1－所得税税率）］÷单位边际贡献

保利额＝｛［固定成本＋目标税后利润÷（1－所得税税率）］×单价｝÷单位边际贡献＝

［固定成本＋目标税后利润÷（1－所得税税率）］÷边际贡献率

（2）多品种保利点的计算。多品种的保利点只需计算达到目标利润的销售额。其计算公式为：

综合保利额＝（固定成本＋目标利润）÷加权平均边际贡献率

【例3-7】 按［例3-3］的资料，若计划年度的目标利润为10万元。

要求：计算保利额。

解：　综合保利额＝（固定成本＋目标利润）÷加权平均边际贡献率＝

（60＋10）÷25％＝280（万元）

该企业为了实现 10 万元的目标利润,应达到 280 万元的销售额。

如果考虑所得税,则:

$$综合保利额=[固定成本+目标税后利润÷(1-所得税税率)]÷加权平均边际贡献率$$

三、企业经营安全程度的评价

评价企业经营安全程度的指标主要有安全边际、安全边际率、保本点作业率。

1. 安全边际

安全边际是指实际(预计)的销售量与保本点销售量或实际(预计)的销售额与保本点销售额之间的差额,表明销售量(额)下降多少企业仍不至于亏损。它是一个绝对量,用来评价同一企业不同时期的经营安全程度。安全边际有安全边际量和安全边际额两种形式。它们的计算公式为:

$$安全边际量=实际或预计的销售量-保本量$$
$$安全边际额=实际或预计的销售额-保本额=$$
$$单价×实际或预计的销售量-单价×保本量=$$
$$单价×安全边际量$$

安全边际反映了产品盈利(亏损)的可能性,安全边际越大,表示企业经营的安全程度越高,亏损的可能性就越小;反之,安全边际越小,企业经营的安全程度越低,亏损的可能性就越大。

安全边际是一个正指标,并且只有超过保本点以上的销售量或销售额(即在安全边际内的销售量或销售额)才能给企业带来利润,因为这时全部固定成本已被保本点所弥补,所以安全边际所提供的边际贡献就是企业的利润,安全边际越大,利润越大。因此,利润可表现为下列形式:

$$利润=安全边际量×单位边际贡献=安全边际额×边际贡献率$$

2. 安全边际率

安全边际率是指安全边际量与实际(预计)销售量的比例,也可以指安全边际额与实际(预计)销售额的比例,它是一个相对量,用来评价不同企业的经营安全程度。安全边际率计算公式为:

$$安全边际率=(安全边际量÷实际或预计的销售量)×100\%=$$
$$(安全边际额÷实际或预计的销售额)×100\%$$

安全边际率的数值越大,企业的经营越安全,所以它也是一个正指标。表 3-2 是评价企业经营安全程度的检验标准。

表 3-2 　　　　　　　　　　企业安全性的检验标准

安全边际率	10%以下	10%～20%	20%～30%	30%～40%	40%以上
安全程度	危险	要注意	较安全	安全	很安全

【例 3-8】 按[例 3-1]的资料。

要求：计算安全边际和安全边际率，并评价该企业的经营安全性。

解：　安全边际量＝10 000－8 500＝1 500(件)

安全边际额＝10 000×100－850 000＝150 000(元)

或　　安全边际额＝1 500×100＝150 000(元)

安全边际率＝(1 500÷10 000)×100％＝15％

或　　安全边际率＝(150 000÷1 000 000)×100％＝15％

由于安全边际率为 15％，在 10％～20％的范围内，所以企业的经营不是很安全，要引起注意。

3. 保本点作业率

保本点作业率是指保本点销售量占实际(预计)销售量或保本点销售额占实际(预计)销售额的百分比，也可称危险率。它是一个逆指标，数值越小，企业的经营越安全；反之，则不安全。保本点作业率还可以说明企业在保本状态下生产经营能力的利用程度。其计算公式为：

保本点作业率＝保本点销售量(销售额)÷实际或预计销售量(销售额)×100％

保本点作业率与安全边际率之间存在互补关系，即：

保本点作业率＋安全边际率＝1

【例 3-9】 按[例 3-1]的资料。

要求：计算保本点作业率。

解：　保本点作业率＝(8 500÷10 000)×100％＝85％

或　　保本点作业率＝(850 000÷1 000 000)×100％＝85％

保本点作业率＋安全边际率＝0.85＋0.15＝1

第三节　有关因素的变动对相关指标的影响

在进行本量利分析时，我们假设某些因素不变，但在日常经营活动中，既可能只有一个因素发生变动，也可能几个因素一起发生变动；既有确定型因素的变动，也有不确定型因素的变动，这些变动都会对相关指标产生影响。下面主要讨论有关因素的变动对保本点、实现目标利润和安全边际的影响。

一、因素变动对保本点的影响

1. 销售单价单独变动的影响

单价的变动会引起保本点反方向变动。

【例 3-10】　企业只生产和销售一种产品,单价为 20 元,单位变动成本为 12 元,固定成本为 40 000 元,销量 8 000 只。现单价提高到 22 元,其他条件不变。

要求:计算单价变化前后的保本点。

解:　单价变动前的单位边际贡献＝20－12＝8(元)

边际贡献率＝8÷20×100%＝40%

保本量＝40 000÷8＝5 000(只)

保本额＝5 000×20＝100 000(元)

单价变动后的单位边际贡献＝22－12＝10(元)

边际贡献率＝10÷22×100%＝45.45%

保本量＝40 000÷(22－12)＝4 000(只)

保本额＝4 000×22＝88 000(元)

提高销售单价,将导致单位边际贡献或边际贡献率上升,保本点下降,从而使企业能用较少产品销售所提供的边际贡献就可弥补固定成本,增加企业的获利能力,促使企业经营状况向好的方面发展;反之,降低销售单价,将导致单位边际贡献或边际贡献率下降,保本点上升,从而降低企业的获利能力,使企业经营状况向不利的方面发展。

2. 单位变动成本单独变动的影响

单位变动成本的变动会引起保本点同方向变动。

【例 3-11】　按[例 3-10]的资料,现由于人工价格上涨使单位变动成本增加到 15 元,其他条件不变。

要求:计算单位变动成本变化后的保本点。

解:　单位变动成本变动后的单位边际贡献＝20－15＝5(元)

边际贡献率＝5÷20×100%＝25%

保本量＝40 000÷5＝8 000(只)

保本额＝8 000×20＝160 000(元)

单位变动成本上升,将导致单位边际贡献或边际贡献率下降,保本点上升,使企业需用更多产品销售所提供的边际贡献来弥补固定成本,企业的获利能力下降;反之,单位变动成本下降,将导致保本点相应下降,使企业的获利能力增加。

3. 固定成本总额单独变动的影响

固定成本总额变动会引起保本点同方向变动。

【例 3-12】　按[例 3-10]的资料,现由于广告费的增加使固定成本增加到 48 000 元,其他条件不变。

要求:计算固定成本变化后的保本点。

解:　固定成本变动后的保本量＝48 000÷(20－12)＝6 000(只)

保本额＝6 000×20＝120 000(元)

固定成本总额的增加,将导致保本点上升,使企业需用更多产品销售所提供的边际贡献来弥补固定成本,企业的获利能力下降;反之,减少固定成本总额,将导致保本点下降,使企业的获利能力增加。

4. 品种结构单独变动的影响

产品品种结构变动会影响多品种产品的综合保本额。

【例 3-13】 某企业销售 A、B 两种产品,固定成本总额为 400 400 元,有关资料如下:

	A产品	B产品
单价(元)	40	60
单位变动成本(元)	26	30
销售比重	30%	70%

如果 A、B 两种产品的销售比重变化为 40%和 60%。

要求:计算品种结构变化前后的保本点。

解: A 产品的边际贡献率=$(40-26)\div 40\times 100\%=35\%$

B 产品的边际贡献率=$(60-30)\div 60\times 100\%=50\%$

品种结构变化前:

加权平均边际贡献率=$35\%\times 30\%+50\%\times 70\%=45.5\%$

综合保本额=$400\,400\div 45.5\%=880\,000$(元)

品种结构变化后:

加权平均边际贡献率=$35\%\times 40\%+50\%\times 60\%=44\%$

综合保本额=$400\,400\div 44\%=910\,000$(元)

当边际贡献率低的产品的销售比重增加时,将引起保本点上升,企业的获利能力下降;反之,边际贡献率低的产品的销售比重减少时,将引起保本点下降,企业的获利能力提高。

二、因素变动对实现目标利润的影响

1. 销售单价单独变动的影响

单价变动会引起保利点反方向变动。

【例 3-14】 按[例 3-10]的资料,目标利润为 40 000 元,现单价提高到 22 元。其他条件不变。

要求:计算保利点。

解: 单价变动前的保利量=$(40\,000+40\,000)\div (20-12)=10\,000$(只)

保利额=$10\,000\times 20=200\,000$(元)

单价变动后的保利量=$(40\,000+40\,000)\div (22-12)=8\,000$(只)

保利额=$8\,000\times 22=176\,000$(元)

提高销售单价,单位边际贡献或边际贡献率上升,导致保利点下降,从而使企业减少实现预期目标利润所需的销售量,若企业能实现预期的销售量,则会使预期的目标利润增加;反之,降低销售单价,保利点上升,使企业增加实现目标利润所需的销售量。

2. 单位变动成本单独变动的影响

单位变动成本的变动会引起保利点同方向变动。

【例 3-15】 按[例 3-10]的资料,目标利润为 40 000 元,单位变动成本增加到 15 元,其他条件不变。

要求:计算保利点。

解: 单位变动成本变动后的保利量＝（40 000＋40 000）÷（20－15）＝16 000（只）

保利额＝16 000×20＝320 000（元）

单位变动成本上升,单位边际贡献或边际贡献率下降,导致保利点上升,从而使企业增加实现预期目标利润所需的销售量,若企业不能实现预期的销售量,则会使预期目标利润下降;反之,单位变动成本下降,保利点下降,使企业减少实现预期目标利润所需的销售量。

3. 固定成本总额单独变动的影响

固定成本总额变动会引起保利点同方向变动。

【例 3-16】 按[例 3-10]的资料,目标利润为 40 000 元,固定成本总额增加到 48 000 元,其他条件不变。

要求:计算保利点。

解: 固定成本变动后的保利量＝（48 000＋40 000）÷（20－12）＝11 000（只）

保利额＝11 000×20＝220 000（元）

固定成本总额增加,导致保利点上升,从而使企业增加实现预期目标利润所需的销售量,若企业不能实现预期的销售量,则会使预期目标利润下降;反之,固定成本总额下降,保利点下降,使企业减少实现预期目标利润所需的销售量。

4. 品种结构单独变动的影响

产品品种结构变动会影响多品种产品的综合保利额。

【例 3-17】 按[例 3-13]的资料,目标利润为 40 040 元,现 A、B 两种产品的销售比重分别为 40％和 60％,其他条件不变。

要求:计算保利额。

解: 品种结构变动前的保利额＝（400 400＋40 040）÷45.5％＝968 000（元）

品种结构变动后的保利额＝（400 400＋40 040）÷44％＝1 000 100（元）

当边际贡献率低的产品的销售比重增加时,保利点上升,从而使企业增加实现预期目标利润所需的销售额,若企业不能实现预期的销售额,则会使预期的目标利润下降;反之,当边际贡献率低的产品的销售比重减少时,保利点下降,使企业减少实现预期目标利润所需的销售额。

三、因素变动对安全边际的影响

1. 销售量（额）单独变动的影响

销售量（额）对安全边际的影响有两种情况:

一是保本销售量（额）保持不动,则实际或预计销售量（额）变动会引起安全边际与实际或预计销售量(额)呈同方向变动。增加实际或预计销售量(额),会扩大安全边际,提高企业经营的安全程度;反之,减少实际或预计销售量(额),会缩小安全边际,降低企业经营的安全程度。

二是实际或预计销售量(额)保持不动,则保本销售量(额)变动会引起安全边际与保本销售量(额)呈反方向变动。增加保本销售量(额),会缩小安全边际,降低企业经营的安全程度;反之,减少保本销售量(额),会扩大安全边际,提高了企业经营的安全程度。

2. 销售单价单独变动的影响

销售单价的变动会引起安全边际与销售单价呈同方向变动。如前所述,销售单价提高,会导致保本点下降,因此相应地扩大了安全边际,提高了企业经营的安全程度;反之,销售单价下降,导致保本点上升,会缩小安全边际,降低企业经营的安全程度。

3. 单位变动成本单独变动的影响

单位变动成本的变动会引起安全边际与单位变动成本呈反方向变动。单位变动成本增加,保本点上升,会缩小安全边际,降低企业经营的安全程度;反之,单位变动成本减少,保本点下降,会扩大安全边际,提高企业经营的安全程度。

4. 固定成本总额单独变动的影响

固定成本总额的变动会引起安全边际与固定成本总额呈反方向变动。固定成本总额增加,保本点上升,从而缩小安全边际,降低企业经营的安全程度;反之,固定成本总额减少,保本点下降,安全边际相应扩大,提高了企业经营的安全程度。

5. 品种结构单独变动的影响

品种结构的变动会引起安全边际额的变动。当边际贡献率低的产品的销售比重增加时,安全边际额呈反方向变动;当边际贡献率高的产品的销售比重增加时,安全边际额呈同方向变动。

四、各有关因素同时变动的影响

上面我们讨论的是单因素变动对相关指标的影响,事实上各因素往往是相互影响、相互作用的。例如,降低单价的同时会使销售量增加,增加单位变动成本的同时往往要提高单价,此时保本点和保利点会发生相应的变动。下面分析多因素变动对保本点和保利点的影响。

【例 3-18】　按[例 3-10]的资料,目标利润为 40 000 元,固定成本总额增加到 48 000 元,单价提高到 22 元。

要求:计算保本点和保利点。

解:　固定成本和单价同时变动后的保本量=48 000÷(22-12)=4 800(只)

保本额=4 800×22=105 600(元)

固定成本和单价同时变动后的保利量=(48 000+40 000)÷(22-12)=8 800(只)

保利额=8 800×22=193 600(元)

由于单价提高 2 元足以弥补增加的固定成本,因此保本点从原来的 5 000 只下降到

4 800 只,同时也使实现目标利润的销售量从 10 000 只下降到 8 800 只,如果企业能实现原来预计的销售量 10 000 只,则可多实现利润 12 000 元(1 200×10)。可见,增加固定成本支出 8 000 元并相应提高单价 2 元对企业来说是可行的。

第四节 本量利分析中的敏感分析

在本量利分析中,我们研究了相关因素对保本点、保利点、安全边际的影响。但只涉及这些变化是同向还是反向变化,对引起变化的幅度有多大,并未涉及。在本节中,通过敏感分析来了解各因素的变动范围及它们对利润的影响程度,从而采取措施,控制各因素的变化,保证企业经营计划和目标利润的完成。

一、敏感分析的含义及意义

由于本量利分析中的许多因素都可能发生变动,影响着企业经营计划的实现和目标利润的完成,因此,需要了解各因素的变动范围以及它们对利润的影响程度,以便采取措施,控制各因素的变化。这一般可通过敏感性分析来实现。

敏感性分析是用来回答"如果……会怎么样?"这一类问题的。比如,销售量比预测的少 10%,利润会怎样变化? 单价比预测的低 5%,利润又会怎样变化? 它主要研究当一个重要因素发生变化时,导致目标值发生怎样的变化,是变化大还是变化小。在求得一个确定模型的最优解后,敏感性分析还可以研究该模型中的某个或某几个参数允许变化到怎样的范围,原最优解不变;或者当某个参数的变化超过允许范围,原最优解不再"最优"时,提供一套简便的计算方法,重新计算最优解。

由于敏感性分析适用于各种不同的情况,因此在许多领域得到广泛的应用。在本量利分析中进行敏感分析,可以研究和提供引起目标利润从盈利转为亏损时各因素变化的界限、各因素变化对利润的影响程度,以及当个别因素变化时,如何保证原目标利润的实现,最终为管理人员提供一种简便、有效、直接的方法,以判断可能发生预测误差的后果并作出相应的决策。

二、影响利润的各变量临界值的确定

临界值,也称为盈亏临界值,是指在不使目标值发生质的变化的前提下,允许有关参数值变动达到的最小值或最大值。在本量利分析中,临界值是指目标值(利润)由盈利转为亏损时,影响利润的相关变量——销售量、单价的最小允许值和单位变动成本、固定成本最大允许值。

根据本量利分析的基本公式:利润=销售量×(单价-单位变动成本)-固定成本,当利润等于零时,即销售量×(单价-单位变动成本)-固定成本=0 时,可求出盈亏临界值。

【例 3-19】 某企业生产一种产品,单价 50 元,单位变动成本 30 元,全年固定成本为

100 万元,计划销售量 50 万件,全年利润为 900 万元。

要求:计算盈亏临界值。

(1) 销售量的最小允许值:

$$销售量的最小允许值=固定成本\div(单价-单位变动成本)=固定成本\div单位边际贡献=$$
$$100\div20=5(万件)$$

销售量的最小允许值为 5 万件,说明实际销售量只要达到 5 万件,即完成计划销售量的 10%[(5÷50)×100%],企业就可保本。如果低于该数量,企业就要发生亏损,高于该数量,企业就可获利。

(2) 单价的最小允许值:

$$单价的最小允许值=(固定成本+变动成本总额)\div销售量=$$
$$(100+1\,500)\div50=32(元)$$

单价的最小允许值为 32 元,说明企业的单价不能低于 32 元,即降价幅度不能高于 36%[(18÷50)×100%],否则,企业将发生亏损。

(3) 单位变动成本的最大允许值:

$$单位变动成本的最大允许值=(销售量\times单价-固定成本)\div销售量=$$
$$(销售收入-固定成本)\div销售量=$$
$$(2\,500-100)\div50=48(元)$$

单位变动成本的最大允许值为 48 元,说明企业的单位变动成本从 30 元上升到 48 元,利润就从 900 万元下降到零,单位变动成本的最大上升幅度为 60%[(18÷30)×100%],超过这个幅度,企业就要转为亏损。

(4) 固定成本的最大允许值:

$$固定成本的最大允许值=销售量\times(单价-单位变动成本)=$$
$$50\times(50-30)=1\,000(万元)$$

固定成本的最大允许值 1 000 万元,说明企业的固定成本最多可达到 1 000 万元,超过这个范围,企业就要从盈利转为亏损。

三、敏感系数和敏感分析表

(一) 敏感系数

虽然单价、单位变动成本、销售量和固定成本的变动都会引起利润的变动,但它们对利润的影响程度却不同。有的因素只要有较小的变动就会导致利润较大程度的变动,这类因素称为强敏感性因素;有的因素虽有较大的变动,但对利润的影响程度却不大,这类因素称为弱敏感性因素。

衡量因素敏感程度强弱的指标称为敏感系数,其计算公式为:

$$敏感系数=目标值变动百分比\div因素值变动百分比$$

其中,目标值指利润,因素值指单价、单位变动成本、销售量和固定成本等。计算敏感系数可帮助管理人员了解各因素变动对利润的影响程度,以便找出问题的关键,提高管理效率,及时调整措施,保证目标利润的完成。

【例 3-20】 按[例 3-19]的资料,假设单价、单位变动成本、销售量和固定成本均增长 10%。

要求:计算敏感系数。

(1)单价的敏感系数:

$$单价变动后的利润 = 50×[50×(1+10\%)-30]-100 = 1\ 150(万元)$$
$$利润变动百分比 = (1\ 150-900)÷900×100\% = 27.78\%$$
$$单价的敏感系数 = 27.78\%÷10\% = 2.78$$

上述计算表明单价变动 1%,利润呈同方向变动,变动 2.78%,利润变动率是单价变动率的 2.78 倍,说明单价的变动对利润的影响程度较大。因此,提高产品的价格是增加企业利润的主要手段。当然,降价也是企业利润下降的主要原因。

(2)单位变动成本的敏感系数:

$$单位变动成本变动后的利润 = 50×[50-30(1+10\%)]-100 = 750(万元)$$
$$利润变动百分比 = (750-900)÷900×100\% = -16.67\%$$
$$单位变动成本的敏感系数 = (-16.67\%)÷10\% = -1.67$$

上述计算表明单位变动成本变动 1%,利润呈反方向变动,变动 1.67%,利润变动率是单位变动成本变动率的 1.67 倍,说明单位变动成本的变动对利润的影响程度比单价的影响程度略小。

(3)销售量的敏感系数(也称经营杠杆系数):

$$销售量变动后的利润 = 50×(1+10\%)×(50-30)-100 = 1\ 000(万元)$$
$$利润变动百分比 = (1\ 000-900)÷900×100\% = 11.11\%$$
$$销售量的敏感系数 = 11.11\%÷10\% = 1.11$$

上述计算表明销售量变动 1%,利润呈同方向变动,变动 1.11%,利润变动率是销售量变动率的 1.11 倍,说明销售量的变动对利润的影响程度较小。

(4)固定成本的敏感系数:

$$固定成本变动后的利润 = 50×(50-30)-100×(1+10\%) = 890(万元)$$
$$利润变动百分比 = (890-900)÷900×100\% = -1.11\%$$
$$固定成本的敏感系数 = (-1.11\%)÷10\% = -0.11$$

上述计算表明固定成本变动 1%,利润呈反方向变动,变动 0.11%,利润变动率是固定成本变动率的 0.11 倍,说明固定成本的变动对利润的影响程度很小。

敏感系数为正值,表示该变量与利润呈同方向变动;敏感系数为负值,表示该变量与利润呈反方向变动。

敏感系数的高低以其绝对值来表示,与其正值还是负值无关。绝对值越大,敏感程度越高。当敏感系数的绝对值大于1时,该因素为敏感系数高的因素;敏感系数绝对值小于等于1时,该因素为敏感性低的因素。将上面例题中的敏感系数按绝对值的大小排列,依次为单价、单位变动成本、销售量、固定成本,说明利润对单价的变动最为敏感,其次是单位变动成本和销售量,固定成本的影响程度最小。

需要注意的是,上述各因素敏感系数的排列是在[例3-19]所假设条件的基础上得到的,假设的条件变化了,则各因素敏感程度的排列顺序也有可能发生变化,如果上例中的单位变动成本改为20元,全年固定成本改为500万元,其他条件不变。当各因素仍分别增长10%时,则各因素的敏感系数为:

$$目标利润 = 50 \times (50 - 20) - 500 = 1\,000(万元)$$

(1)单价变动后的利润=$50 \times [50 \times (1 + 10\%) - 20] - 500 = 1\,250$(万元)

$$利润变动百分比 = \frac{1\,250 - 1\,000}{1\,000} \times 100\% = 25\%$$

$$单价的敏感系数 = \frac{25\%}{10\%} = 2.5$$

(2)单位变动成本变动价的利润=$50 \times [50 - 20 \times (1 + 10\%)] - 500 = 900$(万元)

$$利润变动百分比 = \frac{900 - 1\,000}{1\,000} \times 100\% = -10\%$$

$$单位变动成本的敏感系数 = \frac{-10\%}{10\%} = -1$$

(3)销售量变动后的利润=$50 \times (1 + 10\%) \times (50 - 20) - 500 = 1\,150$(万元)

$$利润变动百分比 = \frac{1\,150 - 1\,000}{1\,000} \times 100\% = 15\%$$

$$销售量的敏感系数 = \frac{15\%}{10\%} = 1.5$$

(4)固定成本变动后的利润=$50 \times (50 - 20) - 500 \times (1 + 10\%) = 950$(万元)

$$利润变动百分比 = \frac{950 - 1\,000}{1\,000} \times 100\% = -5\%$$

$$固定成本的敏感系数 = \frac{-5\%}{10\%} = -0.5$$

上述四个因素按敏感系数排列,依次为单价、销售量、单位变动成本、固定成本,与原来的排列顺序相比,单位变动成本和销售量两个因素的位首互换了一下。

此外,敏感分析中的临界值问题和敏感系数问题,实际上也是一个问题的两个方面。某一因素达到临界值前的允许值越高,利润对该因素就越不敏感;反之,某一因素达到临界值前的允许值越低,利润对该因素就越敏感。

(二)敏感分析表

敏感系数提供了利润对各因素变动的敏感程度,但不能直接反映各因素变动后的利润值。因此,在实务中,一般通过编制敏感分析表来反映各因素变动后的利润值。通过敏感分析表,管理人员能了解利润对各因素的敏感程度,并可直观地看出各因素变化后的利润值。

【**例 3-21**】 按[例 3-19]的资料,假设单价、单位变动成本、销售量和固定成本分别以 10%、20% 的幅度变动。

要求:编制敏感分析表。

解: 敏感分析表见表 3-3。

表 3-3 中的最上面一行代表有关变量的变动比例,下面各行反映了在有关因素变动至一定幅度时,利润变动后的绝对值。根据变动前后的利润值,即可计算出利润的变动幅度,而利润变动幅度的绝对值则显示了有关因素敏感性的强弱。

表 3-3   敏 感 分 析 表

利润(万元) 变动百分比 因 素	−20%	−10%	0	10%	20%
单价(元/件)	400	650	900	1 150	1 400
单位变动成本(元/件)	1 200	1 050	900	750	600
固定成本(万元)	920	910	900	890	880
销售量(万件)	700	800	900	1 000	1 100

例如,表 3-3 中的第三行反映单位变动成本变动对利润的影响:当单位变动成本不变时,利润为 900 万元;当单位变动成本下降 10%,利润上升到 1 050 万元,变动幅度为 16.67%[(1 050−900)÷900×100%];当单位变动成本下降 20%,利润上升到 1 200 万元,变动幅度为 33.33%[(1 200−900)÷900×100%];当单位变动成本增加 10%,利润下降到 750 万元,变动幅度为 −16.67%[(750−900)÷900×100%];当单位变动成本增加 20%,利润下降到 600 万元,变动幅度为 −33.33%[(600−900)÷900×100%]。通过分析,可以发现利润对单位变动成本的变动还是比较敏感的。

第五节   本量利分析在经营决策中的应用

由于利用本量利分析中的边际贡献概念,能为不同方案的选择提供重要的衡量依据,因此本量利分析被广泛地用于企业的经营决策。在经营决策的分析中,哪种方案能为企业提供更多的边际贡献,更好地弥补和维持现有生产能力所需支付的固定成本,使企业获得更多的利润,哪个方案就是最佳方案。

本量利分析在经营决策中主要可用于不同生产方法的选择、购置某项生产设备的选择等。

一、不同生产方法的选择

不同的生产方法虽然可以生产出同样质量和同样价格的产品,但在成本上会存在差异。为了能充分利用不同生产方法的优越性,可应用本量利分析的原理进行选择。

【例 3-22】 某企业生产一种产品,产销平衡,产品单价 600 元,单位变动成本 450 元,固定成本总额 150 万元,年生产能力为 2 万件。如果采用一种新的生产方法,单位变动成本可降低 50 元,但固定成本总额增加 30 万元,生产能力保持不变。

要求:对新旧生产方法进行选择。

解:(1)计算并列出新旧生产方法的数据,见表 3-4。

表 3-4 新旧生产方法的有关数据

项 目	原生产方法	新生产方法
年固定成本(万元)	150	180
单位变动成本(元)	450	400
单价(元)	600	600
单位边际贡献(元)	150	200
生产能力(万件)	2	2
保本量(万件)	1	0.9

(2)绘制本量利分析图。用 TR 代表销售收入线,FC_1 和 FC_2 分别代表原生产方法和新生产方法的固定成本线,TC_1 和 TC_2 分别代表原生产方法和新生产方法的总成本线,BF_1 和 BF_2 分别代表原生产方法和新生产方法的保本点,将表 3-4 的数据在图 3-6 上反映。

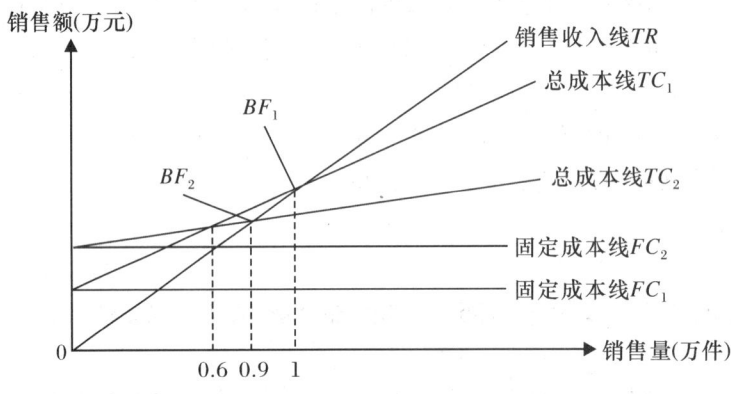

图 3-6 本量利分析图

图 3-5 表明,由于新的生产方法使单位边际贡献增加了 50 元,其保本点销售量比原生产方法的保本点销售量降低了 1 000 件,安全边际相应增加 1 000 件。如果企业已有的生产能力能充分利用,并且生产出来的产品能全部出售,则新的生产方法比原生产方法多实现利润:70 万元[$200 \times (2-0.9) - 150 \times (2-1)$],即用新的生产方法可以获得较大的盈利。但如果企业已有的生产能力不能得到充分的利用,或者生产出来的产品不能按照既定的价格出售,则新的生产方法无法发挥它的优势。图3-5中两种生产方法的总成本线的交点(TC_1 和 TC_2 的交点),是新的生产方法发挥优势的起点。销售量在 6 000 件以下,用原来的生产方法;销售量在 6 000 件以上,用新的生产方法。

二、购置某项生产设备的选择

【例 3-23】 某企业生产一种产品,产销平衡,产品单价 120 元,年生产能力为 2 000 件,其成本构成见表 3-5。

表 3-5 某产品的成本构成

项 目	变动成本(元)	固定成本(元)
直接材料	32 000	
直接人工	48 000	
折旧		32 000
其他		48 000
合 计	80 000	80 000

现准备购置一台专用设备,购置费 212 000 元,可使用 10 年,无残值,用直线法计提折旧。该设备投产后可使变动成本下降 30%。

要求:决策是否购置专用设备。

解: 购置前:单位变动成本＝80 000÷2 000＝40(元/件)

　　　　　单位边际贡献＝120－40＝80(元)

　　　　　保本量＝80 000÷80＝1 000(件)

　　　　　安全边际＝2 000－1 000＝1 000(件)

　　　　　实现利润＝1 000×80＝80 000(元)

　　购置后:单位变动成本＝40×(1－30%)＝28(元)

　　　　　单位边际贡献＝120－28＝92(元)

　　　　　增加的年折旧额＝212 000÷10＝21 200(元)

　　　　　保本量＝(80 000＋21 200)÷92＝1 100(件)

　　　　　安全边际＝2 000－1 100＝900(件)

　　　　　实现利润＝900×92＝82 800(元)

购置专用设备后,虽然保本点销售量比原来的保本点销售量上升了 100 件,但单位边际贡献增加了 12 元,因此企业每年仍可增加 2 800 元(82 800－80 000)利润,说明购置专用设备是可行的。

本章要点概览

本量利是分析成本、业务量、利润三者依存关系的一种定量分析方法。它以成本性态假设、相关范围假设、产销平衡假设、品种结构不变假设、目标利润假设为前提。本章的本量利分析是从本量利基本关系式出发,着重研究单品种和多品种下的保本和保利分析。

保本分析是研究企业利润为零,处于不盈不亏条件下的销售量和销售额;保利分析是研究为了达到预期的目标利润而应达到的销售量和销售额。保本分析是本量利分析的基础,可以反映企业的经营安全程度;保利分析可以帮助企业以销定产,确定短期经营方向。

保本和保利分析,分单品种和多品种两种情况。单品种情况下,可计算保本量、保本额和保利量、保利额;多品种情况下,只计算保本额和保利额。

安全边际、安全边际率和保本点作业率用于评价企业的经营安全程度。安全边际评价同一企业不同时期的经营安全程度,安全边际率评价不同企业的经营安全程度。安全边际是一个正指标,数值越大,企业的经营越安全;保本点作业率是一个逆指标,数值越小,企业的经营越安全。保本点作业率与安全边际率之间是互补关系。

临界值是利润由盈利转为亏损时,销售量、单价的最小允许值和单位变动成本、固定成本最大允许值。

敏感系数是反映单价、单位变动成本、销售量和固定成本的变动对利润影响程度的数值。其中单价的变动最为敏感,其次是单位变动成本和销售量,固定成本的影响程度最小。

 关键词

1. 本量利分析　　　　　2. 边际贡献率

3. 保本点　　　　　　　4. 安全边际率

5. 保本点作业率　　　　6. 敏感性分析

7. 临界值

阅 读 文 献

1. 毛付根主编:《管理会计》(第三章成本—产量—利润依存关系分析),高等教育出版社 2000 年版。

2. 吴大军等主编:《管理会计》(第四章本量利分析原理),东北财经大学出版社 2004 年版。

3. 潘飞主编:《管理会计》(第三章本量利分析),上海财经大学出版社 2003 年版。

4. 侯本领主编:《管理会计》(第四章成本、数量及利润管理),东北财经大学出版社 2005 年版。

5. 周宝源主编:《管理会计学》(第四章本量利分析),南开大学出版社 2004 年版。

复 习 思 考 题

1. 本量利分析和保本分析有何区别?

2. 什么是边际贡献率? 如何计算?

3. 为什么增加边际贡献率高的产品比重,可提高企业的盈利水平?

4. 对比保本点业务量和保利点业务量的计算公式。

5. 分析各因素变动对保本点、保利点及安全边际的影响。

6. 什么是敏感分析? 其作用如何?

练 习 题

一、判断题

1. 如果变动成本率为 50%,固定成本总额为 600 万元,则保本点的销售额为 400 万元。　　　　　　　　　　　　　　　　　　　　　　　　　　　　(　)

2. 在其他因素不变的条件下，目标利润的变动，会引起保本点和保利点发生相应的变动。（ ）

3. 在利润的敏感性分析中，各因素的利润灵敏度指标按大小排列的顺序固定不变。（ ）

4. 如果产品的单价与变动成本上升的百分比相等，其他因素不变，则保本销售量上升。（ ）

5. 单一品种下，保本点的销售额随边际贡献率的上升而下降。（ ）

6. 只有当边际贡献大于固定成本时，企业才会有利润，但两者差额越大，利润就越小。（ ）

7. 安全边际越大，保本作业率越小，企业经营越不安全。（ ）

8. 由于固定成本的总额无法变动，因此只能通过提高产品产量和降低单位成本来增加企业的利润。（ ）

9. 边际贡献小于零的企业，必然是亏损企业。（ ）

10. 经营杠杆系数表示利润受单价变动影响的敏感程度，由于单价对利润的影响较大，因此经营杠杆系数属于强敏感系数。（ ）

二、单项选择题

1. 利润是边际贡献和（ ）的差额。
   A. 变动成本　　　B. 固定成本总额　　　C. 销售收入　　　D. 成本总额

2. 边际贡献率和变动成本率呈（ ）。
   A. 反方向变化　　　B. 同方向变化　　　C. 同比例变化　　　D. 反比例变化

3. 用图解法确定产品保本点时，保本点是保本图中（ ）的交点。
   A. 变动成本线和销售收入线　　　B. 固定成本线和销售收入线
   C. 总成本线和销售收入线　　　D. 变动成本线和总成本线

4. 在单一品种条件下，盈亏临界点的销售量计算是以（ ）。
   A. 固定成本除以贡献毛益率　　　B. 固定成本除以单位产品贡献毛益
   C. 固定成本除以安全边际率　　　D. 固定成本除以安全边际

5. 在安全边际范围内，每增加一个单位的销售量，增加的利润额就是一个单位的（ ）。
   A. 销售价格　　　B. 变动成本
   C. 成本　　　D. 边际贡献

6. 某产品的单位变动成本30元，最大销售量20万件，单价50元，目标利润300万元，则固定成本应（ ）万元。
   A. 不高于120　　　B. 不高于100　　　C. 不低于120　　　D. 不低于100

7. 原来的边际贡献率为 a，现降低售价，降低率为 b，则新的边际贡献率为（ ）。
   A. $1-(1-a)\div(1-b)$　　　B. $a(1-b)$
   C. $a\div(1-b)$　　　D. $(1-a)\div(1-b)$

8. 某产品的边际贡献为正，现单价和单位变动成本都提高10%，固定成本总额不变，则（ ）。
   A. 单位边际贡献不变　　　B. 保本额不变
   C. 保本量不变　　　D. 安全边际率不变

9. 某产品销售量为5 000件，单位变动成本10元，固定成本总额30 000元，税后目标利润12 000元，假设所得税税率40%，则保证税后目标利润实现的单价为（ ）元。
   A. 20　　　B. 24　　　C. 22　　　D. 18

10. 企业的销售利润率等于（ ）。
    A. 边际贡献率与安全边际率之商　　　B. 边际贡献率与安全边际率之积
    C. 边际贡献率与安全边际率之和　　　D. 边际贡献率与安全边际率之差

三、多项选择题

1. 企业为实现目标利润可采取的措施包括(　　)。

    A. 在其他因素不变的情况下,提高单价　　　B. 在其他因素不变的情况下,增加销售量

    C. 在其他因素不变的情况下,降低固定成本　D. 在其他因素不变的情况下,降低单位变动成本

2. 导致保利点上升的因素有(　　)。

    A. 固定成本上升　　　　　　　　　　　　B. 边际贡献增加

    C. 单位变动成本上升　　　　　　　　　　D. 目标利润上升

3. 下列各式中,其计算结果等于边际贡献率的有(　　)。

    A. 单位边际贡献÷单价　　　　　　　　　B. 1-变动成本率

    C. 边际贡献÷销售收入　　　　　　　　　D. 固定成本÷保本销售量

4. 下列与安全边际率有关的说法中,正确的有(　　)。

    A. 安全边际额与销售量的比率等于安全边际率

    B. 安全边际率越大,企业发生亏损的可能性越小

    C. 安全边际量与当年实际销售量的比值等于安全边际率

    D. 安全边际率与保本作业率之和为1

5. 某产品单价为80元,固定成本总额为20 000元,单位变动成本为50元,计划产销量600件,要实现4 000元的利润,可分别采取的措施有(　　)。

    A. 减少固定成本6 000元　　　　　　　　B. 提高单价10元

    C. 提高产销量200件　　　　　　　　　　D. 降低单位变动成本10元

6. 在进行本量利分析时,假定其他因素不变,仅提高销售单价,将会导致(　　)。

    A. 变动成本率下降　　　　　　　　　　　B. 保本点上升

    C. 单位边际贡献增加　　　　　　　　　　D. 保本点作业率下降

7. 在多品种产销下,产品品种结构的变动会影响多品种产品的(　　)。

    A. 综合保本额　　　B. 综合保本量　　　C. 综合保利额　　　　D. 综合保利量

8. 保本点表示(　　)。

    A. 边际贡献等于固定成本　　　　　　　　B. 利润为零

    C. 安全边际为零　　　　　　　　　　　　D. 保本点作业率为1

9. 扩大安全边际的方法有(　　)。

    A. 增加销售量　　　　　　　　　　　　　B. 提高单价

    C. 降低固定成本　　　　　　　　　　　　D. 降低单位变动成本

10. 单价、单位变动成本、销售量和固定成本的变动都会引起利润的变动,一般情况下,利润对(　　)变动比较敏感。

    A. 单价　　　　　　　　　　　　　　　　B. 固定成本

    C. 边际贡献　　　　　　　　　　　　　　D. 单位变动成本

四、计算题

1. 某企业2015年的销售收入为600万元,销售变动成本总额为300万元,固定成本总额为450万元。预计2016年增加固定成本22.5万元,产品销售单价为150元。

要求:

(1) 计算2016年的保本点。

(2) 若企业计划2016年实现目标利润15万元,计算保利点。

2. 某企业生产 A、B、C 三种产品,年固定成本 91 800 元,有关资料如下:

产品	单价(元/件)	销售量(件)	单位变动成本(元/件)
A	200	1 200	160
B	240	1 000	180
C	320	1 000	224

要求:分别用加权平均法和联合单位法计算综合保本额和各产品的保本点。

3. 利用上题的资料,假设总收入不变,但三种产品的销售比重变为 20%、20%、60%。

要求:计算综合保本额和各产品的保本点。

4. 某企业产销甲产品,每件售价 80 元,2016 年的收益如下(单位:元):

销售收入	112 000
变动成本	70 000
边际贡献	42 000
固定成本	54 000
税前利润	(12 000)

要求:

(1) 计算 2016 年扭转亏损必须增加的销售量。

(2) 若 2016 年期望在固定成本增加 10 000 元的情况下,实现目标利润 50 000 元,计算 2016 年甲产品最少应销售多少件。

5. 某企业生产一种新产品,它的单位变动成本 72 元,固定成本总额 120 000 元,销售量 20 000 件。

要求:

(1) 企业的目标利润为 20 000 元,计算每件售价。

(2) 假设在市场上销售的每件售价不能高于 77 元,分析销量、单位变动成本和固定成本应分别如何变化,才能保持原有的目标利润。

6. 某公司生产甲产品,销售单价 200 元,销售产量 10 000 件,单位变动成本为 120 元,固定成本 560 000 元。

要求:

(1) 计算安全边际率和保本点作业率。

(2) 预计下一年度目标利润要比本年度增加 20%,分析可采取哪些措施来实现。

(3) 对你提出的各项措施运用敏感性分析原理,测算其对利润的敏感程度。

7. 某企业生产经营一种产品,单价 500 元,单位变动成本 300 元,全年固定成本总额 100 万元,预计销售量 1 万件。

要求:

(1) 计算该企业的税前利润。

(2) 如果要使企业全年不亏损,分析单价、单位变动成本、销售量和固定成本应在什么范围内变化。

五、案例分析题

1. 立信公司是一家生产电子产品的企业,没有自己的销售力量,其产品销售完全依靠代理商,每年需向代理商支付的销售佣金为年销售收入的 15%,公司的财务部经理根据以前年度的财务状况编制了下一

年度的预算利润表,具体项目如下:

销售额		1 600 万元
生产成本:		
变动生产成本	720 万元	
固定生产成本	234 万元	954 万元
销售毛利		646 万元
销售和管理费用:		
代理商佣金	240 万元	
固定的推销成本	12 万元	
固定的管理费用	180 万元	432 万元
营业利润		214 万元
固定的利息费用		54 万元
税前利润		160 万元
所得税费用		48 万元
净利润		112 万元

　　财务部经理将编好的预算利润表交给了公司总裁,同时向公司总裁汇报,现在代理商要求把销售佣金提高到销售收入的 20%,否则下一年度将不再代理他们的产品。根据这一情况,公司总裁召集管理层开会讨论,准备建立自己的销售队伍。财务部根据相关资料和相关的成本数据,编制了建立自己销售队伍的预算表,发现每年要增加 240 万元的固定销售费用,明细如下;但同时不再需要每年聘请会计师事务所审查代理商的资质,这样每年可减少 7.5 万元的固定费用。

销售经理的工资	10 万元
销售人员的工资	60 万元
业务费	40 万元
广告费	130 万元
合计	240 万元

　　要求:

　　(1) 分别计算在下面三种情况下该公司下一年度盈亏临界点的销售额。

　　一是:销售佣金保持 15% 不变。

　　二是:销售佣金提高到 20%。

　　三是:立信公司使用自己的销售力量。

　　(2) 假设立信公司继续通过代理商销售自己的产品,并且支付 20% 的销售佣金,分析要销售多少产品才能达到预算的净利润。

　　(3) 计算立信公司在通过代理商销售自己的产品(20% 的销售佣金)和建立自己的销售队伍销售产品的两种情况下净利润无差别时的销售额。

　　(4) 计算在下面三种情况下立信公司的经营杠杆(使用税前利润计算)。

　　一是:销售佣金保持 15% 不变。

　　二是:销售佣金提高到 20%。

　　三是:立信公司使用自己的销售力量。

(5) 根据上述(1)~(4)的计算,分析立信公司是该继续通过代理商销售产品(20%的销售佣金),还是建立自己的销售队伍销售产品。为什么?

2. 公司的高级管理人员现正与工会进行工资谈判。工会要求将员工的薪金在目前的基础上增加15%,而高级管理人员则建议增加5%。

高级管理人员非常不愿意接受工会的要求,但愿意考虑作出让步,条件不管实际生产量多少,均在目前薪金总额的基础上增加5%,另外根据实际生产量,每生产1件产成品再额外给予0.3元的报酬。如果达成协议,估计在预算工时(正常生产能力)内产量将有10%的增长,但如果要销售增加的产量,销售经理估计必须把售价降低2.5%。

公司下一年度的预算如下(不包括工资及销售的增加):

销售收入(150万件)		1 200万元
直接材料	240万元	
直接人工	360万元	
变动制造费用	54万元	
固定制造费用	192万元	
变动销售费用(销售额的5%)	60万元	
固定销售费用	156万元	
固定管理费用	50.2万元	1 112.2万元
营业利润		87.8万元

要求:

(1) 计算预算业绩:① 假设管理人员接受工会的要求。② 假设工会接受高级管理人员关于报酬的建议。

(2) 如果选择高级管理人员的建议,分析工人最少需要生产多少件产品才能使其报酬同15%的工资增幅方案相同。

(3) 如果管理部门要求最少实现800 000元的利润,在按高级管理人员报酬的建议下,请计算管理部门可接受的最大售价减幅。

第四章 预 测 分 析

──────────学习目的与要求──────────

　　本章介绍了预测分析的概念、步骤及基本方法,销售预测,利润预测和资金预测。通过本章的学习,应了解预测分析的意义、类型与特点;理解预测分析在预测、决策、规划与控制过程中所处的地位;熟悉预测分析的定性分析法和定量分析法;掌握预测分析在销售预测、利润预测以及资金需要量预测等方面的基本内容与具体方法。

第一节 预测分析概述

一、预测分析的概念

　　预测分析(forecasting analysis)是指企业在经营活动中对未来可能产生的收入、支出以及经济效益等的发展趋势进行科学推测的一种专门方法。它是西方经济发达国家在20世纪50年代以后逐步发展起来的一门新兴的综合学科,其主要特点是运用了当时先进的数理统计的原理和方法。这些现代的数理统计分析方法有助于人们深刻地理解经济运行过程的本质,从而帮助人们认识并掌握其运行规律,使人们对经济运行过程及其发展变化进行科学预测成为可能。

　　根据预测分析得出若干个可行的备选方案,进一步权衡利弊,在多个备选方案中选出一个最优方案,称为"决策分析"(decision analysis)。"预测分析"是"决策分析"的基础,也是科学决策的前提条件,在实际工作中必须把两者有机地结合起来,才能相得益彰。

二、预测分析的必要步骤

　　预测分析是一项繁重而艰巨的工作,其中有一些是基础性的工作。其基本步骤有五个。

　　1. 确定预测目标

　　确定预测目标是做好预测分析的前提,也是制定预测分析计划、确定基础资料来源、选择预测方法、组织专业人员的依据。

2. 搜集整理相关资料

这些资料包括过去的和现在的、纵向的和横向的、国内的和国外的资料。通过搜集整理相关资料,可以帮助我们从中发现与预测目标有关的各因素之间的相互依存关系和变动规律性趋势。

3. 选择预测方法

对于那些资料齐全的对象,应当选择定量预测方法,即建立数学模型的方法进行预测;对于那些资料不够完整,甚至是严重缺乏的对象,则可选定性预测方法,即选择合适的专家组,根据经验进行预测。

4. 实施预测,修正预测误差

预测值难免会产生误差,这就要分析误差产生的原因,必要时结合定性分析方法对定量计算值进行修正或补充说明,使预测值符合预测目标要求。

5. 给出预测结果

将修正后的预测结论以书面报告形式及时报送有关领导和部门,以便作出有效的决策。

三、预测分析的基本方法

经济规律是客观存在的,与经营相关的生产因素的变量之间存在着相互依存、相互制约的关系。而且这些关系有时会重复出现,并且存在着时间的延续性。由此形成的规律是可以被我们认识的,掌握经济规律有助于科学预测。预测的方法,大体上可以分为量化计算的定量分析法和非量化计算的定性分析法。

(一)定量分析法

定量分析法(quantitative analysis method)又称数量分析法,是运用现代的数学方法,对历史资料,如会计的、统计的资料进行科学的加工处理,要求按照相关经济变量之间的规律性、联系性建立相应的数学模型,借以充分揭示相关变量之间的规律性联系,并作为预测依据的分析法。定量分析法又可分为两类:一类的基本思路是认为未来是“过去历史的延伸”,因此可以从某个指标过去的变化趋势作为预测未来的依据;另一类则以一个指标联系他项指标进行分析,根据它们之间的规律性联系作为预测未来的依据,通常是以一个指标的变动情况为基础来推断另一项指标的变化程度。

1. 趋势分析法

趋势分析法又称时间序列法,是把历史资料按照时间顺序排列,运用一定的数学方法,对历史资料进行加工、计算,借以预测将来走势的一种分析方法。例如,算术平均法、移动加权平均法、平滑指数法等等,这种方法的实质就是把未来视为历史的延伸。

2. 因果分析法

因果分析法是根据各有关指标之间存在的相互依存、相互制约的因果函数关系,建立相应的因果数学模型进行预测分析的方法。例如,本量利分析法、回归分析法等。

（二）定性分析法

定性分析法（qualitative analysis method）是在缺乏相应的历史资料或数据的条件下，由熟悉企业的专家凭借他们所掌握的知识技能，或者是长期积累的实践经验，经过调查研究，结合预测项目的特点进行综合分析，提出初步意见，然后对初步意见进行补充、修正，甚至需要几上几下，最后对某一事项的未来发展趋势作出判断预测的一种分析方法，因此又称作"判断分析法"或"集合意见法"。

在实际工作中定量分析法与定性分析法并不是相互排斥的，而是相辅相成的。只有把这两种方法结合起来运用，取长补短，才能达到预期的效果。

第二节　销　售　预　测

销售的预测分析关系到企业目标利润能否顺利实现，因此必须通过市场调查，进行科学的销售预测，以便以销定产，做好产销规划。搞好销售预测，有利于提高企业经营决策的科学性，可以在发展生产、保障供应的同时最大限度地满足社会的物质消费需求，从而有利于进一步提高企业的经济效益。

西方发达国家进行销售预测的技术方法很多，常用的有趋势预测分析法、因果预测分析法、判断分析法和市场调查法等。其中前两类属于定量分析法。

一、趋势预测分析法

趋势预测分析法又称时间序列分析法，是运用事物发展的连续性原理，采用一定的数理统计方法，来预测计划期的产品销售量或销售额的一种定量分析方法。这种分析方法的优点是有效地利用了现有的经济资料，方便而快捷；缺点是对市场供需变动产生的影响未能加以考虑。

趋势预测分析法所采用的具体数学方法有多种，如算术平均法、移动加权平均法、平滑指数法等。

（一）算术平均法

算术平均法是根据过去若干时期的销售量或销售额的算术平均数，作为计划期的销售预测数的预测方法。通过计算平均数，剔除了偶发因素的影响。其计算公式为：

$$\frac{\text{计划期销售}}{\text{预测数}(\overline{X})} = \frac{\sum X}{n} = \frac{\text{各期销售量或销售额之和}}{\text{期数}}$$

【例 4-1】　某仪表公司上半年的产品销售量历史资料见表 4-1。

表 4-1　　　　　　　　　仪表公司上半年的产品销售量表

月　　份	1	2	3	4	5	6
销售量（台）	1 000	1 200	1 100	1 250	1 230	1 300

要求:预测公司7月份的产品销售量。

解: $\dfrac{7月份预计}{销售量(\overline{X})} = \dfrac{\sum X}{n} = \dfrac{各期销售量或销售额之和}{期数} =$

$$\dfrac{1\,000+1\,200+1\,100+1\,250+1\,230+1\,300}{6} = 1\,180(台)$$

这种方法的优点是计算比较简捷,缺点是没能考虑时间序列的变动趋势,即无法体现近期数据变动趋势对预测值的影响程度,因而预测值与实际销售量将会产生较大误差,所以只适用于销售量较稳定的产品。

(二)移动加权平均法

移动加权平均法是先按过去若干期销售量或销售额距计划期的远近分别加权,然后以其加权平均数作为计划期的销售预测的预测方法。采用移动加权平均法,由于近期所加权数大,远期所加权数小,因此能够克服算术平均法的缺点。所谓的"移动",是指所采用的历史资料需随时间的推移而往后移动。例如,预测7月份的销售值,采用4月份、5月份、6月份的资料;预测8月份的销售值,则以5月份、6月份、7月份的资料为准,以此类推。为了计算方便,可以令权数之和等于1,即$\sum W = 1$。下例所取观测值为3个月时,其权数可以按距离预测期的远近分别设定为:0.2、0.3、0.5,这样它们的权数之和等于1。

【例4-2】 按[例4-1]资料,根据4月份、5月份、6月份三个月的历史资料。

要求:采用移动加权平均法,预测7月份的销售量。

解: 7月份的销售量$(X)=\sum W_i X_i =$
$$1\,250\times0.2+1\,230\times0.3+1\,300\times0.5=1\,269(台)$$

移动加权平均法考虑近期销售量的变化趋势,而且按预测期的远近分别加权,消除了各个月份销售差异的平均化,所以其预测结果的准确性大为提高。

(三)平滑指数法

平滑指数法是在预测计划期销售量或销售金额时,导入平滑指数计算预测值的预测方法。平滑指数的实质是加权因子,其取值一般在0.3与0.7之间。其计算公式为:

$$\dfrac{计划期销}{售预测数} = (平滑系数\times上期实际销售数)+(1-平滑系数)\times上期预测销售数 =$$
$$aA+(1-a)F$$

【例4-3】 仍用[例4-1]的资料,公司上半年6月份的实际销售量为1 300台。移动加权平均法预测6月份的销售量为1 210台。若平滑系数取0.4。

要求:采用平滑指数法预测7月份的销售量。

解: 7月份的预计销售量$=aA+(1-a)F=$
$$(0.4\times1\,300)+(1-0.4)\times1\,210=1\,246(台)$$

指数平滑法可以消除实际销售中所包含的偶然因素的影响,但是平滑指数的确定难免带有一定的主观因素。平滑指数越大,则近期实际数对预测结果的影响越大;反之,平滑指数越小,则近期实际数对预测结果的影响越小。因此,我们可以选取较大的平滑指数以凸现近期实际销售量对观测值的影响,或者选取较小的平滑指数,以凸现销售量的长期变动趋势。

二、因果预测分析法

因果预测分析法有回归分析法和二次曲线法等。

(一) 回归分析法

回归分析法(regression analysis method)是根据混合成本的直线方程式 $y=a+bx$,按照数学的最小平方法原理,找出能够使自变量 x 与因变量 y 之间具有误差平方和最小的直线以确定预测值的方法。这条直线也被称为回归直线。它的常数项 a 与系数 b 的数值,可以按下列公式计算得到:

$$a=(\sum y-b\sum x)\div n$$
$$b=(n\sum xy-\sum x\sum y)\div[n\sum x^2-(\sum x)^2]$$

采用回归分析法预测销售时,y 代表销售量或销售额,x 代表时间的间隔期(年份、月份),由于自变量 x 按照时间顺序排列,间隔期相等,可以令 $\sum x=0$,从而使计算简化。具体地说,若实际观测的次数(n)为奇数,则取 x 的间隔期为 1,即将 0 置于所有观测期的中央,其余上下均以 1 递增或递减。若实际观测的次数(n)为偶数,则取 x 的间隔期为 2,即将 $x=-1$ 与 $x=+1$ 置于所有观测值的当中上下两期,其余上下均以 2 递增或递减。这样可以使 $\sum x=0$。

当 $\sum x=0$,上述公式可以简化为:

$$a=\sum y\div n$$
$$b=\sum xy\div\sum x^2$$

【例 4-4】 根据[例 4-1]所给出的某仪表公司上半年 6 个月产品销售量的历史资料。

要求:按回归分析法预测 7 月份的销售量。

解:先将给出的历史资料加工整理并列表,见表 4-2 和表 4-3。

表 4-2　　　　　　　　　　　若所观测历史资料的 n 为偶数

月　　份	间隔期(x)	销售量(y)	xy	x^2
1	−5	1 000	−5 000	25
2	−3	1 200	−3 600	9
3	−1	1 100	−1 100	1
4	+1	1 250	+1 250	1
5	+3	1 230	+3 690	9
6	+5	1 300	+6 500	25
$n=6$	$\sum x=0$	$\sum y=7\ 080$	$\sum xy=1\ 740$	$\sum x^2=70$

然后根据表 4-2 最后一行的有关数据代入公式,求 a 与 b 的值:

$$a = \sum y \div n = 7\,080 \div 6 = 1\,180$$

$$b = \sum xy \div \sum x^2 = 1\,740 \div 70 = 24.86$$

得到模型： $\quad\quad y = 1\,180 + 24.86x$

7 月份的预计销售量 $y = 1\,180 + 24.86 \times 7 = 1\,354$（台）

7 月份 x 的值，按间隔期 2 推算，应为 +5+2=+7。

表 4-3　　　　　　　　　　**若所观测历史资料的 n 为奇数**

月　份	间隔期(x)	销售量(y)	xy	x^2
2	-2	1 200	-2 400	4
3	-1	1 100	-1 100	1
4	0	1 250	0	0
5	+1	1 230	+1 230	1
6	+2	1 300	+2 600	4
$n=5$	$\sum x = 0$	$\sum y = 6\,080$	$\sum xy = 330$	$\sum x^2 = 10$

然后将上表最后一行的有关数据代入公式，求 a 与 b 的值：

$$a = \sum y \div n = 6\,080 \div 5 = 1\,216$$

$$b = \sum xy \div \sum x^2 = 330 \div 10 = 33$$

7 月份的预计销售量 $y = a + bx = 1\,216 + (33 \times 3) = 1\,315$（台）

7 月份 x 的值，按间隔期 1 推算，应为 +2+1=+3。

(二) 二次曲线法

在生产经营活动实践中，有些产品销售量或销售额的变动并不随时间的推移呈直线形态变动，而是表现为一元二次曲线形态。这时就不能采用上述的一元回归法进行预测，必须按一元二次曲线方程建立销售预测的"曲线回归数学模型"，这种预测销售的方法，我们称为二次曲线法。

二次曲线的基本公式为：

$$y = a + bx + cx^2$$

式中　y 表示销售额；

$\quad\quad x$ 表示观测值的间隔期；

$\quad\quad a$ 表示固定成本，是曲线的截距；

$\quad\quad b$ 表示 x 的系数；

$\quad\quad c$ 表示 x^2 的系数。

用最小平方法，即根据 n 个观测值，就可以建立一组决定二次曲线的联立方程组：

$$\begin{cases} \sum y = na + b\sum x + c\sum x^2 & \text{①} \\ \sum xy = a\sum x + b\sum x^2 + c\sum x^3 & \text{②} \\ \sum x^2 y = a\sum x^2 + b\sum x^3 + c\sum x^4 & \text{③} \end{cases}$$

由于所有观测值是按照时间顺序排列的,代表观测值的间隔期(x)的间距是相等的,令$\sum x=0$;$\sum x^3=0$,就能使上述联立方程简化:

$$\begin{cases} \sum y=na+c\sum x^2 & ④ \\ \sum xy=b\sum x^2 & ⑤ \\ \sum x^2y=a\sum x^2+c\sum x^4 & ⑥ \end{cases}$$

对上式移项化简后可以得到:

$$\begin{cases} a=(\sum x^4\sum y-\sum x^2\sum x^2y)\div[n\sum x^4-(\sum x^2)^2] & ⑦ \\ b=\sum xy\div\sum x^2 & ⑧ \\ c=(n\sum x^2y-\sum x^2\sum y)\div[n\sum x^4-(\sum x^2)^2] & ⑨ \end{cases}$$

算出a、b、c的值以后,分别代入二次曲线的基本公式:$y=a+bx+cx^2$。得到相应的数学模型后,就能够进行销售预测。

【例4-5】 某商业机器公司2011—2016年的实际销售额如表4-4所示。

表4-4　　　　　　　商业机器公司2011—2016年的实际销售情况表

年　　度	2011	2012	2013	2014	2015	2016
销售额(百万元)	20	24	18	28	32	48

要求:采用二次曲线法为该商业机器公司预测2017年的销售额。

解:首先对6年的历史资料加工整理,并编制表4-5。

表4-5　　　　　　　商业机器公司2011—2016年销售预测计算表

年　　度	间隔期(x)	销售额(y)	xy	x^2	x^2y	x^4
2011	-5	20	-100	25	500	625
2012	-3	24	-72	9	216	81
2013	-1	18	-18	1	18	1
2014	$+1$	28	28	1	28	1
2015	$+3$	32	96	9	288	81
2016	$+5$	48	240	25	1 200	625
$n=6$	$\sum x=0$	$\sum y=170$	$\sum xy=174$	$\sum x^2=70$	$\sum x^2y=2\,250$	$\sum x^4=1\,414$

将表4-5最后一行计算值代入公式⑦、⑧、⑨,算出a、b、c的值:

$$a=(\sum x^4\sum y-\sum x^2\sum x^2y)\div[n\sum x^4-(\sum x^2)^2]=$$
$$(1\,414\times170-70\times2\,250)\div(6\times1\,414-70^2)=23.125$$

$$b=\sum xy\div\sum x^2=$$
$$174\div70=2.4857$$

$$c=(n\sum x^2y-\sum x^2\sum y)\div[n\sum x^4-(\sum x^2)^2]=$$
$$(6\times2\,250-70\times170)\div(6\times1\,414-70^2)=0.4464$$

2017年的间隔期(x)的值$=5+2=7$

2017 年商业机器公司预计销售额(y) $=a+bx+cx^2=23.125+2.4857\times7+0.4464\times7^2=62.4$(百万元)

三、判断分析法

判断分析法是请具有丰富经验的经营管理人员、经济专家或市场营销人员对计划期间的销售情况进行综合研究,并作出判断的预测方法。由于凭借专门人员的丰富经验进行判断预测,因此判断分析法比较适用于历史资料不够完备的企业。

判断分析的方式主要有三种。

(一)营销人员意见综合判断法

由于营销人员对市场和客户情况最为了解,因此可以用调查表的形式听取他们的意见,再经过综合与分析整理以后,最终作出判断。

(二)专家小组法

企业管理当局可以组织各方面的专家预测小组,这些专家可以是企业内部的,也可以是企业外部的(但是不应当包括营销人员和客户);可以是来自实务部门的,也可以是来自理论部门的,通过各种方式听取专家们的意见,并经过充分调查研究与讨论,最终作出判断。

(三)德尔菲法

德尔菲法又称专家调查法,它采用函询调查的方法,向有关专家发出预测问题调查表,征询意见,然后将专家回答的意见进行归纳和整理,经过多次反馈、归纳和整理作出预测判断。

采用德尔菲法,在征询意见时,参加预测的各位专家互不通气,他们能根据自己的经验、观点和方法进行预测,消除了许多社会因素的影响,真正实现各抒己见。由于这种方法需要反复征询意见,请专家参考别人意见修正本人原来的判断,使得合理的意见为大多数专家接受,并在此基础上最终确定预测结果。

四、市场调查法

市场调查法是在详细调查某种产品的市场供需情况变动态势的基础上,预测该产品的销售量或销售额的一种专门方法。通常可以从四个方面进行市场调查。

(一)调查产品本身当前所处的寿命周期处于哪个阶段

任何加工制造业的产品都有其寿命周期。产品的寿命周期一般包括开发试销期、成长期、成熟期、饱和期和衰退期这五个阶段。在开发试销期,销售量逐渐上升,经过成熟期至饱和期达到顶峰值,然后下滑,最终衰退(呈抛物线状态)。调查产品本身目前所处的寿命周期属于哪个阶段,有助于企业经营管理人员作出正确的销售判断。

(二)调查消费者的消费情况

调查消费者对商品的具体要求,包括消费偏好、风俗习惯,以及经济承受能力等因素对产品销售量所产生的影响。

（三）调查产品的市场竞争力情况

调查本行业的同类产品的花色品种及其在产品质量、价格、包装、运输等方面的现状和改进措施及其销售变化情况。

（四）调查国内外和本地区经济发展趋势

通过调查,了解各地方的经济发展趋势对产品销售的影响。

最后综合上述四个方面的调查资料,经过加工整理,就可以计算得出预测的销售数量。

【例 4-6】 某市 2016 年有居民 100 万户,市场调查表明,其中 1.5％的居民户已拥有某家庭耐用消费品,假设该项家庭耐用消费品的试销期为 5 年,尚余 4 年试销期。其市场寿命周期划分阶段如表 4-6 所示。

表 4-6　　　　　　　某耐用消费品的市场阶段划分

寿命周期	试 销 期	成 长 期	成 熟 期	饱 和 期	衰 退 期
年数	1～5	1～5	1～3	1～3	1～5
估计使用户数	0.1％～5％	6％～50％	51％～75％	76％～95％	95％以上

要求:

(1) 预测该市试销期平均每年需要某家庭耐用消费品的数量。

(2) 如果市场调查分析表明,本市生产的某家庭耐用消费品每年可以销往外地 2 500台,而外地生产的家庭耐用消费品每年只能在本市销售 1 000 台,又设本市某企业生产的该家庭耐用消费品的市场占有率为 80％,请预测计划期间某企业生产的该家庭耐用消费品的销售量。

解:(1) 某市平均每年需要该家庭耐用消费品数量 $=\dfrac{100\times(5\%-1.5\%)}{4}=8\,750$(台)

(2) 某企业该耐用消费品在计划期间的预测销售量 $=\left[\begin{array}{c}某市每\\年平均\\需要量\end{array}+\begin{array}{c}可以销\\往外地\\的数量\end{array}-\begin{array}{c}外地在\\本市的\\销售量\end{array}\right]\times\begin{array}{c}某企业生产的\\该耐用消费品\\的市场占有率\end{array}=$

$(8\,750+2\,500-1\,000)\times80\%=8\,200$(台)

第三节　利润预测

一、目标利润的预测

目标利润是指未来经营期间经过努力,企业应该能够达到的利润水平。它是企业经营管理目标的重要组成部分。

（一）销售利润率测算法

销售利润率测算法是根据企业上年(基期)实际销售收入按照预计的销售增长率计算

出下一年度(预期)的销售收入金额,再根据基期销售利润率来确定目标利润的一种测算方法。该方法的假设条件是预期的销售利润率与基期的销售利润率相同。其计算公式为:

预计目标利润＝上年实际销售收入×(1＋下年度预计销售增长率)×上年销售利润率

基期销售利润率＝(基期营业利润÷基期销售收入总额)×100%

【例 4-7】 某企业产销甲仪器,今年可产销 1 000 台,该产品销售单价 150 元,单位变动成本 100 元,固定成本总额 10 000 元。预计明年销售量可比今年增加 20%,假设预期的销售利润率等于基期的销售利润率。

要求:预测企业明年的利润额为多少?

解：基期销售利润率＝(基期营业利润÷基期销售收入总额)×100%＝

$$\frac{(150-100)\times1\,000-10\,000}{150\times1\,000}\times100\%=$$

$$\frac{40\,000}{150\,000}\times100\%=26.6667\%$$

预计目标利润＝上年实际销售收入×$\left(1+\right.$下年度预计销售增长率$\left.\right)$×上年销售利润率＝

$$150\times1\,000\times(1+20\%)\times26.6667\%=48\,000(元)$$

(二) 利润增长率测算方法

这是一种按照可能的利润增长率来确定下年度利润的一种预测方法。其计算公式为:

预计目标利润＝上年实际利润总额×(1＋预计利润增长率)

二、运用经营杠杆系数(*DOL*)预测利润

在生产经营活动中人们发现,产销数量的变动会引起利润以更快的速度变动,这种在一定产销量基础上,利润变动率是产销量变动率的倍数,称经营杠杆系数,用符号"*DOL*"表示。

经营杠杆系数＝利润变动率÷销售量变动率

设：P_0 为基期利润,P_1 为预期(计划期)利润,x_0 为基期销售量,x_1 为预期销售量,p 为销售单价,b 为单位变动成本,a 为固定成本总额,Tcm_0 为基期边际贡献总额。

$$DOL=\frac{(P_1-P_0)\div P_0}{(x_1-x_0)\div x_0}=$$

$$\frac{\{[(p-b)x_1-a]-[(p-b)x_0-a]\}\div[(p-b)x_0-a]}{(x_1-x_0)\div x_0}=$$

$$\frac{(p-b)(x_1-x_0)\div[(p-b)x_0-a]}{(x_1-x_0)\div x_0}=$$

$$[(p-b)x_0]\div[(p-b)x_0-a]=Tcm_0\div P_0$$

仍以[例 4-7]某企业产销甲仪器的资料,假设单价与成本水平不变,计算该企业下年度的经营杠杆系数(*DOL*)如下:

$$DOL = Tcm_0 \div P_0 = (150-100) \times 1\,000 \div [(150-100) \times 1\,000 - 10\,000] = 1.25(倍)$$

利润变动率大于销量变动率的原因,是产销业务量的增长并不会增加固定成本总额,因此导致单位成本的下降和利润的上升。利用经营杠杆系数可以预测计划期的利润,其计算公式为:

$$计划期预计利润 = 基期利润 \times (1 + 产销量增长率 \times DOL)$$

仍以[例4-7]资料计算:

$$计划期预计利润 = 40\,000 \times (1 + 20\% \times 1.25) = 50\,000(元)$$

运用经营杠杆系数还能预测实现目标利润应该达到的产销业务量的增长率,其计算公式为:

$$\frac{实现目标利润应达到的}{产销业务量的变动率} = \frac{计划期目标利润 - 基期实际利润}{基期实际利润 \times 经营杠杆系数}$$

仍以[例4-7]资料计算:

$$\frac{实现目标利润应达到的}{产销业务量的变动率} = \frac{50\,000 - 40\,000}{40\,000 \times 1.25} \times 100\% = \frac{10\,000}{50\,000} \times 100\% = 20\%$$

三、利润的敏感性分析

影响企业目标利润的因素很多,如销售单价、单位变动成本、销售量和固定成本总额等。分析上述各种因素的变动对企业目标利润的影响程度的方法称作"利润的敏感性分析"(sensitivity analysis of profit)。

(一)各因素的利润灵敏度指标

为了便于进行利润敏感性分析,我们假定利润只受销售单价 p、单位变动成本 b、销售量 x 和固定成本总额 a 的影响,而且其中一个因素的变动不会引起其他因素的变动。

销售单价 p 和销售量 x 的增加将引起利润的增加,我们将它们称为正指标。而单位变动成本 b 和固定成本总额 a 的增加将引起利润的减少,我们将它们称为逆指标。为了使分析的结论具有可比性,假定正指标的变动率为增长率,逆指标的变动率为降低率。又设各项因素都向有利方向,即使利润增长方向变动 1%。并且按照 p、b、x、a 的排列次序分别给它们编号为 1、2、3、4,即有:

第 i 个因素的变动率 $\quad K_i = (-1)^{1+i} \times 1\% \quad (i=1,2,3,4)$

即 $\qquad K_1 = +1\% \qquad K_2 = -1\% \qquad K_3 = +1\% \qquad K_4 = -1\%$

我们把上述各个因素分别朝有利方向单独变动 1%,导致利润增长的百分比称为该因素的利润灵敏度指标,其计算公式为:

$$S_i = (M_i \div P) \times 1\% \quad (i=1,2,3,4)$$

式中 $\quad S_i$ 表示第 i 个因素的利润灵敏度指标;

$\qquad P$ 表示基年的利润;

M_i 表示第 i 个因素的中间变量。

M_i 是同时满足以下两个条件的计算替代指标:

第一,某因素的中间变量的变动率必须等于该因素的变动率。

第二,某因素的中间变量的变动额必须等于利润的变动额。

例如,基年利润为:

$$P=(p-b)x-a \qquad ①$$

下年度的销售单价增加 1%,如果利润增加额为 ΔP,下年度的利润为:

$$P+\Delta P=[p(1+1\%)-b]x-a \qquad ②$$

公式②—公式①得到 $\qquad \Delta P=px\times 1\%$

等式两边同除 P,即有

$$S_1=\Delta P/P=(px\div P)\times 1\%$$

所以有

$$M_1=px$$

同理可得

$$M_2=bx, \quad M_3=Tcm, \quad M_4=a$$

仍以[例4-7]的资料,该产品销售单价 150 元,单位变动成本 100 元,固定成本总额 10 000 元,基年的销售量为 1 000 台,企业利润为:

$$P=1\,000\times(150-100)-10\,000=40\,000(元)$$

各因素的中间变量和灵敏度指标计算如下:

$$M_1=px=150\times 1\,000=150\,000(元)$$
$$M_2=bx=100\times 1\,000=100\,000(元)$$
$$M_3=Tcm=(150-100)\times 1\,000=50\,000(元)$$
$$M_4=a=10\,000(元)$$

价格的利润灵敏度指标:

$$S_1=(150\,000\div 40\,000)\times 1\%=3.75\%$$

变动成本利润灵敏度指标:

$$S_2=(100\,000\div 40\,000)\times 1\%=2.5\%$$

销售量的利润灵敏度指标:

$$S_3=(50\,000\div 40\,000)\times 1\%=1.25\%$$

固定成本的利润灵敏度指标:

$$S_4=(10\,000\div 40\,000)\times 1\%=0.25\%$$

由于价格的利润灵敏度指标 $S_1=3.75\%$,说明当单价增加 1%,利润将增加 3.75%;单价降低 1%,利润将降低 3.75%。由于单位变动成本的利润灵敏度指标 $S_2 = 2.5\%$,说明当单位变动成本降低 1%,利润将增加 2.5%;单位变动成本增加 1%,利润将降低 2.5%。同样,可对销售量的利润灵敏度指标、固定成本的利润灵敏度指标作出分析,这里不再赘述。

下面,我们对四个因素的利润灵敏度指标之间的关系进行分析。

由于 $px = bx + Tcm$,两边同乘 1%,同除 P,可得:

$$(px \div P) \times 1\% = (bx \div P) \times 1\% + (Tcm \div P) \times 1\%$$

即
$$S_1 = S_2 + S_3$$

又由于 $Tcm = a + P$,两边同乘 1%,同除 P,可得:

$$(Tcm \div P) \times 1\% = (a \div P) \times 1\% + 1\%$$

即
$$S_3 = S_4 + 1\%$$
$$S_1 = S_2 + S_4 + 1\%$$

所以,根据以上分析,企业在正常盈利的条件下,各因素的利润灵敏度指标有如下规律:

(1) 单价的利润灵敏度指标等于单位变动成本的利润灵敏度指标与销售量的利润灵敏度指标之和,即 $S_1 = S_2 + S_3$。

(2) 销售量的利润灵敏度指标等于固定成本的利润灵敏度指标加上 1%,即 $S_3 = S_4 + 1\%$。

(3) 单价的利润灵敏度指标总是最大。

(4) 销售量的利润灵敏度指标不可能最低。

(二) 利润灵敏度指标的应用

1. 某一因素单独变动

当影响利润的四个因素中任一因素以任意幅度和任意方向单独变动时,对利润的影响可以用以下公式计算:

$$K_0 = (-1)^{1+i} \times 100 \times K_i \times S_i \quad (i = 1, 2, 3, 4) \qquad ③$$

式中 K_0 表示利润变动率;

K_i 表示第 i 个因素的变动率;

S_i 表示第 i 个因素的利润灵敏度指标。

【例 4-8】 各因素的利润灵敏度指标,依照[例 4-7]的资料的计算结果,假定该企业的单价、变动成本分别上升了 3%;销售量、固定成本分别下降了 5%。

要求:计算各因素单独变动后对利润带来的影响。

单价上升 3%,即 $K_1 = +3\%$;又 $S_1 = 3.75\%$

$$K_0 = (-1)^{1+1} \times 100 \times 3\% \times 3.75\% = +11.25\%$$

单位变动成本上升 3%,即 $K_2 = +3\%$;又 $S_2 = 2.5\%$

$$K_0 = (-1)^{1+2} \times 100 \times 3\% \times 2.5\% = -7.5\%$$

销售量下降 5%，即 $K_3 = -5\%$；又 $S_3 = 1.25\%$

$$K_0 = (-1)^{1+3} \times 100 \times (-5\%) \times 1.25\% = -6.25\%$$

固定成本下降 5%，即 $K_4 = -5\%$；又 $S_4 = 0.25\%$

$$K_0 = (-1)^{1+4} \times 100 \times (-5\%) \times 0.25\% = +1.25\%$$

所以当单价、单位变动成本分别上升 3%，利润将分别上升 11.25% 和下降 7.5%；当销售量、固定成本分别下降 5%，利润将分别下降 6.25% 和上升 1.25%。

2. 多因素同时变动

当多因素以任意幅度同时变动时，对利润的综合影响程度可用以下公式计算：

$$K_0 = 100 \times [(K_1 + K_3 + K_1 \times K_3)S_1 - (K_2 + K_3 + K_2 \times K_3)S_2 - K_4 \times S_4]$$

【例 4-9】　各因素的利润灵敏度指标仍依[例 4-7]资料的计算结果，各因素变动率如[例 4-8]所示。

要求：计算四个因素共同变动后利润的变动率。

由于　　　　　　　$S_1 = 3.75\%$　　　$S_2 = 2.5\%$　　　$S_4 = 0.25\%$

　　　　　　　　　$K_1 = +3\%$　　　$K_2 = +3\%$　　　$K_3 = -5\%$　　　$K_4 = -5\%$

代入以上计算公式得：

$$K_0 = 100 \times [(3\% - 5\% - 3\% \times 5\%) \times 3.75\% - (3\% - 5\% - 3\% \times 5\%) \times$$
$$2.5\% - (-5\%) \times 0.25\%] = -1.4375\%$$

四个因素共同变动后利润将下降 1.4375%。

3. 为实现目标利润增长可采取的措施

如果已知目标利润比基期利润增长百分比为 K_0，则为实现目标利润的增长率而应采取的单项措施可用以下公式计算：

$$K_i = [(-1)^{1+i} \times K_0 \div S_i] \times 1\% \quad (i = 1, 2, 3, 4) \qquad ④$$

公式④实际上是公式③的变形。

【例 4-10】　各因素的利润灵敏指标，仍然依[例 4-7]资料的计算结果，假设计划期的目标利润比基期利润增长 9%。

要求：计算为实现该目标利润变动率应采取的单项措施。

已知 $K_0 = 9\%$，$S_1 = 3.75\%$，$S_2 = 2.5\%$，$S_3 = 1.25\%$，$S_4 = 0.25\%$

单价的变动率 $K_1 = [(-1)^{1+1} \times 9\% \div 3.75\%] \times 1\% = 2.4\%$

单位变动成本的变动率 $K_2 = [(-1)^{1+2} \times 9\% \div 2.5\%] \times 1\% = -3.6\%$

销售量的变动率 $K_3 = [(-1)^{1+3} \times 9\% \div 1.25\%] \times 1\% = 7.2\%$

固定成本的变动率 $K_4 = [(-1)^{1+4} \times 9\% \div 0.25\%] \times 1\% = -36\%$

企业只要采取单价增长 2.4%，单位变动成本下降 3.6%，销售量增长 7.2%，固定成本下降 36%，实施其中任何一个单项措施，都能完成利润增长任务。

如果将 $K_0 = -100\%$ 代入公式④，即可计算出除企业保本时的各项因素的变动率的极限，这对于衡量企业的经营风险，评价企业的经营业绩十分重要。

【例 4-11】 仍按［例 4-7］资料的计算结果，可以计算得到：

$$单价的变动率的极限 = [(-1)^{1+1} \times -100\% \div 3.75\%] \times 1\% = -26.66\%$$
$$单位变动成本变动率的极限 = [(-1)^{1+2} \times -100\% \div 2.5\%] \times 1\% = 40\%$$
$$销售量变动率的极限 = [(-1)^{1+3} \times -100\% \div 1.25\%] \times 1\% = -80\%$$
$$固定成本变动率的极限 = [(-1)^{1+4} \times -100\% \div 0.25\%] \times 1\% = 400\%$$

计算结果表明，当各因素单独变动时，只要单价的降低率不超过 26.66%，单位变动成本的增加率不超过 40%，销售量的降低率不超过 80%，固定成本的增加率不超过 400%，企业不至于亏本。

第四节　资金预测

资金需要量是指企业生产经营活动所需的货币资金，包括正常营运所需的短期"流动资金"和用于固定资产方面的长期资产的"固定资金"。资金预测是企业生产经营预测的重要组成部分。通过资金预测，可以合理地组织资金运用，在减少资金占用的同时又可以保证资金的及时供应。这对于改进企业经营管理和提高经济效益有着十分重要的意义。资金预测的方法很多，下面着重介绍销售百分比法。

销售百分比法是根据各个资金项目与销售额之间的关联程度，按照计划的销售额增长情况来预测所需资金追加数量的一种预测方法。

销售百分比法的预测过程，通常可以按三个步骤进行。

第一步，分析上年资产负债表内各具体项目与销售额之间的依存关系，即找出随销售量变动而变动的项目。通常正常营运过程的营运资金项目，如货币资金、应收账款和存货等都会随着销售收入的增长而相应地增加；固定资产类项目一般无须追加投资，除非现有固定资产已被充分利用，才会需要追加固定资产投资；负债类项目内的流动负债，如应付账款、应交税费等会随着销售收入的增长而增加；长期负债和股东权益等项目，则不会随销售收入的增长而增加。

第二步，根据上一年度的资产负债表各项目，以销售百分比的形式另行编表列示。

第三步，计算计划期内所需追加的资金。

$$计划期内所需追加的资金 = (A \div S_0 - L \div S_0)(S_1 - S_0) - S_1 R_0 (1 - d_1)$$

式中　S_0 表示基期的销售额；

　　　S_1 表示计划期的销售额；

　　　A 表示随销售额变化的资产（变动资产）；

　　　L 表示随销售额变化的负债（变动负债）；

　　　R_0 表示基期销售净利率；

d_1 表示计划期的股利发放率。

以上公式中假设计划期销售净利率等于基期的销售净利率。

【例 4-12】 某仪表公司 2016 年的销售额为 800 000 元,税后净利 32 000 元,发放股利(股份全部为普通股)16 000 元。假设基期的厂房设备的利用率已经饱和。该公司 2016 年 12 月 31 日的资产负债简表见表 4-7。

表 4-7

仪表公司资产负债表(简表)

2016 年 12 月 31 日　　　　　　　　　　　　　　　　单位:元

资　　　产		负债和所有者权益	
1. 货币资金	20 000	1. 应付账款	40 000
2. 应收账款	50 000	2. 应交税费	4 000
3. 存货	150 000	3. 长期借款	120 000
4. 固定资产(净值)	200 000	4. 普通股股本	320 000
5. 无形资产	80 000	5. 留存收益	16 000
资产总计	500 000	负债和所有者权益总计	500 000

假设,仪表公司在 2017 年销售额将增加到 1 000 000 元,并仍按基期股利发放率支付股利。

要求:预测 2017 年预计需要追加的资金数量。

解:

(1) 根据 2016 年年末资产负债表各项目的性质分析与同期销售额的依存关系,以销售百分比形式反映的资产负债表见表 4-8。

表 4-8

仪表公司资产负债表(以销售百分比法表示)

2016 年 12 月 31 日　　　　　　　　　　　　　　　　单位:元

资　　　产		负债和所有者权益	
1. 货币资金	2.5%	1. 应付账款	5%
2. 应收账款	6.25%	2. 应交税费	0.5%
3. 存货	18.75%	3. 长期借款	不适用
4. 固定资产	25%	4. 普通股股本	不适用
5. 无形资产	不适用	5. 留存收益	不适用
$A \div S_0$ 合计	52.5%	$L \div S_0$ 合计	5.5%

表 4-8 中　　　　　　　$A \div S_0 - L \div S_0 = 52.5\% - 5.5\% = 47\%$

就是说该公司每增加 100 元的销售收入,需要增加货币资金 47 元。

（2）将各相关数据代入预测公式：

$$\text{2017 年预计需要追加的资金数量} = (A \div S_0 - L \div S_0)(S_1 - S_0) - S_1 R_0 (1 - d_1) =$$

$$(52.5\% - 5.5\%) \times (1\,000\,000 - 800\,000) -$$

$$(1\,000\,000 \times 32\,000 \div 800\,000) \times (1 - 16\,000 \div 32\,000) =$$

$$47\% \times 200\,000 - 1\,000\,000 \times 4\% \times 50\% = 74\,000(\text{元})$$

本章要点概览

本章阐述了预测的类型、原理和特点，预测的一般程序与方法。给出了预测的基本方法包括：定性预测分析法和定量预测分析法。并具体介绍了销售预测、利润预测、利润敏感性分析和资金需要量预测的程序和方法。给出预测分析的一般程序包括：明确预测目标；搜集相关经济资料；选定预测方法；建立预测模型；开展实地预测；调整预测误差；使用预测信息。具备历史资料的企业，一般采用定量预测分析法。

销售预测的重点是趋势分析法、平滑指数法。利润预测的重点是本量利分析法、经营杠杆系数分析法和利润灵敏度分析法。资金预测的重点是销售百分比法。管理人员可以根据现有的预测手段，研究未来，规划未来，做出相应的决策方案，以达到控制未来，实现经济目标的要求。

预测分析是财务决策的前提，也是财务计划、预算和财务控制的基础。通过预测分析，能够提高会计工作的科学性、预见性，并为企业经济效益的提高服务。

 关键词

1. 预测分析
2. 算术平均法
3. 移动加权平均法
4. 平滑指数法
5. 因果预测分析法
6. 本量利法
7. 利润灵敏度
8. 利润敏感性分析
9. 销售百分比法
10. 判断分析法

阅 读 文 献

1. 余绪缨主编：《管理会计》（第四章经营决策的分析，评价），中国财政经济出版社1999年版。

2. 李天民主编：《现代管理会计学习题与解答》，立信会计出版社1996年版。

3. 葛家澍等主编：《管理会计学》，厦门大学出版社2004年版。

4. ［美］唐·R·汉森、玛丽安·M·莫文著：《管理会计》，王光远等译校，北京大学出版社2000年版。

5. ［美］爱德华·J·布洛克等著：《成本管理——计划与决策》，高晨、王娟译，华夏出版社 2002 年版。

复习思考题

1. 预测分析的基本方法有哪些？为什么要将定量分析和定性分析结合起来运用？

2. 什么是趋势预测分析法？其具体预测方法有哪些？

3. 什么是因果预测分析法？它的常用具体方法有哪些？

4. 什么是经营杠杆系数(DOL)？怎样运用经营杠杆系数预测利润？

5. 什么是利润预测的敏感性分析？如何运用利润的敏感性分析指标进行利润预测？

6. 资金需要量预测有什么意义？如何进行资金需要量预测？

7. 什么是目标利润？实现目标利润的具体措施有哪些？

练 习 题

一、判断题

1. 定性分析法就是运用现代数学方法,对历史资料进行加工整理,建立与之相适应的数学模型的一种科学的预测方法。　　　　　　　　　　　　　　　　　　　　　　　　　(　　)

2. 指数平滑法的平滑系数越大,则近期实际数对预测结果的影响越小。　　　　　(　　)

3. 回归分析法的原理,是按数学的最小平方法,找出能使自变量 X 与因变量 Y 之间具有误差平方和最小的直线。　　　　　　　　　　　　　　　　　　　　　　　　　　(　　)

4. 预测利润等于销售收入总额减去变动成本总额再减去固定成本总额后的余额。　(　　)

5. 安全边际量所产生的边际贡献无须弥补固定成本,全部构成利润。　　　　　　(　　)

6. 经营杠杆系数越大,当产量发生变动时,利润变动幅度就越大,从而风险也就越大。(　　)

7. 某因素的利润敏感性指标是指该因素朝有利方向单独变动 1% 时,导致利润增长的百分比。

　　　　　　　　　　　　　　　　　　　　　　　　　　　　　　　　　　　　(　　)

8. 正常情况下,单价的利润灵敏度指标最大。　　　　　　　　　　　　　　　　(　　)

二、单项选择题

1. 对企业经营状况进行预测分析,重要性处于首位的是(　　)。

A. 利润预测　　　　B. 销售预测　　　　C. 成本预测　　　　D. 资金预测

2. 只要有固定成本的存在,经营杠杆系数永远(　　)。

A. 大于 1　　　　B. 等于 1　　　　C. 小于 1　　　　D. 等于 0

3. 与利润相关的四个因素中,(　　)的利润灵敏度指标值总是最大。

A. 单位变动成本　　B. 单位销售价格　　C. 固定成本　　　　D. 销售量

4. 未来利润变动率等于产销变动率与经营杠杆系数(　　)。

A. 相除　　　　　B. 相乘　　　　　C. 相加　　　　　D. 相减

5. 销售百分比预测法,是用来预测(　　)的。

A. 销售收入总额　　B. 现金流量　　　　C. 资金需要量　　　D. 产销业务量平衡

6. 企业 A 产品的销售收入总额为 100 000 元,边际贡献率为 50%,固定成本总额为 30 000 元,经营杠杆系数为(　　)。

A. 1　　　　　　B. 1.5　　　　　C. 2　　　　　　D. 2.5

三、多项选择题

1. 历史资料分析法被广泛采用,属于该方法的有(　　)。

A. 高低点法　　　　　　　　　　B. 加权平均法

C. 散布图法　　　　　　　　　　D. 因果预测法

E. 回归直线法　　　　　　　　　F. 经验判断法

2. 采用平滑指数法预测未来销售量是一种(　　)。

　　A. 判断分析法　　　B. 历史资料分析法　　C. 定量分析法　　　　D. 加权平均法

　　E. 趋势外推法

3. 平滑指数法属于(　　)。

　　A. 定量分析法　　　B. 加权平均法　　　　C. 趋势外推法　　　　D. 市场调查法

4. 一般情况下,经营杠杆系数越大,则(　　)。

　　A. 经营风险越大　　B. 利润变动越大　　　C. 经营风险越小　　　D. 利润变动越小

5. 利用经营杠杆系数预测利润时,据以计算的公式中,包括(　　)几项指标。

　　A. 变动成本总额　　B. 固定成本总额　　　C. 基准期利润　　　　D. 产销变动率

6. 对于产销量较为平稳的企业,预测其业务量的好方法是(　　)。

　　A. 判断分析法　　　B. 加权平均法　　　　C. 因果预测法　　　　D. 算术平均法

四、计算题

1. 资料:某企业以销定产,当年 1～6 月份的销售量如下:

月　　份	1	2	3	4	5	6
销售量(台)	500	560	600	700	850	800

要求:

(1) 根据 4 月份、5 月份、6 月份 3 个月的历史资料,用移动加权平均法预测 7 月份的销售量(权重为 0.2∶0.3∶0.5)。

(2) 用指数平滑法预测 7 月份的预计销售量。

(上半年 6 月份的实际销售量为 800 台,按移动加权平均法预测 6 月份的销售量为 755 台,平滑系数或称加权因子采用 0.4)

(3) 用回归分析法预测 7 月份的销售量。

2. 资料:某企业经营一种产品,单位售价 80 元,单位变动成本 50 元,固定成本总额 200 000 元。本期销售 10 000 件,获利 100 000 元。

要求:

(1) 计算销售单价、单位变动成本、产销量,以及固定成本四个因素的利润敏感性指标。

(2) 计算经营杠杆系数(DOL)。

(3) 计算各因素分别向有利方向变动 10% 时的利润额。

(4) 若下期目标利润比本期增长 18%,测算为保证实现目标利润的销售量变动百分比。

3. 资料:某公司上年 12 月份销售 A 产品 200 台,销售单价 30 000 元,已知该公司固定成本利润敏感性指标为 3%,并在该月盈利 120 万元。

要求:

(1) 计算该公司 A 产品的保本销售量。

(2) 假设该公司各有关因素同时向有利方向变动 2%,计算公司利润的变动率。

4. 资料:某企业基期实际利润为 20 万元,基期产销量为 10 000 件,基期销售单价为 200 元,单位变动成本为 130 元。计划期销售量将比基期增加 10%。

要求:计算计划期利润额。

5. 资料:某公司上年度实际销售收入总额为 850 000 元,税后净利 42 500 元,其中 17 000 元已发放了股利。公司的生产能力利用率为 65%。该公司上年末的资产负债表简表见表 4-9。

表 4-9

资产负债表(简表)

××××年 12 月 31 日

单位:元

资　　产		负债和所有者权益	
货币资金	20 000	应付账款	100 000
应收账款	150 000	应交税费	50 000
存货	200 000	长期借款	230 000
固定资产(净额)	300 000	普通股股本	350 000
长期股权投资	40 000	留存收益	40 000
无形资产	60 000		
资产合计	770 000	负债和所有者权益合计	770 000

若公司下一年度预计销售收入总额增至 1 000 000 元,并仍按上年度股利发放率发放股利。

要求:采用销售百分比法,预测该公司下年度需要追加的资金数量。

五、案例分析题

1. 胜利电子高科仪器厂的利润预测分析。

胜利电子高科仪器厂是一家产销自动量程数字式仪器的企业,其中 97 型数字仪器的销量单价为 120 元,产销量为 50 000 个,该产品的单位成本资料见表 4-10。

表 4-10

单位成本资料表

单位:元

成 本 项 目	金额	成 本 项 目	金额
直接材料	20	固定制造费用	18
直接人工	16	固定销售和管理费用	12
变动制造费用	14		

要求:

(1) 为了便于企业管理当局决策,要求完成一份利润预测分析报表。

(2) 作出各相关因素的利润敏感性分析。

(3) 若要求下一年度该产品的目标利润上升 10%,该企业可以采用哪些措施?

2. 凤凰化学品制造公司的利润预测及其分析。

凤凰化学品制造公司制造并生产 A,B 两种化学产品。它的生产工序是,每 10 千克化学原料加入 2 千克的裂解剂就可以生产出 7 千克的 A 产品和 5 千克的 B 产品,其投入与产出比例稳定不变,8 月初 A 产品与 B 产品均无存货。8 月的销售及成本资料如下:

销售：

A 产品	700 千克	每千克售价 100 元	计 70 000 元
B 产品	300 千克	每千克售价 60 元	计 18 000 元
			小计 88 000 元

成本：

化学原料	1 000 千克	每千克 20 元	计 20 000 元
裂解剂	200 千克	每千克 80 元	计 16 000 元
直接人工			计 14 000 元
固定间接费用			计 22 000 元
8 月份总成本			小计 72 000 元

8 月底,期末存货有 B 产品 200 千克,将于 9 月初售出。

要求：

(1) 计算凤凰化学品制造公司 8 月份的利润额(要求按两种产品的产量作为分配基础,分别予以列示)。

(2) 说出财务会计中的成本资料和管理会计中的成本资料有何区别。

第五章　短期经营决策

————学习目的与要求————

　　本章介绍了短期经营决策的概念、程序和方法,生产决策和定价决策的主要内容和方法。通过本章的学习,应了解决策的概念和分类,了解影响短期经营决策的相关成本概念,掌握短期经营决策的分析方法,能够运用短期经营决策分析方法进行生产决策和定价决策。

第一节　决策分析概述

一、决策的概念及分类

　　现代管理会计作为现代会计学的一个分支,是会计信息系统中的决策支持系统的一个组成部分。那么什么是决策呢? 决策是对两个或两个以上的备选方案进行分析比较,权衡利害得失,从中选择最优方案的过程。

　　企业的决策,按照决策时期的长短可分为短期决策和长期决策两类。

　　短期决策(short-term decision making)又称战术决策(tactical decision making),是指对企业在较短时间(通常一年)内的盈亏方案、现有技术装备和经营条件的最优利用等进行的决策。

　　长期决策又称战略决策(strategic decision making),是为企业的较长时间(一年以上)战略目标服务,旨在建立长期竞争优势的决策。

　　本章将集中讨论与短期经营决策相关的概念、程序及方法。

二、短期经营决策的基本程序

短期决策一般按以下六个步骤进行:
(1) 确定决策目标,即确定公司所要解决的具体问题。
(2) 提出备选方案,并排除明显不可行的方案。
(3) 确定与各个可行备选方案有关的成本与收益,把成本和收益进一步区分为相关与不相关两类,并排除不相关的成本和收益。

（4）汇总每个相关方案的成本和收益。

（5）进行决策。一旦确定每个相关方案的成本和收益,并权衡了相关因素后就可以进行决策了。

（6）检查与控制。在决策的执行过程中要及时进行信息反馈,不断对原定方案进行修正,以提高决策的科学性,保证决策目标的顺利实现。

三、与短期经营决策相关的成本概念

（一）相关成本

相关成本是指与某项特定决策直接有关的成本。相关成本一般是未来成本,而且是不同决策方案的增量成本。

与相关成本相对的一个概念就是无关成本,无关成本是指过去已经发生的、与当前决策无关的成本。

（二）机会成本

机会成本是指在经营决策时从多种可供选择的方案中选取某个最优方案而放弃次优方案的可计量价值。机会成本并非是企业的实际支出,但在决策时应作为一个现实的因素加以考虑。

（三）沉没成本

沉没成本是指过去已经发生、无法由现在或将来的任何决策所能改变的成本。例如,购置设备或其他生产资料所耗费的历史性支出,是过去的支出,与目前的决策无关,如企业厂房设备的账面价值。当对设备进行"以旧换新"决策时,企业不能改变旧设备的账面价值,该账面价值与"以旧换新"决策方案无关。

（四）重置成本

重置成本是指按照现在的市场价格重新购买目前所持有的某项资产所需支付的成本。

（五）可避免成本

可避免成本是指通过某项决策可以改变其数额的成本。也就是说,如果某一特定方案采用了,与其相联系的某项支出就必然发生;反之,如果某项方案没有采用,则该项支出就不会发生。

与可避免成本相对应的成本概念是不可避免成本,就是同某一特定决策方案没有直接联系的成本。其发生与否,并不取决于有关方案的取舍。

（六）可延缓成本

某一方案已经决定要采用,但如推迟进行,对企业全局影响不大,因此,同这一方案相关联的成本就是可延缓成本。

如果已选定的某一决策方案必须立即实施,否则将会对企业生产经营活动的正常运行产生重大的不良影响,那么与这一类方案有关的成本称为不可延缓成本。

必须指出,将成本区分为可避免成本与不可避免成本、可延缓成本与不可延缓成本具有较大的现实意义。因为可避免成本是对方案进行分析对比、决定取舍的重要依据。如果多种决策方案已经决定要采用,但受企业现有财力的限制而不可能同时付诸实施,则需区分轻重缓急,确定哪些是可延缓的,哪些是不可延缓的,然后依次付诸实施。

(七) 边际成本

边际成本是指成本对产量无限小变化的变动部分。但在实践中,产量无限小的变化,最小只能小到一个单位,产量的变化小到一个单位以下就没有意义了。所以,边际成本实际上就是产量增加或减少一个单位所引起的成本变动。

(八) 专属成本

因生产某种或某批产品而发生的固定成本,由于这部分固定成本可以明确归属于某种或某批产品成本之中,故称为专属成本。例如,为专门生产某种产品而购买的设备的折旧费、保险费等都属于专属成本。需要由几种、几批产品共同分担的固定成本称为共同成本,如企业管理人员工资。变动成本一般都属于专属成本。

四、短期经营决策的分析方法

短期经营决策的分析方法有很多,最常用的分析方法有差别分析法、边际贡献法、单位资源边际贡献法、无差别点分析法以及相关损益分析法。在本章后面的几节中,将着重结合不同的短期决策目标来介绍这些决策分析方法的具体应用。

短期决策的内容有很多,但从大类来看,主要有生产决策和定价决策两大类。

第二节　生产决策分析

生产决策是企业短期决策中最重要的决策。所谓生产决策,就是在企业现有生产经营能力的条件下,为了争取实现尽可能好的经营成果,就以下问题所作出的合理决定:生产何种产品、亏损产品是否该停产或转产、是否追加订货、重要零件是自制还是外购、半成品是继续加工还是直接销售等问题。

一、生产何种产品的决策分析

对于制造类企业而言,首先面临的是生产何种产品的问题。企业在进行充分的市场调查后,根据企业现有的资源和经营能力,需要在多种产品中选择一种产品进行生产,可用差别分析法进行分析,即通过比较两种产品的差量收入和差量成本,从中选择最优方案。

【例5-1】 锋新公司现有的生产能力可用于生产A产品或B产品,有关资料见表5-1。

表 5-1　　　　　　　　锋新公司产品情况表　　　　　金额单位：元

项　目	A 产 品	B 产 品
销售量（件）	90 000	30 000
单位售价	20	30
制造成本		
单位变动成本	16	20
固定成本	36 000	36 000
销售与管理费用		
单位变动成本	2	2
固定成本	9 000	9 000

　　根据上述资料，可通过两种产品的差量收入和差量成本进行比较，再从中选择最优方案。

　　解：具体计算见表 5-2。

表 5-2　　　　　　　　差 量 分 析 表　　　　　　金额单位：元

摘　要	A 产 品	B 产 品	差　量
差量收入			
A 产品（90 000×20）	1 800 000		
B 产品（30 000×30）		900 000	900 000
差量成本			
A 产品（16+2）×90 000	1 620 000		
B 产品（20+2）×30 000		660 000	960 000
差　量　损　益			−60 000

　　表 5-2 的计算结果表明，该公司生产 B 产品要比生产 A 产品更为有利，获取的收益要比 A 产品多 60 000 元。由于两种产品的固定成本相同，为共同固定成本，因此在计算差量成本时，可不必考虑。

　　产品生产决策如果不改变生产能力，固定成本总额不变时也可用分析法，即只需对产品提供的边际贡献进行分析，边际贡献大的为较优方案。

　　【例 5-2】　假定某公司原始设计生产能力为 10 000 机器小时，实际开工率只有生产能力的 70%，现准备将剩余生产能力用来开发 B 或 C 新产品。原有产品 A 及新产品 B、C 的有关资料见表 5-3。

表 5-3　　　　　　　　有关产品的资料　　　　　　金额单位：元

项　目	A	B	C
每件定额（机器小时）	90	60	50
单价	85	105	93
单位变动成本	75	85	75
固定成本总额		30 000	

要求：根据上述数据作出开发哪种新产品较为有利的决策。

解：

$$剩余生产能力＝10\ 000×(1-70\%)＝3\ 000(机器小时)$$
$$B\ 最大产量＝3\ 000÷60＝50(件)$$
$$C\ 最大产量＝3\ 000÷50＝60(件)$$
$$B\ 边际贡献总额＝(105-85)×50＝1\ 000(元)$$
$$C\ 边际贡献总额＝(93-75)×60＝1\ 080(元)$$

开发 C 产品的方案较优，比开发 B 多获 80 元。

此类新产品决策还可用单位资源边际贡献法来进行决策，即通过比较单位资源可提供的边际贡献的大小来作出评价。单位资源边际贡献计算公式为：

$$单位资源边际贡献＝\frac{单位产品边际贡献}{单位产品资源消耗定额}$$

$$B\ 产品单位资源边际贡献＝\frac{20}{60}＝0.33(元/小时)$$

$$C\ 产品单位资源边际贡献＝\frac{18}{50}＝0.36(元/小时)$$

生产 C 产品在一个小时内比生产 B 产品多创造 0.03 元，该企业可利用的工时有 3 000 小时，所以总共可以创造 90 元(0.03×3 000)。

二、亏损产品是否应该停产的决策

在会计核算上，我们都知道亏损产品如要继续生产则只能产生负面效益。但从管理会计成本性态分析的角度来看，亏损产品是否应停产就有必要进行重新讨论。

当单位的某种产品发生亏损后，闲置下来的生产能力无法被用于其他方面(既不能转为生产其他产品，又不能将有关设备对外出租)，即生产能力无法转移的情况下，我们可以采用边际贡献法来进行决策。也就是说，即使该产品发生亏损，只要边际贡献为正数，该产品就不该停产；反之，就应该停产。因为在生产能力无法转移的情况下，停产亏损产品，只能减少其变动成本，并不减少其固定成本。如果继续生产亏损产品，亏损产品所提供的边际贡献可以补偿一部分固定成本；而停产亏损产品不但不会减少亏损，反而会扩大亏损。

【例 5-3】　某公司产销 B、C、D 三种产品，其 B、C 两种产品盈利，D 产品亏损，有关资料见表 5-4。

表 5-4　　　　　　　　　　　某公司三种产品的有关资料　　　　　　　　　　　单位:元

项　　目	B 产品	C 产品	D 产品	合　　计
销售收入	40 000	30 000	20 000	90 000
变动成本	24 000	26 000	15 000	65 000
边际贡献	16 000	4 000	5 000	25 000
固定成本总额	11 000	3 000	6 000	20 000
净利润	5 000	1 000	-1 000	5 000

要求:作出 D 产品应否停产的决策分析(假定 D 产品停产后生产能力无法转移)。

从表面上看,D 产品是亏损产品,如果停产,则企业可减少亏损 1 000 元,即 D 产品停产后,该公司的利润将是 6 000 元(5 000+1 000),而不是现在的 5 000 元,D 产品停产对公司有利。但实际情况并非如此。因为 D 产品之所以亏损 1 000 元,是因为它负担了分摊给 D 的固定成本 6 000 元。但固定成本是一种已经存在的,不可避免的成本,与产品 D 是否停产这一决策无关。如果 D 产品停产,这部分固定成本则会转移给 B、C 产品,则该公司的利润将由 5 000 元减少为 0。因此 D 产品虽然亏损了,但不应该停产。因为它提供了 5 000 元的边际贡献,分担了一部分固定成本。

D 产品停产使该公司减少净利 5 000 元的计算见表 5-5。

表 5-5 　　　　　　　　　　某公司 D 产品停产减少净利计算表 　　　　　　　　单位:元

摘　　　要	继续生产 D 产品	停产 D 产品
销售收入	20 000	0
变动成本	15 000	0
边际贡献	5 000	0
固定成本总额	6 000	6 000
净利润	−1 000	−6 000

通过上面的分析可知,D 产品还能提供边际贡献,能给企业增加利润,不应停产。

但如果 D 产品停产后闲置下的生产能力可以转移,如转为生产其他产品,或能将设备对外出租或销售,就必须考虑继续生产亏损产品的机会成本因素(即转产产品的边际贡献),再对可供备选方案进行对比分析后再作决定。

【例 5-4】　按[例 5-3]资料,假定 D 产品停产后,其生产设备可以出租给别的单位,每年可获租金 10 000 元。

要求:回答是否继续生产 D 产品。

解:由于继续生产 D 产品的边际贡献为 5 000 元,小于出租设备可获得的租金10 000元(机会成本),所以应当停产 D 产品,并将设备出租(进行转产),可多获利润5 000元。

三、是否接受某一特殊订单的决策

在实践中,企业常常会遇到一些特殊订单,如低于正常价格的订货订单、重要关系客户的具有特殊要求的订单。下面举例说明对这类订单的决策分析。

(一) 在生产能力允许范围内的特殊订货

【例 5-5】　设某公司生产乙产品,年设计生产能力为 10 000 件,单位售价 100 元,其正常单位成本构成如下:

直接材料	30 元
直接人工	21 元
变动制造费用	12 元
固定制造费用	15 元
合　　计	78 元

该企业还有 30% 的剩余生产能力未被充分利用。现有一客户要求订购 3 000 件乙产品,每件只出价 70 元。

要求:作出是否接受该项追加订货的决策分析。

根据该例提供的资料,接受这项订货似乎不合算,因为对方出价(70 元)低于该产品单位成本(78 元),但是这批订货可以利用剩余生产能力进行生产,不会增加固定成本。固定成本为非相关成本,只要对方出价高于单位变动成本,即接受该批订货的贡献边际大于 0,则这批订货还是可以接受的。具体分析见表 5-6。

表 5-6	差 量 分 析 表	金额单位:元
差别收入(3 000×70)		210 000
差别成本		
直接材料	(3 000×30)90 000	
直接人工工资	(3 000×21)63 000	189 000
变动制造费用	(3 000×12)36 000	
差别利润		21 000

表中计算结果表明,接受此项订货可使该公司增加利润 21 000 元,应该接受该追加订货。

可见,企业在满足正常渠道的销售后,如还有剩余生产能力而又不能转移,对出价低于单位产品成本但高于单位变动成本又无其他特殊要求的订单,就可以接受。

(二) 超越生产能力允许范围的特殊订货

有的特殊订货不仅出价低,而且接受该项订货超越了企业的生产能力,还需追加专属成本,甚至还有可能要压缩正常订货合同。

【例 5-6】 某公司专门生产甲产品,年设计生产能力为 7 500 件,销售单价为 300 元,正常产销量 6 000 件,有关成本资料如下:

直接材料	120 元
直接人工	75 元
变动制造费用	15 元
固定制造费用	30 元
单位制造成本	240 元

现有某客户要求订购甲产品 1 500 件,客户只愿出价 225 元。

要求:

(1) 判断是否接受该项订货。

(2) 特殊订货的甲产品款式上有些特殊要求,需租用一台专用设备,租金总额为 750 元。判断是否接受该项订货。

(3) 在(2)的基础上,客户要订货 1 700 件,企业若接受订货,将减少正常销量 200 件,判断是否接受该项订货。

（4）在（2）的基础上，客户要订货 1 700 件，企业若接受订货，将减少正常销量 200 件，若不接受追加订货，剩余生产能力可以转移，对外出租可获得租金收入 7 000 元，判断是否接受该项订货。

解：

（1）特殊订货增加收益＝（225－210）×1 500＝22 500（元）

接受特殊订货有利。

（2）特殊订货增加收益＝22 500－750＝21 750（元）

接受特殊订货有利。

（3）特殊订货增加收益＝（225－210）×1 700－750－（300－210）×200＝6 750（元）

接受特殊订货有利。

（4）特殊订货增加收益＝（225－210）×1 700－750－（300－210）×200－7 000＝－250（元）

接受特殊订货不利。

（三）其他特殊订货

【例 5-7】 假设 X 公司正在为一个老客户生产制造某种机器。但不幸的是，该客户因故破产了，X 公司无法从该客户那里收回其制造投资。到目前为止，制造该机器所发生的成本为 500 000 元。在客户破产之前，公司已经收到其支付的设备款 150 000 元。经 X 公司市场部人员的广泛调查，得知另有一家企业愿意出价 340 000 元订购这一机器。为完成该机器的生产，还需发生下列成本：

（1）材料：过去购入材料成本为 60 000 元，且该材料 X 公司无其他用途；如果不生产该机器，可以对外出售，得到残值收入 20 000 元。

（2）增加人工成本 80 000 元。如果不继续生产该机器，这些劳动力可以转到另外一项工作，并由此产生收入 300 000 元，发生直接成本 120 000 元，分摊（吸收）固定成本 80 000 元。

（3）咨询费用 40 000 元。如果不继续制造该机器，可以通过向咨询公司缴纳违约金 15 000 的方式终止咨询。

要求：判断 X 公司是否应接受新用户的定购要求。

根据上述资料，可用相关损益分析法进行分析。先进行与决策有关的相关收入和相关成本的分析，并分别加以计算，再用相关收入减去相关成本算出相关损益，再进行决策分析。

对该决策的相关成本情况分析如下：

（1）过去收到的货款和已经发生的成本都是沉落成本，它们不会因现在的决策而改变，故是无关成本。因此到目前为止，已经发生的 500 000 元成本和收到的 150 000 元收入都是"沉落"项目，所以在本决策中无须考虑。

（2）同理，过去为购买材料而发生的支付也是无关成本。但是在本例中，当企业选择不继续制造该设备的方案时，所得到的残值收入 20 000 元是该决策的相关成本。这是因为它受接受该订单与否的决策的影响。如果该决策不发生，该收入就会产生。

（3）人工成本要考虑接受订单而可能发生的机会成本。在本例中，完成制造工作要发生的人工成本是 80 000 元，由此而产生的机会成本为 180 000 元（300 000－120 000），因此，决策的相关成本为 260 000 元（80 000＋180 000）。

（4）为完成制造工作要发生咨询成本 40 000 元，而终止咨询的违约成本为 15 000 元，所以，完成此工作的咨询成本增量为 25 000 元。这是决策的相关成本。

综上所述，X 公司是否接受新客户定购请求，要看以上相关成本与接受用户定购请求所产生的收益情况。决策的相关成本与收益汇总见表 5-7。

表 5-7	相关损益分析表	单位：元
继续完成机器制造的收入		340 000
相关成本		
材料：机会成本	20 000	
人工：支付的工资	80 000	
机会成本	180 000	
咨询成本增量	25 000	
相关成本合计		305 000
相关损益		35 000

表 5-7 分析结果表明，X 公司应该接受新客户的定购请求，这样公司可以获得 35 000 元的收益。

四、自制或外购零部件的决策

自制或外购零部件决策既可用差别成本分析法，也可用无差别点分析法。现举例说明这两种分析法。

【例 5-8】 某公司每年需要甲零件 4 000 件，如从市场购买，每个进货价包括运杂费为 30 元；若该公司目前有剩余生产能力可以生产这种零件，预计每个零件的成本数据如下：

直接材料	15 元
直接人工	6 元
变动制造费用	4 元
固定制造费用	7 元
单位零件成本	32 元

（1）该公司的车间生产设备如果不自制甲零件，可出租给外厂使用，每月可收取租金 1 800 元。

（2）若该公司的车间自制甲零件，每年需增加专属成本 15 000 元，但不允许生产设备对外出租。

要求：为该公司作出自制还是外购的决策分析。

解：

（一）差别成本分析法

该公司如果自制甲零件，则失去外购方案可获得的潜在利益（全年租金收入），潜在利益应作为自制方案的机会成本。

（1）自制成本＝（15＋6＋4）×4 000＋1 800×12＝121 600（元）

外购成本＝30×4 000＝120 000（元）

差量损失＝1 600（元）

外购方案要比自制方案节约成本1 600元，采用外购有利。

（2）自制成本＝15 000＋25×4 000＝115 000（元）

外购成本＝30×4 000＝120 000（元）

差量收益＝5 000（元）

考虑了专属固定成本，自制方案的预期成本比外购方案低5 000元，采用自制方案较优。

（二）无差别点分析法

采用无差别点分析法，要先求出外购和自制成本相同时的零件数，即成本无差别点，再根据不同的零件需要量，合理地安排自制或外购。

仍按［例5-8］资料，设自制成本与外购成本相同的零件数为x，

$$25x＋1 800×12＝30x$$

$$5x＝21 600$$

$$x＝4 320（件）$$

当零件数大于4 320件时，外购成本大于自制成本，应自制该零件。

当零件数小于4 320件时，外购成本小于自制成本，应外购该零件。

本例中零件数为4 000件，外购成本小于自制成本，应外购该零件。

五、半成品、联产品继续加工的决策

（一）半成品进一步加工的决策

某些企业的半成品可以立即出售，也可以进一步加工成产成品再出售。对于这类加工决策问题，可采用差量分析法来进行比较分析。但决策分析时应注意：

（1）半成品进一步加工前所发生的成本，不论是变动成本还是固定成本，在决策分析中均属于无关成本，在决策时不必考虑。

（2）半成品在加工后所增加的收入是否超过在进一步加工过程中所追加的成本。如果前者大于后者，则进一步加工的方案较优；反之，若前者小于后者，则以出售半成品为宜。

【例5-9】 某公司每年生产甲产品10 000件，单位变动成本为12元，单位固定成本为4元，销售单价为24元。如果把甲产品进一步加工为乙产品，销售单价可以提高到36元，但须追加单位变动成本8元，专属固定成本10 000元。

要求：作出该公司甲产品是否应进一步加工为乙产品的决策。

解：根据上述资料，编制差量分析表，见表5-8。

表 5-8	差量分析表		单位：元
	进一步加工方案	出售半成品方案	差　量
差量收入：			
进一步加工为乙产品	36×10 000＝360 000		
出售甲半成品		24×10 000＝240 000	120 000
差量成本：			
进一步加工为乙产品			
追加变动成本	8×10 000＝80 000		
追加固定成本	10 000		
小计	90 000		
出售甲半成品		0	90 000
差量损益			30 000

表 5-8 分析结果表明,进一步加工为乙产品比直接出售甲产品可多获利 30 000 元,企业应选择进一步加工的方案。计算分析时注意：甲产品进一步加工前所发生的变动成本和固定成本都是无关成本,在决策时不必考虑。

（二）联产品是否继续生产的决策

在同一生产过程中可同时生产出若干种主要产品的,称为联产品。有些企业的联产品可在分离后立即出售,也可在分离后继续加工再出售。联产品分离后是否继续加工也可采用差量分析法进行决策。但决策分析时应注意：分离前的"联合成本"属于"无关成本",不必考虑。分离后继续加工的追加变动成本和专属固定成本,是可分成本,在决策中属于相关成本。如果继续加工后所增加的收入超过可分成本,则继续加工方案较优；反之,以分离后立即出售较为有利。

【例 5-10】　某公司在生产过程中同时生产出甲、乙、丙、丁四种联产品,其中乙、丁两种产品可在分离后立即出售,也可继续加工后再出售。有关乙、丁产品的产量、售价及可分成本资料见表 5-9。

表 5-9		乙、丁产品的有关资料	
联产品名称		乙 产 品	丁 产 品
产　量（千克）		5 000	10 000
销售单价（元）	分离后	16	6
	加工后	24	12
	联合成本	85 000	24 500
可分成本（元）	单位变动成本	14	4
	专属固定成本	0	9 000

根据以上资料分别编制乙、丁产品的差量分析表,见表 5-10 和表 5-11。

表 5-10　　　　　　　　乙产品差量分析表　　　　　　　单位：元

	继续加工后出售	分离后立即出售	差　量
差量收入			
继续加工后出售	24×5 000＝120 000		
分离后立即出售		16×5 000＝80 000	40 000
差量成本			
继续加工的可分成本	14×5 000＝70 000		
分离后立即出售成本		0	70 000
差量损益			−30 000

表 5-11　　　　　　　　丁产品差量分析表　　　　　　　单位：元

	继续加工后出售	分离后立即出售	差　量
差量收入			
继续加工后出售	12×10 000＝120 000		
分离后立即出售		6×10 000＝60 000	60 000
差量成本			
继续加工的可分成本			
追加变动成本	4×10 000＝40 000		
专属固定成本	9 000		
小计	49 000		
分离后立即出售成本		0	49 000
差量损益			11 000

由表 5-10 和表 5-11 的计算分析可知,乙产品分离后应立即出售,因为若继续加工反而会使企业损失 30 000 元;而丁产品继续加工后出售可使企业多获利 11 000 元,应加工后再出售。

第三节　定　价　决　策

在市场机制充分发挥作用的条件下,企业的生产经营活动会或多或少地受到价格的影响,定价问题是企业生产经营中一个极为重要的问题,产品价格不仅影响产品的销量,还会影响企业的收入和利润。产品定价太高,会减少市场份额,削弱企业的竞争能力;定价太低,则会降低销售收入和利润,难以实现企业目标利润。

一、一般产品定价决策分析方法

（一）完全成本定价法

完全成本定价法是在按完全成本法计算的产品成本的基础上,加上一定的目标利润制定产品销售价格的方法。其计算公式为：

$$单位销售价格＝单位产品完全成本＋单位目标利润额＝$$
$$单位产品完全成本×（1＋成本利润率）$$

【例5-11】　文生公司生产某产品10 000件，该产品预计单位变动成本为：直接材料6元，直接人工4元，变动制造费用3元；固定成本总额为40 000元；预计目标利润为完全成本的10%。

要求：制定该产品的单位销售价格。

解：　单位完全成本＝6＋4＋3＋40 000÷10 000＝17（元）
单位销售价格＝17×（1＋10%）＝18.7（元）

根据计算，文生公司的产品售价应定为18.7元。

此法不但简便易行，而且能使企业目标利润得以实现，并使企业全部成本获得补偿。

（二）变动成本加成定价法

变动成本加成定价法是以产品的变动成本为基础，加上一定数额的边际贡献作为制定产品销售价格的方法。其计算公式为：

$$单位销售价格＝单位变动成本＋预计单位边际贡献＝$$
$$单位变动成本÷预计变动成本率＝$$
$$单位变动成本÷（1－预计边际贡献率）$$

【例5-12】　某公司甲产品单位成本资料如下（单位：元）：

直接材料	600
直接人工	200
变动制造费用	100
固定制造费用	300
变动销售和管理费用	100
固定销售和管理费用	100
单位产品成本合计	1 400

要求：采用变动成本加成定价法确定该产品的销售价格，假设该产品预计边际贡献率为20%。

解：　甲产品单位变动成本＝600＋200＋100＋100＝1 000（元）
单位销售价格＝1 000÷（1－20%）＝1 250（元）

二、薄利多销的定价策略

（一）薄利多销的概念

薄利多销是为了扩大产品销量而主动降低价格的促销手段。薄利多销的实质是降价、多销、增利。

（二）薄利多销的决策程序

（1）在现价的基础上，设定若干个不同幅度的降价方案。

（2）测定各降价方案可能达到的销售量。

（3）根据各降价方案期望销量，依次计算其增量收入、增量成本和增量利润。

（4）以增量利润最接近于零而又不小于零的价格为新定价。当增量利润为最小正值时，企业利润最大。

【例 5-13】　某产品售价 20 元，现在每月销售 240 只。产品单位变动成本 10 元，固定成本 400 元。如果价格下降到 18 元、16 元、14 元、12 元，预计销售量分别增加为 310 只、390 只、460 只、540 只。计算应定价多少可使企业利润最高。

表 5-12　　　　　　　　某产品价格和销售量变动后利润的计算　　　　　　金额单位：元

销售单价	预计销量（只）	销售收入	变动成本	固定成本	成本合计	增量收入	增量成本	增量利润	利润
20	240	4 800	2 400	400	2 800	—	—	—	2 000
18	310	5 580	3 100	400	3 500	780	700	80	2 080
16	390	6 240	3 900	400	4 300	660	800	−140	1 940
14	460	6 440	4 600	400	5 000	200	700	−500	1 440
12	540	6 480	5 400	400	5 800	40	800	−760	680

由表 5-12 计算结果可知，最佳售价为 18 元，预计销售量可达 310 只，利润为 2 080 元。

（三）薄利多销可行性分析方法

企业实现薄利多销，必须考虑现有生产能力，并确保企业原有的盈利能力，在此基础上对各调价方案进行可行性分析。

1. 保利量分析法

保利量分析法是利用调价后预计销量与保利点销量之间的关系进行调价决策的分析方法。

保利点销量是为确保某种产品原有盈利能力在调价后至少应达到的销量指标。其计算公式为：

$$保利点销量 = \frac{固定成本 + 调价前利润}{拟调单价 - 单位变动成本}$$

调价方案可行性判断标准：最大生产能力 ≥ 预计销量 > 保利点销量。

【例 5-14】　某企业生产甲产品，其售价为 20 元/件，可销售 2 000 件，固定成本 6 000 元，变动成本为 12 元/件，企业现有最大生产能力为 3 800 件。

（1）甲产品售价调低为 17 元/件，预计销量可达到 3 310 件。

（2）甲产品售价调低为 16 元/件，预计销量可达到 4 000 件。

（3）甲产品售价调低为 16 元/件，预计销量可达到 4 600 件，但企业必须追加 1 000 元固定成本才能具备生产 4 600 件产品的生产能力。

要求：用保利量分析法评价上述各不相关条件下调价方案的可行性。

解： 调价前利润＝(20－12)×2 000－6 000＝10 000(元)

方案(1)：拟调单价 17 元,预计销量 3 310 件。

$$保利点销量＝\frac{6\ 000＋10\ 000}{17－12}＝3\ 200(件)$$

最大生产能力 3 800 件＞预计销量 3 310 件＞保利点销量 3 200 件。

因此,此调价方案可行。

方案(2)：拟调单价 16 元,预计销量 4 000 件。

$$保利点销量＝\frac{6\ 000＋10\ 000}{16－12}＝4\ 000(件)$$

最大生产能力 3 800 件＜预计销量 4 000 件＝保利点销量 4 000 件。

因此,此调价方案不可行。

方案(3)：拟调单价 16 元,预计销量 4 600 件,固定成本 7 000 元,最大生产能力 4 600件。

$$保利点销量＝\frac{7\ 000＋10\ 000}{16－12}＝4\ 250(件)$$

最大生产能力 4 600 件＝预计销量 4 600 件＞保利点销量 4 250 件。

因此,此调价方案可行。

2. 利润增量法

如果调价在成本水平不变、生产能力许可的前提下,可通过计算调价后的利润增量来判断方案的可行性。利润增量计算公式为：

$$\frac{利润}{增量}＝\frac{价格调低后销量变动}{带来的边际贡献增加额}－\frac{按调价前销量计算的价格}{降低带来的销售收入减少额}＝$$

$$\left(\frac{调价后}{价\ 格}－\frac{单位变动}{成\quad 本}\right)×\frac{销\quad 量}{增加额}－价差×\frac{调价前}{销\quad 量}$$

【例 5-15】 按[例 5-14]资料中有关内容及第(1)种调价方案。

要求：用利润增量法进行调价决策。

解：调价后价格 17 元,单位变动成本 12 元。

$$销量增加额＝3\ 310－2\ 000＝1\ 310(件)$$

价差为－3 元(17－20),调价前销量 2 000 件。

$$利润增量＝(17－12)×1\ 310－3×2\ 000＝550(元)$$

价格调低为 17 元,销量增加到 3 310 件,可使企业利润增加 550 元,此调价方案可行。

本章要点概览

企业的决策,按照决策时期的长短可分为短期决策和长期决策两类。

短期决策一般按以下步骤进行:确定决策目标,提出备选方案,确定每个相关方案的成本和收益,进行决策、检查与控制。

短期经营决策最常用的分析方法有差别分析法、边际贡献法、单位资源边际贡献法、无差别点分析法和相关损益分析法。

短期决策主要有生产决策和定价决策两大类。

生产决策,就是在企业现有生产经营能力的条件下,为了争取实现尽可能好的经营成果,就以下问题所作出的合理决定:生产何种产品、亏损产品是否该停产或转产、是否追加订货、重要零件是自制还是外购、半成品是继续加工还是直接销售等问题。

生产何种产品的问题,可用差别分析法进行分析,即通过比较两种产品的差量收入和差量成本,从中选择最优方案。在某种产品发生亏损、生产能力无法转移的情况下,采用边际贡献法来进行决策。也就是说,即使该产品发生亏损,只要边际贡献为正数,该产品就不该停产;反之,就应该停产。企业在满足正常渠道的销售后,如还有剩余生产能力未被充分利用又不能转移,对出价低于单位产品成本但高于单位变动成本又无其他特殊要求的订单,就可以接受。自制或外购零部件决策既可用差别成本分析法,也可用无差别点分析法。半成品进一步加工的决策可采用差别分析法来进行比较分析。

 关键词

1. 短期决策　　　　　　　2. 相关成本
3. 机会成本　　　　　　　4. 沉落成本
5. 重置成本　　　　　　　6. 专属成本
7. 生产决策　　　　　　　8. 定价决策
9. 差别分析法　　　　　　10. 无差别点分析法

阅 读 文 献

1. 熊细银、熊晴海主编:《管理会计》(第四章短期经营决策),清华大学出版社 2006年版。

2. 贺颖奇、陈佳俊编著:《管理会计》(第十二章短期经营决策),上海财经大学出版社 2003 年版。

3. 温坤主编:《管理会计》(第五章短期经营决策的分析),中国人民大学出版社 2004年版。

4. 郑雄伟、卢侠巍主编:《管理会计案例教程》(第三章决策分析),经济科学出版社 2004 年版。

5. [美]英格拉姆、奥尔布赖特、希尔著:《管理会计》(第二章成本分类、成本流转与计量决策),中信出版社 2004 年版。

6. [美]唐·汉森、玛丽安·莫文主编:《管理会计》(第十六章战术决策:相关成本计算、作业资源耗用模型和定价),北京大学出版社 2004 年版。

复习思考题

1. 短期经营决策的常用方法有哪些?
2. 与短期经营决策相关的成本概念有哪些?
3. 亏损产品是否都应该停产?
4. 如何进行产品的定价决策?

练　习　题

一、判断题

1. 在新产品开发的品种决策中涉及专属成本时,可以分析边际贡献总额并进行决策。　　　　　　　　　　　　　　　　(　　)

2. 在剩余生产能力可以转移时,如果亏损产品的边际贡献小于与生产能力转移有关的机会成本,就应该停产亏损产品而使生产能力转移。　　　　　　　　　　(　　)

3. 如果特殊订货不冲击正常的生产任务,不追加专属成本且剩余能力无法转移时,只要特殊订货单价大于单位变动成本,就应该接受订货。　　　　　　　　　　　　　　(　　)

4. 在产品加工程度的决策分析中,深加工前的变动成本和固定成本都属于沉没成本,是无关成本,相关成本只包括与深加工有关的成本。　　　　　　　　　　　　　　　　(　　)

5. 短期经营决策一般不涉及新的固定资产投资,因此其涉及的范围、资金应用量最小。　　(　　)

6. 如果亏损产品创造的边际贡献大于零就不应该停产。　　　　　　　　　　(　　)

7. 在进行差量分析时,只要差量收入大于差量成本,就以收入大的方案为优。　　(　　)

8. 在半成品是继续加工后出售还是立即出售的决策中,进一步加工前的成本属于无关成本。(　　)

9. 所谓虚亏损就是指生产该产品的边际贡献大于零。　　　　　　　　　　(　　)

10. 增量成本从广义上说属于差量成本。　　　　　　　　　　　　　　(　　)

二、单项选择题

1. 短期经营决策一般不涉及(　　)的投资。
   A. 存货　　　　　B. 短期有价证券　　　　C. 固定资产　　　　D. 原材料

2. 以下属于风险性决策的是(　　)。
   A. 据以决策的条件是已知的
   B. 据以决策的条件是确定的
   C. 据以决策的条件不能确定,甚至对出现的几率也不知的
   D. 据以决策的条件虽然不能完全确定,但它们出现的几率是已知的

3. 短期经营决策的方法有很多,但常用的方法有差量分析法、无差别点分析法和(　　)。
   A. 边际贡献分析法　B. 公式法　　　　　C. 数学模型法　　　　D. 敏感分析法

4. 在半成品是继续加工后出售还是立即出售的决策中,进一步加工前的成本属于(　　)。
   A. 固定成本　　　　B. 变动成本　　　　C. 付现成本　　　　D. 沉没成本

5. 在零部件自制还是外购的决策中,当零部件需要用量不确定时,应采用的方法是(　　)。
   A. 边际贡献分析法　B. 差别成本分析法　C. 相关成本分析法　D. 无差别点分析法

6. 亏损产品应该停产的条件是(　　)。
   A. 亏损产品的边际贡献大于零
   B. 亏损产品的边际贡献小于零
   C. 亏损产品的销售收入大于变动成本

    D. 亏损产品的边际贡献为正数但小于固定成本

    7. 某零件的外购单价是 10 元,自制单位变动成本为 6 元,自制增加专属成本 2 000 元,则该部件的成本平衡点的业务量为(　　)件。

        A. 200　　　　　　　B. 500　　　　　　　C. 400　　　　　　　D. 800

    8. 在薄利多销的定价决策时,最优价格是(　　)的产品价格。

        A. 边际(增量)利润最接近零　　　　　　　B. 边际(增量)利润等于零

        C. 边际(增量)利润最接近或等于零　　　　D. 边际(增量)利润大于零

    9. 在新产品开发决策中,如果不追加专属成本,且生产能力不确定时,应采用的指标是(　　)。

        A. 单位边际贡献　　　B. 单位变动成本　　　C. 边际贡献总额　　　D. 利润总额

    10. 自制方案固定成本 1 500 元,外购方案固定成本 800 元,若 K 部件成本平衡点为 2 000 件时,在采用自制方案时,则 K 部件需要量应为(　　)件。

        A. 800　　　　　　　B. 1 500　　　　　　C. 1 800　　　　　　D. 2 500

三、多项选择题

    1. 短期经营决策一般有(　　)。

        A. 生产决策　　　　　　　　　　　　B. 定价决策

        C. 资金需要量决策　　　　　　　　　D. 固定资产投资决策

    2. 短期决策分析的方法视其内容不同有很多种,但最常用的方法有(　　)。

        A. 本量利分析法　　　　　　　　　　B. 差量分析法

        C. 无差别点分析法　　　　　　　　　D. 边际贡献分析法

    3. 下列不属于短期经营决策的有(　　)。

        A. 追加订货决策　　　　　　　　　　B. 亏损产品是否应该停止生产的决策

        C. 固定资产投资决策　　　　　　　　D. 无形资产投资决策

    4. 下列属于相关成本的有(　　)。

        A. 不可避免成本　　B. 机会成本　　　　C. 差量成本　　　　D. 账面成本

    5. 短期经营决策必须通盘考虑的因素有(　　)。

        A. 相关单位　　　　B. 相关业务量　　　C. 相关收入　　　　D. 相关成本

    6. 下列关于机会成本的说法正确的有(　　)。

        A. 如果接受订货,由于加工能力不足而放弃正常订货的有关收入称为接受订货方案的机会成本

        B. 如果不接受订货,由于加工能力不足所放弃的有关收入称为不接受订货方案的机会成本

        C. 不接受订货可将设备出租,接受订货就不能出租设备,则设备出租租金为接受订货方案的机会成本

        D. 亏损产品如果停产,可以转产其他产品,转产可以获得的边际贡献是继续生产亏损产品方案的机会成本

    7. 在亏损产品生产的决策时,下列说法正确的有(　　)。

        A. 在剩余生产能力无法转移时,只要亏损产品的边际贡献为正数就应该继续生产

        B. 在剩余能力能转移时,只要亏损产品的边际贡献大于转产产品的边际贡献就应该转产

        C. 如果亏损产品停产后,生产亏损产品的设备可出租,只要租金大于亏损产品的边际贡献,就应该停产亏损产品而把设备出租

        D. 在具备增产亏损产品的能力,且能力无法转移又不增加专属成本的情况下,如果亏损产品的边际贡献为正数就应该增产

8. 在是否接受特殊追加订货的决策时,下列说法中正确的有(　　)。

　　A. 在简单条件下,只要特殊订货单价大于单位变动成本就应该接受订货

　　B. 在追加订货冲击正常产销量,当接受追加订货增加的边际贡献大于由此减少的正常收入时,则应该接受订货

　　C. 当接受订货需要追加专属成本时,只要追加订货的边际贡献大于专属成本,就应该接受订货

　　D. 如果不接受订货可以将闲置设备出租,只要追加订货的边际贡献大于出租设备租金就应该接受订货

9. 在下列项目中,决策时不必列入考虑范围的是(　　)。

　　A. 加工成本　　　　　B. 沉没成本　　　　　C. 联合成本　　　　　D. 共同成本

10. 剩余生产能力无法转移时亏损产品(　　)。

　　A. 应该停产　　　　　　　　　　　　B. 只要边际贡献大于零时不应该停产

　　C. 只要单价高于变动成本时,不应停产　　D. 不应停产

四、计算题

1. 资料:七一电器厂研制生产一种新型电器产品,年生产能力为 20 万只,根据市场预测年销量为 12 万只,全年固定成本为 400 万元,该产品单位售价为 300 元,单位变动成本为 200 元,计划年度目标利润为 1 450 万元。为完成目标利润,厂长召开会议研究对策。经过反复探讨,认为在目前价格条件下再增加销量不可能,但有一兄弟厂,愿意在降价 30% 的情况下包下全部剩余的电器产品。

　　要求:

　　(1) 作出是否同意另一兄弟厂包销计划的决策。

　　(2) 计算为达到目标利润 1 450 万元,剩余的 8 万只产品的定价。

2. 资料:光辉灯具厂每年需要用塑料灯罩 100 000 只,该厂以前一直是自己生产,每个灯罩的单位变动成本为 0.80 元,全部的固定成本为 120 000 元。现有一厂商愿意提供塑料灯罩成品,每只定价 2.10 元,并保证每年供应所需数量。光辉灯具如果改自制为外购后,原来的固定资产可以生产塑料玩具 15 000 个,每个塑料玩具单位售价 5 元。制造塑料玩具的成本资料如下:

直接材料	30 000 元
直接人工	6 000 元
变动制造费用	4 000 元
固定成本	120 000 元

　　要求:

　　(1) 请决策是自制还是外购塑料灯罩。

　　(2) 如果制造塑料玩具的固定成本降为 100 000 元,是否要改变以上决策? 为什么?

3. 资料:长江继电器厂生产的继电器的磁铁以前一直是自制的,年需要量 120 000 只。生产磁铁的有关自制成本如下:变动成本 24 000 元,专属固定成本 60 000 元,分配固定成本 4 000 元。现有一专门生产磁铁的厂商,愿意以每只 0.75 元的价格供应 120 000 只磁铁。由于磁铁外购,原生产能力可生产另外一种产品 1 000 件,该产品的有关成本资料如下:变动成本 4 000 元,专属固定成本 20 000 元,分配固定成本 4 000 元,产品单位售价 34 元。

　　要求:

　　(1) 试运用差量分析法分析决策该厂磁铁应自制还是外购。

　　(2) 若另一种产品售价改为 29 元,决策该厂磁铁是自制还是外购。

4. 资料:永嘉缝纫机厂现有的生产能力可生产 24 000 架缝纫机。缝纫机单位售价每台 400 元,单位变动成本 220 元,原来产销正好平衡。现有一客商愿意出价 250 元订购 10 000 架,经过研究,若挖掘生产能力,在现有生产设备条件下,可接受追加订货 4 000 架,余下 6 000 架必须添置设备一台,该设备价值 320 000 元。经过与客商谈判,该客商坚持订货 10 000 架,不然不再订货。

要求:

(1) 作出是否应该接受客商的订货的决策。

(2) 计算可接受订货的价格。

5. 资料:红光机械厂每年生产甲产品 40 000 台。甲产品的单位变动成本为 50 元,单位固定成本为 10 元,单位售价为 70 元。如果把甲产品继续加工成乙产品,售价可以提高到 100 元。其成本资料如下:

直接材料	800 000 元
直接人工	200 000 元
变动制造费用	40 000 元
固定制造成本	60 000 元

要求:

(1) 根据上述资料,判断红光机械厂直接销售甲产品合算,还是加工成乙产品出售合算(假定两种产品都很畅销)。为什么?

(2) 如果乙产品的销售价格只能定为 95 元,将如何决策? 为什么?

6. 资料:永新制品厂生产一种甲产品 2 000 只,在完成第一道工序后的产品即为甲产品,可以马上对外销售,甲产品单位售价每只为 30 元,生产甲产品的单位变动成本为 22 元,固定成本总额为 40 000 元;进入第二道工序,将甲产品加工成乙产品再出售,乙产品的单位售价为 38 元,单位变动成本为 29 元。

要求:

(1) 如果该厂的第二道工序不加工甲产品为乙产品,设备就只能闲置。试问甲产品是否要进一步加工成乙产品?

(2) 假如进一步加工需要添置一台专用设备,成本 18 000 元。试问是否要进一步加工?

(3) 企业的第二道工序只具有加工 1 000 件产品的能力,但该能力如不加工乙产品,可以对外承接加工业务,并可以获得加工收入 5 000 元。试问甲产品是否要进一步加工为乙产品?

7. 资料:海丰轴承厂生产某种轴承,该轴承正常的售价为 100 元/只,计划的产销量为 1 000 只,其他有关生产该轴承的资料见表 5-13。

表 5-13　　　　　　　　　　　　　生产轴和资料表　　　　　　　　　　　　　单位:元

成 本 项 目	总 成 本	单 位 成 本
直接材料	20 000	20
直接人工	30 000	30
变动制造费用	10 000	10
固定制造费用	20 000	20
销售及管理费用	4 000	4
合　　计	84 000	84

某外商要求追加订货 400 只该轴承,其定价低于正常价,每只轴承为 70 元。

要求:

(1) 海丰轴承厂最大的生产能力为 1 400 只,该厂如果不生产该轴承,设备只能闲置别无出路。判断是否接受追加订货。

(2) 如海丰轴承厂要接受外商订货还需要新添置设备一台,成本为 5 600 元。判断是否接受追加订货。

(3) 海丰轴承厂最大的生产能力为 1 400 只,如不接受外商订货,设备可以对外出租,可以获得租金 5 000 元,接受追加订货需要专属成本 2 000 元。判断是否接受追加订货。

(4) 企业最大的生产能力为 1 200 只,如果不接受外商订货,剩余生产能力别无出路。判断是否追加订货。

五、案例分析题

接受或拒绝一项特殊订货:当一位管理人员必须决定要增加或减少某一项产品或服务时,其所要考虑的相关成本和效益是什么? 当决定或购买一项服务或要素时,哪些数据是相关的? 这些决策在我们讨论相关成本和效益的过程中是特别值得关注的。

吉姆·赖特是环球航空公司的运营副总裁,他和一家日本旅行社建立了业务联系,签订了从日本至夏威夷的航线协议。旅行社就大型喷气式客机的每一次往返飞行付给环球航空公司 150 000 美元。根据航空公司通常的费率标准,一架大型喷气式客机在日本和夏威夷之间的往返航行可带来 250 000 美元的收入。这样,吉姆·赖特就需要对旅行社的特殊订货价格进行认真细致的分析。

赖特知道,目前环球航空公司仍有两架大型喷气式客机尚未投入使用。由于航空公司刚刚削减了一些非盈利的航线,使这些客机能够空闲出来用于其他方面,但眼下航空公司还没有打算增加新的航线,因此这两架客机没有用武之地,为了帮助制定决策,赖特需要主计长办公室提供成本资料。主计长提供了日本至夏威夷之间典型的往返航行数据如下:

收入		
客运收入	$ 250 000	
货运收入	30 000	
总收入		$ 280 000
费用		
航行变动费用	$ 90 000	
每次航行的固定费用分摊	100 000	
总费用		190 000
利润		$ 90 000

变动成本包括飞机燃油和维修保养费用、飞行机组人员成本、飞行食品和服务成本以及降落费用。分配至每次飞行的固定成本包括环球航空公司的固定成本,如飞机折旧、设备维修保养和折旧费以及固定管理成本等。

如果吉姆·赖特不懂管理会计的话,很可能做出以下不正确的分析。

特定航线定价	$ 150 000
每次航线总成本	$ 190 000
特定航线损失	$ (40 000)

以上的分析暗含了一个结论:特定航线的订货应当被拒之门外。但该分析是否有错误呢? 实际上,错

误之处在于将固定成本分摊进了每次航行成本中。之所以是错的,是因为若增加了特定航线之后,固定成本总额并没有上升,既然在任何一个可选择的方案中,固定成本都不会发生变化,那么它们就是不相关的。

幸运的是,吉姆·赖特并没有犯这个错误。他知道在特定航线的决策中,只有变动成本才是相关的。而且,赖特认为特定航线的变动成本要比普通航线的成本低,因为环球航空公司不会在座位预定和售票方面发生变动成本。根据赖特的估算,一次特定计划的飞行耗费的变动费用节约数额为 5 000 美元。在假定有剩余飞行能力(有闲置飞机)的情况下,赖特对于特别订货的分析如下:

特定航线定价		$ 150 000
每次航班的变动成本	$ 90 000	
减:预订和售票节约额	$ 5 000	
特定航班变动成本		$ 85 000
特定航线贡献		$ 65 000

赖特的分析表明,特定航线的贡献额包括固定成本和利润在内,共计为 65 000 美元。既然航空公司有闲置的飞行能力,根据空余飞机的情况,最佳的决策即为接受这项特别的航线的订货要求。

现在让我们考虑一下如果航空公司不存在闲置的飞机时,赖特会如何制定决策?假定为了保证日本至夏威夷的航线能够得以运营,航空公司不得不削减它盈利最低的航班,即日本至香港的航班,包括固定成本和利润在内,该航班的贡献额为 80 000 美元,能够满足航线对固定成本和利润的要求。这样,如果采纳这一提案,公司的机会成本就是日本至香港航班的 80 000 美元的贡献额。赖特的分析如下:

特定航线的定价		$ 150 000
每次航班变动成本	$ 90 000	
减:预订和售票节约额	$ 5 000	
特定航班变动成本	$ 85 000	
加:机会成本——取消日本至中国香港		
航班的贡献	$ 80 000	$ 165 000
特定航线导致损失		($ 15 000)

因此,如果环球公司没有剩余飞行能力,赖特会拒绝特殊航线的订单。

结论:接受还是拒绝特殊订货方案的决策在服务业和制造业均会发生。制造业厂商常常遇到的是低于正常销售价格的销售决策,这样的决策一般都基于相关成本与收益的分析。往常分配到单位产品或服务项目上的固定成本,在这样的决策中是不相关的。因为无论接受订单与否,固定成本往往是相对不变的。

当企业存在剩余运营能力时,与订单相关的成本只是变动成本。在有剩余能力的情况下,与订单生产有关的设备利用的机会成本就与决策有关。

第六章 长期投资决策

学习目的与要求

本章介绍了长期投资决策的概念特征,资金的时间价值,现金流量的估计,长期投资决策的评价指标及其运用和长期投资决策的敏感性分析。学习本章应理解长期投资决策与短期决策的区别和联系,掌握长期投资决策项目现金流量估计方法,熟练运用长期投资的决策方法进行投资备选方案的选择。掌握长期投资决策敏感性分析的基本思路和方法。

第一节 长期投资决策概述

一、长期投资决策的概念和长期投资的特征

(一) 长期投资决策的概念

长期投资是指投入资金量大,获取报酬的持续时间长,能在较长时间内影响企业经营获利能力的投资。与长期投资项目有关的决策,叫作长期投资决策。广义的长期投资包括固定资产投资、无形资产投资和长期证券投资等内容。而固定资产投资一般在长期投资中所占比例较大,所以狭义的长期投资特指固定资产投资,本章主要介绍狭义的长期投资决策。

(二) 长期投资的特征

1. 投资金额大

长期投资,特别是战略性扩大生产能力的投资金额一般都较大,往往是企业多年的资金积累。长期投资在企业总资产中占到很大比重。因此长期投资对企业未来的财务状况和现金流量有相当大的影响。

2. 影响时间长

长期投资投资期和发挥作用的时间都较长,项目建成后对企业的经济效益会产生长久的效应,并可能对企业的前途有决定性的影响。

3. 变现能力差

长期投资项目的使用期长,而且一般不会在短期内变现,即使由于种种原因想在短期

内变现,其变现能力也较差。长期投资项目一旦建成,想要改变是很困难的,不是无法实现,就是代价太大。

4. 投资风险大

长期投资项目的使用期长,面临的不确定因素很多,如原材料供应情况、市场供求关系、技术进步速度、行业竞争程度、通货膨胀水平等都会影响投资的效果。所以长期投资面临较高的投资风险。

长期投资不仅需要投入较多的资金,而且对企业经营的影响时间长,投入的资金和投资所得收益都要经历较长的时间才能回收。在进行长期投资决策时,一方面要对各方案的现金流入量和现金流出量进行预测,正确估算出每年的现金净流量;另一方面要考虑资金的时间价值,还要计算出为取得长期投资所需资金所付出的代价,即资金成本。因此现金净流量、资金时间价值和资金成本是影响长期投资决策的重要因素。

二、资金时间价值

(一) 资金时间价值的概念

资金时间价值是指资金经历一定时间的投资和再投资所增加的价值,即一定量资金在不同时点上具有不同的价值量。一定数量的货币资金在不同的时点上具有不同价值,其实质就是资金周转利用后会产生增值。一定量资金周转利用的时间越长,其产生的增值额也越大。今天的 1 元钱和将来的 1 元钱不同。例如,银行存款的年利率为 6%,如果今天存入银行 100 元,1 年以后就得到本利和 106 元。经过 1 年的时间,100 元产生了增值额 6 元。这说明今天的 100 元和 1 年后的 106 元等值。换句话说,这项增值是放弃现在使用一定量货币的机会,而按一定量的货币、一定利率和放弃时间长短计算的报酬,这种报酬就是资金时间价值。由于长期投资的投资额大,投资收益回收时间长,因此为了正确评价长期投资各备选方案,必须考虑资金的时间价值。

在利润平均化规律的作用影响下,货币时间价值的一般表现形式就是在没有风险与通货膨胀条件下社会平均的资金利润率。由于资金时间价值的计算方法与利息的计算方法相同,因此很容易将资金时间价值与利率相混淆。实际上,投资活动或多或少存在风险,市场经济条件下通货膨胀也是客观存在的。利率既包含时间价值,也包含风险价值和通货膨胀的因素。只有在通货膨胀率很低的情况下,方可将几乎没有风险的短期政府债券的利率视同资金时间价值。

(二) 资金时间价值的计算

在资金时间价值的计算中,为了表示方便,采用以下符号:

P 表示本金,又称现值;

F 表示本金和利息之和(简称本利和),又称终值;

I 表示利息;

i 表示利率,又称折现率或贴现率;

n 表示计算利息的期数。

1. 单利计息和复利计息

单利计息是指只按本金计算利息,而利息部分不再计息的一种计息方式。单利计息情况下利息的计算公式为:

$$I = P \cdot i \cdot n$$

单利计息情况下本利和(终值)的计算公式为:

$$F = P + P \cdot i \cdot n = P \cdot (1 + i \cdot n)$$

【例 6-1】　某人在银行存入 1 000 元,年利率为 6%,采用单利计息。

要求:分别计算第一、第二和第三年年末的应计利息和本利和。

解:　$I_1 = 1\,000 \times 6\% \times 1 = 60(元)$　　$F_1 = 1\,000 \times (1 + 6\% \times 1) = 1\,060(元)$

　　　$I_2 = 1\,000 \times 6\% \times 2 = 120(元)$　　$F_2 = 1\,000 \times (1 + 6\% \times 2) = 1\,120(元)$

　　　$I_3 = 1\,000 \times 6\% \times 3 = 180(元)$　　$F_3 = 1\,000 \times (1 + 6\% \times 3) = 1\,180(元)$

复利计息是指以本金加上已产生的利息为基数再计算下一期利息的计息方法,即所谓"利上滚利",即:

第一年年末本利和(终值)　　$F_1 = P + P \cdot i = P \cdot (1 + i)$

第二年年末本利和(终值)　　$F_2 = P \cdot (1 + i) \cdot (1 + i) = P \cdot (1 + i)^2$

第三年年末本利和(终值)　　$F_3 = P \cdot (1 + i)^2 \cdot (1 + i) = P \cdot (1 + i)^3$

　　　　　　……

第 $n-1$ 年年末本利和(终值)　　$F_{n-1} = P \cdot (1 + i)^{n-1}$

第 n 年年末本利和(终值)　　$F_n = P \cdot (1 + i)^n$

所以,在复利计息情况下本利和(终值)的计算公式为:

$$F = P \cdot (1 + i)^n$$

在复利计息情况下,利息的计算公式为:

$$I = F - P = P \cdot [(1 + i)^n - 1]$$

【例 6-2】　某人在银行存入 1 000 元,年利率为 6%,采用复利计息。

要求:分别计算第一、第二和第三年年末的应计利息和本利和。

解:　$F_1 = 1\,000 \times (1 + 6\%) = 1\,060(元)$　　$I_1 = 1\,060 - 1\,000 = 60(元)$

　　　$F_2 = 1\,000 \times (1 + 6\%)^2 = 1\,123.6(元)$　　$I_2 = 1\,123.6 - 1\,000 = 123.6(元)$

　　　$F_3 = 1\,000 \times (1 + 6\%)^3 = 1\,191.02(元)$　　$I_3 = 1\,191.02 - 1\,000 = 191.02(元)$

在第一个计息期,单利和复利计算的利息相同,但在第二个及以后各个计息期,两者利息就不同了,复利计算的利息一定大于单利计算的利息,而且计息期越长,差异越大。

在上面的计算公式中利率 i 和期数 n 一定要相互对应,例如 i 为年利率时,n 应为年份数;i 为月利率时,n 则应为月份数,以此类推。

在长期投资决策中,考虑资金时间价值一般是指复利,各个指标的计算也都是以复利为基础的。

2. 复利的终值与现值

（1）复利终值的计算。终值又称将来值，是指现在一定量的资金在未来某一时点上的价值，也称本利和。已知现值 P，利率为 i，n 期后的复利终值的计算公式为：

$$F=P \cdot (1+i)^n$$

式中，$(1+i)^n$ 通常称为利率为 i，期数为 n 的"1元复利终值系数"，用符号 $(F/P,i,n)$ 表示，其数值可以直接查阅书后附表一。例如，查表得到 $(F/P,8\%,5)=1.4693$，说明在复利计息的条件下，年利率为 8%，现在的 1 元相当于 5 年后的 1.4693 元。

于是复利现值的计算公式又可表示为：

$$F=P \cdot (1+i)^n=P \cdot (F/P,i,n)$$

【例6-3】　某公司将 10 000 元存入银行，银行年利率为 8%，每年复利一次。

要求：计算该公司 5 年后可取出的本利和。

解：$F=10\,000\times(F/P,8\%,5)=10\,000\times1.4693=14\,693$（元）

从以上计算可知，该公司 5 年后从银行可取出本利和 14 693 元。

（2）复利现值的计算。复利现值是指未来某一时点上的一笔资金按复利计算的现在价值。复利现值是复利终值的逆运算，其计算公式为：

$$P=F \cdot (1+i)^{-n}$$

式中，$(1+i)^{-n}$ 通常称为利率为 i、期数为 n 的"1元复利现值系数"，用符号 $(P/F,i,n)$ 表示，其数值可以直接查阅书后附表二。例如，查表得到 $(P/F,8\%,5)=0.6806$，说明在复利计息的条件下，年利率为 8%，5 年后的 1 元仅相当于现在的 0.6806 元。

于是复利现值的计算公式又可表示为：

$$P=F \cdot (1+i)^{-n}=F \cdot (P/F,i,n)$$

【例6-4】　某公司准备在 5 年以后用 10 000 元购买一台设备，银行年利率为 8%，每年复利一次。

要求：计算该公司现在需一次存入银行多少钱？

解：　$P=10\,000\times(P/F,8\%,5)=10\,000\times0.6806=6\,806$（元）

公司只要现在存入 6 080 元，5 年后可取出本利和 10 000 元。

3. 年金的终值与现值

年金是指一定时期内，以相同的时间间隔连续发生的等额收付款项，以 A 表示。年金在现实生活中应用广泛，如定期支付的租金、折旧费、保险费、利息、分期付款、零存整取或整存零取的储蓄等。

年金有许多不同的种类，如普通年金、预付年金、递延年金和永续年金等。普通年金是指每笔等额收付款项都发生在期末，又称后付年金。普通年金是实际中最为常用的年金，所以以后凡涉及年金问题若不作特殊说明均指普通年金。

（1）普通年金终值的计算。普通年金终值是指一定时期内每期期末等额款项的复利终值之和。例如，企业每年年末存入资金 A，年利率为 i，每年复利一次，则 n 年后的普通年金终值如图 6-1 所示。

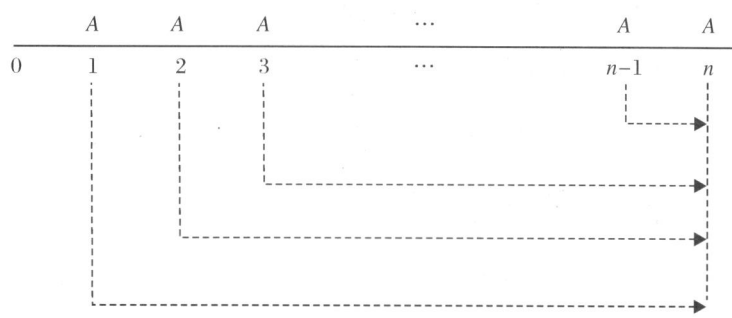

图 6-1 普通年金的终值计算示意图

第一年年末的 A 折算到第 n 年年末的终值为 $A \cdot (1+i)^{n-1}$

第二年年末的 A 折算到第 n 年年末的终值为 $A \cdot (1+i)^{n-2}$

第三年年末的 A 折算到第 n 年年末的终值为 $A \cdot (1+i)^{n-3}$

......

第 $n-1$ 年年末 A 折算到第 n 年年末的终值为 $A \cdot (1+i)^1$

第 n 年年末 A 折算到第 n 年年末的终值为 $A \cdot (1+i)^0$

可见年金终值的计算公式为：

$$F = A \cdot (1+i)^{n-1} + A \cdot (1+i)^{n-2} + \cdots + A \cdot (1+i)^2 + A \cdot (1+i) + A \qquad \text{①}$$

将①式两边同乘上 $(1+i)$，得：

$$(1+i) \cdot F = A \cdot (1+i)^n + A \cdot (1+i)^{n-1} + \cdots + A \cdot (1+i)^3 + A \cdot (1+i)^2 + A \cdot (1+i) \qquad \text{②}$$

将②－①式得：

$$(1+i) \cdot F - F = A \cdot [(1+i)^n - 1]$$

经整理，得：

$$F = A \cdot \frac{(1+i)^n - 1}{i}$$

式中，$\dfrac{(1+i)^n - 1}{i}$ 通常称为利率为 i、期数为 n 的"1元年金终值系数"，用符号 $(F/A, i, n)$ 表示，其数值可以直接查阅书后附表三。

于是年金终值的计算公式又可表示为：

$$F = A \cdot \frac{(1+i)^n - 1}{i} = A \cdot (F/A, i, n)$$

【**例 6-5**】 某人在银行每年年末存入 1 000 元，年利率为 6%。

要求：计算 8 年后某人可获本利和。

解：　$F = 1\,000 \times (F/A, 6\%, 8) = 1\,000 \times 9.897\,5 = 9\,897.5$（元）

从以上计算可知，该人 8 年后从银行可取出本利和 9 897.5 元。

（2）年偿债基金的计算。偿债基金是指为了在未来某一时点偿还一定的金额而提前在每年年末存入相等的金额的资金。它是年金终值的逆运算，亦属于已知整取数求零存数的问题，即由已知的年金终值 F，求年金 A。其计算公式为：

$$A = F \cdot \frac{i}{(1+i)^n - 1}$$

式中，$\dfrac{i}{(1+i)^n - 1}$ 称为利率为 i、期限为 n 的"偿债基金系数"，记为 $(A/F, i, n)$，其数值可通过查偿债基金系数表得到，一般可根据年金终值系数的倒数推算出来。所以上式也可表示为：

$$A = F \cdot (A/F, i, n) = F \cdot [1/(F/A, i, n)]$$

【例 6-6】　某企业有一笔 500 万元的长期债务，在第五年年末到期。企业准备在 5 年内每年年末存入银行一笔资金，以便在第五年年末偿还这笔长期债务，假定银行利率为 5%。

要求：计算每年年末应存入银行多少钱。

解：　$A = 500 \times (A/F, 5\%, 5) = 500 \times [1/(F/A, 5\%, 5)] =$
$\qquad 500 \times (1/5.525\,6) = 90.487\,9$（万元）

企业每年年末应存入银行 90.487 9 万元。

（3）普通年金现值的计算。普通年金现值是指一定时期内每期期末等额款项的复利现值之和。例如，企业每年年末存入资金 A，年利率为 i，则该企业 n 年内的年金现值如图 6-2 所示。

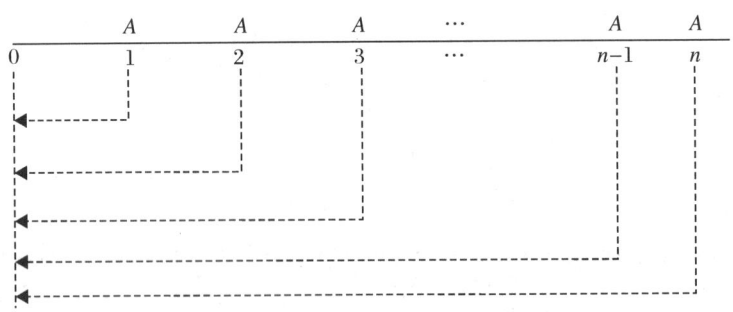

图 6-2　普通年金的终值计算示意图

第一年年末的 A 折算到第一年年初的现值为 $A \cdot (1+i)^{-1}$

第二年年末的 A 折算到第一年年初的现值为 $A \cdot (1+i)^{-2}$

第三年年末的 A 折算到第一年年初的现值为 $A \cdot (1+i)^{-3}$

　　......

第 $(n-1)$ 年年末的 A 折算到第一年年初的现值为 $A \cdot (1+i)^{-(n-1)}$

第 n 年年末的 A 折算到第一年年初的现值为 $A \cdot (1+i)^{-n}$

可见年金现值的计算公式为:

$$P = A \cdot (1+i)^{-1} + A \cdot (1+i)^{-2} + A \cdot (1+i)^{-3} + \cdots + A \cdot (1+i)^{-(n-1)} + A \cdot (1+i)^{-n} \qquad ③$$

将③式两边同乘上 $(1+i)$,得:

$$(1+i) \cdot P = A + A \cdot (1+i)^{-1} + A \cdot (1+i)^{-2} + \cdots + A \cdot (1+i)^{-(n-2)} + A \cdot (1+i)^{-(n-1)} \qquad ④$$

将④式-③式,得:

$$(1+i) \cdot P - P = A \cdot [1-(1+i)^{-n}]$$

经整理,得:

$$P = A \cdot \frac{1-(1+i)^{-n}}{i}$$

式中, $\dfrac{1-(1+i)^{-n}}{i}$ 称为利率为 i 、期限为 n 的"1元年金现值系数",记作 $(P/A, i, n)$,其数值可以直接查阅书后附表四。

于是年金现值的计算公式又可表示为:

$$P = A \cdot \frac{1-(1+i)^{-n}}{i} = A \cdot (P/A, i, n)$$

【例 6-7】 某公司准备租用一台设备,每年年末需要支付租金 10 000 元,假定年利率为 8%。

要求:计算 5 年内支付租金总额的现值。

解: $P = 10\,000 \times (P/A, 8\%, 5) = 10\,000 \times 3.992\,7 = 39\,927$(元)

5 年内支付租金总额的现值为 39 927 元。

(4) 年资本回收额的计算。年资本回收额是指在一定时期内,等额回收初始投入资本或清偿所欠债务的金额。它是年金现值的逆运算,亦属于已知整存求零取的问题。即由已知年金现值 P ,求年金 A 。其计算公式为:

$$A = P \cdot \frac{i}{1-(1+i)^{-n}}$$

式中, $\dfrac{i}{1-(1+i)^{-n}}$ 称为利率为 i 、期限为 n 的"资本回收系数",记作 $(A/P, i, n)$,其数值可通过查资本回收系数表得到,一般可根据年金现值系数的倒数推算出来。所以上式也可表示为:

$$A = P \cdot (A/P, i, n) = P \cdot [1/(P/A, i, n)]$$

【例 6-8】 某企业准备投资 50 万元建造一条生产流水线,预计使用寿命为 10 年,若企业期望的资金收益率为 10%。

要求:计算该企业每年年末至少要从这条流水线获得多少收益,方案才是可行的。

解：$A = 50 \times (A/P, 10\%, 10) = 50 \times [1/(P/A, 10\%, 10)] =$
$\qquad 50 \times (1/6.1446) = 8.1372(万元)$

该企业每年年末至少要从这条流水线获得收益 8.1372 万元,方案才是可行的。

4. 预付年金的终值和现值

预付年金又称先付年金或即付年金,是指从第一期起,每期期初等额发生的系列收付款项,它与普通年金的区别仅在于收付款的时点不同,如图 6-3 所示。

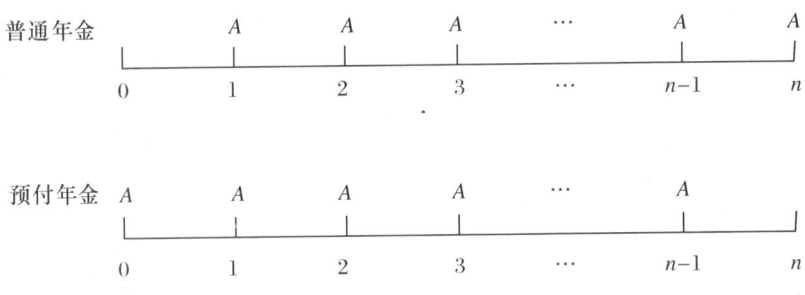

图 6-3 普通年金和预付年金对比示意图

从图 6-3 可见,n 期的预付年金与 n 期的普通年金,它们的收付款次数是一样的,只是收付款时点不一样。如果计算年金终值,预付年金要比普通年金多计一期的利息;如果计算年金现值,则预付年金要比普通年金少折现一期,因此,只要在普通年金的现值、终值的基础上,乘上 $(1+i)$ 便可计算出预付年金的终值与现值。

(1) 预付年金的终值。预付年金终值的计算公式为:

$$F = A \cdot (F/A, i, n) \cdot (1+i)$$

即
$$F = A \cdot \frac{(1+i)n - 1}{i} \cdot (1+i) =$$
$$A \cdot \left[\frac{(1+i)^{n+1} - 1}{i} - 1 \right]$$

式中,$\left[\dfrac{(1+i)^{n+1} - 1}{i} - 1 \right]$ 称"预付年金终值系数",记作 $[(F/A, i, n+1) - 1]$,它是在普通年金终值系数的基础上,期数加 1,系数减 1 所得的结果。上式预付年金终值的计算公式也可表示为:

$$F = A \cdot [(F/A, i, n+1) - 1]$$

【例 6-9】 某人连续 6 年每年年初存入银行 1 000 元,年利率为 6%。
要求:计算第六年年末可获本利和。

解：$F = 1 000 \times (F/A, 6\%, 6) \times (1+6\%) = 1 000 \times 6.9753 \times 1.06 = 7 393.82(元)$
或
$\qquad F = 1 000 \times [(F/A, 6\%, 6+1) - 1] = 1 000 \times (8.3938 - 1) = 7 393.80(元)$

(2) 预付年金的现值。预付年金的现值的计算公式为:

$$P = A \cdot (P/A, i, n) \cdot (1+i)$$

即
$$P = A \cdot \left[\frac{1-(1+i)^{-n}}{i} \right] \cdot (1+i) = A \cdot \left[\frac{1-(1+i)^{-(n-1)}}{i} + 1 \right]$$

式中,$\left[\dfrac{1-(1+i)^{-(n-1)}}{i} + 1 \right]$ 称"预付年金现值系数",记作 $[(P/A,i,n-1)+1]$,它是在普通年金现值系数的基础上,期数减1,系数加1所得的结果。预付年金现值的计算公式也可表示为:

$$P = A \cdot [(P/A,i,n-1)+1]$$

【例6-10】　某人连续6年在每年年初存入银行1 000元,年利率为6%。

要求:计算相当于在第一年年初存入多少钱。

解:　$P = 1\,000 \times (P/A,6\%,6) \times (1+6\%) = 1\,000 \times 4.9173 \times 1.06 = 5\,212.34$(元)

或　　　　$P = 1\,000 \times [(P/A,6\%,6-1)+1] = 1\,000 \times (4.2124+1) = 5\,212.40$(元)

5. 递延年金的终值和现值

递延年金是指第一次收付款发生时间不在第一期期末,而是在第二期或第二期以后才开始发生的等额系列收付款项。它是普通年金的特殊形式。递延年金与普通年金的区别如图6-4所示。

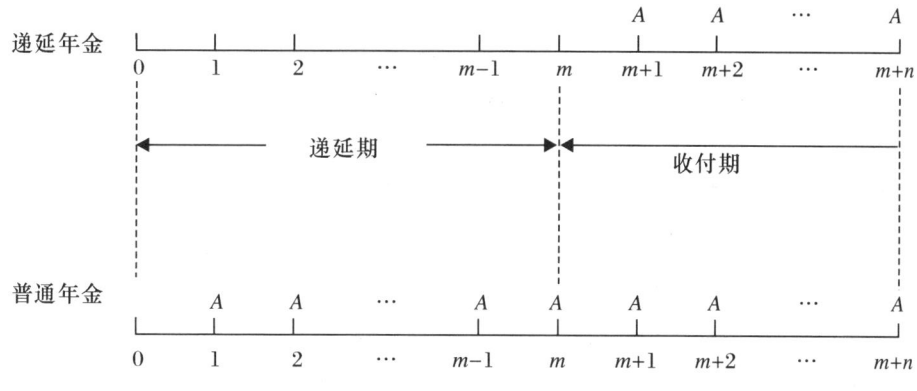

图6-4　递延年金与普通年金对比示意图

从图6-4中可知,递延年金与普通年金相比,尽管期限一样,都是 $m+n$ 期,但普通年金在 $m+n$ 期内,每个期末都要发生等额收付款。而递延年金在 $m+n$ 期内,前 m 期无等额收付款项发生,称为递延期,只在后 n 期才发生等额收付款。

(1)递延年金的终值。递延年金终值的大小,与递延期无关,只与收付期有关,它的计算方法与普通年金终值相同:

$$F = A \cdot (F/A,i,n)$$

【例6-11】　某企业于年初投资一项目,预计从第四年开始至第八年,每年年末可获得投资收益30万元,按年利率8%。

要求:计算该投资项目年收益的终值。

解： $F=30 \cdot (F/A, 8\%, 5)=30 \times 5.8666=175.998$（万元）

（2）递延年金的现值。递延年金现值的计算方法有三种。

计算方法一：把递延年金视为 n 期的普通年金，先求出在递延期期末的现值，再将此现值折现到第一期期初。其计算公式为：

$$P=A \cdot (P/A, i, n) \cdot (P/F, i, m)$$

计算方法二：先计算 $m+n$ 期的普通年金的现值，再扣除实际并未发生递延期（m 期）的普通年金现值，即可求得递延年金现值。其计算公式为：

$$P=A \cdot [(P/A, i, m+n)-(P/A, i, m)]$$

计算方法三：先计算递延年金的终值，再将其折算到第一年年初，即可求得递延年金的现值。其计算公式为：

$$P=A \cdot (F/A, i, n) \cdot (P/F, i, m+n)$$

【例 6-12】 某企业于年初投资一项目，预计从第四年开始至第八年，每年年末可获得投资收益 30 万元，年利率 8%。

要求：计算该投资项目年收益的现值。

解： 方法一：$P=30 \times (P/A, 8\%, 5) \times (P/F, 8\%, 3)=$
$30 \times 3.9927 \times 0.7938=95.082$（万元）

方法二：$P=30 \times [(P/A, 8\%, 8)-(P/A, 8\%, 3)]=$
$30 \times (5.7466-2.5771)=95.085$（万元）

方法三：$P=30 \times (F/A, 8\%, 5) \times (P/F, 8\%, 8)=$
$30 \times 5.8666 \times 0.5403=95.092$（万元）

该投资项目年收益的现值为 95 余万元。[例 6-12]用不同方法计算的结果的微小差异是系数表保留位数有限所引起的。

6. 永续年金的现值

永续年金是指无限期等额收付的年金。在经济生活中，并不存在无限期的年金，但可将持续期较长的年金视同永续年金。由于假设永续年金没有终止的时间，因此不存在终值，只存在现值。永续年金的现值计算公式可由普通年金现值公式推导得出：

$$P=A \cdot \frac{1-(1+i)^{-n}}{i}$$

当 $n \to +\infty$，$(1+i)^{-n} \to 0$，因此，永续年金现值的计算公式为：

$$P=A/i$$

【例 6-13】 某企业考虑建立一个永久性帮困基金，每年计划提出 100 000 元用于帮助企业内部和社会上的困难家庭，若银行年利率为 5%。

要求：计算一次性存入多少钱才能保证以后的支付。

解：　$P = A/i = 100\,000 \div 5\% = 2\,000\,000$(元)

(三) 名义利率和实际利率

在实际工作中,复利的计息期不一定是 1 年,可能是半年、季度或月份。当利息在一年内复利次数超过一次时,给出的年利率称为名义利率,实际得到的利息要比名义利率计算的利息高。

实际利率与名义利率的关系可用下面公式表示:

$$i = (1 + r/m)^m - 1$$

式中　　i 表示实际利率;

　　　　r 表示名义利率;

　　　　m 表示每年复利次数。

根据实际利率与名义利率之间的关系可知:按实际利率每年复利一次计算得到的利息与按名义利率每年复利若干次计算得到的利息是相等的。对于 1 年内复利多次的情况,可采取两种方法计算资金时间价值。

【例 6-14】　某人于年初存入银行 10 000 元,年利率为 6%,半年复利一次。

要求:计算第五年年末能得到的本利和。

解:方法一:根据题意,$P = 10\,000$,$r = 6\%$,$m = 2$,$n = 5$

因此实际利率　$i = (1 + r/m)^m - 1 = (1 + 6\% \div 2)^2 - 1 = 6.09\%$

$$F = P \cdot (1 + i)^n = 10\,000 \times (1 + 6.09\%)^5 = 13\,439.16(元)$$

方法二:不计算实际利率,而是相应调整复利终值计算公式中的相关指标,即利率调整为 r/m,期数调整为 $m \cdot n$。本例中利率为 $6\% \div 2 = 3\%$(半年利率),期数为 $2 \times 5 = 10$ 期(10 个半年)。

$$F = P \cdot (1 + r/m)^{m \cdot n} = 10\,000 \times (1 + 6\% \div 2)^{2 \times 5} =$$
$$10\,000 \times (1 + 3\%)^{10} = 10\,000 \times (F/P, 3\%, 10) =$$
$$10\,000 \times 1.3439 = 13\,439(元)$$

三、现金流量

(一) 现金流量的概念

在进行长期投资决策时,现金流量是指投资项目所引起的各项现金流入和现金流出的数量,是由于投资项目实施而引起的企业现金收支的增减变动量。它是计算长期投资决策评价指标的主要依据。

(二) 现金流量的具体内容

现金流量具体可分为现金流入量、现金流出量和现金净流量三个概念。

1. 现金流入量

现金流入量是指由于投资项目实施而引起的现金收入的增加额,简称现金流入,主要包括:

（1）营业收入。营业收入是指投资项目投产后每年实现的全部营业收入。它是构成经营期内现金流入量的主要内容。为简化核算,假定正常经营年度内,每年发生的赊销额与回收的应收账款大致相等。

（2）固定资产的余值收入。固定资产的余值收入是指投资项目的固定资产在终结报废清理时的残值收入,或中途变价转让时得到变价收入。

（3）垫支流动资金回收。垫支流动资金回收是指投资项目使用期限终止时,收回与该项目相联系的投放在各种流动资产上的投资。

固定资产的余值收入和垫支流动资金回收统称为回收额。一般假定回收额在投资项目终结时即经营期最后 1 年发生。

2. 现金流出量

现金流出量是指由于投资项目实施而引起的现金支出的增加额,简称现金流出,主要包括:

1）建设投资。建设投资是指在项目建设期间按一定生产经营规模和建设需要进行的投资,具体包括:

（1）固定资产投资,包括房屋、建筑物的造价,设备的买价或建造成本,关税,运输费和安装成本等。

（2）无形资产投资,是指用于取得专利权、专有技术、商标权等无形资产而产生的投资。

（3）开办费投资,是指项目筹建期间所发生的,但不能划归固定资产和无形资产的那部分投资。

建设投资是建设期间发生的主要现金流出量。

2）垫支的流动资金。垫支的流动资金是指投资项目建成投产后为开展正常经营活动而投放在流动资产项目上的投资。建设投资与垫支的流动资金之和称为项目的原始总投资。原始总投资不论是一次投入还是分次投入,均假设它们是在建设期内投入的,经营期间不再有新的投资发生。

3）付现成本。付现成本又称经营成本,是指项目投产后在生产经营过程中发生的各项用现金支付的成本费用。它是生产经营期间最主要的现金流出量项目。一般来说,变动成本均为付现成本,固定成本除折旧、摊销以外也均为付现成本。

4）所得税额。这里所说的所得税额是指投资项目建成投产后,因应纳税所得额增加而增加的所得税。

要注意的是,如果投资主体是企业,才应把所得税列入现金流出量项目;如果在投资主体是国家等情况下,就可以不把企业所得税列入现金流出量项目。

3. 现金净流量

现金净流量是指投资项目在整个计算期（包括建设期和经营期）内现金流入量和现金流出量的差额,记为 NCF。

为了便于理解和简化现金净流量的计算,通常假设现金净流量是以年为时间单位发生的,并发生于某时点,主要是每年的年初或年末。例如,建设投资在建设期内有关年度的年初发生,垫支的流动资金在建设期的最后 1 年年末即经营期的第一年年初发生;经营期内各年的营业收入、付现成本、折旧摊销、利润、所得税等项目均在年末发生;固定资产残值回收和流动资金回收均发生在经营期最后 1 年年末。

现金净流量的计算公式为:

$$年现金净流量(NCF)=年现金流入量-年现金流出量$$

在建设期内只发生现金流出,因此现金净流量一般小于等于零,但在经营期现金净流量一般大于零。

(三) 现金净流量的计算

长期投资决策中的现金净流量,从时间特征上看包括三个组成部分:初始现金净流量、营业现金净流量和终结现金净流量。

1. 不考虑所得税情况下的现金净流量计算

(1) 初始现金净流量的计算。初始现金净流量是指在建设期投资时产生的现金净流量,即:

$$某年现金净流量=-该年原始投资额$$

如建设期不为零时,现金净流量的发生取决于投资额的投入方式是一次投入还是分次投入。

(2) 营业现金净流量的计算。营业现金净流量是指投资项目投产后,在经营期内由于生产经营活动而产生的现金净流量,即

$$某年营业现金净流量=税前利润+(折旧+摊销)=$$
$$(营业收入-总成本)+(折旧+摊销)=营业收入-付现成本$$

(3) 终结现金净流量的计算。终结现金净流量是指投资项目终结时即经营期最后 1 年年末所产生的现金净流量,即:

$$该年现金净流量=该年营业现金净流量+回收额$$

【例 6-15】 某企业拟购建一项固定资产,需投资 1 000 000 元。该设备按直线法计提折旧,使用寿命 10 年,设备净残值率为 5%。该项目建设期为 1 年,第一年年初投入 600 000 元,第二年年初投入 400 000 元。该设备投产后预计每年可增加产销量10 000件,产品销售单价为 80 元,变动成本率为 60%,全年固定成本总额(包括折旧)为 200 000 元。

要求:确定该投资项目各年的现金净流量。

解:(1) 初始现金净流量计算为:

$$NCF_0=-600\ 000(元)$$
$$NCF_1=-400\ 000(元)$$

(2) 营业现金净流量计算为:

$$年折旧额=1\ 000\ 000\times(1-5\%)\div10=95\ 000(元)$$
$$NCF_{2\sim10}=80\times10\ 000\times(1-60\%)-(200\ 000-95\ 000)=215\ 000(元)$$

（3）终结现金净流量计算为：

$$NCF_{11}=215\,000+1\,000\,000\times5\%=265\,000（元）$$

【例 6-16】 某项目建设期为 3 年，原始投资总额为 2 000 万元，其中固定资产投资 1 600 万元，建设期第一、第二年年初各投入 800 万元；无形资产投资 100 万元，开办费投资 100 万元，均于建设起点投入；流动资金投资 200 万元，于第四年年初开始投产时投入。该项目经营期 10 年，固定资产按直线法计提折旧，期满有 80 万元净残值；无形资产于投产后分 5 年平均摊销；开办费于投产当年一次摊销，流动资金在项目终结时可一次全部收回。另外，预计项目投产后，前 3 年每年可获得税前利润 200 万元；后 7 年每年可获得税前利润 250 万元。

要求：计算该项目投资在项目计算期内各年的现金净流量。

解：（1）初始现金净流量计算为：

$$NCF_0=-800-100-100=-1\,000（万元）$$
$$NCF_1=-800（万元）$$
$$NCF_2=0$$
$$NCF_3=-200（万元）$$

（2）营业现金净流量计算为：

$$固定资产年折旧额=(1\,600-80)\div10=152（万元）$$
$$无形资产年摊销额=100\div5=20（万元）$$
$$NCF_4=200+152+20+100=472（万元）$$
$$NCF_{5\sim6}=200+152+20=372（万元）$$
$$NCF_{7\sim8}=250+152+20=422（万元）$$
$$NCF_{9\sim12}=250+152=402（万元）$$

（3）终结现金净流量计算为：

$$NCF_{13}=250+152+80+200=682（万元）$$

【例 6-17】 某公司准备更新一台旧设备，出售旧设备可得变价收入 150 000 元。该设备原值 300 000 元，预计净残值 15 000 元，已使用 3 年，还可使用 5 年。购置一台新设备需 400 000 元，使用年限为 5 年，预计净残值为 20 000 元。新旧设备均按直线法计提折旧。使用新设备后公司每年营业收入可从 2 500 000 元增加到 3 300 000 元。旧设备每年付现成本 2 000 000 元，新设备前 2 年付现成本 2 600 000 元，后 3 年总成本 2 700 000 元。

要求：

（1）分别计算新旧设备的各年现金净流量。

（2）计算更新设备的各年差量现金净流量。

解：（1）继续使用旧设备及使用新设备各年现金净流量。

继续使用旧设备各年现金净流量：

$$NCF_0=-150\,000（元）$$

将旧设备的变现收入视作继续使用旧设备的代价。

$$NCF_{1\sim4}=2\,500\,000-2\,000\,000=500\,000(元)$$

$$NCF_5=500\,000+15\,000=515\,000(元)$$

使用新设备的各年现金净流量：

$$新设备年折旧额=(400\,000-20\,000)\div5=76\,000(元)$$

$$NCF_0=-400\,000(元)$$

$$NCF_{1\sim2}=3\,300\,000-2\,600\,000=700\,000(元)$$

$$NCF_{3\sim4}=3\,300\,000-2\,700\,000+76\,000=676\,000(元)$$

$$NCF_5=676\,000+20\,000=696\,000(元)$$

（2）更新方案的各年差量现金净流量。

$$\Delta NCF_0=-400\,000-(-150\,000)=-250\,000(元)$$

$$\Delta NCF_{1\sim2}=700\,000-500\,000=200\,000(元)$$

$$\Delta NCF_{3\sim4}=676\,000-500\,000=176\,000(元)$$

$$\Delta NCF_5=696\,000-515\,000=181\,000(元)$$

2. 考虑所得税情况下的现金净流量计算

对企业来说所得税是一种现金流出。如果投资主体是企业，应在考虑所得税情况下计算年现金净流量。

1）初始现金净流量的计算。

（1）如果是新建项目，所得税对初始现金净流量没有影响，即

$$某年现金净流量=-该年原始投资额$$

（2）如果是更新改造项目，固定资产的清理损益就应考虑所得税问题。继续使用旧固定资产的建设期期初现金净流量为：

$$NCF_0=-（旧固定资产变价净收入+旧固定资产提前报废发生净损失抵税额）$$

2）营业现金净流量的计算。

在考虑所得税因素之后，经营期的营业现金净流量可按下列方法计算：

$$某年营业现金净流量=税前利润+（折旧+摊销）-所得税额=$$

$$税后利润+（折旧+摊销）=$$

$$（营业收入-总成本）\times（1-所得税税率）+（折旧+摊销）=$$

$$\left(\begin{matrix}营业\\收入\end{matrix}-\begin{matrix}付现\\成本\end{matrix}\right)\times\left(1-\begin{matrix}所得税\\税\quad率\end{matrix}\right)+（折旧+摊销）\times\begin{matrix}所得税\\税\quad率\end{matrix}$$

3）终结现金净流量的计算。终结现金净流量可按下列方法计算：

$$该年现金净流量=该年营业现金净流量+回收额$$

【例6-18】　在［例6-15］中增加条件：该公司所得税税率为30%，其他条件均不变。

要求：计算该投资项目各年的现金净流量。

解：（1）初始现金净流量计算为：

$$NCF_0 = -600\,000(元)$$
$$NCF_1 = -400\,000(元)$$

（2）营业现金净流量计算为：

$$NCF_{2\sim10} = [80 \times 10\,000 \times (1-60\%) - 200\,000] \times$$
$$(1-30\%) + 95\,000 = 179\,000(元)$$

或

$$NCF_{2\sim10} = [80 \times 10\,000 \times (1-60\%) - (200\,000 - 95\,000)] \times (1-30\%) +$$
$$95\,000 \times 30\% = 179\,000(元)$$

（3）终结现金净流量计算为：

$$NCF_{11} = 179\,000 + 1\,000\,000 \times 5\% = 229\,000(元)$$

【例 6-19】 在[例 6-16]中增加条件：该公司所得税税率为30%，其他条件均不变。
要求：计算该投资项目各年的现金净流量。
解：（1）初始现金净流量计算为：

$$NCF_0 = -800 - 100 - 100 = -1\,000(万元)$$
$$NCF_1 = -800(万元)$$
$$NCF_2 = 0$$
$$NCF_3 = -200(万元)$$

（2）营业现金净流量计算为：

$$NCF_4 = 200 \times (1-30\%) + 152 + 20 + 100 = 412(万元)$$
$$NCF_{5\sim6} = 200 \times (1-30\%) + 152 + 20 = 312(万元)$$
$$NCF_{7\sim8} = 250 \times (1-30\%) + 152 + 20 = 347(万元)$$
$$NCF_{9\sim12} = 250 \times (1-30\%) + 152 = 327(万元)$$

（3）终结现金净流量计算为：

$$NCF_{13} = 250 \times (1-30\%) + 152 + 80 + 200 = 607(万元)$$

【例 6-20】 在[例 6-17]中增加条件：该公司所得税税率为30%，其他条件均不变。
要求：
（1）分别计算使用新旧设备各年的现金净流量。
（2）计算更新设备的各年差量现金净流量。
解：（1）继续使用旧设备及使用新设备各年现金净流量。
继续使用旧设备各年现金净流量：

$$旧设备年折旧额 = (300\,000 - 15\,000) \div 8 = 35\,625(元)$$
$$旧设备账面价值 = 300\,000 - 35\,625 \times 3 = 193\,125(元)$$
$$旧设备变现损失 = 193\,125 - 150\,000 = 43\,125(元)$$

旧设备变现损失应记入"营业外支出"账户，减少了税前利润，起到抵减所得税的作用。

$$旧设备变现损失抵减所得税额 = 43\,125 \times 30\% = 12\,937.5(元)$$

所以　　　　　$NCF_0 = -[150\ 000 + (193\ 125 - 150\ 000) \times 30\%] = -162\ 937.5(元)$

$NCF_{1\sim4} = (2\ 500\ 000 - 2\ 000\ 000) \times (1 - 30\%) + 35\ 625 \times 30\% = 360\ 687.5(元)$

$NCF_5 = 360\ 687.5 + 15\ 000 = 375\ 687.5(元)$

使用新设备的各年现金净流量：

$NCF_0 = -400\ 000(元)$

$NCF_{1\sim2} = (3\ 300\ 000 - 2\ 600\ 000) \times (1 - 30\%) + 76\ 000 \times 30\% = 512\ 800(元)$

$NCF_{3\sim4} = (3\ 300\ 000 - 2\ 700\ 000) \times (1 - 30\%) + 76\ 000 = 496\ 000(元)$

$NCF_5 = 496\ 000 + 20\ 000 = 516\ 000(元)$

（2）更新方案的各年差量现金净流量：

$\Delta NCF_0 = -400\ 000 - (-162\ 937.5) = -237\ 062.5(元)$

$\Delta NCF_{1\sim2} = 512\ 800 - 360\ 687.5 = 152\ 112.5(元)$

$\Delta NCF_{3\sim4} = 496\ 000 - 360\ 687.5 = 135\ 312.5(元)$

$\Delta NCF_5 = 516\ 000 - 375\ 687.5 = 140\ 312.5(元)$

四、资金成本

企业长期投资所使用的资金无论采用什么方式去筹集都要付出一定的代价,这种代价就是资金成本,不同的筹资方式的资金成本有较大差异。在长期投资决策中可以将各种筹资方式的加权平均资金成本作为贴现率,将资金成本作为能否为股东创造价值的评价标准,所以资金成本在评价投资项目的可行性、选择投资方案时起到很大的作用。

（一）债券资金成本

企业按固定利率发行债券筹资,利息可在税前列支。但发行债券要发生一定的筹资费用,即发行费、印刷费、推销费等。债券资金成本计算公式为：

$$债券资金成本 = \frac{年利息 \times (1 - 所得税税率)}{债券发行价格 \times (1 - 筹资费率)}$$

【例6-21】　某企业按面值发行5年期债券200万元,债券利率为6%,每年付息一次,筹资费率为2%,所得税税率为25%。

要求：计算该债券的资金成本。

$$债券资金成本 = \frac{200 \times 6\% \times (1 - 25\%)}{200 \times (1 - 2\%)} = 4.6\%$$

（二）借款资金成本

借款资金成本的计算与债券基本一致,其计算公式为：

$$借款资金成本 = \frac{年利息 \times (1 - 所得税税率)}{借款总额 \times (1 - 筹资费率)}$$

由于借款的手续费或者没有,或者很低,公式中的筹资费率通常可以忽略不计,公式可简化为：

$$借款资金成本＝借款年利率×（1－所得税税率）$$

【例 6-22】 某企业向银行借到一笔 3 年期借款 500 万元，年利率 5％，每年支付一次利息，到期归还本金，所得税税率为 25％。

要求：计算该笔借款的资金成本。

$$借款资金成本＝5％×（1－25％）＝3.75％$$

（三）优先股资金成本

企业发行优先股票，既要支付筹资费，又要每年支付固定股利。优先股属于权益性资金，股利要在税后支付。其计算公式为：

$$优先股资金成本＝\frac{优先股年股利}{优先股发行总额×（1－筹资费率）}$$

【例 6-23】 某企业按面值发行 500 万元的优先股，筹资费率为 3％，年股利率为 7％。

要求：计算优先股资金成本。

$$优先股资金成本＝\frac{500×7％}{500×（1－3％）}＝7.22％$$

（四）普通股资金成本

普通股也属于权益性资金，股利要在税后支付。与优先股不同的是，普通股的股利是不固定的，通常假定具有固定的年增长率。其计算公式为：

$$普通股资金成本＝\frac{普通股第一年预计股利}{普通股发行总额×（1－筹资费率）}＋股利增长率$$

【例 6-24】 某企业发行普通股 800 万元，筹资费率为 3％，第一年的股利率为 9％，以后每年各增长 2％。

要求：计算该普通股资金成本。

$$普通股资金成本＝\frac{800×9％}{800×（1－3％）}＋2％＝11.28％$$

（五）留存收益资金成本

企业留存收益相当于投资者追加投资给企业，同原先的投资一样，要求有一定的回报，所以也要考虑资金成本。留存收益资金成本可用不考虑筹资费用的普通股资金成本公式来计算。其计算公式为：

$$留存收益资金成本＝\frac{普通股第一年预计股利}{普通股发行总额}＋股利增长率$$

（六）综合资金成本

综合资金成本是指以各种个别资金成本为基础，以各种资金占总资金的比重为权数计算出来的加权平均资金成本。综合资金成本反映企业所筹全部资金的资金成本的一般水平，其计算公式为：

综合资金成本＝$\sum$某种资金的资金成本×该种资金占总资金的比重

【例 6-25】 某企业拟筹集资金 1 000 万元,进行一项长期投资,其中向银行长期贷款 200 万元,发行长期债券 300 万元,发行普通股 400 万元,利用留存收益 100 万元。各种资金成本分别是 5%、7%、12% 和 12.5%。

要求:计算该投资所用资金的综合资金成本。

解: 综合资金成本 $= 5\% \times \dfrac{200}{1\,000} + 7\% \times \dfrac{300}{1\,000} + 12\% \times \dfrac{400}{1\,000} +$

$$12.5\% \times \frac{100}{1\,000} = 9.15\%$$

第二节 长期投资决策的评价指标

长期投资决策的评价指标可以分成两大类:一类是静态评价指标,也称非贴现指标,这类指标不考虑资金时间价值,主要包括投资利润率、静态投资回收期等。另一类是动态评价指标,也称贴现指标,这类指标考虑资金时间价值,主要包括净现值、净现值率、现值指数、内含报酬率等。

一、静态评价指标

(一) 投资利润率

投资利润率又称投资报酬率,是指投资方案的年平均利润额与投资总额的比率,记为 ROI。投资利润率从会计收益角度反映投资项目的获利能力,即投资一年能给企业带来的平均利润是多少。利用投资利润率进行投资决策时,将方案的投资利润率与预先确定的基准投资利润率(或企业要求的最低投资利润率)进行比较,若方案的投资利润率大于或等于基准投资利润率时,方案可行;若方案的投资利润率小于基准投资利润率时,方案不可行。一般来说,投资利润率越高,表明投资效益越好;投资利润率越低,表明投资效益越差。投资利润率的计算公式为:

$$投资利润率 = \frac{年平均利润额}{投资总额} \times 100\%$$

【例 6-26】 某企业有 A、B 两个投资方案,投资总额均为 280 万元,全部用于购置固定资产,固定资产按直线法折旧,使用期均为 4 年,不计残值,该企业要求的最低投资利润率为 10%,其他有关资料见表 6-1。

要求:计算 A、B 两方案的投资利润率。

解: A 方案的投资利润率 $= \dfrac{35}{280} \times 100\% = 12.5\%$

B 方案的投资利润率 $= \dfrac{126 \div 4}{280} \times 100\% = 11.25\%$

年　序	A　方　案		B　方　案	
	利　润	现金净流量（NCF）	利　润	现金净流量（NCF）
0		−280		−280
1	35	105	25	95
2	35	105	28	98
3	35	105	35	105
4	35	105	38	108
合　　计	140	140	126	126

表 6-1　　　　　　　　　　　A、B 投资方案的相关资料　　　　　　　　　　单位：万元

从计算结果可以看出，A、B 方案的投资利润率均大于基准投资利润率 10％，A、B 方案均为可行方案，但 A 方案的投资利润率比 B 方案的投资利润率高出 1.25％，故 A 方案优于 B 方案。

投资利润率的优点主要是计算简单，易于理解。其缺点主要是：① 没有考虑资金时间价值；② 没有直接利用现金净流量信息；③ 计算公式的分子是时期指标，分母是时点指标，缺乏可比性。基于这些缺点，投资利润率不宜作为投资决策的主要依据，一般只适用于方案的初选，或者投资后各项目间经济效益的比较。

（二）静态投资回收期

静态投资回收期是指以投资项目营业现金净流量抵偿原始总投资所需要的全部时间，通常以年来表示，记为 PP。投资决策时将方案的投资回收期与预先确定的基准投资回收期（或决策者期望投资回收期）进行比较，若方案的投资回收期小于基准投资回收期，方案可行；若方案的投资回收期大于基准投资回收期，方案不可行。一般来说，投资回收期越短，表明该投资方案的投资效果越好，则该项投资在未来时期所冒的风险越小。它的计算可分为两种情况。

1. 经营期年现金净流量相等

其计算公式为：

$$静态投资回收期 = \frac{原始总投资}{年现金净流量}$$

【例 6-27】 根据［例 6-26］资料。

要求：计算 A 方案的静态投资回收期。

解：　A 方案静态投资回收期 $= \dfrac{280}{105} = 2.67$（年）

2. 经营期年现金净流量不相等

在这种情况下，需计算逐年累计的现金净流量，然后用插入法计算出投资回收期。

【例 6-28】 根据［例 6-26］资料。

要求：计算 B 方案的投资回收期。

解:列表计算现金净流量和累计现金净流量,见表 6-2。

| 表 6-2 | 现金净流量和累计现金净流量计算表 | 金额单位: 万元 |

项目计算期	B　方　案	
	现金净流量(NCF)	累计现金净流量
0	−280	−280
1	95	−185
2	98	−87
3	105	18
4	108	126

从表 6-2 可得出,B 方案第二年年末累计现金净流量为−87 万元,表明第二年年末未回收额已经小于第三年的可回收额 105 万元,静态投资回收期在第二年与第三年之间,用插入法可计算出:

$$B 方案静态投资回收期 = 2 + \frac{|-87|}{105} = 2.83(年)$$

A 方案的静态投资回收期小于[例 6-27]的 B 方案的静态投资回收期,所以 A 方案优于 B 方案。

静态投资回收期的主要优点是简单易算,并且投资回收期的长短也是衡量项目风险的一种标志,所以在实务中被广泛使用。其缺点主要是:① 没有考虑资金时间价值;② 仅考虑了回收期以前的现金流量,没有考虑回收期以后的现金流量,而有些长期投资项目在中后期才能得到较为丰厚的收益,投资回收期不能反映其整体的盈利性。

二、动态评价指标

(一) 净现值

净现值是指在项目计算期内,按行业基准收益率或投资者设定的贴现率计算的各年现金净流量现值的代数和,记为 NPV。净现值的基本计算公式为:

$$NPV = \sum_{t=0}^{n} \frac{NCF_t}{(1+i)^t} = \sum_{t=0}^{n} NCF_t \cdot (P/F, i, t)$$

式中　n 表示项目计算期(包括建设期与经营期);

NCF_t 表示第 t 年的现金净流量;

i 表示行业基准收益率或投资者设定的贴现率;

$(P/F, i, t)$ 表示第 t 年、贴现率为 i 的复利现值系数。

显然,净现值也可表示为投资方案的现金流入量总现值减去现金流出量总现值的差额,也就是一项投资的未来收益总现值与原始总投资现值的差额。若前者大于或等于后者,即净现值大于等于零,投资方案可行;若后者大于前者,即净现值小于零,投资方案不可行。

1. 经营期内各年现金净流量相等,建设期为零

在这种情况下,净现值的计算公式为:

$$净现值 = \frac{经营期每年相等}{的现金净流量} \times \frac{年金现}{值系数} - \frac{原始总投}{资现值}$$

【例 6-29】 根据[例 6-26]资料,假定行业基准收益率为 10%。

要求:计算该投资方案 A 的净现值。

解: $NPV = 105 \times (P/A, 10\%, 4) - 280 = 105 \times 3.1699 - 280 = 52.8395$（万元）

2. 经营期内各年现金净流量不相等

在这种情况下,净现值按基本公式计算:

$$净现值 = \sum(经营期各年的现金净流量 \times 各年现金现值系数) - 原始总投资现值$$

【例 6-30】 根据[例 6-26]资料,仍假定行业基准收益率为 10%。

要求:计算该投资 B 方案的净现值。

解: $NPV = 95 \times (P/F, 10\%, 1) + 98 \times (P/F, 10\%, 2) +$
$105 \times (P/F, 10\%, 3) + 108 \times (P/F, 10\%, 4) - 280 =$
$95 \times 0.9091 + 98 \times 0.8264 + 105 \times 0.7513 +$
$108 \times 0.6830 - 280 = 40.0022$（万元）

[例 6-29]的 A 方案的净现值比 B 方案大,所以 A 方案优于 B 方案。

【例 6-31】 某企业准备引进先进设备与技术,有关资料如下:

(1) 设备总价 700 万元,第一年年初支付 400 万元,第二年年初支付 300 万元。该设备第二年年初投入生产,使用期限为 6 年,预计净残值 40 万元,按直线法折旧。

(2) 预计技术转让费共 360 元,第一、第二年年初各支付 150 万元,其余的在第三年年初付清。

(3) 预计经营期第一年税后利润为 100 万元,第二年税后利润为 150 万元,第三年税后利润为 180 万元,第四、第五、第六年税后利润均为 200 万元。

(4) 经营期初投入流动资金 200 万元。

要求:按 12% 的贴现率计算该项目的净现值,并作出评价。

解:该项目的现金流量计算见表 6-3。

表 6-3　　　　　　　　　　　　　　现金流量计算表　　　　　　　　　　　　　单位:万元

年　　序	0	1	2	3	4	5	6	7
购买设备	-400	-300						
无形资产投资	-150	-150	-60					
流动资产投资		-200						
税后利润			100	150	180	200	200	200
折旧			110	110	110	110	110	110

（续表）

年　序	0	1	2	3	4	5	6	7
无形资产摊销			60	60	60	60	60	60
残值回收								40
流动资产回收								200
现金净流量（NCF）	−550	−650	210	320	350	370	370	610
折现系数（12%）	1	0.8929	0.7972	0.7118	0.6355	0.5674	0.5066	0.4523

$$NPV = -550 + (-650) \times 0.8929 + 210 \times 0.7972 + 320 \times 0.7118 + 350 \times 0.6355 +$$
$$370 \times 0.5674 + 370 \times 0.5066 + 610 \times 0.4523 = 160.5110(万元)$$

该项目的净现值大于零,方案可行。

使用净现值指标进行投资方案评价时,贴现率的选择相当重要,因为贴现率的选择会直接影响投资方案评价的正确性。通常情况下,可以企业筹资的资金成本率或企业要求的最低投资利润率来确定。

净现值是长期投资决策评价指标中最重要的指标之一。其优点在于:① 充分考虑了货币时间价值,能较合理地反映投资项目的真正经济价值;② 考虑了项目计算期的全部现金净流量,体现了流动性与收益性的统一;③ 考虑了投资风险性,贴现率选择应与风险大小有关,风险越大,贴现率就可选得越高。但是该指标的缺点也是明显的,① 净现值是一个绝对值指标,无法直接反映投资项目的实际投资收益率水平;当各项目投资额不同时,难以确定投资方案的好坏。② 贴现率的选择比较困难,没有一个统一标准。

（二）净现值率

净现值率是指投资项目的净现值与原始总投资现值之和的比率,记为 $NPVR$ 净现值率的基本计算公式为:

$$净现值率 = \frac{净现值}{原始总投资现值之和} = \frac{NPV}{\left| \sum_{t=0}^{s} \left[NCF_t \cdot (1+i)^{-t} \right] \right|}$$

净现值率反映每元原始投资的现值未来可以获得的净现值有多少。净现值率大于或等于零,投资方案可行;净现值率小于零,投资方案不可行。净现值率可用于投资额不同的多个方案之间的比较,净现值率最高的投资方案应优先考虑。

【例 6-32】 采用[例 6-29][例 6-30]计算净现值的数据。

要求:计算 A、B 两方案的净现值率并加以比较。

解: $NPVR_A = \dfrac{52.8395}{280} \times 100\% = 18.87\%$

$NPVR_B = \dfrac{40.0022}{280} \times 100\% = 14.29\%$

A 方案的净现值率比 B 方案高,所以 A 方案优于 B 方案。

【例 6-33】 根据[例 6-31]的资料。

要求：计算投资方案的净现值率。

解：$NPVR = \dfrac{160.511}{|-550+(-650)\times 0.8929+(-60)\times 0.7972|}\times 100\% = 13.62\%$

净现值率这个贴现的相对数评价指标的优点是，可以从动态的角度反映投资方案的资金投入与净产出之间的关系，反映了投资的效率，使投资额不同的项目具有可比性。

（三）现值指数

现值指数又称获利指数，是指项目投产后按一定贴现率计算的经营期内各年现金净流量的现值之和与原始总投资现值之和的比率，记为 PI。其计算公式为：

$$现值指数 = \dfrac{经营期各年现金净流量现值之和}{原始总投资现值之和} = 1+净现值率$$

现值指数反映每元原始投资的现值未来可以获得报酬的现值有多少。现值指数大于或等于1，投资方案可行；现值指数小于1，投资方案不可行。现值指数可用于投资额不同的多个相互独立方案之间的比较，现值指数最高的投资方案应优先考虑。

【例6-34】 根据[例6-29]、[例6-30]的数据。

要求：计算 A、B 两方案的现值指数并加以比较。

解：$PI_A = \dfrac{280+52.8395}{280} = 1.1887$

$PI_B = \dfrac{280+40.0022}{280} = 1.1429$

A 方案的现值指数比 B 方案高，所以 A 方案优于 B 方案。

【例6-35】 根据[例6-31]的资料。

要求：计算投资方案的现值指数。

解：$PI = \dfrac{550+650\times 0.8929+60\times 0.7972+160.511}{|-550+(-650)\times 0.8929+(-60)\times 0.7972|} = 1.1362$

现值指数同样是贴现的相对数评价指标，可以从动态的角度反映投资方案的资金投入与总产出之间的关系，同样反映了投资的效率，能使投资额不同的项目具有可比性。

（四）内含报酬率

内含报酬率又称内部收益率，是指投资方案在项目计算期内各年现金净流量现值之和等于零时的贴现率，或者说能使投资方案净现值为零的贴现率，记为 IRR。显然，内含报酬率 IRR 应满足以下等式：

$$\sum_{t=0}^{n} NCF_t \cdot (P/F, IRR, t) = 0$$

从上式可以看出，根据方案整个计算期的现金净流量就可计算出内含报酬率，它是方案的实际收益率。利用内含报酬率对单一方案进行决策时，只要将计算出的内含报酬率与企业的预期报酬率或资金成本率加以比较，若前者大于后者，方案可行；前者小于后者，方案不可行。如果利用内含报酬率对多个方案进行选优时,在方案可行的条件下,内含报酬率最高的方案是最优方案。计算内含报酬率的过程,就是寻求使净现值等于零的贴现率的过程。根据投资方案各年现金净流量的情况不同,内含报酬率可以按以下两种方式进行计算。

1. 简单计算法

如投资方案建设期为零,全部投资均于建设起点一次投入,而且经营期内各年现金净流量为普通年金的形式,可用简单计算法计算内含报酬率。

假设建设起点一次投资额为 A_0,每年现金净流量为 A,则有:

$$A(P/A, IRR, n) - A_0 = 0$$

$$(P/A, IRR, n) = \frac{A_0}{A}$$

然后,通过查年金现值系数表,用线性插值方法计算出内含报酬率。

【例 6-36】 根据[例 6-26]的资料。

要求:计算 A 方案的内含报酬率。

解:A 方案的建设期为零,全部投资 280 万元在第一年年初一次投入,经营期 4 年内各年现金净流量均为 105 万元。

$$105 \times (P/A, IRR, 4) - 280 = 0$$

$$(P/A, IRR, 4) = \frac{280}{105} = 2.6667$$

查年金现值系数表,在 $n = 4$ 这一行中,查到最接近 2.6667 的两个值,一个大于 2.6667 的是 2.6901,其对应的贴现率为 18%;另一个小于 2.6667 的是 2.5887,其对应的贴现率为 20%。IRR 应位于 18% 与 20% 之间,见图 6-5。

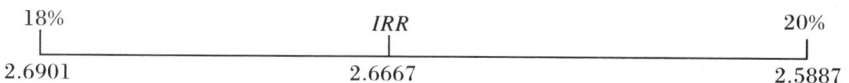

图 6-5　线性插值示意图

利用线性插值法得到:

$$\frac{IRR - 18\%}{20\% - 18\%} = \frac{2.6901 - 2.6667}{2.6901 - 2.5887}$$

$$IRR = 18\% + \frac{2.6901 - 2.6667}{2.6901 - 2.5887} \times (20\% - 18\%) = 18.46\%$$

2. 一般计算法

若建设期不为零,原始投资额是在建设期内分次投入或投资方案在经营期内各年现金净流量不相等的情况下,无法应用上述的简单方法,则应采用逐次测试法,并结合线性插值法计算内含报酬率,其计算步骤如下:

(1) 估计一个贴现率,用它来计算净现值。如果净现值为正数,说明方案的实际内含报酬率大于预计的贴现率,应提高贴现率再进一步测试;如果净现值为负数,说明方案本身的报酬率小于估计的贴现率,应降低贴现率再进行测算。经反复测试,直到寻找出贴现率 i_1 和 i_2,且 $i_1 < i_2$,以 i_1 为贴现率计算的净现值 $NPV_1 > 0$ 且最接近零;以 i_2 为贴现率计算的净现值 $NPV_2 < 0$ 且最接近零。

(2) 用线性插值法求出该方案的内含报酬率 IRR。见图 6-6。

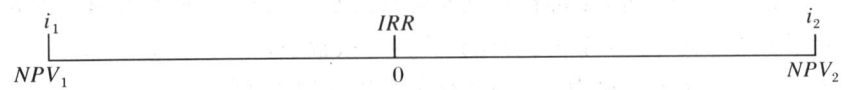

图 6-6 线性插值示意图

根据各指标之间的关系,即可得到计算内含报酬率的一般公式:

$$IRR = i_1 + \frac{NPV_1}{NPV_1 - NPV_2} \cdot (i_2 - i_1)$$

【例 6-37】 根据[例 6-26]的资料。

要求:计算 B 方案的内含报酬率。

解:第一次测试,取贴现率为 10%:

$$NPV = 95 \times (P/F, 10\%, 1) + 98 \times (P/F, 10\%, 2) + 105 \times (P/F, 10\%, 3) +$$
$$108 \times (P/F, 10\%, 4) - 280 = 40.0022(万元)$$

NPV 的值高出 0 较多,说明低估了贴现率。

第二次测试,取贴现率为 16%:

$$NPV = 95 \times (P/F, 16\%, 1) + 98 \times (P/F, 16\%, 2) + 105 \times (P/F, 16\%, 3) +$$
$$108 \times (P/F, 16\%, 4) - 280 = 1.655(万元)$$

说明仍然低估了贴现率。

第三次测试,取贴现率为 18%:

$$NPV = 95 \times (P/F, 18\%, 1) + 98 \times (P/F, 18\%, 2) + 105 \times (P/F, 18\%, 3) +$$
$$108 \times (P/F, 18\%, 4) - 280 = -9.4945(万元)$$

根据以上计算,得到 $i_1 = 16\%$、$NPV_1 = 1.655$ 万元,$i_2 = 18\%$、$NPV_2 = -9.4945$ 万元,B 方案的内含报酬率为:

$$IRR = 16\% + \frac{1.655}{1.655 - (-9.4945)} \times (18\% - 16\%) = 16.30\%$$

【例 6-38】 根据[例 6-31]的资料。

要求:计算该项目的内含报酬率。

解:从[例 6-31]得知:当贴现率为 12% 时,净现值为 160.5110 万元。取 $i = 14\%$,$NPV = 69.156$ 万元;再增大贴现率,取 $i = 16\%$,$NPV = -12.141$ 万元,测试过程也可列表完成,见表 6-4。

表 6-4   内含报酬率测试计算表   金额单位：万元

年 份	现金净流量（NCF）	贴现率＝14%		贴现率＝16%	
		折现率	现 值	折现率	现 值
0	−550	1	−550	1	−550
1	−650	0.8772	−570.180	0.8621	−560.365
2	210	0.7695	161.595	0.7432	156.072
3	320	0.6750	216.000	0.6407	205.024
4	350	0.5921	207.235	0.5523	193.305
5	370	0.5194	192.178	0.4761	176.157
6	370	0.4556	168.572	0.4104	151.848
7	610	0.3996	243.756	0.3538	215.818
净现值			69.156		−12.141

$$IRR = 14\% + \frac{69.156}{69.156 - (-12.141)} \times (16\% - 14\%) = 15.70\%$$

内含报酬率是长期投资决策评价指标中最重要的指标之一。它的优点是：在考虑货币时间价值的基础上，直接反映投资项目的实际收益率水平，而且不受决策者设定的贴现率高低的影响，比较客观。其缺点主要是：如果投资方案在经营期现金净流量不是持续地大于零，而是出现间隔若干年就会有一年现金净流量小于零的情况，这样，就可能计算出若干个内含报酬率。在这种情况下，只能结合其他指标或凭经验加以判断。

第三节 长期投资决策评价指标的运用

正确地计算主要评价指标的目的，是为了在进行长期投资方案的对比与选优中发挥这些指标的作用。为正确地进行方案的对比与选优，要从不同的投资方案之间的关系出发，将投资方案区分为独立方案和互斥方案两大类。独立方案是指一组相互分离、互不排斥的方案，选择其中一方案并不排斥选择另一方案。例如，新建办公楼、购置生产设备是相互独立的方案。互斥方案是指一组相互关联、相互排斥的方案，选择其中一方案，就会排斥其他方案。例如，假设进口设备和国产设备的使用价值相同，都可用来生产同样的产品，购置进口设备就不能购置国产设备，购置国产设备就不能购置进口设备，所以这两个方案是互斥方案。

一、独立方案的可行性评价

若某一独立方案的动态评价指标满足以下条件：

$$NPV \geq 0, NPVR \geq 0, PI \geq 1, IRR \geq i_m$$

式中 i_m 表示基准贴现率（即预期报酬率或资金成本率）。

则项目具有财务可行性；反之，则不具备财务可行性。

要注意的是:利用以上四个动态评价指标对同一个投资方案的财务可行性进行评价时,得出的结论完全相同,不会产生矛盾。如果静态评价指标的评价结果与动态评价指标评价的结果产生矛盾时,应以动态评价指标的结论为准。

【例6-39】 假定某公司计划年度拟购置设备一台,购置成本为120 000元,该设备预计可使用6年,使用期满有净残值6 000元,按直线法折旧。该设备使用后每年可增加营业收入85 000元,同时增加总成本52 500元。假设所得税税率为40%。若该公司的基准贴现率为10%,决策者期望投资利润率为9.5%,期望静态投资回收期为3年。

要求:计算下列评价指标:

(1) 投资利润率。

(2) 静态投资回收期。

(3) 净现值。

(4) 净现值率。

(5) 现值指数。

(6) 内含报酬率。

并对上述设备购置方案是否可行作出评价。

解: 年折旧额 $=\dfrac{120\,000-6\,000}{6}=19\,000(元)$

$NCF_0=-120\,000(元)$

$NCF_{1\sim5}=(85\,000-52\,500)\times(1-40\%)+19\,000=38\,500(元)$

$NCF_6=(85\,000-52\,500)\times(1-40\%)+19\,000+6\,000=44\,500(元)$

(1) 投资利润率$(ROI)=\dfrac{(85\,000-52\,500)\times(1-40\%)}{120\,000}=16.25\%>9.5\%(期望投资利润率)$

(2) 编制累计现金净流量计算表,见表6-5。

表6-5　　　　　　　　　　　　　累计现金净流量计算表　　　　　　　　　　金额单位:元

年　序	0	1	2	3	4	5	6
现金净流量	−120 000	38 500	38 500	38 500	38 500	38 500	44 500
累计现金净流量	−120 000	−81 500	−43 000	−4 500			

静态投资回收期$(PP)=3+\dfrac{|-4\,500|}{38\,500}=3.12(年)>3年(期望静态投资回收期)$

(3) $NPV=38\,500\times(P/A,10\%,6)+6\,000\times(P/F,10\%,6)-120\,000=51\,066.05(元)>0$

(4) $NPVR=\dfrac{51\,066.05}{120\,000}=42.56\%>0$

(5) $PI=1+NPVR=1+42.56\%=1.4256>1$

(6) 根据(3),贴现率$i=10\%$时,$NPV=51\,066.05$元,应较大幅度地增加贴现率。

选取贴现率 $i=20\%$：

$$NPV=38\,500\times(P/A,20\%,6)+6\,000\times(P/F,20\%,6)-$$
$$120\,000=10\,041.15(元)$$

选取贴现率 $i=24\%$：

$$NPV=38\,500\times(P/A,24\%,6)+6\,000\times(P/F,24\%,6)-$$
$$120\,000=-2\,060.15(元)$$

$$IRR=20\%+\frac{10\,041.15}{10\,041.15-(-2\,060.15)}\times(24\%-20\%)=$$

$$23.32\%>10\%(基准贴现率)$$

根据以上的计算结果,该方案的各项动态评价指标和投资利润率指标均达到方案可行的标准,只是静态投资回收期略长,有一定的风险。所以总体上来讲,该方案可行。

二、多个互斥方案的对比和选优

多个互斥方案对比和选优的过程,就是在每一个入选的投资方案已具备财务可行性的前提下,利用评价指标从各个备选方案中最终选出一个最优方案的过程。在各种不同的情况下,需要选择某一特定评价指标作为决策标准或依据,从而形成了净现值法、净现值率法、差额净现值法、差额内含报酬率法、年等额净现值法等具体方法。

(一)多个互斥方案原始投资额相等的情况

在对原始投资额相等并且计算期也相等的多个互斥方案进行评价时,可采用净现值法;计算期不相等时可采用净现值率法,即通过比较所有投资方案的净现值或净现值率指标的大小来选择较优方案,净现值或净现值率最大的方案为较优方案。

【例6-40】 某企业计划投资使用5年的固定资产投资项目需要原始投资额200 000元。现有 A、B 两个互斥方案可供选择。采用 A 方案,每年现金净流量分别为60 000元、70 000元、80 000 元、90 000 元和 100 000 元。采用 B 方案,每年现金净流量均为 85 000 元。如果贴现率为 10%。

要求:对 A、B 方案作出选择。

解：$NPV_A=60\,000\times(P/F,10\%,1)+70\,000\times(P/F,10\%,2)+80\,000\times(P/F,10\%,3)+$
$$90\,000\times(P/F,10\%,4)+100\,000\times(P/F,10\%,5)-200\,000=96\,058(元)$$
$$NPV_B=85\,000\times(P/A,10\%,5)-200\,000=122\,218(元)$$

B 方案的净现值大于 A 方案的净现值,应选择 B 方案。

(二)多个互斥方案原始投资额不相等,但项目计算期相等的情况

在对原始投资额不相等但计算期相等的多个互斥方案进行评价时,可采用差额净现值法(记作 ΔNPV)或差额内含报酬率法(记作 ΔIRR),这两种方法是在两个原始投资总额不同的方案的差量现金净流量(记作 ΔNCF)的基础上,计算出差额净现值或差额内含报酬率,并以此作出判断的方法。

在一般情况下,差量现金净流量等于原始投资额大方案的现金净流量减原始投资额小方案的现金净流量,当 $\Delta NPV \geqslant 0$ 或 $\Delta IRR \geqslant i_m$(基准贴现率)时,原始投资额大的方案较优;反之,则原始投资额小的方案较优。差额净现值 ΔNPV 和差额内含报酬率 ΔIRR 的计算过程与依据 NCF 计算净现值 NPV 和内含报酬率 IRR 的过程完全一样,只是所依据的是 ΔNCF。

【例 6-41】 某公司拟投资一项目,现有甲、乙两个方案可供选择,甲方案原始投资为 200 万元,期初一次投入,第一至第九年的现金净流量为 38.6 万元,第十年的现金净流量为 52.4 万元。乙方案原始投资为 152 万元,期初一次投入,第一至第九年的现金净流量为 29.8 万元,第十年的现金净流量为 40.8 万元。基准贴现率为 10%。

要求:

(1) 计算两个方案的差额现金净流量。

(2) 计算两个方案的差额净现值。

(3) 计算两个方案的差额内含报酬率。

(4) 对甲、乙方案作出选择。

解:(1) $\Delta NCF_0 = -200 - (-152) = -48$(万元)

$\Delta NCF_{1 \sim 9} = 38.6 - 29.8 = 8.8$(万元)

$\Delta NCF_{10} = 52.4 - 40.8 = 11.6$(万元)

(2) $\Delta NPV = 8.8 \times (P/A, 10\%, 9) + 11.6 \times (P/F, 10\%, 10) - 48 = $

$8.8 \times 5.759 + 11.6 \times 0.3855 - 48 = 7.1510$(万元)

(3) 取 $i = 12\%$ 测算 ΔNPV:

$\Delta NPV = 8.8 \times (P/A, 12\%, 9) + 11.6 \times (P/F, 12\%, 10) - 48 = $

$8.8 \times 5.3282 + 11.6 \times 0.3220 - 48 = 2.6234$(万元)

再取 $i = 14\%$ 测算 ΔNPV:

$\Delta NPV = 8.8 \times (P/A, 14\%, 9) + 11.6 \times (P/F, 14\%, 10) - 48 = $

$8.8 \times 4.9464 + 11.6 \times 0.2697 - 48 = -1.3432$(万元)

用插入法计算 ΔIRR:

$$\Delta IRR = 12\% + \frac{2.6234}{2.6234 - (-1.3432)} \times (14\% - 12\%) = $$

$$13.32\% > 贴现率 10\%$$

(4) 计算结果表明,差额净现值为 7.1510 万元大于零;差额内含报酬率为 13.32% 大于基准贴现率 10%,应选择甲方案。

【例 6-42】 某公司于 3 年前购置一台价值为 525 000 元的设备,目前尚可使用 5 年。该设备采用直线法折旧,预计期满有残值 25 000 元。现有更先进的同类设备,售价 450 000元,使用期限为 5 年,采用直线法折旧,预计期满有残值 50 000 元。使用新设备可使公司每年销售收入增加 300 000 元,付现变动成本每年增加 230 000 元,除折旧以外的固定成本不变。目前如旧设备变现,可收入 200 000 元。假设基准贴现率为 12%,所得税税率为 30%。

要求:计算售旧购新方案的差额内含报酬率,并作出决策。

解:

$$旧设备年折旧额 = (525\,000 - 25\,000) \div 8 = 62\,500(元)$$

$$新设备年折旧额 = (450\,000 - 50\,000) \div 5 = 80\,000(元)$$

$$旧设备账面价值 = 525\,000 - 62\,500 \times 3 = 337\,500(元)$$

$$旧设备变现损失抵税额 = (337\,500 - 200\,000) \times 30\% = 41\,250(元)$$

$$\Delta NCF_0 = -450\,000 - (-200\,000 - 41\,250) = -208\,750(元)$$

$$\Delta NCF_{1\sim 4} = (300\,000 - 230\,000) \times (1 - 30\%) + (80\,000 - 62\,500) \times 30\% = 54\,250(元)$$

$$\Delta NCF_5 = 54\,250 + (50\,000 - 25\,000) = 79\,250(元)$$

$$\Delta NPV = 54\,250 \times (P/A, 12\%, 4) + 79\,250 \times (P/F, 12\%, 5) - 208\,750 = 989.98(元)$$

再取贴现率 14%:

$$\Delta NPV = 54\,250 \times (P/A, 14\%, 4) + 79\,250 \times (P/F, 14\%, 5) - 208\,750 = -9\,324.02(元)$$

$$\Delta IRR = 12\% + \frac{989.98}{989.98 - (-9\,324.02)} \times (14\% - 12\%) = 12.19\%$$

由于 $\Delta IRR = 12.19\%$ 大于基准贴现率 12%,所以售旧购新方案可行。

(三) 多个互斥方案的原始投资额不相等,项目计算期也不相同的情况

1. 年等额净现值法

在对原始投资额不相等,特别是计算期也不相同的多个互斥方案进行评价时,可采用年等额净现值法,即分别将所有投资方案的净现值平均分摊到每一年,得到每一方案的年等额净现值指标,通过比较年等额净现值指标的大小来选择最优方案。在此方法下,年等额净现值最大的方案为最优方案。

年等额净现值法的计算步骤如下:

(1) 计算各方案的净现值 NPV(应排除 NPV<0 的不可行方案)。

(2) 计算各方案的年等额净现值,假设贴现率为 i,项目计算期为 n,则

$$年等额净现值 A = \frac{净现值}{年金现值系数} = \frac{NPV}{(P/A, i, n)}$$

【例 6-43】 某公司有三项互斥的投资方案,其现金净流量见表 6-6。

表 6-6　　　　　　　　　　投资方案现金净流量资料　　　　　　　　　单位:万元

年　序	0	1	2	3	4	5	6	7	8
A 方案	−100	40	45	50					
B 方案	−120	35	35	35	35	45			
C 方案	−150				65	65	65	65	65

公司的基准贴现率为10％。

要求：

（1）分别判断以上方案的财务可行性。

（2）用年等额净现值法作出投资决策。

解：（1）$NPV_A = 40 \times (P/F, 10\%, 1) + 45 \times (P/F, 10\%, 2) + 50 \times (P/F, 10\%, 3) - 100 = 40 \times 0.9091 + 45 \times 0.8264 + 50 \times 0.7513 - 100 = 11.117$（万元）$> 0$

$NPV_B = 35 \times (P/A, 10\%, 4) + 45 \times (P/F, 10\%, 5) - 120 = 35 \times 3.1699 + 45 \times 0.6209 - 120 = 18.887$（万元）$> 0$

$NPV_C = 65 \times (P/A, 10\%, 5) \times (P/F, 10\%, 3) - 150 = 65 \times 3.7908 \times 0.7513 - 150 = 35.1218$（万元）$> 0$

A、B、C 三方案均可行。

（2）A方案的年等额净现值 $= \dfrac{11.117}{(P/A, 10\%, 3)} = \dfrac{11.117}{2.4869} = 4.4702$（万元）

B方案的年等额净现值 $= \dfrac{18.887}{(P/A, 10\%, 5)} = \dfrac{18.887}{3.7908} = 4.9823$（万元）

C方案的年等额净现值 $= \dfrac{35.1218}{(P/A, 10\%, 8)} = \dfrac{35.1218}{5.3349} = 6.5834$（万元）

计算结果表明C方案为最优方案。

2. 年等额成本法

在实际工作中，有些投资方案的营业收入相同，也有些投资方案虽不能单独计算盈亏，但能达到同样的使用效果，如甲、乙设备生产数量相等的同类配件，这时可采用"年等额成本法"作出比较和评价。在此方法下，年等额成本最小的方案为最优方案。

【例6-44】　某企业有甲、乙两个设备投资方案可供选择，两设备的生产能力相同，甲、乙设备的使用寿命分别为4年和5年，均无建设期。甲方案的原始投资额为300万元，每年的经营成本分别为200万元、220万元、240万元、260万元，使用期满有15万元的净残值；乙方案投资额为500万元，每年的经营成本均为160万元，使用期满有25万元净残值。假定企业的贴现率为10％。

要求：用年等额成本法作出投资决策。

解：　甲方案的成本现值 $= 300 + 200 \times (P/F, 10\%, 1) + 220 \times (P/F, 10\%, 2) + 240 \times (P/F, 10\%, 3) + 260 \times (P/F, 10\%, 4) - 15 \times (P/F, 10\%, 4) = 300 + 200 \times 0.9091 + 220 \times 0.8264 + 240 \times 0.7513 + 260 \times 0.6830 - 15 \times 0.6830 = 1\,011.275$（万元）

乙方案的成本现值 $= 500 + 160 \times (P/A, 10\%, 5) - 25 \times (P/F, 10\%, 5) = 500 + 160 \times 3.7908 - 25 \times 0.6209 = 1\,091.0055$（万元）

甲方案的年等额成本 $= \dfrac{1\,011.275}{(P/A, 10\%, 4)} = \dfrac{1\,011.275}{3.1699} = 319.0243$（万元）

$$乙方案的年等额成本=\frac{1\ 091.0055}{(P/A,10\%,5)}=\frac{1\ 091.0055}{3.7908}=287.8035(万元)$$

计算结果表明乙方案为最优方案。

3. 计算期最小公倍数法

计算期最小公倍数法是将各方案计算期的最小公倍数作为比较方案的共有计算期,并将原计算期内的净现值调整为共有计算期的净现值,然后进行比较决策的一种方法。假设参与比较决策的方案都具有可复制性,是使用计算期最小公倍数法的前提条件。调整为共有计算期的净现值最大的方案为最优方案。

【例 6-45】 某公司有甲、乙两项互斥的投资方案,其现金净流量见表 6-7。

表 6-7　　　　　　　　　　甲、乙方案现金净流量表　　　　　　　　单位:万元

年　序	0	1	2	3
甲方案	−100	−100	200	200
乙方案	−120	130	130	

公司的贴现率为 10%。

要求:

(1) 分别判断以上方案的财务可行性。

(2) 用计算期最小公倍数法作出投资决策。

解:(1) $NPV_甲=-100+(-100)\times(P/F,10\%,1)+200\times(P/F,10\%,2)+$
$200\times(P/F,10\%,3)=124.63(万元)>0$

$NPV_乙=-120+130\times(P/A,10\%,2)=105.615(万元)>0$

甲、乙两方案均可行。

(2) 甲、乙两方案计算期的最小公倍数为 6 年,甲方案需要重复 2 次,乙方案需要重复 3 次,甲、乙方案重复现金净流量见表 6-8。

表 6-8　　　　　　　　　　甲、乙方案重复现金净流量表　　　　　　　　单位:万元

年　序	0	1	2	3	4	5	6
甲原方案	−100	−100	200	200			
第一次重复				−100	−100	200	200
乙原方案	−120	130	130				
第一次重复			−120	130	130		
第二次重复					−120	130	130

甲方案共有计算期的净现值$=124.63+124.63\times(P/F,10\%,3)=$
$124.63+124.63\times0.7513=218.2645(万元)$

乙方案共有计算期的净现值$=105.615+105.615\times(P/F,10\%,2)+105.615\times$
$(P/F,10\%,4)=105.615+105.615\times0.8264+$
$105.615\times0.6830=265.0303(万元)$

计算结果表明应选择乙方案。

4. 最短计算期法

最短计算期法是将所有参与比较决策的方案的净现值均还原为年等额净现值,在此基础上,再按照投资方案最短的计算期作为共有计算期计算出相应的净现值,然后进行比较决策的一种方法。调整为共有计算期后计算出的净现值最大的方案为最优方案。

【例 6-46】 同[例 6-45]的资料。

要求:用最短计算期法作出投资决策。

解:甲、乙两方案的最短计算期为 2 年,

$$甲方案年等额净现值 = \frac{124.63}{(P/A, 10\%, 3)} = \frac{124.63}{2.4869} = 50.1146(万元)$$

$$甲方案共有计算期的净现值 = 50.1146 \times (P/A, 10\%, 2) =$$

$$50.1146 \times 1.7355 = 86.9739(万元)$$

乙方案原计算期与最短的计算期相等,均为 2 年,不需调整。所以:

$$乙方案共有计算期的净现值 = 105.615(万元)$$

计算结果表明应选择乙方案。

第四节　长期投资决策的敏感性分析

长期投资决策评价指标计算所使用的资料,绝大部分是根据预测和估算所得到的,因此有相当程度的不确定性。采用敏感性分析,要确定某一个或几个因素在一定范围内变动将会对方案的评价结果产生影响的程度,使决策者能事先预料到这些因素在多大的范围内变动才不会影响决策的可行性和最优性。一旦超出了这个范围,就要重新进行选择和决策。如果某一因素在较小的范围内的变动会对评价指标产生很大的影响,说明该因素对投资方案的敏感性很强,在决策分析时要密切关注和监控。如果某一因素在较大的范围内的变动不会对投资方案的可行性产生影响,说明该因素对投资方案的敏感性很弱,在决策分析时不必过多关注和监控。

一、以净现值为基础的敏感性分析

以净现值为基础的敏感性分析主要有两方面的分析:

(1) 现金净流量对净现值的敏感性分析,即计算出使投资方案可行的每年现金净流量的下限临界值,然后就可得到每年的现金净流量在多大的范围内变动才不至于影响投资方案的可行性。

(2) 项目使用年限对净现值的敏感性分析,即计算出项目使用年限的下限临界值,然后就可得到该项目的使用年限在多大的范围内变动才不至于影响投资方案的可行性。

【例 6-47】　某企业有一投资方案,需用资金 280 万元,预计使用年限为 6 年,每年现金净流量预计为 80 万元,资金成本为 12%。

要求:对该投资方案以净现值为基础进行敏感性分析。

解:　净现值＝80×(P/A,12%,6)－280＝80×4.1114－280＝48.912(万元)

投资方案的净现值大于零,方案可行。

(1) 现金净流量对净现值的敏感性分析。由于每年现金净流量的下限临界值就是使该投资方案的净现值为零时的现金净流量,即有:

$$现金净流量的下限临界值＝\frac{280}{(P/A,12\%,6)}＝\frac{280}{4.1114}＝68.1033(万元)$$

由此可见,如果该投资方案的使用年限不变,每年现金净流量下降至 68.1033 万元,投资方案依然可行;但如果每年现金净流量低于 68.1033 万元,方案的净现值小于零,方案便不可行了。

(2) 项目使用年限对净现值的敏感性分析。由于投资方案使用年限的下限临界值就是使该投资方案的净现值为零时的使用年限,即有:

$$80×(P/A,12\%,n)－280＝0$$

移项后得:

$$(P/A,12\%,n)＝280÷80＝3.5$$

查附表四可得:(P/A,12%,4)＝3.0373　(P/A,12%,5)＝3.6048

表明投资方案使用年限的下限临界值应在 4～5 年。利用线性插值法可得:

$$使用年限的下限临界值＝4+\frac{3.5-3.0373}{3.6048-3.0373}＝4.8153(年)$$

由此可见,如果该投资方案的现金净流量不变,使用年限下降至 4.8153 年,投资方案依然可行;但使用年限低于 4.8153 年,方案的净现值小于零,方案便不可行了。

二、以内含报酬率为基础的敏感性分析

以内含报酬率为基础的敏感性分析主要也有两方面的分析:

(1) 现金净流量变动对内含报酬率的敏感性分析,即假定项目使用年限不变,测算现金净流量变动对内含报酬率的影响程度。

(2) 项目使用年限变动对内含报酬率的敏感性分析,即假定每年现金净流量不变,测算项目使用年限变动对内含报酬率的影响程度。

影响程度可用敏感系数表示,敏感系数的计算公式为:

$$敏感系数＝\frac{目标值变动百分比}{变量值变动百分比}$$

敏感系数越大,表明变量值对目标值的影响程度即敏感性越大;敏感系数越小,表明变量值对目标值的影响程度即敏感性越小。

【例 6-48】 仍按[例 6-47]的资料。

要求：计算该投资方案的内含报酬率，并以内含报酬率为基础进行敏感性分析。

解：令 $80 \times (P/A, i, 6) - 280 = 0$

则有
$$(P/A, i, 6) = \frac{280}{80} = 3.5$$

查附表四可得：$(P/A, 18\%, 6) = 3.4976$　$(P/A, 16\%, 6) = 3.6847$

表明投资方案的内含报酬率在 $16\% \sim 18\%$，利用线性插值法可得：

$$内含报酬率(IRR) = 16\% + \frac{3.6847 - 3.5}{3.6847 - 3.4916} \times (18\% - 16\%) = 17.91\%$$

由于投资方案的内含报酬率 17.91% 大于资金成本 12%，方案可行。

现金净流量对内含报酬率敏感系数计算为：

$$敏感系数 = \frac{(17.91\% - 12\%) \div 17.91\%}{(80 - 68.1033) \div 80} = 2.219$$

项目使用年限对内含报酬率敏感系数计算为：

$$敏感系数 = \frac{(17.91\% - 12\%) \div 17.91\%}{(6 - 4.8153) \div 6} = 1.6712$$

由此得出，投资方案内含报酬率变动率是现金净流量变动率的 2.219 倍，是使用年限变动率的 1.6712 倍，说明现金净流量对内含报酬率的影响要比使用年限大。另外也可以看出，如果内含报酬率下降 5.91%（$17.91\% - 12\%$），就会使投资方案平均每年现金净流量减少 11.8967 万元（$80 - 68.1033$），也会使使用年限减少 1.1847 年（$6 - 4.8153$）。

本章要点概览

广义长期投资包括固定资产投资、无形资产投资和长期证券投资等内容，本章主要论述狭义的长期投资即固定资产投资，包括固定资产的改建、扩建和更新等方面。长期投资主要特点是投资项目的金额大，资金占用的时间较长，一次投资，分次逐渐收回。因此它比短期经营决策来说，要承担更大的风险。

长期投资决策主要用于规划企业未来的发展方向，它会在较长的时间内，对企业的经营会产生持续的影响，一旦决策失误，对企业以致对整个社会都会带来不良的影响。所以，做好长期投资的决策工作就显得非常重要。

资金的时间价值、现金流量和资金成本是在长期投资决策中应当考虑的重要因素。

长期投资决策的评价指标可以分为静态评价指标和动态评价指标两大类，静态指标不考虑资金的时间价值，主要包括投资利润率、静态投资回收期等指标。动态指标考虑资金的时间价值，主要包括净现值、净现值率、现值指数和内含报酬率等指标。

长期投资决策方案评价可以分独立方案的可行性评价和多个互斥方案的对比和选优。采用长期投资决策的敏感性分析要确定某一个或几个因素在一定范围内变动将会对方案的评价结果产生影响的程度，使决策者能事先预料到这些因素在多大的范围内变动才不会影响决策的可行性和最优性。

关键词

1. 现金净流量　　　　　　　2. 付现成本
3. 资本成本　　　　　　　　4. 投资利润率
5. 静态投资回收期　　　　　6. 净现值
7. 净现值率　　　　　　　　8. 现值指数
9. 内含报酬率　　　　　　　10. 静态评价指标
11. 动态评价指标　　　　　　12. 差额净现值
13. 差额内含报酬率　　　　　14. 年等额净现值

阅 读 文 献

1. 余绪缨主编:《管理会计学》(第十一章长期投资方案的企业经济评价),首都经济贸易大学出版社 2004 年版。

2. 孙茂竹等主编:《管理会计学》(第七章投资决策),中国人民大学出版社 2002 年版。

3. Ronald W. Hilton:《管理会计学——在动态商业环境中创造价值》(第十六章资本支出决策简介、第十七章资本支出决策的深层次内容),机械工业出版社 2002 年版。

4. Lngram,Albright & Hill:《管理会计:预算管理与内部控制》(第十章资本投资决策),中信出版社 2004 年版。

5. 吴大军等主编:《管理会计》[第七章长期投资决策(上)、第八章长期投资决策(下)],东北财经大学出版社 2004 年版。

6. 李天民编著:《现代管理会计学》(第七章决策分析——长期投资决策),立信会计出版社 1999 年版。

复 习 思 考 题

1. 长期投资有哪些特征? 长期投资决策要考虑哪些重要因素?
2. 什么是资金时间价值? 为什么进行长期投资决策时要考虑资金时间价值?
3. 什么是现金流量? 现金流量包含哪些内容? 进行长期投资决策时为什么用现金流量而不用利润作为计算评价指标的基础?
4. 什么是资金成本? 资金成本在长期投资决策中有什么作用?
5. 长期投资决策的评价指标有哪些? 分别有哪些优缺点?
6. 什么是独立方案? 什么是互斥方案?
7. 如何运用长期投资评价指标对独立方案进行评价?
8. 如何运用长期投资评价指标对互斥方案进行评价?
9. 折旧、摊销和所得税会对长期投资决策产生什么影响?
10. 如何进行长期投资决策的敏感性分析?

练 习 题

一、判断题

1. 预付年金的终值与现值,可在普通年金终值与现值的基础上除以$(1+i)$得到。　　　　　　　　(　　)

2. 在利率和计息期数相同的条件下,复利终值系数和复利现值系数互为倒数,因此,年金终值系数与年金现值系数也互为倒数。　　　　　　　　　　　　　　　（　　）

3. 在通货膨胀率很低的情况下,公司债券的利率可视同为资金时间价值。　（　　）

4. 名义利率是指一年内多次复利时给出的年利率,它等于每个计息周期的利率与年内复利次数的乘积。　　　　　　　　　　　　　　　　　　　　　　　　　　（　　）

5. 在计算现金净流量时,无形资产摊销额的处理与折旧额相同。　　　　　（　　）

6. 在不考虑资金时间价值的前提下,投资回收期越短,投资获利能力越强。　（　　）

7. 一般情况下,使某投资方案的净现值小于零的折现率,一定高于该投资方案的内含报酬率。　　　　　　　　　　　　　　　　　　　　　　　　　　　　　　（　　）

8. 最小公倍数法和最短计算期法都是将计算期统一起来的计算方法,但是选优的标准却不一致。　　　　　　　　　　　　　　　　　　　　　　　　　　　　（　　）

9. 某一投资方案的年等额净现值等于该方案的净现值与相关的资本回收系数的商。　（　　）

10. 现金净流量对净现值的敏感性分析,就是要计算出使投资方案可行的每年现金净流量的下限临界值。　　　　　　　　　　　　　　　　　　　　　　　　　　　（　　）

二、单项选择题

1. 下列各项年金中,只有现值没有终值的年金是(　　)。
　A. 普通年金　　　B. 递延年金　　　C. 永续年金　　　D. 预付年金

2. 企业发行债券,在名义利率相同的情况下,对其最不利的复利计息期是(　　)。
　A. 1 年　　　B. 半年　　　C. 1 季度　　　D. 1 月

3. 企业年初借得 10 年期贷款 50 000 元,年利率 12%,每年年末等额偿还。已知年金现值系数(P/A,12%,10)=5.6502,则每年应付金额为(　　)元。
　A. 8 849　　　B. 5 000　　　C. 6 000　　　D. 28 251

4. 某人年初存入银行 1 000 元,银行按年利率 10% 复利计息,每年年末提取 200 元,则最后一次能够足额(200 元)提款的时间是(　　)。
　A. 第五年年末　　　B. 第六年年末　　　C. 第七年年末　　　D. 第八年年末

5. 某投资项目按贴现率 12% 计算的净现值为 -200 万元,这说明该投资项目的内含报酬率(　　)。
　A. 大于 12%　　　B. 等于 12%　　　C. 小于 12%　　　D. 小于 10%

6. 年末某公司正在考虑变卖现有一台闲置设备,该设备于 8 年前以 40 000 元购入,税法规定折旧年限为 10 年,按直线法折旧,净残值率为 10%,目前可按 10 000 元卖出,该公司所得税税率为 30%。卖出设备对本期现金流量的影响是(　　)。
　A. 增加 360 元　　　B. 减少 360 元　　　C. 增加 9 640 元　　　D. 增加 10 360 元

7. 某企业拟进行一项固定资产投资项目决策,设定折现率为 12%。有 4 个方案可供选择:其中甲方案的项目计算期为 10 年,净现值为 1 000 万元,乙方案的净现值率为 -15%;丙方案的项目计算期为 11 年,其年等额净回收额为 150 万元;丁方案的内部收益率为 10%。最优的投资方案是(　　)。
　A. 甲方案　　　B. 乙方案　　　C. 丙方案　　　D. 丁方案

8. 评价投资方案能否为股东创造价值的指标是(　　)。
　A. 市场利率　　　B. 资本成本　　　C. 投资利润率　　　D. 利润总额

9. 某项目有一年建设期,原始投资 200 万元在建设期期初一次投入,使用年限为 10 年,每年现金净流量 50 万元,若资金成本为 12%,则该项目的现值指数为(　　)。
　A. 0.4126　　　B. 1.4126　　　C. 0.2613　　　D. 1.2613

10. 计算两个投资方案的增量现金净流量时,一般不需要考虑方案(　　)。

  A. 可能发生的未来成本　　　　　　　　B. 动用资产的账面成本

  C. 动用资产的重置成本　　　　　　　　D. 之间的差额成本

三、多项选择题

1. 下列表述中,正确的有(　　)。

  A. 复利终值系数和复利现值系数互为倒数

  B. 普通年金终值系数和普通年金现值系数互为倒数

  C. 普通年金终值系数和偿债基金系数互为倒数

  D. 普通年金现值系数和资本回收系数互为倒数

2. 影响资金时间价值大小的因素主要有(　　)。

  A. 资金额　　　　　　B. 利率　　　　　　C. 计息方式　　　　　　D. 风险

3. 下列各项中,属于普通年金形式的项目有(　　)。

  A. 偿债基金　　　　　　　　　　　　　B. 年等额净现值

  C. 定期定额支付的养老金　　　　　　　D. 零存整取储蓄存款的整取额

4. 下列各项中,会影响内含报酬率的有(　　)。

  A. 原始投资额　　　　　　　　　　　　B. 银行贷款利率

  C. 投资项目有效期限　　　　　　　　　D. 投资项目的现金净流量

5. 净现值指标的优点主要有(　　)。

  A. 考虑了资金时间价值

  B. 考虑了整个项目计算期的全部现金净流量

  C. 考虑了投资的风险

  D. 从动态的角度反映了项目的实际收益率水平

6. 对于同一投资方案,下列表述正确的有(　　)。

  A. 资金成本越高,净现值越高

  B. 资金成本越高,净现值越低

  C. 资金成本高于内含报酬率时,净现值为负数

  D. 资金成本等于内含报酬率时,净现值一定为零

7. 一个投资项目的经营期期末发生的现金净流量包括(　　)。

  A. 经营现金净流量　　　　　　　　　　B. 回收固定资产残值

  C. 回收流动资金　　　　　　　　　　　D. 资本化的利息

8. 若有两个原始投资额不相同的互斥方案,方案的计算期亦不同,可以采用(　　)进行选优。

  A. 净现值法　　　　　　　　　　　　　B. 差额内含报酬率法

  C. 年等额净现值法　　　　　　　　　　D. 计算期最小公倍数法

9. 如果其他因素不变,一旦贴现率提高,则下列指标中其数值将会变小的有(　　)。

  A. 净现值率　　　　　　B. 内含报酬率　　　　　　C. 净现值　　　　　　D. 现值指数

10. 若净现值为负数,表明该投资项目(　　)。

  A. 为亏损项目,不可行

  B. 内含报酬率小于零,不可行

  C. 内含报酬率没有达到预定的贴现率,不可行

  D. 内含报酬率不一定小于零

四、计算题

1. 某公司要支付一笔设备款,有甲、乙两种付款方案可供选择。

甲方案:现在支付 10 万元,一次性结清。

乙方案:分 3 年付款,1～3 年各年年初的付款额分别为 3 万元、4 万元、4 万元。假定年利率为 10%。

要求:按现值计算,确定优先方案。

2. 计算下列各题:

(1) 现在存入银行 10 000 元,若年利率为 8%,1 年复利一次,6 年后的复利终值应为多少?

(2) 现在存入银行 10 000 元,若年利率为 8%,每季度复利一次,10 年后的复利终值应为多少?

(3) 如果年利率为 10%,1 年复利一次,8 年后的 10 000 元其复利现值应为多少?

(4) 如果年利率为 12%,每半年复利一次,20 年后的 10 000 元其复利现值应为多少?

(5) 若要使复利终值经过 8 年后变为本金的 3 倍,每季度复利一次,则其年利率应为多少?

(6) 如果年利率为 12%,每月复利一次,其实际利率为多少?

3. 某人准备通过零存整取方式在 5 年后得到 20 000 元,年利率为 10%。

要求:

(1) 计算每年年末应在银行等额存入资金的数额。

(2) 计算每年年初应在银行等额存入资金的数额。

4. 某公司拟购置一台设备,有两种付款方案可供选择:

(1) 从现在起每年年初支付 30 万元,连续支付 10 次。

(2) 从第五年开始,每年年初支付 40 万元,连续支付 10 次。

假设该公司的资金成本率为 10%。

要求:确定优先方案。

5. 某企业准备新建一条生产流水线,预计建设期为 1 年,所需原始投资 200 万元在建设起点一次投入。该流水线预计使用期为 5 年,期满不计残值,采用直线法计提折旧。该流水线投产后每年可增加净利润 60 万元,该企业的基准投资利润率为 25%。

要求:

(1) 计算该项目计算期内各年现金净流量。

(2) 计算该项目的静态投资回收期。

(3) 计算该项目的投资利润率。

(4) 假定适用的行业基准折现率为 10%,计算该项目的净现值、净现值率和现值指数。

(5) 计算该项目的内含报酬率。

(6) 评价其财务可行性。

6. 某公司拟新建一项目,现有甲、乙两个方案可供选择,甲方案需投资 23 000 元,建设期为 1 年,其中固定资产投资 20 000 元,于期初一次投入;流动资金 3 000 元,于建设期末投入。项目使用期 4 年,采用直线法计提折旧,期满不计残值,项目投产后每年营业收入为 15 000 元,每年经营成本为 3 000 元。乙方案需固定资产投资 20 000 元,采用直线法计提折旧,无建设期。项目使用期为 5 年,5 年后无残值。5 年中每年的营业收入为 11 000 元,每年总成本为 8 000 元。假设所得税税率为 40%,资金成本为 10%。

要求:

(1) 计算两个方案的现金净流量。

(2) 计算两个方案的差额净现值。

(3) 计算两个方案的差额内含报酬率。

（4）作出应采用哪个方案的决策。

7. 某企业正考虑更新一台旧设备，有关资料如下：

（1）旧设备账面净值为 45 000 元，还可使用 4 年，4 年后报废时预计残值 5 000 元。

（2）购买新设备需投资 80 000 元，可使用 4 年，4 年后报废时预计残值 18 000 元。

（3）使用新设备每年可增加营业收入 8 000 元，降低经营成本 3 000 元。

（4）现在出售旧设备可得价款 43 000 元，出售设备损失可抵减所得税。

（5）该企业采用直线法折旧，所得税税率为 30%，资金成本为 10%。

要求：计算售旧更新的差额内含报酬率，并作出该企业是否应更新设备的决策。

8. 某公司为了提高效率准备更新一台旧设备，旧设备原值 85 000 元，已使用 3 年，尚可使用 5 年，按直线法计提折旧，使用期满预计残值为 5 000 元。旧设备变现价值为 15 000 元。使用旧设备每年可获得营业收入 80 000 元，产生经营成本 60 000 元。新设备购置价格 126 000 元，可使用 6 年，使用期满预计残值为 6 000 元。使用新设备每年可增加营业收入 12 000 元，同时降低经营成本 17 000 元。该公司所得税税率为 30%，资金成本为 10%。

要求：作出设备是否要更新的决策。

9. 某企业准备更新一台旧设备，有关资料见表 6-9。

表 6-9　　　　　　　　　　　更新设备有关资料表

项　　　目	旧　设　备	新　设　备
原值（万元）	11 000	15 000
使用期满净残值（万元）	1 000	3 000
税法规定的使用年限（年）	10	10
已经使用年限（年）	5	0
每年经营成本（万元）	6 000	5 000
目前变现价值（万元）	3 000	15 000

如果该企业资金成本为 12%。

要求：作出设备是否要更新的决策。

10. 某企业有甲、乙两项互斥的投资方案，其现金净流量见表 6-10。

表 6-10　　　　　　　　　　　现金净流量表　　　　　　　　　　金额单位：万元

年　　序	0	1	2	3
甲方案	−100	120	120	
乙方案	−100	100	100	100

该企业的贴现率为 10%。

要求：

（1）用计算期最小公倍数法作出投资决策。

（2）用最短计算期法作出投资决策。

五、案例分析题

1. 某企业计划用新设备替换现有旧设备。旧设备预计还可使用 5 年，旧设备账面折余价值为 70 000 元，目前变价收入 60 000 元。现有两个更新方案：

（1）甲设备投资额为 150 000 元,预计使用 5 年。至第 5 年年末,新设备的预计残值为 10 000 元。旧设备的预计残值为 5 000 元。预计使用新设备可使企业在第一年增加营业收入 11 074.63 元,第二到第四年内每年增加营业收入 16 000 元,第五年增加营业收入 15 253.73 元,使用新设备可使企业每年降低经营成本 8 000 元。该企业按直线法计提折旧,所得税税率为 25%。

（2）乙设备的资料如下:购置一套乙设备替换旧设备,各年相应的更新改造增量净现金流量分别为: $\Delta NCF_0 = -37\,908$ 元, $\Delta NCF_{1-5} = 10\,000$ 元。

要求:

（1）计算利用甲设备更新的下列指标(保留整数):

① 计算使用新设备比使用旧设备增加的投资额;

② 计算因旧设备提前报废发生的处理固定资产净损失抵税;

③ 计算使用新设备比使用旧设备每年增加的息税前利润;

④ 计算使用新设备比使用旧设备每年增加的净现金流量;

⑤ 计算该方案的差额投资内部收益率。

（2）计算利用乙设备更新的下列指标:

① 更新设备比继续使用旧设备增加的投资额;

② 乙设备的投资;

③ 乙方案的差额内部收益率(ΔIRR_Z)。

（3）若企业资金成本率为 9%,按差额内部收益率法对甲、乙两方案作出评价,并为企业作出是否更新改造设备的最终决策,同时说明理由。

2. 通盛公司已准备添置一台设备,该设备预计使用年限为 6 年,正在讨论是购买还是租赁。有关资料如下:

（1）如果自行购置该设备,预计购置成本 2 000 万元。该类设备税法规定的折旧年限为 10 年,折旧方法为直线法,预计净残值率为 5%。

（2）预计 6 年后该设备的变现收入为 450 万元。

（3）如果租赁该设备,租期 6 年,每年年末需要向出租方支付租金 300 万元。

（4）租赁期内租赁合同不可撤销,租赁期满设备由出租方收回。

（5）该设备每年的维修保养费用为 8 万元。

（6）通盛公司适用的所得税税率为 30%,担保债券的税前利率为 9%。

（7）该项目要求的最低报酬率为 10%。

要求:

（1）针对通盛公司的"租赁与购买"方案,通过计算作出决策(为了简化起见,计算决策时折现率百分数取整数)。

（2）假设其他条件不变,计算通盛公司可以接受的最高租金。

3. 某公司进行一项投资,正常投资期为 4 年,每年年初需投资 200 万元,4 年共需投资 800 万元。第五至第十五年每年产生现金净流量 350 万元,假定 15 年后使用期满后无残值。该公司要求最低投资报酬率为 10%。面对激烈的市场竞争,总经理提出投资期必须缩短到 2 年,并在每年初均匀投资,其他条件不变,总经理希望知道缩短限期后最大的可接受的年均投资额。

要求:请你帮助计算该公司的最大可接受年均投资额。

第七章 成本控制与标准成本系统

学习目的与要求

本章介绍了企业成本控制与成本核算流程,标准成本的制定原理,标准成本的差异分析及其账务处理。通过本章的学习,应了解企业成本控制的概念与流程;理解标准成本的内涵与作用;掌握成本差异的计算及分析;了解成本差异的账务处理。

第一节 成本控制概述

一、成本控制的概念和基本程序

(一)成本控制的概念

成本控制有广义和狭义之分。狭义的成本控制主要是指对生产阶段产品成本的控制;广义的成本控制则强调对企业生产经营的各个方面、各个环节以及各个阶段的所有成本的控制。

狭义的成本控制是使用一定的方法对生产过程中构成产品成本的一切耗费,进行科学严格的计算、限制和监督,将各项实际耗费预先确定在预算计划或标准的范围内,并通过分析造成实际脱离计划或标准的原因,积极采取应对措施,以实现全面降低成本的目标。

广义的成本控制不仅要控制产品生产阶段的成本,而且要控制产品的设计试制阶段的成本和销售及售后服务阶段的成本,如质量成本。广义的成本控制与成本预测、成本决策、成本规划、成本考核共同构成了现代成本管理的完整系统。

(二)成本控制的基本程序

1. 确定成本控制标准或目标

进行成本控制,首先必须制定一个成本标准,用来控制实际成本。实际中通常采用各种计划、预算、限额、定额等指标形式作为成本控制标准。成本控制标准的制定要综合考虑企业的技术能力和管理水平,标准太高则无法达到,标准太低又失去控制的意义。制定的标准也不是永恒不变的,应随着企业内部、外部现实的变化不断调整和修订。

2. 控制成本形成过程

确定成本控制标准或目标之后,要求在实际经营中执行成本计划,将实际成本控制在标准以内。企业在生产经营过程中要采取相应的手段与措施,密切关注和监督各类成本费用的发生情况,如用标准或定额控制原料的采购、储存和耗用成本,控制工资支出,通过编制预算控制各类费用等。同时也要及时掌握执行过程中所产生的差异。

3. 揭示和分析成本差异

实际成本往往由于种种原因与预定的目标成本不符,存在一定的差异。若实际投入成本低于标准投入成本,所形成的差异为有利差异(favorable variance);反之,若实际投入成本高于标准投入成本,所形成的差异为不利差异(unfavorable variance)。对有利差异和不利差异都要根据重要性原则进行分析,及时查明差异产生的原因。

4. 提出改进措施,促进后续成本控制

根据成本差异分析结果,把信息反馈到各职能部门、责任部门和决策部门,以便查错防漏,并结合企业内部、外部现实的变化提出改进措施,促进下阶段的成本控制。

二、成本控制的常用方法

(一) 标准成本控制

标准成本控制的核心就是建立标准成本控制系统,也称标准成本会计。它是围绕标准成本的相关指标而设计的,将成本的前馈控制、反馈控制及核算功能有机结合而成的一种成本控制系统。它具有事前估算成本、事中和事后计算分析成本并揭示差异的功能。

标准成本制度包括:标准成本的制定、成本差异的计算分析和成本差异的账务处理三方面内容。其中:标准成本的制定与成本的前馈控制相联系;成本差异的计算分析与成本的反馈控制相联系;成本差异的账务处理则与成本的日常核算联系。

(二) 质量成本控制

质量成本是 20 世纪 60 年代日本企业在推行全面质量管理时提出的概念。它是指企业为保证和提高产品质量而支出的一切预防费用,以及因未达到质量标准而发生的一切损失费用的总和。

质量成本主要包括控制质量的成本和无法控制质量所引起的成本(事故成本)。控制质量的成本是预防成本和质量检测成本,无法控制质量所引起的成本(事故成本)是内部故障成本和外部事故成本。

(三) 作业成本控制

作业成本控制是以作业为基础的成本计算与控制,其利用作业成本计算提供的成本信息以提高对企业成本结构、成本性态的认识,并通过消除不增加价值的作业等方法促使企业经营的合理化和效益最大化。作业成本控制仍局限于成本管理与控制的范畴,是作业管理的重要组成部分。

三、标准成本系统的内容

标准成本是按照成本项目反映的,在已经达到的生产技术水平和有效经营管理的条件下,应当发生的单位产品成本目标。它是通过调查、分析、技术测定等一系列科学的方法制定的、具有客观性的"应计成本"。标准成本与预算成本既有密切的联系又有区别,标准成本指的是单位成本,预算成本则属于总成本的范畴,两者从不同的角度来说明某项成本的完成情况,在实际中经常交互使用。

标准成本系统是将成本分析、成本控制和成本确定集合起来的一种成本计算方法,包括成本制定标准、成本差异分析和成本差异处理三个有机组成部分。在成本标准的制定阶段,需要对产品的生产工艺、技术流程以及生产和供销的各个方面进行分析研究,从而进行成本事前控制。在生产过程中,要将发生的实际成本同标准成本进行比较,揭示成本差异并对差异进行分析,使成本在生产过程中得到控制。期末,要将标准成本和成本差异重新组合,最终确定产品的实际成本。

四、标准成本系统的作用

与实际成本系统相比,标准成本系统将事前成本计划、日常成本控制和最终产品成本确定有机地结合起来,形成一个完整的成本控制体系,这对企业加强成本管理,全面提高生产经营成果具有重要意义。

(一)有利于加强成本控制,有效实施例外管理

标准成本是衡量实际成本水平的尺度,通过事前的成本确定,能使成本水平得到事前控制;通过差异分析,能及时发现问题,采取措施加以控制和纠正,从而降低成本水平,提高经济效益。同时,以标准成本与实际成本进行比较产生的差异,是企业进行例外管理的必要信息。

(二)有利于简化成本计算,减少日常账务处理

在标准成本系统用于产品成本计算的会计系统的情况下,原材料、在产品和产成品的成本均以标准成本计价,所产生的差异另行记录,这样在成本计算方面可以大大减少核算的工作量。在需要编制以实际成本为基础的对外财务报表时,可以根据标准成本和成本差异,将存货成本和产品销售成本调整为实际成本,体现了标准成本系统下内部管理和对外财务报表的结合。

(三)有利于进行预算控制,便于企业经营决策

标准成本本身就是单位成本预算。比如,在编制直接人工成本预算时,先确定每生产一个单位产品所需耗费的工时数以及每小时的工资率,然后用它乘以预算的产品产量,就可以确定总人工成本预算数。因此,标准成本资料可以直接作为编制预算的基础,从而为预算编制提供了极大的方便,并提高了预算的有效性。另外,由于在制定标准成本时进行了多方面的分析,剔除了许多不合理的因素,因此比实际成本更为客观,它可以帮助企业进行产品的价格决策和预测,也为是否接受特别订单等专门决策提供了依据。

(四)有利于激发员工热情,正确评价工作绩效

标准成本是在事前经过科学分析所确定的、在正常的生产经营条件下应该发生的成本。它是衡量成本水平的尺度,也是评价和考核员工工作绩效的基础和依据。在实际生产

过程中,通过比较实际成本和标准成本,进行差异分析,可以区分经济责任,正确评价员工绩效,从而激发其工作积极性,主动关心、参与成本控制和管理,挖掘潜力,提高效益。

五、标准成本的种类

企业在制定标准成本时,由于对标准成本具有何种性质有不同看法,从而使用的成本标准也不同。标准成本通常有三种类型。

(一) 理想标准成本

理想标准成本是以企业的生产技术和经营管理、设备的运行和工人的技术水平都处于最佳状态为基础所确定的单位产品的成本,是最高要求的标准成本。这种标准成本排除了机器可能发生的故障、材料可能发生的浪费以及工人的不熟练等。这种标准要求过高,在实际生产过程中很难达到。采用这种标准成本失去了控制成本和正确评价工作成果的作用,甚至会挫伤员工的积极性,产生负效应,因此在实际中很少采用此种标准,但作为成本水平的追求目标还是有一定意义的。

(二) 基本标准成本

基本标准成本是以上一年度或过去某一年度的实际成本为参照确定的标准成本。这种标准成本确定后,除非产品的生产或制造方法发生重大变化,已确定的直接材料、直接人工和制造费用的数量标准及价格标准一般长期不变。这种相对固定的标准,可以使各期的成本在同一基础上进行比较,充当稳定成本变动趋势的尺度。但基本标准成本有一个最大的缺点,即不能反映企业工作效率和经营状况的不断变化,因此在实际工作中,基本标准成本也很少被采用。

(三) 现实标准成本

现实标准成本亦称现实可达到的标准成本,是在企业现行的生产经营条件下,在预计可能达到的开工率下,考虑了平均的先进技术水平和管理水平而确定的标准成本。这种标准成本考虑了生产过程中机器设备可能发生的故障、员工必要的休息等待时间、暂时难以避免的材料损耗及废品损失等。这种标准成本经过努力可以达到,但又并非轻而易举。所以这类标准成本能起到激励作用,是进行成本管理的有效方法,比基本标准成本和理想标准成本更受重视和得到更多的采用。

第二节 标准成本的制定

一、标准成本制定的基本思路

建立标准成本制度的第一个环节就是制定标准成本,这要将标准产品的成本按成本要素进行分解,进而为各项成本要素建立标准。以制造业为例,成本要素可分解为直接材料标准成本、直接人工标准成本和制造费用标准成本三大项目。

标准成本的确定主要取决于两个尺度:具体的业务活动以及对该业务活动量的描述,以公式表示为:

$$标准成本=数量标准×价格标准$$

式中,数量标准是以绝对数形式表示的成本要素消耗量;价格标准是单位成本要素的价格。

二、直接材料标准成本的制定

制定直接材料的标准成本时,应先确定构成产品的直接材料种类,再分别制定各种直接材料的数量标准和价格标准以确定每种材料的标准成本,最后汇总算出该产品的直接材料标准成本。其计算公式为:

$$直接材料标准成本=\sum(直接材料标准用量×直接材料价格标准)$$

式中,直接材料标准用量是指在现有生产技术条件和正常经营条件下,生产单位产品所需要的各种直接材料的标准用量,其中包括在生产过程中的正常损耗所必要的材料;直接材料价格标准是指所需各种材料的标准价格,包括材料的买价和采购费用(含运杂费等)。

【例7-1】　某公司甲产品所耗用的直接材料 A 的标准成本资料见表7-1。

表 7-1　　　　　　　　　甲产品直接材料标准成本

标　　　　　　　准	A　材　　料
价格标准	
发票价格(元/千克)	14.00
预计采购费用(元/千克)	1.00
材料价格标准(元/千克)	15.00
用量标准	
图纸用量(千克/件)	7.60
正常损耗(千克/件)	0.40
材料标准用量(千克/件)	8.00
成本标准	
A材料(元/件)	120.00

三、直接人工标准成本的制定

直接人工标准成本包括直接人工"数量"标准和直接人工"价格"标准。

直接人工"数量"标准是指标准工时,即在现有生产技术条件下生产单位产品所需用的直接人工小时,其中包括直接加工所需用的工时、必要的间歇和停工时间、不可避免的废品需耗用的时间等。直接人工标准工时是以"时间与动作研究"为基础,按产品加工工序分别计算,然后按照产品分别汇总确定的。

直接人工"价格"标准是指标准工资率,即每一标准工时应分配的直接人工工资,这是按现行工资制度所定的工资水平计算确定的。

直接人工标准成本计算公式为：

$$直接人工标准成本 = \Sigma(各项作业标准工时 \times 相应的标准工资率)$$

【例7-2】 某公司主要生产甲产品,所需的直接人工的标准成本资料见表7-2。

表7-2   甲产品直接人工标准成本

标　　　　准	生　产　工　序(元)
小时工资率	
基本生产工人人数	30
每人平均可用工时(21×8)	168
每月总工时	5 040
每月生产工人工资总额(元)	80 640
每小时工资率	16.00
单位产品工时	
理想作业时间(小时)	10.00
调整设备时间(小时)	0.50
工休时间(小时)	0.30
其他必要时间(小时)	0.20
单位产品工时	11.00
直接人工标准成本(元)	176.00

四、制造费用标准成本的制定

制造费用标准成本也包括"数量"标准和"价格"标准。

"数量"标准是指生产单位产品所需的直接人工工时(或机器工时),"价格"标准是指制造费用的标准分配率,即每一直接人工标准工时(或机器工时)所应当分摊的制造费用(有变动制造费用和固定制造费用之分)。

制造费用分配率标准取决于以下两个因素:

(1) 生产量标准,指企业充分利用现有生产能力所能达到的产品最高生产量。因为多数企业同时生产多种产品,而多种产品的计量单位不同,难以综合计算,所以通常用直接人工工时或机器工时来表示生产量标准。

(2) 制造费用预算,指建立在企业充分利用现有生产能力基础上的制造费用预算。要注意,变动制造费用预算与固定制造费用预算应分别编制,其中变动制造费用需按不同的生产水平来编制弹性预算。

制造费用标准分配率等于制造费用预算与标准工时之比。其计算公式为:

$$变动制造费用标准分配率 = \frac{预算变动制造费用总额}{生产量标准(以直接人工工时或机器工时表示)}$$

$$固定制造费用标准分配率 = \frac{预算固定制造费用总额}{生产量标准(以直接人工工时或机器工时表示)}$$

单位产品制造费用标准成本可用公式表示为：

$$变动制造费用标准成本 = 变动制造费用标准分配率 × 单位产品标准工时$$
$$固定制造费用标准成本 = 固定制造费用标准分配率 × 单位产品标准工时$$

【例 7-3】 某公司主要生产甲产品,其变动制造费用标准成本的制定过程见表 7-3。

表 7-3 　　　　　　　　　　　　甲产品变动制造费用标准成本

标　　　　准	金　　　额(元)
变动制造费用预算	
间接材料	26 000
间接人工	18 000
维护费	2 800
水电费	1 600
其他	2 000
合计	50 400
生产量标准(人工工时)	5 040
变动制造费用标准分配率(元/小时)	10.00
直接人工用量标准(人工工时/件)	11.00
单位产品变动制造费用标准成本(元)	110.00

【例 7-4】 某公司主要生产甲产品,其固定制造费用标准成本的制定过程见表 7-4。

表 7-4 　　　　　　　　　　　　甲产品固定制造费用标准成本

标　　　　准	金　　　额(元)
固定制造费用预算	
折旧费	15 000
维护费	8 800
管理费	3 200
保险费	3 000
合计	30 000
生产量标准(人工工时)	6 000
固定制造费用标准分配率(元/小时)	5.00
直接人工用量标准(人工工时/件)	11.00
单位产品固定制造费用标准成本(元)	55.00

五、单位产品标准成本的确定

直接材料标准成本、直接人工标准成本和制造费用标准成本一旦确定,就可以按产品加以汇总,确定产品的变动标准成本或完全标准成本,并以此作为编制预算、控制和考核成本的依据。

$$产品变动标准成本=直接材料标准成本+直接人工标准成本+$$
$$变动制造费用标准成本$$
$$产品完全标准成本=直接材料标准成本+直接人工标准成本+$$
$$变动制造费用标准成本+固定制造费用标准成本$$

【例 7-5】 某公司的主要产品是甲产品,其完全标准成本卡见表 7-5。

表 7-5 甲产品完全标准成本卡

成 本 项 目	用 量 标 准	价格标准(分配率)	标准成本(元/件)
直接材料(A 材料)	8 千克/件	15 元/千克	120
直接人工	11 小时/件	16 元/小时	176
变动制造费用	11 小时/件	10 元/小时	110
固定制造费用	11 小时/件	5 元/小时	55
单位产品标准成本			461

第三节　成本差异的计算与分析

一、成本差异的含义及类型

在标准成本系统中,成本差异是指一定时期生产一定数量的产品所发生的实际成本偏离预定的标准成本所形成的差额。若实际投入成本低于预定标准成本所形成的差异为有利差异,有利差异在有关差异账户的贷方反映,表示成本的节约;反之,若实际投入成本高于预定标准成本所形成的差异为不利差异,不利差异在有关差异账户的借方反映,表示成本的超支。

(一) 数量差异与价格差异

产品成本受数量和价格两项因素的影响,因此成本差异也由数量差异和价格差异两部分构成。数量差异反映由于直接材料、直接人工和变动制造费用等要素实际用量消耗与标准用量消耗不一致而产生的成本差异;价格差异反映由于直接材料、直接人工和变动制造费用等要素实际价格与标准价格不一致而产生的成本差异。固定制造费用的差异分析较为特殊。

成本差异分析如图 7-1 所示。

(二) 有利差异与不利差异

成本差异按照数量特征可分为有利差异与不利差异。有利差异是指实际成本低于标准成本形成的差异,不利差异则相反。但是有利与不利是相对的,并不是说有利差异越大越好,还要具体问题具体分析。

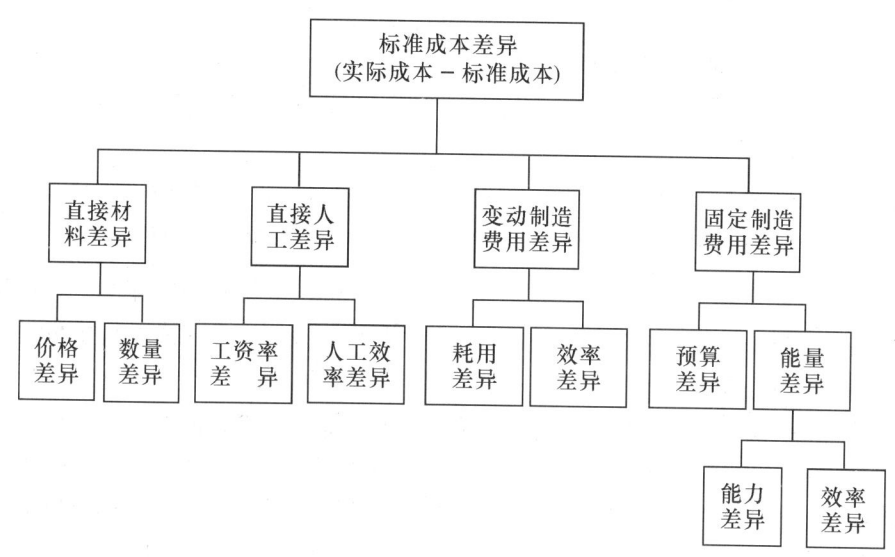

图 7-1 成本差异分析图

（三）可控差异与不可控差异

可控差异又称主观差异，是指企业主观努力能够影响的差异，即通过企业努力可以消失的差异，它是控制的重点所在。不可控差异又称客观差异，是指与企业主观努力程度无关或关系很小，主要受客观影响而形成的差异。对于不可控差异，企业无法通过努力使其减少或消失。

二、直接材料成本差异分析

（一）直接材料价格差异、数量差异分析

直接材料成本差异是指直接材料实际成本与直接材料标准成本之间的差额，其中包括数量差异和价格差异。

材料的价格差异是指外购材料的实际价格与标准价格之间的差额。材料数量差异是指生产过程中材料的标准耗用量与实际耗用量之间的差额。

直接材料成本差异计算公式为：

直接材料价格差异＝实际用量×（实际价格－标准价格）

直接材料数量差异＝标准价格×（实际用量－标准用量）

直接材料成本差异＝直接材料实际成本－直接材料标准成本＝

（实际用量×实际价格）－（标准用量×标准价格）

或　　　　直接材料成本差异＝直接材料价格差异＋直接材料数量差异

式中　　　标准用量＝产品实际产量×材料标准单位耗用量

【例 7-6】 接［例 7-1］资料，某公司本期生产甲产品 500 件，实际耗用 A 材料 3 800 千克，由于近期原材料涨价，A 材料的实际价格为 15.6 元/千克。则直接材料的成本差异计

算为：

$$直接材料成本差异＝3\,800×15.6－500×8×15＝$$
$$59\,280－60\,000＝－720(元)\quad(有利差异)$$

其中，

$$直接材料价格差异＝3\,800×(15.6－15)＝2\,280(元)\quad(不利差异)$$
$$直接材料数量差异＝15×(3\,800－500×8)＝－3\,000(元)\quad(有利差异)$$

[例 7-6]中直接材料成本差异为有利差异，是直接材料数量有利差异大于直接材料价格差异的结果。进一步分析其原因，可能是技术工人的技术水平提高或材料质量提高造成了材料耗用数量的下降。

材料的价格差异一般由客观原因造成，通常由采购部门负责。但材料的实际价格受到多种因素的影响。比如，采购的批量、交货方式、材料质量、购货折扣、运费变动等，其中任何一个方面脱离制定标准成本的预定要求，都会形成价格差异。因此，对差异形成的原因，需根据具体情况作进一步的分析，如某些差异可能是由采购工作引起的；另一些差异可能是由生产环节造成的。比如，应生产部门要求，对某种材料进行小批量紧急订货，致使购货价格高于正常采购价格而形成的不利差异，就应该由生产部门负责。

材料数量差异是生产中材料实际耗用量与标准耗用量之间的差异，因而一般应由生产部门负责，但有时也可能是由采购部门的工作所引起的。比如，采购部门以较低的价格购进了质量较差的材料或购入了不符合规格的材料，而导致材料耗用量增长所形成的不利差异，就应由采购部门负责。

另外，上述对直接材料成本差异的分析是建立在当期购入的材料数量与当期使用的材料数量相等的基础上的，若当期购入的材料与当期使用的材料在数量上不一致，则差异的计算与分析通常分两段进行：根据实际购入数量计算材料的价格差异；在实际产量和标准价格的基础上计算材料的数量差异。

【例 7-7】　接[例 7-1]资料，某公司 5 月份以每千克 15.6 元的价格购入 A 材料5 000千克，实际生产甲产品 500 件，实际耗用 A 材料 3 800 千克。则直接材料的成本差异计算为：

$$直接材料价格差异＝5\,000×(15.6－15)＝3\,000(元)\quad(不利差异)$$
$$直接材料数量差异＝15×(3\,800－500×8)＝－3\,000(元)\quad(有利差异)$$

（二）直接材料结构差异、产出差异分析

制造业企业生产产品往往需要多种原材料，即产品的直接材料是按照一定比例混合使用的。那么直接材料数量差异需进一步分解为："直接材料结构差异"与"直接材料产出差异"。

直接材料结构差异是由于实际投料的混合比例与标准混合比例不同而产生的差异。计算公式如下：

$$直接材料结构差异＝\sum(实际用量×直接材料标准单价)－$$
$$(\sum实际用量)×直接材料标准混合价格$$

直接材料产出差异是由混合材料投产后按照标准产出率计算的产品标准产量与实际产量的差额。计算公式如下：

$$直接材料产出差异＝单位产品中混合材料的标准成本×（实际产量－标准产量）$$

三、直接人工成本差异分析

（一）直接人工价格差异、数量差异分析

直接人工成本差异是指直接人工实际成本与直接人工标准成本之间的差额，其中包括直接人工效率差异和直接人工工资率差异。

直接人工效率差异是指因生产单位产品实际耗用的直接人工小时偏离其预定的标准工时所形成的直接人工成本差异部分，这反映了工人劳动效率的变化。直接人工工资率差异，是指因直接人工实际工资率偏离其预定的标准工资率而形成的直接人工成本差异部分。

直接人工成本差异计算公式为：

$$直接人工工资率差异＝实际工时×（实际工资率－标准工资率）$$
$$直接人工效率差异＝标准工资率×（实际工时－标准工时）$$
$$直接人工成本差异＝直接人工实际成本－直接人工标准成本＝$$
$$（实际工时×实际工资率）－（标准工时×标准工资率）$$

或　　　　$$直接人工成本差异＝直接人工工资率差异＋直接人工效率差异$$

【例7-8】　接［例7-2］资料，某公司本期生产甲产品500件，实际耗用5 200工时，实际工资总额为87 360元。则直接人工成本差异分析为：

$$实际工资率＝87 360÷5 200＝16.8（元/工时）$$
$$直接人工成本差异＝（16.8×5 200－500×11×16）＝$$
$$87 360－88 000＝－640（元）　（有利差异）$$

其中，

$$直接人工工资率差异＝5 200×（16.8－16）＝4 160（元）　（不利差异）$$
$$直接人工效率差异＝16×（5 200－500×11）＝－4 800（元）　（有利差异）$$

［例7-8］中直接人工成本差异为有利差异，是直接人工工资率不利差异小于直接人工效率有利差异的结果。进一步分析其原因，可能是由于技术工人的技术水平提高导致生产效率的提高和每小时工资率的提高。

直接人工工资率差异往往是由于工种的调配、不同工资级别工人实际工时比例的变化、工人工资级别的调整等引起的。直接人工效率差异产生的原因主要是劳动生产率的变化、生产工艺的改变、生产工人配备的合理程度以及劳动的积极性变化等。

（二）直接人工工资结构差异分析、人工产出差异分析

以上例子中，我们假设同一道生产工序内只有一种人工、支付相同的小时公司。一般来说，在实际生产中，同一工序、同一产品的生产可能需要不同工资等级的工人共同协作完

成。在这种情况下,不同工资等级的工人完成的工时所占的比重发生变动时,就会发生与直接材料结构差异相类似的"直接人工结构差异"。相应地,直接人工效率差异将分解为工资结构差异与人工产出差异。计算公式如下:

$$工资结构差异=\sum(实际工时\times标准工资率)-(\sum实际工时)\times标准平均工资率$$
$$人工产出差异=单位产品混合人工标准成本\times(实际工时-标准工时)$$

【例7-9】 某公司本期共生产乙产品1 000件,生产乙产品需要铸造和组装两道工序,其中铸造工序的直接人工标准成本和实际成本相关资料见表7-6。

表7-6 铸造工序的直接人工的标准成本和实际成本

	标 准 成 本		实 际 成 本	
	总 工 时	小时工资率	总 工 时	小时工资率
一级工	2 000工时	40元/工时	1 900工时	44元/工时
三级工	6 000工时	20元/工时	6 500工时	21元/工时

直接人工差异分析为:

$$直接人工成本差异=(1\,900\times44+6\,500\times21)-(2\,000\times40+6\,000\times20)=$$
$$220\,100-200\,000=20\,100(元)\quad(不利差异)$$

其中,

$$直接人工工资率差异=1\,900\times(44-40)+6\,500\times(21-20)=$$
$$7\,600+6\,500=14\,100(元)\quad(不利差异)$$
$$直接人工效率差异=40\times(1\,900-2\,000)+20\times(6\,500-6\,000)=$$
$$(-4\,000)+10\,000=6\,000(元)\quad(不利差异)$$

对直接人工效率差异作进一步分析:

$$实际总工时=1\,900+6\,500=8\,400(小时)$$
$$标准总工时=2\,000+6\,000=8\,000(小时)$$
$$平均标准工资率=200\,000\div8\,000=25(元/工时)$$
$$工资结构差异=1\,900\times(40-25)+6\,500\times(20-25)=$$
$$28\,500+(-32\,500)=-4\,000(元)\quad(有利差异)$$
$$人工产出差异=25\times(8\,400-8\,000)=25\times400=10\,000(元)\quad(不利差异)$$

分析表明,由于总工时的增加,人工成本增加了10 000元;但是,由于工资率较低的三级工占总工时的比重上升,使得平均工资率有所下降,从而产生有利差异4 000元。这样,就较为全面、具体地说明了直接人工成本差异产生的原因。

四、变动制造费用差异分析

变动制造费用差异是指变动制造费用实际发生额与变动制造费用标准额之间的差额,

其中包括变动制造费用耗用差异和变动制造费用效率差异。

变动制造费用耗用差异即"价格"差异，是指因变动制造费用实际分配率偏离其标准分配率而形成的差异部分。变动制造费用效率差异即"数量"差异，是指因变动制造费用实际耗用的直接人工小时（或机器工时）偏离预定的标准工时（或标准机器工时）而形成的差异部分。

变动制造费用差异计算公式为：

$$变动制造费用耗用差异＝实际工时×（实际分配率－标准分配率）$$
$$变动制造费用效率差异＝标准分配率×（实际工时－标准工时）$$
$$变动制造费用差异＝实际变动制造费用－标准变动制造费用$$

或

$$变动制造费用差异＝变动制造费用耗用差异＋变动制造费用效率差异$$

【例 7-10】　接［例 7-3］资料，某公司本期生产甲产品 500 件，实际耗用 5 200 工时，实际发生的变动制造费用 49 400 元，平均每工时 9.5 元。则变动制造费用差异分析为：

$$变动制造费用差异＝（5\,200×9.5－500×11×10）＝$$
$$49\,400－55\,000＝－5\,600（元）　（有利差异）$$

其中，

$$变动制造费用效率差异＝10×（5\,200－500×11）＝－3\,000（元）　（有利差异）$$
$$变动制造费用耗用差异＝5\,200×（9.5－10）＝－2\,600（元）　（有利差异）$$

［例 7-10］中变动制造费用有利差异，是变动制造费用耗用有利差异和变动制造费用效率有利差异共同作用的结果。

引起变动制造费用差异的原因是多方面的。比如，构成变动制造费用各要素价格与制定的标准价格的偏离，间接材料和人工使用的偏离，动力和设备使用的偏离等。变动制造费用的效率差异是同变动制造费用的分配基础紧密相关的，因此负责控制分配基础水平的部门应对变动制造费用的效率差异承担责任。这里，变动制造费用差异是与直接人工效率联系在一起的。

五、固定制造费用差异分析

在一定的生产量水平内，生产量发生变化，固定制造费用总额却不会发生变化，所以其差异计算和分析与变动成本不同。在实际生产经营活动中，往往由于实际耗用的工时（或机器小时）总数与预计的标准有所偏离，或固定制造费用的实际发生数与预算数有所偏离而导致固定制造费用差异。

固定制造费用差异计算通常使用三差异的分析方式，所谓三差异，是指预算差异、生产能力的利用差异和效率差异。预算差异是固定制造费用实际发生额与其预算额之间的差额；生产能力差异是因生产能力的实际利用程度偏离预定的标准生产能力所形成的固定制造费用差异；效率差异是因生产单位产品实际耗用工时偏离其标准工时所形成的固定制造费用差异。

固定制造费用差异计算公式为:

$$\frac{\text{固定制造费}}{\text{用预算差异}} = \frac{\text{固定制造费用}}{\text{实际支付数}} - \frac{\text{固定制造}}{\text{费用预算数}}$$

$$\frac{\text{固定制造费}}{\text{用能力差异}} = \frac{\text{固定制造费用}}{\text{标准分配率}} \times (\text{预算工时} - \text{实际工时})$$

$$\frac{\text{固定制造费}}{\text{用效率差异}} = \frac{\text{固定制造费用}}{\text{标准分配率}} \times (\text{实际工时} - \text{标准工时})$$

$$\text{固定制造费用差异} = \text{实际固定制造费用} - \text{标准固定制造费用}$$

或

$$\text{固定制造费用差异} = \text{预算差异} + \text{能力差异} + \text{效率差异}$$

【例 7-11】 [接 7-4]资料,某公司本期生产甲产品 500 件,实际耗用 5 200 工时,实际发生固定制造费用 29 000 元,预计本公司的生产能力为 6 000 工时,固定制造费用预算数为 30 000 元。则固定制造费用差异分析为:

$$\text{固定制造费用差异} = 29\,000 - 500 \times 5 \times 11 = 1\,500(\text{元}) \quad (\text{不利差异})$$

其中,

$$\text{固定制造费用预算差异} = 29\,000 - 30\,000 = -1\,000(\text{元}) \quad (\text{有利差异})$$
$$\text{固定制造费用能力差异} = 5 \times (6\,000 - 5200) = 4\,000(\text{元}) \quad (\text{不利差异})$$
$$\text{固定制造费用效率差异} = 5 \times (5\,200 - 500 \times 11) = -1\,500(\text{元}) \quad (\text{有利差异})$$

从[例 7-11]可以看出,固定制造费用发生的不利差异 1 500 元被分解为三个部分:有利的预算差异 1 000 元,不利的生产能力差异 4 000 元,有利的效率差异 1 500 元。预算差异反映费用项目的变动,生产能力差异反映生产能力的使用情况,效率差异反映人工效率情况。该企业预算生产能力为 6 000 工时,而实际耗用工时为 5 200 小时,形成了 800 小时生产能力的闲置,由此产生了 4 000 元的不利差异。

第四节　成本差异的处理

一、标准成本系统成本差异的处理

在标准成本系统下,产品成本是按标准成本在账户之间流动的,所以与实际成本计算相比,产品成本计算和存货的计价简化很多,如实际成本系统下的存货先进先出、加权平均等假设就不必要了,因为所有产品都是按同样的标准成本计算的。但生产过程中发生的实际成本与实际产出水平上标准成本之间的差额则另设差异账户记录反映,根据新会计准则,企业可以依照自身实际情况设置差异账户,在期末编制会计报表时对成本差异进行处理。成本差异的处理通常有两种方法。

(一) 递延处理法

在递延处理法下,要结清各个差异账户,把各种成本差异按比例分配于原材料、在产品、产成品和销售成本,把各账户的期末余额都统一到实际成本的水平上来。该法强调成本差异与本期的存货和销货均相关,不能仅由本期销货承担成本差异,应该有相关部分差异随期末存货递延到下期。

(二) 直接处理法

在实际生产中,如果标准成本设置合理,期末差异账户的余额不大;或者当期生产的产品基本都在当期实现了销售,则可以采取简化的方式,即直接处理法,将已发生的差异均转入当期的销售成本,由本期销售的产品负担,不再分配给期末存货,这样,期末资产负债表中的存货只反映标准成本。采用这种方法隐含了一个重要假设,就是标准成本是真正的正常成本,由不正常、低效率和浪费造成的成本差异,应当直接体现在本期损益中,使得利润能够体现本期工作成绩的好坏。采用此方法可以避免期末复杂的成本差异分配,使当期经营成果与成本控制的业绩直接挂钩;但当成本标准过于陈旧或实际成本水平波动幅度较大时,就会因差异额过高而导致当期损益失实。由于工作程序简单,在实践中此方法被广泛应用。下面的例子采用该方法进行账务处理。

二、成本差异的账务处理

根据[例 7-6][例 7-8][例 7-10][例 7-11]的有关资料,编制会计分录反映成本流动如下:

(1) 购入 A 材料:

借:原材料——A 材料	57 000
直接材料价格差异	2 280
贷:应付账款	59 280

(2) 生产领用 A 材料:

借:生产成本	60 000
贷:原材料——A 材料	57 000
直接材料数量差异	3 000

(3) 直接人工成本差异结转:

借:生产成本	88 000
直接人工工资率差异	4 160
贷:应付职工薪酬	87 360
直接人工效率差异	4 800

(4) 变动制造费用差异结转:

借:生产成本	55 000
贷:制造费用	49 400
变动制造费用效率差异	2 600
变动制造费用耗用差异	3 000

（5）固定制造费用差异结转：

借：生产成本　　　　　　　　　　　　　　　　　　　　　27 500

　　固定制造费用能力差异　　　　　　　　　　　　　　　4 000

　贷：制造费用　　　　　　　　　　　　　　　　　　　　　29 000

　　　固定制造费用预算差异　　　　　　　　　　　　　　　1 000

　　　固定制造费用效率差异　　　　　　　　　　　　　　　1 500

（6）结转完工产品成本：

假定无期末在产品，本期投产 500 件甲产品全部完工，甲产品标准成本见表 7-7，结转产品成本。

表 7-7　　　　　　　　　　　甲产品标准成本　　　　　　　实际产量：500 件

成 本 项 目	标 准 用 量	标 准 价 格	标准成本（元）
直接材料	4 000 千克	15 元/千克	60 000
直接人工	5 500 工时	16 元/工时	88 000
变动制造费用	5 500 工时	10 元/工时	55 000
固定制造费用	5 500 工时	5 元/工时	27 500
合　　计			230 500

借：库存商品　　　　　　　　　　　　　　　　　　　　　230 500

　贷：生产成本　　　　　　　　　　　　　　　　　　　　　230 500

假定本期完工产品全部销售，月末编制成本差异汇总表（见表 7-8），并结转销售成本与差异。

表 7-8　　　　　　　　　　　甲产品成本差异汇总表　　　　　　　单位：元

差 异 项 目	借方余额（不利差异）	贷方余额（有利差异）
直接材料价格差异	2 280	
直接材料数量差异		3 000
直接人工工资率差异	4 160	
直接人工效率差异		4 800
变动制造费用耗用差异		3 000
变动制造费用效率差异		2 600
固定制造费用预算差异		1 000
固定制造费用能力差异	4 000	
固定制造费用效率差异		1 500
合　　　计	10 440	15 900
差异净额		5 460

（7）结转销售成本：

借：主营业务成本	230 500
贷：库存商品	230 500

（8）结转成本差异：

借：直接材料数量差异	3 000
直接人工效率差异	4 800
变动制造费用耗用差异	3 000
变动制造费用效率差异	2 600
固定制造费用预算差异	1 000
固定制造费用效率差异	1 500
贷：主营业务成本	5 460
直接材料价格差异	2 280
直接人工工资率差异	4 160
固定制造费用能力差异	4 000

其中,记入"主营业务成本"账户贷方的 5 460 元是各种差异轧抵后的净额,由于是节约,表明销售成本的减少;否则,就表现为销售成本的增加。

三、差异分析报告与例外管理原则

差异发生后,应当向管理人员及时报告。差异分析报告应当定期呈报给公司管理当局,指出差异是不利差异还是有利差异。差异分析报告应充分体现例外管理原则①,即差异分析报告不应当列报所有的差异情况,而是应当突出重点,重点报告那些不正常的、不合常规的或超过重要性水平的重大可控差异。这也是与成本效益原则相一致的。

在差异分析报告中运用例外管理原则衡量差异是否重大时,应当着重考虑以下四个因素。

（一）重要性

差异金额的大小是判定差异是否重要的一个重要因素。一般来说只有重大金额差异才属于"例外"。例如,产品成本差异超过标准成本的 5% 或绝对金额超过 3 000 元方视为"例外"。

（二）一贯性

差异分析报告应当关注那些虽未超过重要性水平但是在一段时期内连续在重要性水平附近徘徊的差异。这种差异可能反映了原有的标准成本已不具有时效性,也可能反映了企业成本控制管理的不严格,应当作为"例外"在报告中予以列报。

（三）可控性

只有那些可控的差异才应当在报告中予以反映。

---

①　例外管理:指领导人应将主要精力和时间用来处理首次出现的、模糊随机、十分重要而需要立即处理的非程序化问题。

(四) 特殊性

凡对企业的长期获利能力有重要影响的项目,即使差异很小,也应当被视作"例外",在报告中予以列报。

本章要点概览

在公平的市场环境下,企业之间是实力的竞争、人才的竞争、产品和服务的竞争,也是成本的竞争。从某种意义上而言,成本成为决定企业成败、关系企业命运的决定因素,成本的高低也成为投资人衡量企业竞争能力的重要标准。因此,如何进行有效的成本控制是企业管理者不可回避的课题。

企业的成本控制是一个非常复杂且难度很大的系统工程,广义而言是对企业生产经营的各个方面、各个环节以及各个阶段的所有成本的控制。常用的成本控制方法有标准成本控制、质量成本控制和作业成本控制。

标准成本控制的核心就是建立标准成本控制系统,标准成本控制系统是围绕标准成本的相关指标而设计的,将成本的前馈控制、反馈控制及核算功能有机结合而成的一种成本控制系统。

制定标准成本是建立标准成本制度的第一个环节,该环节将标准产品的成本按成本要素进行分解,进而为各项成本要素建立标准。以制造业为例,成本要素可分解为直接材料标准成本、直接人工标准成本和制造费用标准成本三大项目。

在标准成本系统中,产品成本差异是指一定时期生产一定数量的产品所发生的实际成本偏离预定的标准成本所形成的差额。直接材料、直接人工和变动制造费用等要素的成本差异由数量差异和价格差异两部分构成,而对固定制造费用的差异分析较为特殊。

 关键词

1. 成本控制
2. 标准成本控制
3. 质量成本控制
4. 作业成本控制
5. 标准成本控制
6. 理想成本控制
7. 基本标准成本
8. 现实标准成本
9. 单位产品标准成本
10. 产品成本差异
11. 直接材料价格差异
12. 直接材料数量差异
13. 直接人工工资率差异
14. 直接人工效率差异
15. 变动制造费用耗用差异
16. 变动制造效率差异
17. 固定制造费用预算差异
18. 固定制造费用能力差异
19. 固定制造费用效率差异

阅 读 文 献

1. [美] Ronald W. Hilton 著:《管理会计学:在动态商业环境中创造价值》(第十章当今

制造环境中的标准成本计算和业绩评价),阎达五等译,机械工业出版社 2003 年版。

2. 余绪缨主编:《管理会计(第二版)》(第十八章标准成本系统),辽宁人民出版社 2004 年版。

3. 刘志远主编:《管理会计学》(第四篇第十一章标准成本系统),立信会计出版社 2001 年版。

4. 吴大军主编:《管理会计》(第九章成本控制),东北财经大学出版社 2004 年版。

5. 吕长江主编:《管理会计》(第十章计划与控制管理:标准成本与全面质量管理),复旦大学出版社 2006 年版。

6. 谢琨主编:《管理会计》(第七章标准成本制度),清华大学出版社、北京交通大学出版社 2008 年版。

7. 胡玉明主编:《管理会计》(第三章标准成本法),中国财政经济出版社 2009 年版。

复 习 思 考 题

1. 什么是成本控制? 为何要进行成本控制?

2. 什么是标准成本和标准成本系统? 在企业中实施标准成本系统有何意义?

3. 基本标准成本、理想标准成本和正常标准成本有何差别?

4. 如何制定直接材料、直接人工和制造费用的标准成本?

5. 进行差异分析时,为什么需要将差异区分为价格差异和数量差异?

6. 产品成本差异的账务处理通常有哪几种方法? 各有什么特点?

练 习 题

一、判断题

1. 成本控制就是对生产阶段所发生的各项生产费用进行引导和限制。　　　　　( )

2. 正常的标准成本是现有条件下预期能达到的成本,一经制定就多年保持不变。　( )

3. 材料价格差异是在采购过程中形成的, 所以应该由采购部门对其负责。　　　( )

4. 标准成本系统由标准成本、差异分析两部分组成。　　　　　　　　　　　( )

5. 成本的事后控制只需要对所揭示的不利差异进行汇总、分配,并分析原因。　( )

6. 虽然实际成本与标准成本的核算有所差异,但两者具有相同的账务处理体系。( )

7. 无论变动成本差异还是固定制造费用差异,都可分为有利差异和不利差异。　( )

8. 变动成本差异由数量差异和价格差异两部分组成,并都存在结构差异的问题。( )

9. 在进行直接人工成本的差异分析时,如果完成一定的生产工作,用的人工工时多,则说明生产效率高。　　　　　　　　　　　　　　　　　　　　　　　　　　　( )

10. 制造费用耗用差异受到变动制造费用的节约和浪费的影响,但与生产工时无关。( )

二、单项选择题

1. 在实际工作中,应用最为广泛的标准成本为(　　)。

　　A. 基本标准成本　　　　　　　　　　B. 理想标准成本

　　C. 正常标准成本　　　　　　　　　　D. 定额成本

2. 在标准成本制度下,分析计算各成本项目价格差异的用量基础是(　　)。

　　A. 标准产量下的标准用量　　　　　　B. 实际产量下的标准用量

C. 标准产量下的实际用量　　　　　　　　D. 实际产量下的实际用量

3. 在确定产品标准时,确定数量标准的部门是(　　)。

　　A. 会计部门　　　　B. 采购部门　　　　C. 劳动部门　　　　D. 工程技术部门

4. 固定制造费用的实际金额与预算金额的差异称为(　　)。

　　A. 能量差异　　　　B. 预算差异　　　　C. 能力差异　　　　D. 效率差异

5. 直接材料价格差异的计算公式为(　　)。

　　A. 价格差异＝(实际数量－标准数量)×实际价格

　　B. 价格差异＝(实际数量－标准数量)×标准价格

　　C. 价格差异＝(实际价格－标准价格)×实际数量

　　D. 价格差异＝(实际价格－标准价格)×标准数量

6. 在进行直接人工成本差异分析时,若已知直接人工差异总额为不利差异2 300元,工资率差异为有利差异300元,则人工效率差异为(　　)元。

　　A. 不利差异2 600　　B. 不利差异2 000　　C. 有利差异2 600　　D. 有利差异2 000

7. 一经制定将多年保持不变的成本是(　　)。

　　A. 实际成本　　　　B. 正常的标准成本　　C. 理想的标准成本　　D. 基本的标准成本

8. 由于实耗工时脱离标准工时而引起的工资成本差异,称为(　　)。

　　A. 工资率差异　　　B. 生产能力差异　　　C. 生产成本差异　　　D. 人工效率差异

9. 计算固定性制造费用能力差异的公式是(　　)。

　　A. 固定制造费用实际支付数－固定制造费用预算数

　　B. 固定制造费用标准分配率×(预算工时－实际工时)

　　C. 固定制造费用标准分配率×(实际工时－标准工时)

　　D. 固定制造费用标准分配率×(预算工时－标准工时)

10. 在登记产品成本差异账户时,有利差异记入(　　)。

　　A. 借方　　　　　　　　　　　　　　　　B. 贷方

　　C. 借方或贷方　　　　　　　　　　　　　D. 根据成本类别不同记入不同方向

三、多项选择题

1. 在制定直接人工的标准成本时,单位产品标准工时包括的内容有(　　)。

　　A. 对产品直接加工的时间　　　　　　　　B. 必要的停工时间

　　C. 可避免的废品所耗用的时间　　　　　　D. 不可避免的废品所耗用的时间

2. 单位产品的标准成本由(　　)组成。

　　A. 直接材料的标准成本　　　　　　　　　B. 直接人工的标准成本

　　C. 制造费用的标准成本　　　　　　　　　D. 管理费用的标准成本

3. 下列项目中,属于价格差异性质的有(　　)。

　　A. 直接材料价格差异　　　　　　　　　　B. 直接人工工资率差异

　　C. 直接人工效率差异　　　　　　　　　　D. 变动制造费用耗用差异

4. 成本控制的常用方法有(　　)。

　　A. 标准成本控制　　B. 实际成本控制　　　C. 质量成本控制　　　D. 作业成本控制

5. 标准成本系统包括(　　)。

　　A. 标准成本　　　　B. 差异分析　　　　　C. 差异处理　　　　　D. 质量成本

6. 在标准成本制度下,如采用三差异法对固定制造费用总额进行分解,可以将其分解为(　　)。

A. 预算差异　　　　B. 能力差异　　　　C. 能量差异　　　　D. 效率差异

7. 下列项目中,属于价格差异的有(　　)。

　　A. 直接材料价格差异　　　　　　　　B. 直接人工效率差异

　　C. 生产能力利用差异　　　　　　　　D. 直接人工工资率差异

8. 在直接人工标准成本制定中,每小时的标准工资率决定于(　　)。

　　A. 工人人数　　　　　　　　　　　　B. 标准总工时数

　　C. 实际总工时数　　　　　　　　　　D. 预计直接人工工资总额

9. 由(　　)引起的直接材料用量差异,应该由生产部门负责。

　　A. 材料浪费　　　　　　　　　　　　B. 不能合理下料

　　C. 不能修旧利废　　　　　　　　　　D. 材料质量不合格

10. 成本差异账务处理的方法主要有(　　)。

　　A. 间接处理法　　B. 递延处理法　　C. 直接处理法　　D. 一次处理法

四、计算题

1. 某公司生产 X 产品需使用一种直接原材料 W。本期生产 X 产品 1 000 件,耗用 W 材料 9 000 千克,W 材料的实际价格为 200 元/千克。W 材料的标准价格为 210 元/千克。单位产品的材料标准用量为 9.2 千克。

　　要求:计算 W 材料的成本差异。

2. 某铅笔厂生产每套铅笔的定额工时为 0.5 工时,标准工资率为 4.5 元/工时。该厂本月实际生产铅笔 5 000 套,实际耗用 2 700 工时,实际支付人工费用 12 015 元。

　　要求:计算该铅笔厂本月的人工成本差异。

3. 某公司产品标准成本卡见表 7-9。

表 7-9　　　　　　　　　　　**A 产品标准成本卡**

产品名称:A　　　　　　　　　计划产量:50 件　　　　　　　　编号:00011

成本项目	标准用量	标准价格或标准分配率	单位产品标准成本	标准成本预 算 数
直接材料	20 千克	15 元/千克		
直接人工	5 工时	16 元/工时		
变动制造费用	5 工时	8 元/工时		
固定制造费用	5 工时	6 元/工时		
合　　计	—	—	—	

　　要求:请填写表格中的空白处。

4. 某制造车间采用标准成本系统,直接材料的价格差异由采购部门经理负责,车间主任对其余的所有差异负责。本年 3 月份的有关资料如下:

(1) 实际生产产品 5 000 件。

(2) 购买直接材料 8 000 千克,每千克实际价格为 15 元,生产实际使用 5 400 千克。直接材料每千克标准价格为 16 元,每件产品标准用量为 1 千克。

(3) 生产中实际使用人工 8 000 小时,每小时实际支付工资 30.5 元,合计 244 000 元。直接人工小时标准工资率为 30 元,每单位产品的标准工时为 1.5 小时。

(4) 固定制造费用预算为 270 000 元,按直接人工小时分配,预算直接人工小时可达到 9 000 小时。变动制造费用标准分配率为每直接人工小时 10 元。固定制造费用实际发生额为 267 000 元,变动制造费用实际发生额为 88 000 元。

要求:

(1) 计算下列各项差异:

直接材料的价格差异和数量差异;

直接人工的工资率差异和效率差异;

变动制造费用的耗用差异和效率差异;

固定制造费用的预算差异、生产能力差异和效率差异。

(2) 如果实际生产 6 000 件产品,固定制造费用差异会有什么不同?

5. 某洗衣机制造厂采用标准成本来评价工作成果和控制成本,但由于一位员工的疏忽,致使部分人工记录资料缺损。根据现存的资料可知直接人工差异总额是有利差异 1 580 元,每工时的标准工资率是 15 元,由于工资上涨,导致产生不利的人工工资率差异 1 120 元,本期实际发生的工时为 1 600 小时。

要求:

(1) 计算每小时实际工资率。

(2) 计算实际产出所允许投入的标准工时。

6. 某制造企业本年 4 月份制造费用的有关资料如下所示。

制造费用实际发生 25 200 元,其中固定制造费用 7 000 元,变动制造费用 18 200 元。固定制造费用的预算数为 6 600 元。变动制造费用的标准分配率为 6 元/工时,固定制造费用的标准分配率为 2 元/工时。实际产量所需的标准工时为 3 500 小时,实际使用的工时数为 3 200 小时。该企业采用完全成本计算法。

要求:

(1) 计算制造费用的总差异。

(2) 用三差异分析法计算固定制造费用的成本差异。

7. 某厂本年 5 月制造费用的有关资料见表 7-10。

表 7-10　　　　　　　　　　　某厂制造费用有关资料

项　　　　　目	数　　　量
标准产量的工时(小时)	36 000
实际人工小时(小时)	32 400
实际产量标准人工小时(小时)	33 000
预算变动制造费用(元)	55 800
预算固定制造费用(元)	135 000
实际支付变动制造费用(元)	55 080
实际支付固定制造费用(元)	133 500

要求:

(1) 计算变动制造费用和固定制造费用的标准分配率。

(2) 计算变动制造费用相关差异。

(3) 利用三差异分析法计算固定制造费用差异。

五、案例分析题

M 公司是一家主要业务是安装小轿车音响的企业,所有的音响配件都是按相同价格购入,但如果配件遗失或损坏,也需要另行购买。所有音响的预算安装时间也是一样的,收费也是固定的 504 元。

　　10 月是一年中的营业旺季,M 公司按最大的生产能力运作,即当月安装 500 套音响。公司的标准成本(见表 7-11)是在这个基础上制定的,分配的基础是标准工时。10 月公司的实际业绩和标准成本资料见表 7-12。

表 7-11	安装一套音响的标准成本
买入配件的成本:	160 元
人工成本:2 小时,32 元/小时	64 元
变动制造费用:2 小时,20 元/小时	40 元
固定制造费用:2 小时,48 元/小时	96 元
单位总成本:	360 元
成本加成 40%	144 元
收取的价格	504 元

表 7-12	10 月份的实际业绩	
销售:540 套		259 200 元
材料:550 套配件(已使用)	83 600 元	
人工:1 000 小时	34 000 元	
变动制造费用	20 400 元	
固定制造费用	56 000 元	
总成本		194 000 元
10 月份利润		65 200 元

要求:

　　(1) 为 M 公司的总经理编制一份简短的报告,评论 M 公司 10 月份的业绩表现,说明在哪些方面需要取得进一步的信息,并指出产生重大差异的可能原因。

　　(2) 简单讨论依赖差异分析来协助一家公司控制成本的不足之处。

第八章　全面预算管理

────学习目的与要求────

　　本章介绍了全面预算的概念、全面预算的编制方法和全面预算的编制。

　　通过本章的学习,要求学生理解全面预算的意义和作用;熟悉全面预算管理的前提、重点和特征;深刻理解在企业中推行"全员主动参与型全面预算"管理的重大现实意义;掌握全面预算的各种编制方法及其特点和适用性;熟练掌握运用全面预算的各种编制方法进行全面预算的编制,并能将其正确应用于现代企业的管理实践活动之中。

第一节　全面预算管理概述

　　预算就是对未来事件的预测和规划。预算对学生来说也并不陌生。例如,准备期末考试的学生要进行时间预算,这将有助于他们对有限的复习时间进行合理的分配,为考试取得好成绩奠定基础。中国古代儒家经典《礼记·中庸》说:"凡事预则立,不预则废。"在瞬息万变的市场中,在优胜劣汰的残酷竞争中,企业要生存求发展,就必须明确目标,而盲目经营,缺乏规划往往是企业失败的原因之一。编制全面预算,并实施严格的全面预算管理,已成为现代企业管理的一种国际惯例。据国际某知名调查机构的调查,不仅世界500强的大公司无一例外地实施严格的全面预算管理,而且在对美国、日本、澳大利亚、英国和荷兰五国的国内公司进行大规模的问卷调查后得知,编制完整的全面预算的公司数占被调查公司总数的百分比分别为:91%、93%、95%、100%和100%。全面预算已从最初的计划、协调,发展到现在的兼具控制、激励、评价等诸多功能的一种综合贯彻企业经营战略的先进的管理工具。

一、全面预算与财务预算

(一) 全面预算的概念和内容

1. 全面预算的概念

全面预算(overall budget)又称总预算(master budget),是指企业根据其战略性的长期目标,在科学的生产经营预测和决策的基础上,用数量和金额的表格形式全面反映一定预算期内企业的销售、生产经营、采购等各项经营业务以及投资、筹资、成本控制等各项财务活动的经营理财策略和预计经营成果、现金流量的一整套全面的、综合的资本运营规划和经营理财规划。全面预算反映企业总体目标,是控制企业未来生产经营活动、财务活动的标准和考核评价其结果的依据。

全面预算按其涉及的预算期可分为短期预算和长期预算。短期预算通常是指年度预算,也包括月度预算或季度预算,本章主要讨论年度预算。长期预算是指预算期超过1年的预算,有时也可细分为中期预算和长期预算,即将2~3年期的预算称为中期预算,而将3年以上的预算称为长期预算。

2. 全面预算的内容

全面预算体系主要由日常业务预算、资本决策预算和财务预算三大部分组成。

日常业务预算是指企业在科学的生产经营预测和决策的基础上,根据其确定的经营目标,用数量和金额的表格形式反映并规划一定预算期内销售、生产经营、采购等各项基本经营业务的专门预算。具体包括:销售预算、生产预算、直接材料消耗和采购预算、直接人工预算、制造费用预算、产品制造成本预算、销售及管理费用预算等。

资本决策预算是指企业根据短期和长期的经营目标,在投资决策和筹资决策的基础上所编制的专门决策预算。

财务预算是一种综合性的财务规划,它主要采用货币资金计量的形式将企业确定的经营目标和投资、筹资决策具体化、数量化、系统化,通过对资金的合理配置,反映企业在预算期内货币资金的收支情况和在各项经营业务中的成本费用控制要求,以及预计企业应实现的财务状况、经营成果和现金流量的预算。狭义的财务预算主要包括:现金预算、预计资产负债表、预计利润表和预计现金流量表等。而广义的财务预算还应包括贯穿于企业日常各项生产经营业务预算中的成本费用预算。虽然财务预算既是全面预算体系的组成部分,又是全面预算体系的最后环节,但是,因为一方面企业财务就是企业生产经营活动和投资、筹资活动中客观存在的资金运动;另一方面财务预算又是从价值方面总括地反映日常业务预算和资本决策预算结果的一种总预算,所以某些情况下可以将广义的财务预算视同全面预算,而且在企业实务中对这两者也往往不加以区分。本章则讨论企业的全面预算。

(二) 全面预算的作用

全面预算是管理会计和财务管理的重要内容之一。全面预算是贯穿于企业经营管理全过程的一种综合性的全面规划,是企业经营战略的体现,它为企业制定了未来发展变化的蓝图,为企业要达到的目标设置了规定的路线,为企业各级各部门明确了具体奋斗目标;它是企业内部沟通协调的工具,是控制考核的标准尺度。编制全面预算在企业管理中的重大作用主要有以下几个方面:

第一,承上启下,以战略为导向,能使企业决策目标具体化、系统化、定量化,以保证目标的实现。

企业最高管理层根据企业制定的发展愿景和长期战略目标,结合市场竞争态势,确定每一预算期的经营目标,而全面预算就是一个承上启下,以战略为导向,将企业最高管理层的经营决策目标转化为企业各级各部门及全体员工的奋斗目标和具体工作,使企业经营决策目标具体化、系统化、定量化的管理工具。企业的经营决策目标是多重的,不可能用唯一的数量指标来表达,而通过编制全面预算,一方面可以分门别类、有层次、有系统地用数量表达企业的各种经营目标,如销售、生产、成本、费用、收入、利润等目标;另一方面这些企业的经营总目标又可以被分解并量化为各级各部门的具体经营目标。明确了各级各部门的具体经营目标,就有利于动员全体员工为之奋斗。如果各级各部门都能根据全面预算规定,完成自己的具体经营目标,那么企业经营总目标的实现就有了坚实的保障。

第二,可以明确企业内部各级各部门的职责和权限,增强各级管理人员的管理责任。

通过编制全面预算,可以使各级各部门的管理人员和员工明确自己应达到的数量化的具体经营目标,明确自己相应的职责和权限。这样,既有利于增强各级责任单位的管理责任性,激发各级管理人员的积极性;又能促使管理人员和员工关注企业预算期的各项生产经营条件的改善及外部市场竞争环境的变化,积极研究对策,不断提高经营管理水平。

第三,能促使管理人员有效、准确地编制计划,对人工、原料、设备、资金等有限资源作最经济的配置。

任何企业的原料、设备、资金等经济资源和人力资源都是有限的。如果企业的各级各部门都只考虑自身的利益,无计划地盲目使用各种有限资源,就必然会造成资源的浪费,降低有限的经济资源和人力资源的使用效率,从而损害企业的整体经济利益。通过编制全面预算,能使企业各级各部门管理人员了解企业面临的市场竞争环境和企业的总体目标,以及企业的有限资源,这就促使他们面对市场的激烈竞争树立全局观念,根据企业的整体利益和本部门的具体情况,最经济地配置和最充分地利用有限的经济资源和人力资源,最大限度地提高有限资源的利用效率。

第四,可以增进各部门之间的了解,有利于沟通与协调企业内部各级各部门的经营活动。

企业内部各级各部门协调一致,才能最大限度地实现企业的总目标。但由于各部门的职责和具体目标不同以及本位主义作祟,往往容易强调自身的困难而忽视其他部门的利益,有时还会出现相互扯皮、推诿甚至冲突的现象。例如,生产部门如果不考虑市场需求,编制一个扩大生产能力、大幅度提高产量的自以为是最好的预算,但销售部门却无法将产品全部销售出去,其结果必然给企业造成浪费和损失。通过编制全面预算就可以为企业内部各级各部门提供一个相互了解沟通、相互协调的机会和平台,有利于提高企业各级管理人员和全体员工的全局观念,有利于综合平衡企业内部各方利益,增进各部门相互之间的了解和协作,有效防止冲突,实现企业整体经济利益最优。

第五,既是控制企业日常生产经营活动和实现目标利润的标准,也是进行业绩考核与提供激励的依据和尺度。

全面预算具有标准性和尺度性的特性。全面预算承上启下,这里"上"是指企业的经营决策目标,"下"是指企业的日常各项生产经营活动。企业通过编制全面预算将经营决策目标具体化、系统化、定量化地与日常各项生产经营活动建立了有机的联系,为企业要达到的目标设置了规定的路线,为企业各级各部门明确了具体奋斗目标。因此,全面预算可以有效地防止企业日常经营活动偏离预定的经营决策目标,并成为控制企业日常各项经营活动的标准;同时,全面预算的执行情况和完成程度就自然成为检查和评价企业各级各部门管理人员和员工的绩效和质量的标准尺度,并为业绩考核和奖惩激励提供了依据。

业绩考核和绩效衡量在现代企业管理中十分重要,"不能衡量就不能管理"。由于全面预算既是控制企业日常生产经营活动的标准,又是对企业各级各部门和全体员工进行业绩考核的尺度,更是进行激励和奖惩的依据,因此,它在现代企业管理中具有举足轻重的作用。

二、全面预算管理

全面预算管理是指以编制全面预算为起点,并以此为标准和尺度,围绕全面预算的实施、控制、评价和考核而展开的一系列的企业内部管理活动。全面预算管理既是企业实现其经营目标的重要管理方法和工具,也是现代企业管理的重要组成部分,它已成为国内外成功的大中型企业普遍采用的一种现代企业管理模式。全面预算管理是企业成功的钥匙,若将全面预算与当代最权威的管理工具——平衡计分卡相结合,将全面预算管理纳入平衡计分卡战略管理系统,那么全面预算就不仅能在合理配置企业有限的经济资源和宝贵的人力资源、量化企业的各项经营决策目标、规范企业的日常管理控制、落实各责任单位的经济责任、明确各级各部门的经营职责和权限、确定业绩考核的尺度和依据等方面发挥重大作用,而且能为实现企业愿景和长期战略目标服务,因而是实施企业战略管理的必需工具。

企业推行全面预算管理应以市场为主导,不断适应市场经济的变化,将市场竞争机制引入企业内部管理;应以提高经济效益,为企业创造财富为核心;应以财务管理为基础,实施全面的经济责任制。具体来说,企业实施全面预算管理的前提是必须设立强有力的最高领导机构;重点是进行成本控制,现金管理;特点是以人为本,全员参与。

(一)设立预算管理最高领导机构

全面预算管理是一项全面性和综合性的企业管理工作,全面预算的编制和实施也是一项非常复杂的系统工程,涉及企业各级各部门方方面面和全体员工的切身经济利益,如果没有企业最高管理层的足够重视和鼎力支持,缺乏各级各部门的通力协作,财务预算的编制就会流于形式,其实施也必然是轰轰烈烈走过场。因此,专门设立企业预算管理最高领导机构是推行全面预算管理的前提,是实现全面预算预期效果的必要保障。强有力的预算管理最高领导机构应由企业最高管理者,如首席执行官(CEO)或者总经理挂帅负责,由副总经理和首席财务执行官(CFO)或者财务总监、总会计师、总工程师等企业高级管理人员以及各主要部门负责人组成。其中企业财务部门负责人应在上下沟通、左右协调中充分发挥作用。企业预算管理最高领导机构的主要职责是:

(1)根据企业的长期战略目标和经营决策目标,制定每一预算期的全面预算总体要求。

（2）审查并协调各级各部门编制的预算，调整和批准各级各部门编制的预算。

（3）汇总编制企业总预算，并颁布实施。

（4）在预算执行过程中，可以根据市场竞争需要和企业经营目标，修改、补充和完善预算，但要明确修改预算的程序和权限。

（5）建立预算执行信息反馈系统，全面跟踪、监督、检查、分析和评价各级各部门预算执行情况及其结果，保证实现预算确定的经营目标；制定奖惩激励标准，并据此进行绩效考核。

（二）以成本控制、现金管理为重点

全面预算管理应突出成本控制，控制成本费用是全面预算的主要功能之一。早在20世纪20年代，全面预算就在企业对成本费用进行控制的需要中产生并发展起来的。企业在编制各项日常经营业务预算时，应该采用市场倒逼法，因为企业产品或劳务价格的制定不能随心所欲，而是要受到市场竞争制约的。市场价格和收入在一定的情况下，企业根据欲实现的目标利润，倒推确定成本费用应控制的耗用水平，称市场倒逼。例如，在编制产品制造成本预算时，首先要结合企业实际条件，按市场倒逼法确定产品目标成本，由此限定产品的料、工、费各成本项目消耗指标，并将其层层分解到各车间、班组，落实到每一个员工；同时提高成本费用指标的考核力度，将成本预算指标的完成程度与部门和个人的经济利益挂起钩来，使每个部门和每个员工都深切感受到市场竞争的压力。同样，对于各管理部门和职能科室的办公费、业务招待费、广告费等各项日常管理费用也要进行明细分类，根据企业的经营目标，逐项确定费用降低率，逐项编制费用预算加以控制，并将费用预算的完成程度与部门和个人的经济利益挂钩。总之，应将成本费用的预算控制面扩展到企业的所有部门和全体员工，扩展到企业日常经营活动的方方面面。

同时，全面预算管理应以现金管理为重点，强化现金控制，必须坚持现金收支平衡原则，尤其是具有多个业务分部的大中型企业应建立现金管理中心，对现金实施集中统一管理，提高现金周转效率。现金是维持企业生存的必要资源，企业应对每项现金收入和支出实施预算控制，纳入预算管理，以便对资金实施统一调度，防止出现现金闲置和现金短缺，实现现金的最佳使用效益。

（三）以人为本，全员参与

在全面预算管理中，应强化"以人为本"的意识，注重各部门和员工的参与程度，编制主动参与型的全面预算。因为全面预算涉及企业经营决策目标能否实现，涉及各级各部门和全体员工的经济利益，甚至涉及经济利益的再分配。企业的预算体系能否发挥有效的功能，取决于各级各部门管理者和员工对预算的理解和接受程度。如果全面预算仅仅是由财务部门或少数几个人闭门造车编制的，那么，各级各部门管理者和员工理解和接受程度往往很低，最终就会流于形式。事实证明，企业全体员工积极参与的主动型全面预算与单纯由上级指定分派而下达的被动型全面预算相比，往往更具有效率性。

在企业内部推行全员主动参与型全面预算，体现了一种以人为本的现代科学管理理念，具有很强的激励、沟通和教育的功能，是预算取得成功的基础。首先，在全面预算编

制的过程中,由企业各层次相关人员共同参与,能使预算更好地融入管理人员和全体员工的智慧和意见,提高全面预算被认知和接受的程度,有利于各级各部门管理人员和员工主动将全面预算确定的目标当作自己的奋斗目标来实施,增强主人翁责任感,尤其对下层管理者和员工能起到极强的激励作用。其次,吸收企业各层次相关人员共同参与全面预算的编制,有利于减少组织内部信息的不对称,有利于上情下达和下情上传,既能使企业下层管理者和员工理解上层管理者的决策,又能使企业下层管理者和员工将其所了解的经营环境、技术等实际情况传递给上层管理者,使信息得到充分的收集和反馈;同时还能促进企业内部各级各部门之间的充分协调和协作,达到沟通的作用。最后,让企业各层次相关人员共同参与全面预算的编制,实际上也是这些相关人员一次很好的全面预算的自我教育,使他们得到了一次难得的全面预算培训机会,促使他们对企业的未来加以思考和更关注企业所面临的市场竞争压力,有助于发展和修正他们自己的经营业务,提高市场竞争能力。所有这些效果,在被动型全面预算的情况下,是不可能达到的。

第二节　全面预算的编制方法

　　全面预算的编制方法,一般而言,由于企业所处的市场环境不同,各企业的经营基础和条件不同,企业内部各级各部门、各责任单位和各项经营业务之间又必定存在着各种差异,所以,它们就必然要根据各自特点而灵活采取各种不同的预算编制方法。全面预算的编制方法如果按其业务量基础的数量特征不同,可分为固定预算方法和弹性预算方法;如果按其出发点的不同,可分为增量预算方法和零基预算方法;如果按其预算期的时间特征不同,可分为定期预算方法和滚动预算方法。此外还有概率预算方法等。

一、固定预算与弹性预算

(一)固定预算方法

　　固定预算又称静态预算,是指在编制预算时,只根据预算期内正常的、可实现的某一固定业务量(如机器小时、产量、销量等)水平作为唯一基础,不考虑预算期内生产经营活动可能发生的变动而编制的预算。由于只以一个相对固定的业务量为基础编制,其编制的工作量相对较小,因此,固定预算方法主要适用于经营业务较稳定、产品产销量较稳定的企业。当然,在市场经济激烈变动的情况下,企业的业务量固定不变是不可能的,但是,只要能预测预算期业务量的变动范围,在现有生产能力范围之内,采用固定预算方法是可行的,且符合成本效益原则。这就是目前大多数编制全面预算的企业仍然采用固定预算方法的原因,也是一种较为传统的预算编制方法。

　　【例8-1】　甲公司的A产品成本计算采用完全成本法,其预算期预计生产A产品1 000件。按固定预算方法编制的A产品成本预算见表8-1。

表 8-1 　　　　　　　　　A 产品成本预算　　　　　　　预计产量：1 000 件

成　本　项　目	总成本（元）	单位成本（元）
直接材料	36 000	36
直接人工	20 000	20
变动制造费用	10 000	10
固定制造费用	25 000	25
合　　　计	91 000	91

如果甲公司的 A 产品生产能力为 1 400 件。在预算期内 A 产品实际产量为 1 300 件，实际发生总成本 112 400 元，其中，直接材料 50 700 元，直接人工 23 400 元，变动制造费用 13 300 元，固定制造费用 25 000 元，单位成本 86.46 元。那么，A 产品的实际成本水平是上升了还是下降了？如何根据财务预算对实际经济业务进行正确的控制和考核评价？

因为 A 产品的实际产量仍然在企业现有的生产能力范围之内，固定制造费用应该相对固定不变，对变动成本则可以按照实际产量的变动比例对预算指标金额进行调整，据此编制 A 产品成本控制业绩报告，见表 8-2。

表 8-2 　　　　　　甲公司 A 产品成本控制业绩报告　　　　　　金额单位：元

成　本　项　目	实际成本	预　算　成　本		差　　　异	
		未按产量调整	按产量调整	未按产量调整	按产量调整
直接材料	50 700	36 000	46 800	+14 700	+3 900
直接人工	23 400	20 000	26 000	+3 400	−2 600
变动制造费用	13 300	10 000	13 000	+3 300	+300
固定制造费用	25 000	25 000	25 000	—	—
合　　　计	112 400	91 000	110 800	+21 400	+1 600

从表 8-2 中可知，如果不按产量调整，A 产品实际成本超支 21 400 元，上升 23.5％；其中所有变动成本项目都不同程度地超支了，成本控制业绩相当差。显然这个结论是不公平的，因为实际产量已经偏离了预算产量，导致实际成本与预算成本不具有可比性。但是，按照产量调整后，A 产品实际成本仅超支 1 600 元，上升 1.4％；其中主要超支的变动成本项目是直接材料，超支 3 900 元，上升 8.3％，而直接人工没有超支反而是节约了 2 600 元，下降 10％。显然，经过调整后的预算成本与实际成本更具有可比性。表 8-2 中按产量调整的预算成本计算公式为：

$$预算变动成本＝预算单位变动成本×实际产量$$

由此可知，实际产量的变动在企业现有生产能力范围之内的话，只要按照实际产量的变动比例对预算成本进行相应调整，其调整后的预算成本仍然可以作为实际业务的控制标准和考核评价的依据。也就是说，固定预算方法适用于实际产量的变动在现有生产能力范围之内且成本费用可以分解为变动成本和固定成本的全面预算编制。当然，如果预计预算期的业务量变动范围将超出现有生产经营能力范围,或者企业无法划分变动成本和固定成本,大多数或几乎所有成本项目都是混合成本,无法按照实际业务量的变动比例调整预算成本,那么就不能采用固定预算方法,而应该采用弹性预算方法编制财务预算。

（二）弹性预算方法

弹性预算又称变动预算,是指在编制预算时,根据预算期可预见的业务量变动范围,以多种业务量水平为基础编制的、能够适应多种业务量变动情况编制的一种预算。弹性预算是为了克服固定预算的缺点而设计的。由于需要根据一个较大变动范围内的多种业务量编制,其编制预算的工作量较大。弹性预算主要适用于预算期内业务量变化较大的企业,尤其当预算期可预见的业务量变动范围将超出现有生产能力,或者当各项预算指标金额无法按业务量变动的比例进行简单调整时,应该采用弹性预算编制方法。

【例 8-2】　甲公司某车间正常生产能力是 20 000 机器小时,该车间的各项制造费用已被合理地分解为变动成本和固定成本两部分。预计该车间生产的产品在预算期市场上将深受消费者青睐,其产销量将很可能超过现有正常生产能力,因此决定采用弹性预算方法编制该车间制造费用的预算。

预计预算期该车间的生产能力变动范围将在 16 000～24 000 机器小时之间。根据分析测算,在此生产能力的变动范围内,预计各项变动费用的变动费用率(即单位变动费用)将保持不变;而各项固定费用在正常生产能力范围内也将保持不变,但超过正常生产能力后,各项固定费用将发生如下变动:当超过正常生产能力 10%,固定间接人工、固定维修费用和折旧费将分别比正常时增加 500 元、500 元和 4 000 元;当超过正常生产能力 20% 时,它们将分别比正常时增加 1 100 元、1 200 元和 9 000 元。据此,该车间编制了制造费用弹性预算,见表 8-3。

表 8-3　　　　　　　　　　　　　　制造费用弹性预算

正常生产能力 20 000 机器小时

费 用 项 目	变动费用率 （元/小时）	生产能力（机器工作小时）			
		80% 16 000	100% 20 000	110% 22 000	120% 24 000
变动费用					
间接材料	0.5	8 000	10 000	11 000	12 000
间接人工	1.5	24 000	30 000	33 000	36 000
维修费用	2	32 000	40 000	44 000	48 000
……					
小计	5	80 000	100 000	110 000	120 000
固定费用					
间接人工		4 000	4 000	4 500	5 100
维修费用		6 000	6 000	6 500	7 200
折旧		10 000	10 000	14 000	19 000
小计		20 000	20 000	25 000	31 300
合　　计		100 000	120 000	135 000	151 300

从表 8-3 可知,当业务量超出正常生产能力范围,如生产能力为 110% 和 120% 时,其固定费用的变动与业务量的变动不成比例,无法按实际业务量的变动比例对预算费用进行调整,导致预算不能作为实际经营活动的控制标准和考核评价的依据,所以不能采用固定预算方法编制此类预算。但是只要实际生产能力的变动在预算范围内,采用弹性预算方法编制此类预算,就可以克服这种缺陷。显然,在市场经济瞬息万变的情况下,弹性预算方法具有更强的适应性。

弹性预算方法的缺点是,编制预算的工作量较大,编制预算的成本较高。

二、增量预算与零基预算

(一) 增量预算方法

增量预算又称调整预算,是指以基期的业务量水平和成本费用消耗水平为编制预算的基础,根据企业预算期的经营目标和实际情况,结合市场竞争态势,通过对基期的指标数值进行增减调整而确定预算期的指标数值的预算。

增量预算方法是一种传统的预算编制方法,因为其预算期的指标数值是建立在基期相应水平的基础之上的,所以比较容易获得,预算编制的工作量相对较少;而且采取增量预算方法,可以避免各项生产经营业务和日常各级各部门的各项管理工作产生剧烈的波动,可以使企业在保持相对稳定的基础上渐进式发展。但是,用这种方法编制预算会受到基期项目的影响,不利于企业进行大刀阔斧式的根本性改革,甚至可能会保留某些不合理的项目及其指标数值,可能导致在一定程度上保护落后。

【例 8-3】　甲公司销售部门采用增量预算方法编制该部门 2016 年度的费用预算。根据公司下达的销售部门预算期费用控制目标的要求,考虑到预算期市场竞争可能的变化,并结合基期各项明细费用的实际数额和销售部门在预算期的工作任务,确定了各项费用的增减比例,由此制定该部门 2016 年度的费用预算额,见表 8-4。

表 8-4　　　　　　　　　　　销售部门费用预算表(增量法)

2016 年度　　　　　　　　　　　　　　　金额单位:元

费用明细项目	上年实际费用额	本年比上年变动百分比	本年预算费用额
办公费	80 000	下降 2%	78 400
差旅费	320 000	下降 3%	310 400
业务招待费	580 000	下降 3%	562 600
销售开拓费	200 000	下降 2%	196 000
物料消耗费	48 000	下降 5%	45 600
运输费	600 000	增长 2%	612 000
装卸费	720 000	增长 1%	727 200
修理费	920 000	下降 2%	901 600
水电费	250 000	下降 3%	242 500
劳动保护费	52 000	不变	52 000
合　　计	3 770 000	约下降 1.11%	3 728 300

由表 8-4 可知,增量预算编制的前提是基期各项费用的发生都是必需的、基本合理的,预算期的各项费用相对于基期而言,变动不大,比较平稳。增量预算方法适合于在预算期内变动幅度较小的,采用稳定发展模式编制预算的企业。如果预算期要求企业的各项费用进行大幅度的变动,要求进行大刀阔斧的改革,要剔除所有不合理项目,那么应该采用零基预算方法编制全面预算。

(二)零基预算方法

零基预算又称零底预算,顾名思义,是指以零为基础,不受基期水平约束,不考虑基期实际发生的业务量项目及其金额编制的一种预算。其编制预算的指导思想是推倒重来,一切从零开始。零基预算是由美国得克萨斯仪器公司担任全面预算工作的彼德·派尔在 1970 年编制该公司的费用预算时首创的,而后被西方的政府预算和企业预算所运用,并取得了很好的成效。作为控制间接费用的有效方法,零基预算现已被发达国家的大多数企业所采用。

零基预算尤其适用于编制间接费用预算。按照零基预算的指导思想,对于预算期内任何一个费用项目的金额,不是从基期原有的基础出发进行调整,而是打破条条框框,不受现有框架的束缚,以零为起点,从根本上重新考虑每一个费用项目发生的必要性及其应有金额。零基预算尤其适用于大刀阔斧搞改革的企业。其编制过程一般可以分为三个步骤:

首先,确定预算目标。先由企业提出总体经营目标,然后由企业内部各有关部门和员工根据企业的总体经营目标和本部门应当完成的任务,在充分酝酿沟通的基础上提出必须设置的费用项目及其金额。

其次,进行成本效益分析。由企业预算最高领导机构组织相关部门和人员对各费用项目及其金额进行成本效益分析,判断各项费用开支的合理性和必要性,评价各预算项目的经济效益,在权衡各费用项目轻重缓急的基础上,排列各费用项目的层次和预算资金分配的先后顺序。

最后,分配资金,落实预算。根据以上确定的费用项目的先后顺序,将企业预算期内可动用的资金或经济资源,在有关费用项目之间进行合理分配,落实预算。

【例 8-4】 仍然沿用[例 8-3]的资料,甲公司预算委员会经过研究一致认为,销售部门历年来的业务招待费、差旅费超标比较严重,物料消耗费存在着比较严重的浪费现象,而销售开拓费的使用不符合现行法规,若采用增量预算方法不利于纠正此类情况。因此决定销售部门的费用预算编制采用零基预算方法,同时决定预算期目标费用总额控制在 346 万元以内。销售部门在财务部门的协助下,组织所属各责任单位和全体员工经过多次反复讨论研究,在确保完成预算期销售任务的情况下,对各项费用开支的合理性和必要性以及成本效益进行评判、选优、排序,并作出如下预算。

为了完成预算期的销售目标,扩大市场占有份额,为商品销售而直接发生的运输费、装卸费必须首先得到保证,不仅不能压缩,还要略有增加,应各增长 2%;为了保持工作环境的安全有序,劳动保护费应得到保证,不能压缩;修理费主要是已售商品实行"三包"的保修费,因为商品质量的提高,近年来修理费已呈逐年下降趋势,预测预算期可以下降 3%;销售开拓费不符合政府打击商业行贿的要求,应该取消;存在比较严重浪费现象的物料消耗费应采取各种相应整改措施,力争下降10%;针对超标的差旅费和业务招待费,经过逐项细化分析,确定应分别下降6%和13%;办公费和水电费在编制增量预算时提出的降低要求基本上是合适的,可以在目标费用总额3 460 000元的范围内微调,即可以在除办公费和水电费以外的其余各项预算费用总额3 139 400元与部门目标预算费用总额3 460 000元之间的差额320 600元(3 460 000-3 139 400)的范围内调整,因为从成本效益角度来看,办公费应优先,仍可以维持下降2%的预算;那么水电费的预算额只能确定为242 200元(320 600-78 400),即下降3.12%。该公司销售部门采用零基预算方法编制的费用预算表见表8-5。

表 8-5   销售部门费用预算表(零基法)

2011 年度   金额单位:元

费用明细项目	上年实际费用额	本年比上年变动百分比	本年预算费用额
办公费	80 000	下降 2%	78 400
差旅费	320 000	下降 6%	300 800
业务招待费	580 000	下降 13%	504 600
销售开拓费	200 000	取消	—
物料消耗费	48 000	下降 10%	43 200
运输费	600 000	增长 2%	612 000
装卸费	720 000	增长 2%	734 400
修理费	920 000	下降 3%	892 400
水电费	250 000	下降 3.12%	242 200
劳动保护费	52 000	不变	52 000
合　　计	3 770 000	下降 8.22%	3 460 000

由此可知,零基预算的优点是:可以不受历史资料和现有费用项目的限制,考察一切业务活动和项目及其金额的必要性、合理性和重要程度,有利于消除一切不合理因素,进行大刀阔斧的改革;有利于合理有效地分配有限资源,降低成本费用,提高资金的利用效果。当然零基预算的工作量较大,编制预算本身的成本和代价较高,且短期内会给企业造成较大震动,不利于经营环境的安定平稳,因此,一般不可经常性地大规模使用零基预算方法。

三、定期预算与滚动预算

(一) 定期预算方法

定期预算即按固定时期编制的全面预算,是指在编制全面预算时以固定不变的会计期间(往往是会计年度)作为预算期编制的一种预算。

由于采用定期预算方法编制全面预算,其预算期与会计年度相配合,便于使用实际会计指标考核和评价预算执行的结果,因此定期预算方法被很多企业采用。限于各种条件,本章第三节介绍的全面预算就是定期预算。

当然,按照定期预算方法编制的预算存在很多缺陷。

（1）定期预算的标准性和尺度性差。因为预算就是对未来事件的预测和规划，而市场经济的瞬息万变导致对预算前期的预测和规划可能较准确，其预算指标还具有标准性和尺度性；对预算期后期的预测和规划往往很难准确，使预算指标缺乏标准性和尺度性，这样，既给预算期后期的预算执行带来困难，又不利于利用预算指标对企业各级各部门的生产经营活动进行控制和考核。

（2）定期预算灵活性差。由于编制完成的定期预算不能随情况变化和企业经营战略的调整而及时调整，不能适应快速变化的市场经济，造成预算滞后过时，丧失其应有的作用。

（3）定期预算连续性差。由于定期预算一年一个周期，相互之间存在预算间断，可能导致经营管理者的决策视野仅局限于本预算周期的经营活动，不能适应连续不断的经营过程，从而形成短期经营行为。

为了克服定期预算方法的缺陷，可以采用滚动预算方法编制全面预算。

（二）滚动预算方法

滚动预算又称永续预算或连续预算，是指在编制预算时既将预算期与会计年度脱离，又使预算期的长度始终保持为一个年度（12个月），且连续不断地随预算的执行和时间的推移而逐期滚动延伸编制的一种预算。滚动预算可以逐月滚动也可以逐季滚动，如图8-1就是逐季滚动。滚动预算的特点是：滚动时每一预算期的前期（如第一季度）的预算应细化，其指标数值尽可能详细完整，使预算具有标准性和尺度性，便于执行和考评；而后期（如后三个季度）的预算可以概略一些。在第一季度行将结束，第二季度即将开始前，对第一季度预算的执行情况进行实际与预算差异分析，并根据市场的新情况、新变化和企业经营战略的调整要求，及时修改调整后期的预算。据此，一方面，再将前期（如第二季度）的预算细化而对后期的预算仍然概略一些；另一方面，同时在后期补充增列一个新的季度（或月份）的预算，使预算周期始终保持在一个年度（12个月）的长度，以此循环往复，不断滚动。

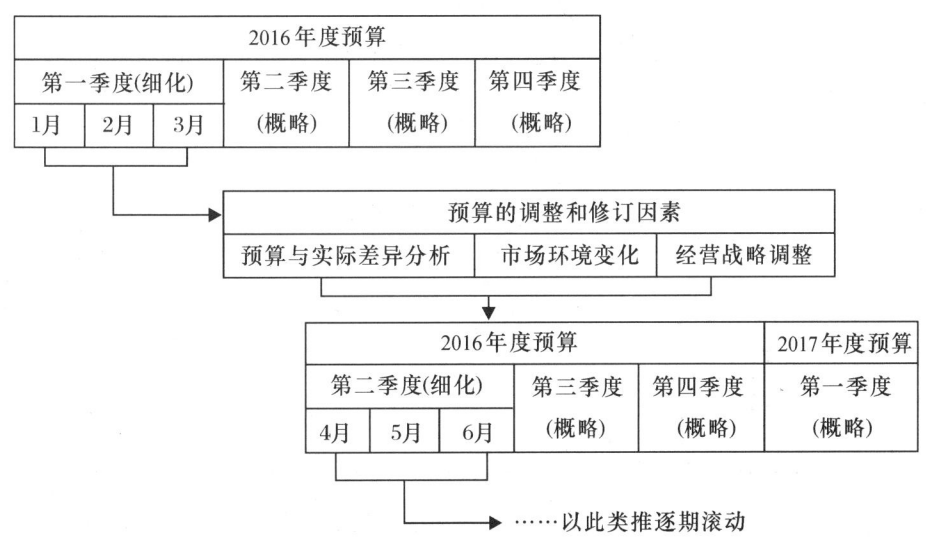

图 8-1　滚动预算特点图

滚动预算方法的优点如下：

（1）符合企业持续经营的一般假设，使预算具有连续性和完整性，有助于企业管理者从动态预算中连续不断地规划未来的经营活动，将前期与后期的经营活动有机地连接在一起，更好地把握企业未来发展的趋势。

（2）由于预算可以经常、及时根据市场的变化和企业的实际情况进行不断地修正，能使预算与实际情况互相适应，更有利于充分发挥全面预算对经营活动的指导和控制作用，从而提高了全面预算的科学性和有效性。

（3）因为滚动预算在连续不断的滚动中始终保持一个完整的预算年度，所以有助于企业管理者既明确近期预算目标，又了解企业未来的长远总体规划，以确保企业管理工作的完整性与稳定性。

当然，滚动预算方法最大的缺点是预算编制工作量较大。

【例 8-5】 甲公司为增值税一般纳税企业，增值税税率17％。甲公司预计2016年度生产的B产品单位售价的波动区间为95～100元之间，平时较低，节假日较高；预计现金回收率在年初较低，从3月份起现金回收率能逐步提高；并根据企业确定的目标销售额和目标现金收入编制销售及现金收入滚动预算，见表8-6。

表 8-6 销售及现金收入滚动预算

项　　目	第一季度			第二季度	第三季度	第四季度	合　计
	1月	2月	3月				
预计销售量（台）	9 000	12 000	8 000	25 000	25 000	30 000	109 000
预计单价（元）	95	100	98	98	96	98	
预计销售收入（万元）	85.5	120	78.4	245	240	294	1 062.9
增值税销项税额（万元）	14.535	20.4	13.328	41.65	40.8	49.98	180.693
含税收入（万元）	100.035	140.4	91.728	286.65	280.8	343.98	1 243.593
现　　　金　　　收　　　入							
1月份现金收入（万元）	10.0035	10.0035	20.007	30.0105	30.0105		100.035
2月份现金收入（万元）		14.04	28.08	42.12	42.12	14.04	140.4
3月份现金收入（万元）			18.3456	27.5184	27.5184	18.3456	91.728
第二季度现金收入（万元）				85.995	85.995	85.995	257.985
第三季度现金收入（万元）					84.24	84.24	168.48
第四季度现金收入（万元）						103.194	103.194
现金收入合计（万元）	10.0035	24.0435	66.4326	185.6439	269.8839	305.8146	861.822

在2016年第一季度的3月份后半月，应该及时进行第一季度预算执行分析，比较实际与预算的差异，分析差异形成的原因，根据对第二季度及后期的B产品销售市场的变动走势的预测评估，在相应调整原预算的基础上，编制从2016年第二季度至2017年第一季度的

B产品销售和现金收入滚动预算,以此类推,不断滚动。

第三节　全面预算的编制

一、全面预算编制的原则和总体要求

为了使全面预算充分发挥其承上启下和在企业管理中的标准尺度作用,在全面预算的编制中应该遵循如下原则和总体要求。

(1) 企业全面预算的编制应充分考虑市场竞争因素,应充分体现"可行性、客观性、先进性"的原则,既要切实可行,又要对全体员工具有激励性。

(2) 全面预算的编制应以企业总体目标和财务决策为前提,根据企业确定的预算年度的目标利润、目标销售额和目标成本,并结合各部门、各责任单位的具体情况逐层分解编制,承上启下,使经营目标具体化、数量化。

(3) 各部门、各责任单位的全面预算指标必须具有可操作性,各相关全面预算指标之间要相互衔接,钩稽关系要明确,以保证整个企业全面预算的综合平衡和可靠完整。

(4) 全面预算的编制应从实际出发,实事求是、科学合理、积极可靠、留有余地。财务预算指标金额一般应按合理可达到的水平设置,这样,有利于增强执行者的信心;对于基础好的优秀部门和业务要按绝对高效率水平设置,以达到完全消除低效率和非增值作业。总之,不要盲目拔高全面预算指标金额,力求将实际与预算的差异控制在10%以内。

二、全面预算的编制程序和内容

1. 全面预算的编制程序

全面预算的编制应先"由上而下",再"由下至上",两种程序相结合。"由上而下"是指先由企业预算管理最高领导机构作出经营战略决策,制定预算年度全面预算编制的原则和总体要求,而后层层分解,推行到下属各级各部门、各责任单位,再由各级各部门、各责任单位结合自身的实际情况,确定各自的具体经营目标并细化为各项预算具体指标数值;然后,再"由下至上",将各级各部门、各责任单位编制的全面预算初稿逐级汇总,分别由高一层的管理机构修改、协调、平衡,直至预算管理最高领导机构审核批准。其间可能需要上下反复多次,才能最终编制完成全员主动参与型全面预算。

2. 全面预算编制的业务流程

企业全面预算的编制一般应以目标利润为主旨,结合市场调查和预测确定目标销售额,再按市场倒逼法确定目标成本范围;然后以销售预算为起点,以销定产,逐步分解细化编制预算。其业务编制流程及内容见图8-2。

3. 全面预算内容

全面预算体系主要内容包括:① 销售及现金收入预算;② 生产预算;③ 直接材料消

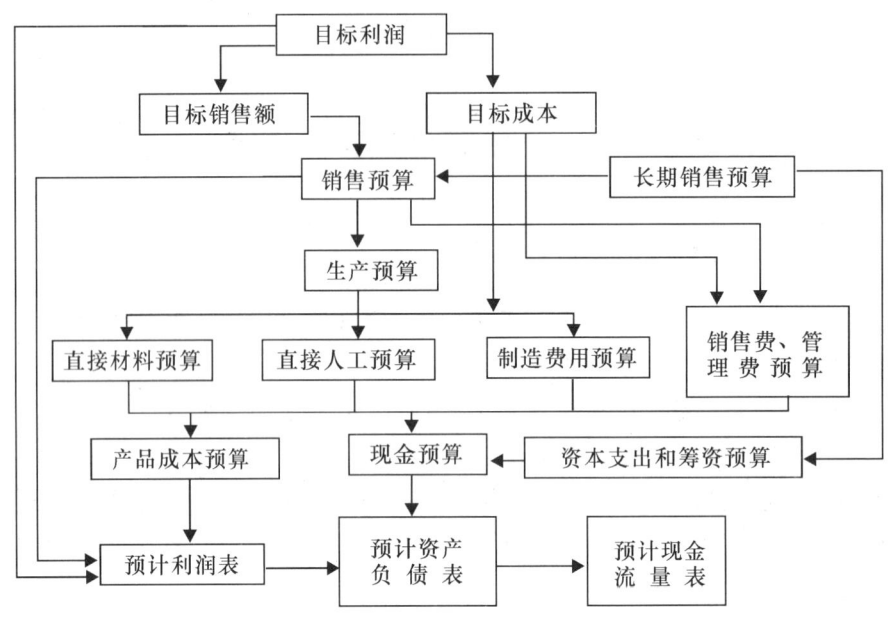

图 8-2 全面预算业务流程图

耗预算;④ 直接材料采购成本及现金支付预算;⑤ 直接人工预算;⑥ 制造费用及现金支付预算;⑦ 单位产品成本和期末存货预算;⑧ 销售和管理费用及现金支付预算;⑨ 现金预算;⑩ 预计主要会计报表等。

三、全面预算的内容及其编制应用举例

为了实现企业的发展愿景和战略目标,企业每年都会在市场调查和对市场竞争趋势预测的基础上,先由企业最高管理层作出预算期应达到的目标利润、目标销售额和目标成本的决策,然后编制全面预算,并承上启下,将决策目标具体化、系统化、数量化,以确保企业决策目标的实现。如图 8-2 的全面预算业务流程图所示,财务预算应以销售预算为起点、为基础。

(一) 销售及现金收入预算

销售预算是指在通过销售预测确定目标销售量和目标销售额的基础上,为规划某预算期内企业各产品预计销售收入和各项劳务预计销售收入而编制的一种日常业务预算。销售收入最终必须是现金收入的实现。由于现金收入比例的高低可以直接反映企业销售收入的风险程度和实现利润的质量,因此,企业在编制销售预算时应该同时编制现金收入预算,将销售收入和现金收入紧密联结在一起,共同作为对销售业务的控制标准和考核评价的依据。同时,现金收入预算也是企业编制现金预算的依据。

【例 8-6】 华丽公司是增值税的一般纳税人,增值税税率 17%。假定华丽公司在预算年度 2016 年只生产和销售一种甲产品,预计销售单价为 80 元,预计全年四个季度的销售量分别为 2 000 万件、2 500 万件、2 500 万件和 3 000 万件,全年实现目标销售量共 10 000 万

件。每季的商品销售收入额(包含增值税)计划在当季收回现金40%,余额要求在下一季度全部收回。华丽公司预算年度的年初应收账款余额为50 000万元。假设不考虑坏账损失。华丽公司的销售及现金收入预算见表8-7。

表8-7　　　　　　　　　甲商品销售及现金收入预算表

2016 年度

项　　目	第一季度	第二季度	第三季度	第四季度	全　年
目标销售量(万件)	2 000	2 500	2 500	3 000	10 000
预计售价(元/件)	80	80	80	80	80
预计销售收入(万元)	160 000	200 000	200 000	240 000	800 000
预计增值税(销项)(万元)	27 200	34 000	34 000	40 800	136 000
预计含税商品销售额(万元)	187 200	234 000	234 000	280 800	936 000

项　　目	本期发生额 (万元)	现金收入(万元)				
年初应收账款余额	50 000	50 000				50 000
第一季度	187 200	74 880	112 320			187 200
第二季度	234 000		93 600	140 400		234 000
第三季度	234 000			93 600	140 400	234 000
第四季度	280 800				112 320	112 320
年末应收账款余额	168 480					
合　　计	—	124 880	205 920	234 000	252 720	817 520

假设华丽公司历年现金回收政策相同,表8-7中的年初应收账款余额即上一年第四季度销售额的60%,应在预算年度的第一季度全部收回。

(二) 生产预算

生产是为了销售,市场经济的要求是以销定产。生产预算是在销售预算的基础上编制的,是为规划预算期内预计各产品生产量和预计各劳务供应量而编制的一种日常业务预算。生产预算又称生产量预算,是不采用货币计量单位的预算。由于市场经济还不完善,企业的生产管理能力还不强,完全实现"零存货"有很大的障碍,生产和销售不可能做到"同步同量"。为确保不丧失任何一次销售机会和避免停工待料造成损失,期末和期初都必须保持一定数量的存货,但是不能过多,要防止出现存货的超储积压。因此,在严格控制期初、期末存货结存量的前提下,可以根据存货的恒等式:

$$期初存货量+本期生产量=本期销售量+期末存货量$$

以及销售预算中的目标销售量和预计的期初、期末存货量,得到生产预算中的预计生产量公式:

$$预计生产量=目标销售量+预计期末存货量-预计期初存货量$$

【例8-7】　承接[例8-6],华丽公司预计甲产品在预算年度2016年每季的期末存货量应保持在下一季度目标销售量的 10％，并预计在下一年度(2017 年)的第一季度甲产品的目标销售量为 2 800 万件。根据这些资料，编制华丽公司甲产品的生产预算，见表 8-8。

表 8-8 　　　　　　　　　　　　　甲产品生产量预算表

2016 年度　　　　　　　　　　　　　　　　　　　　生产量单位：万件

项　　　　目	第一季度	第二季度	第三季度	第四季度	全　　年
目标销售量	2 000	2 500	2 500	3 000	10 000
加：预计期末结存量	250	250	300	280	280
减：预计期初结存量	200	250	250	300	200
预计生产量	2 050	2 500	2 550	2 980	10 080

（三）直接材料消耗量预算

直接材料消耗量预算是指在生产预算的基础上，为规划预算期内产品的直接材料预计单耗和预计消耗量而编制的一种日常业务预算。它和生产预算相同，都是仅采用实物量计量单位，不涉及货币计量的日常业务预算。在一般情况下构成产品实体的直接材料有若干种，预算年度确定每一种直接材料的预算单耗和预计消耗量，可以采用增量预算方法和零基预算方法或者两种方法的组合。其计算公式为：

直接材料预计消耗量＝预计产品生产量×预算年度直接材料预算单耗

预算年度直接材料预算单耗＝基期该直接材料实际单耗×(1±预算年度增减变动率)

【例 8-8】 华丽公司生产的甲产品由三种直接材料——A 材料、B 材料和 C 材料构成。上一年度这三种直接材料的实际单耗分别为每件 2.5 千克、4 千克和 2 千克。根据公司预算年度目标成本的要求，在保证并提高甲产品质量的前提下，经过技术测定和反复研究试验，公司预算委员会批准预算年度 2016 年三种直接材料单位消耗定额(单耗)的增减变动率分别为：A 材料下降 8％，B 材料下降 5％，C 材料上升 5％。据此编制 2016 年甲产品直接材料消耗量预算表，分别确定各材料的预算单耗和预计消耗量，见表 8-9。

表 8-9 　　　　　　　　甲产品直接材料消耗量预算表　　　　　生产量单位：万件

2016 年度　　　　　　　　　　　　　　　　　　　　　　　消耗量单位：万千克

项　　　　目		A　材　料	B　材　料	C　材　料
单　　耗 （千克/件）	上年实际 增减变动率 本年预算	2.5 下降 8％ 2.3	4 下降 5％ 3.8	2 上升 5％ 2.1
第一季度	预计生产量 预计消耗量	2 050 4 715	2 050 7 790	2 050 4 305
第二季度	预计生产量 预计消耗量	2 500 5 750	2 500 9 500	2 500 5 250

（续表）

项	目	A 材 料	B 材 料	C 材 料
第三季度	预计生产量 预计消耗量	2 550 5 865	2 550 9 690	2 550 5 355
第四季度	预计生产量 预计消耗量	2 980 6 854	2 980 11 324	2 980 6 258
预计消耗量全年合计		23 184	38 304	21 168

（四）直接材料采购成本预算

直接材料采购成本预算是指在直接材料消耗量预算的基础上,结合对预算期直接材料市场采购价格的估算,为规划预算期内直接材料采购成本而编制的一种日常业务预算。

与编制生产预算相同,由于市场经济还不完善,企业的生产管理能力还不强,完全实现"零存货"有很大的障碍,生产消耗和采购不可能做到"同步同量"。为了避免出现停工待料造成的损失,企业一般应在期末和期初都必须保持一定数量的直接材料结存量,当然同时也要防止出现直接材料的超储积压,以免发生资金呆滞带来的损失。因此,根据存货的恒等式:

$$期初结存量＋本期采购量＝本期消耗量＋期末结存量$$

以及对预算期直接材料市场采购价格的估算和预计的期初、期末直接材料结存量,可以得到直接材料采购成本预算中的预计采购量和采购成本的公式:

$$预计采购量＝预计消耗量＋预计期末结存量－预计期初结存量$$
$$预计采购成本＝预计采购量×预计采购单价$$

【例8-9】 华丽公司在市场调查的基础上,预计预算年度 A 材料、B 材料和 C 材料的市场价分别为每千克 4 元、5 元和 3 元。同时为了确保甲产品生产与销售的需要,避免出现停工待料的损失,预计预算年度 2016 年各种直接材料在每季的期末结存量应保持在下一季度预计消耗量的 10%,并预计在下一年度(2017年)的第一季度 A 材料、B 材料和 C 材料的预计消耗量分别为 6 600 万千克、11 200 万千克和6 200万千克。编制华丽公司甲产品直接材料采购成本预算,见表8-10。

（五）直接材料采购现金支出预算

直接材料采购现金支出预算是指在直接材料采购成本预算的基础上,为了强化对企业现金的集中统一管理,加强对大额现金支出的控制,为规划预算期内直接材料采购现金支出的时间和金额,避免发生现金周转困难,造成现金短缺或者呆滞的意外损失而编制的一种日常业务预算。

企业在向客户采购直接材料时,应该结合市场竞争态势,在合理和守信用的前提下,力争取得较长的赊购期,推迟现金支出,实现企业经济效益最大化。

表 8-10   甲产品直接材料采购成本预算表

2016 年度

直接材料	项　　　目	第一季度	第二季度	第三季度	第四季度	全年合计
A 材料	预计消耗量(万千克)	4 715	5 750	5 865	6 854	23 184
	加：期末结存量(万千克)	575	586.5	685.4	660	660
	减：期初结存量(万千克)	471.5	575	586.5	685.4	471.5
	预计采购量(万千克)	4 818.5	5 761.5	5 963.9	6 828.6	23 372.5
	预计采购单价(元/千克)	4	4	4	4	4
	A 材料采购成本(万元)	19 274	23 046	23 855.6	27 314.4	93 490
B 材料	预计消耗量(万千克)	7 790	9 500	9 690	11 324	38 304
	加：期末结存量(万千克)	950	969	1 132.4	1 120	1 120
	减：期初结存量(万千克)	779	950	969	1 132.4	779
	预计采购量(万千克)	7 961	9 519	9 853.4	11 311.6	38 645
	预计采购单价(元/千克)	5	5	5	5	5
	B 材料采购成本(万元)	39 805	47 595	49 267	56 558	193 225
C 材料	预计消耗量(万千克)	4 305	5 250	5 355	6 258	21 168
	加：期末结存量(万千克)	525	535.5	625.8	620	620
	减：期初结存量(万千克)	430.5	525	535.5	625.8	430.5
	预计采购量(万千克)	4 399.5	5 260.5	5 445.3	6 252.2	21 357.5
	预计采购单价(元/千克)	3	3	3	3	3
	C 材料采购成本(万元)	13 198.5	15 781.5	16 335.9	18 756.6	64 072.5
各种直接材料采购成本总额(万元)		72 277.5	86 422.5	89 458.5	102 629	350 787.5

【例 8-10】　华丽公司采购的各种直接材料适用的增值税税率均为 17%,根据预算年度 2016 年直接材料采购成本预算,并结合材料市场竞争态势和各供应商的具体情况,编制了预算年度直接材料采购现金支出预算,计划保持上一年度直接材料采购现金支出的方式,即每一季度的含税购货总价款在当季度支付现金 20%,下一季度支付现金 40%,再下一季度支付现金 40%,共分三次支付现金。另外,华丽公司 2016 年年初应付账款余额 100 000 万元,其中上年度第三季度应付账款余额 32 000 万元,上年度第四季度应付账款余额 68 000 万元。据此华丽公司编制了预算年度的甲产品直接材料采购现金支出预算表,见表 8-11。

表 8-11   甲产品直接材料的采购现金支出预算表

2016 年   单位:万元

项　　　目	第一季度	第二季度	第三季度	第四季度	全　年
各种直接材料采购成本总额	72 277.5	86 422.5	89 458.5	102 629	350 787.5
应交增值税进项税(17%)	12 287.175	14 691.825	15 207.945	17 446.93	59 633.875
含税购货总价款(保留至万元)	84 565	101 114	104 666	120 076	410 421

（续表）

项　　目	本期发生额（万元）	现　金　支　出(保留至万元)				
年初应付账款余额	100 000	66 000	34 000			100 000
第一季度	84 565	16 913	33 826	33 826		84 565
第二季度	101 114		20 223	40 446	40 445	101 114
第三季度	104 666			20 933	41 866	62 799
第四季度	120 076				24 015	24 015
年末应付账款余额	137 928					
合　　计	—	82 913	88 049	95 205	106 326	372 493

（六）直接人工成本预算

直接人工成本预算是指在生产预算的基础上,为规划预算期内直接人工工时的消耗水平和直接人工成本水平而编制的一种日常业务预算。预算期内直接人工工时的消耗水平即单位产品工时定额,一般可以根据上年实际消耗水平和管理上的需要,采用增量预算方法或者零基预算方法确定。随着企业机器设备的更新,员工技术水平和产品生产工艺水平的逐步提高,企业的劳动生产率也必然会逐步提高,即单位产品工时定额必然会逐步下降。但与此同时,随着劳动生产率的提高,企业员工的劳动报酬也应水涨船高。由此,必然导致单位小时工资水平的上升,从而可能使直接人工总成本相应增加。当然,企业劳动生产率的提高程度应该高于员工工资水平的上升程度,以便为企业创造更多的价值。

直接人工成本预算的编制程序如下:

(1) 计算确定某产品单位产品预算工时定额。其计算公式为:

$$\text{某产品单位产品预算工时定额} = \text{该产品单位产品上年实际工时定额} \times \left(1 \pm \text{预算年度增减变动率}\right)$$

(2) 计算某产品预算直接人工总工时。其计算公式为:

$$\text{某产品预算直接人工总工时} = \text{该产品单位产品预算工时定额} \times \text{预计该产品生产量}$$

(3) 计算确定直接人工预算每小时工资率。其计算公式为:

$$\text{直接人工预算每小时工资率} = \text{直接人工上年实际每小时工资率} \times \left(1 \pm \text{预算年度增减变动率}\right)$$

(4) 计算某产品预算直接人工总成本。其计算公式为:

$$\text{某产品预算直接人工总成本} = \text{该产品预算直接人工总工时} \times \text{直接人工预算每小时工资率}$$

【例 8-11】　华丽公司甲产品上年实际单位产品工时定额每件 0.25 小时,上年实际直接人工每小时工资 13.5 元。该公司预算委员会根据预算年度目标成本预算,结合企业实际生产条件和工艺、技术等情况,批准预算年度 2016 年甲产品单位产品工时定额和直接人工每小时工资率分别比上年实际下降 10% 和上升 8%。据此,华丽公司在 2016 年甲产品生产预算的基础上编制了直接人工成本预算,见表 8-12。并假定预算人工总成本均为现金支出。

表 8-12　　　　　　　　　甲产品直接人工成本预算表

2016 年

项　　目		第一季度	第二季度	第三季度	第四季度	全　　年
预计生产量(万件)		2 050	2 500	2 550	2 980	10 080
单位产品工时 (小时/件)	上年实际	0.25	0.25	0.25	0.25	0.25
	增减变动率	下降10%	下降10%	下降10%	下降10%	下降10%
	本年预算	0.225	0.225	0.225	0.225	0.225
预算直接人工总工时(万小时)		461.25	562.5	573.75	670.5	2 268
每小时工资率 (元/小时)	上年实际	13.5	13.5	13.5	13.5	13.5
	增减变动率	上升8%	上升8%	上升8%	上升8%	上升8%
	本年预算	14.58	14.58	14.58	14.58	14.58
预算人工总成本(保留至万元)		6 725	8 201	8 365	9 776	33 067

(七) 制造费用预算

制造费用预算是指为规划和控制预算期内制造费用耗用水平,以实现企业目标成本决策而编制的一种日常业务预算。制造费用是企业在生产制造产品过程中发生的各种间接费用。在管理会计中将制造费用分解成变动制造费用和固定制造费用,以便根据其成本习性分别管理;而在企业日常的财务会计中往往只按照其用途分成若干明细费用项目。因此,编制制造费用预算既可以采用管理会计的方法,将其分解为变动制造费用和固定制造费用后根据成本习性编制;也可以将制造费用充分明细化后按照增量预算方法和零基预算方法编制。本章编制制造费用预算采用前者,编制期间费用预算采用后者。

制造费用预算编制程序如下:

(1) 计算确定各项变动制造费用预算费用分配率。其计算公式为:

$$\text{某项变动制造费用预算费用分配率} = \text{上年实际该项变动制造费用的费用分配率} \times \left(1 \pm \text{预算年度增减变动率}\right)$$

(2) 计算各项变动制造费用预算费用额。其计算公式为:

$$\text{某项变动制造费用预算费用额} = \text{该项变动制造费用预算费用分配率} \times \text{预算人工总工时}$$

(3) 计算确定各项固定制造费用预算费用额。其计算公式为:

$$\text{某项固定制造费用预算费用额} = \text{上年实际该项固定制造费用额} \times \left(1 \pm \text{预算年度增减变动率}\right)$$

然后将每一项固定制造费用预算费用额按照季度数或者月份数平均分配。最后预计确定制造费用预算总额中的现金支出总额,以便为编制现金预算提供资料。

【例 8-12】　华丽公司在编制制造费用预算时,按照成本习性将其分解为变动制造费用和固定制造费用,并且每一项制造费用的成本习性及其上年实际费用额已列入制造费用预算表(见表 8-13)。公司预算委员会根据预算年度目标成本预算,结合对企业实际各项制造费用的分析,批准预算年度 2016 年各项制造费用增减变动率分别为:水电费下降 5%,修理费下降 5%,间接人工上升 10%,机物料消耗下降 10%,管理人员工资及福利费上升 8%,折旧费上升 10%,保险费和租赁费不变,办公费下降 20%,差旅费下降 20%,劳动保护费上升 5%。并假定除折旧费以外,其余制造费用均为现金支出。据此,华丽公司编制了预算年度 2016 年的制造费用预算,见表 8-13。

表 8-13　　　　　　　　　　　　制造费用预算表

2016 年　　　　　　　　　　　　费用总额均保留至万元

项　　　　目	上年实际	本年预算	第一季度	第二季度	第三季度	第四季度	全　　年
预算人工总工时(万小时)	—	—	461.25	562.5	573.75	670.5	2 268
变动制造费用	费用分配率 (元/小时)						
水电费	6	5.7	2 629	3 206	3 270	3 822	12 927
修理费	4	3.8	1 753	2 138	2 180	2 548	8 619
间接人工	1	1.1	507	619	631	738	2 495
机物料消耗	2	1.8	830	1 013	1 033	1 207	4 083
小　　计	13	12.4	5 719	6 976	7 114	8 315	28 124
固定制造费用	费用总额(万元)						
管理人员工资及福利费	200	216	54	54	54	54	216
折旧费	2 102	2 312	578	578	578	578	2 312
保险费	48	48	12	12	12	12	48
租赁费	400	400	100	100	100	100	400
办公费	120	96	24	24	24	24	96
差旅费	100	80	20	20	20	20	80
劳动保护费	198	208	52	52	52	52	208
小　　计	3 168	3 360	840	840	840	840	3 360
合　　计	—	—	6 559	7 816	7 954	9 155	31 484
减:折旧费			578	578	578	578	2 312
制造费用现金支出总额(万元)			5 981	7 238	7 376	8 577	29 172

(八) 产品制造成本及期末存货预算

产品制造成本及期末存货预算是在产品生产量预算、产品直接材料消耗预算、产品直接人工成本预算和制造费用预算的基础上汇总编制而成的,它是为了规划预算期内每种产品的单位产品成本、生产总成本、产品销售成本以及产品的期初、期末存货成本等项内容而编制的一种日常业务预算。该预算也为编制预计资产负债表和预计利润表提供数据。为了使产品制造成本及期末存货预算符合现行国家的税法规定和企业财务会计管理的要求，本章的产品制造成本采用完全成本法。

产品制造成本及期末存货预算中的基本计算公式为：

$$\begin{aligned}\text{预算产品} \atop \text{单位成本} &= {\text{单位直接} \atop \text{材料成本}} + {\text{单位直接} \atop \text{人工成本}} + {\text{单位变动} \atop \text{制造费用}} + {\text{单位固定} \atop \text{制造费用}} = \\ &\sum\left({\text{某种材料} \atop \text{预算单耗}} \times {\text{该种材料} \atop \text{预计单价}}\right) + {\text{单位产品预} \atop \text{算工时定额}} \times\end{aligned}$$

$${\text{预算小时} \atop \text{工 资 率}} + {\text{单位产品预} \atop \text{算工时定额}} \times {\text{变动制造费用} \atop \text{预算分配率}} +$$

$${\text{固定制造费} \atop \text{用预算总额}} \div {\text{预计产品} \atop \text{生 产 量}}$$

预算产品总成本 = 该预算产品单位成本 × 预计产品生产量

产品销售成本和产品期末存货成本可以根据不同的存货发出计价方法计算确定。

【例 8-13】 华丽公司生产的甲产品预算期初结余 200 件，每件单位成本 43 元。公司存货发出计价采用先进先出法。根据上述相关甲产品的预算资料,编制华丽公司预算年度 2016 年的甲产品制造成本及期末存货预算,见表 8-14。

表 8-14　　　　　　　　甲产品制造成本及期末存货预算表

2016 年

成 本 项 目	预计全年生产量(10 080 万件)			
	单耗(千克/件) 或(小时/件)	单价(元/千克) 或(元/小时)	单位成本 (元/件)	总 成 本 (保留至万元)
直接材料				
A 材料	2.3	4	9.2	92 736
B 材料	3.8	5	19	191 520
C 材料	2.1	3	6.3	63 504
小　计	—	—	34.5	347 760
直接人工成本	0.225	14.58	3.2805	33 067
变动制造费用	0.225	12.4	2.79	28 123
固定制造费用	—	—	0.3333	3 360
合　计	—	—	40.9038	412 310

甲 产 品 存 货	数　量(万件)	单位成本(元/件)	总成本(万元)
年初存货	200	43	8 600
年末存货	280	40.9038	11 453
本年销售	10 000		409 457

(九) 应交税费预算

税金及教育费附加等也是企业生产经营的成本，为了正确反映企业的经营成果，必须编制应交税费预算。根据重要性原则,因为教育费附加金额较小,编制预算时可以将其并入应交税费一并反映。其中应交所得税可以采用每季度预交,年末根据预计实现的利润总额再作调整。同时将每季度预计应交税金作为现金支出,列入现金预算。

【例 8-14】　华丽公司根据甲商品销售及现金收入预算、直接材料采购现金支出预算等资料,以及预计预算年度应交所得税和应交城建税、教育费附加等,编制预算年度 2016 年的税金及附加预算。其中预计应交城建税和教育费附加共占每季度应交增值税的 10%,预计前三季度每季度用现金预交 25 000 万元的所得税额,第四季度的应交所得税额,根据预算年度实现的利润总额和 30% 的所得税税率计算确定的预算年度应交所得税总额,扣除前三个季度的预交额后确定。从预算年度的预计利润表(表 8-21)得知,华丽公司2016 年度应交所得税总额为 109 555 万元,由此计算第四季度应交所得税为 34 555 万元(109 555-25 000×3)。最终华丽公司编制的预算年度 2016 年的税金及附加预算表见表 8-15。

表 8-15　　　　　　　　　　　　　税金及附加预算表

2016 年　　　　　　　　　　　　　　　　　　单位：均保留至万元

项　　　　目	第一季度	第二季度	第三季度	第四季度	全　年
预计增值税销项税额	27 200	34 000	34 000	40 800	136 000
减：预计增值税进项税额	12 287	14 692	15 208	17 447	59 634
预计应交增值税额	14 913	19 308	18 792	23 353	76 366
预计应交城建税及教育费附加(10%)	1 491	1 931	1 879	2 336	7 637
应交流转税金合计	16 404	21 239	20 671	25 689	84 003
应交所得税	25 000	25 000	25 000	34 561	109 561

(十) 期间费用预算

期间费用预算的编制方法基本上与制造费用预算相同。为了编制预计利润表,本章先介绍编制销售费用预算、管理费用预算和财务费用预算的方法。

1. 销售费用预算

【例 8-15】　华丽公司编制销售费用预算,各项销售费用上一年度实际数已列入预算表(表 8-16),公司预算委员会根据预算年度目标成本预算,结合对企业实际各项销售费用的分析,批准预算年度 2016 年各项销售费用增减变动率分别为：销售佣金下降 5%,运输费下降 10%,工资及福利费上升 10%,保险费和租赁费不变,办公费下降 20%,差旅费下降10%。并假定所有销售费用均为现金支出。据此,华丽公司编制了预算年度 2016 年的销售费用预算,见表 8-16。

2. 管理费用和财务费用预算

因为管理费用和财务费用均与业务量变动呈非正比例变动,且为期间费用,所以可以将其明细化后采用增量预算方法或者零基预算方法编制预算。

表 8-16 销售费用预算表

2016 年　　　　　　　　　　　　　费用总额：均保留至万元

项　目	上年实际	本年预算	第一季度	第二季度	第三季度	第四季度	全　年
预计销售收入（万元）	—	—	160 000	200 000	200 000	240 000	800 000
变动销售费用	费用分配率						
销售佣金	0.2%	0.19%	304	380	380	456	1 520
运输费	0.3%	0.27%	432	540	540	648	2 160
小　计	0.5%	0.46%	736	920	920	1 104	3 680
固定销售费用	费用总额（万元）						
工资及福利费	200	220	55	55	55	55	220
保险费	400	400	100	100	100	100	400
租赁费	60	60	15	15	15	15	60
办公费	100	80	20	20	20	20	80
差旅费	200	180	45	45	45	45	180
小　计	960	940	235	235	235	235	940
合　计	—		971	1 155	1 155	1 339	4 620

【例 8-16】 华丽公司决定采用增量预算方法编制公司预算年度 2016 年的管理费用和财务费用预算。在上年实际各项管理费用和财务费用的明细资料的基础上，华丽公司预算委员会根据公司目标成本决策要求，通过调查研究和综合协调，确定了各项明细费用的具体增减变动率。有关详细资料和增减变动率要求已列入预算表（表 8-17）。但是预算年度的财务费用中的利息费用数据，必须在编制公司现金预算（见表 8-19）时，才可获得，这在一定程度上会影响财务费用预算表的编制。华丽公司预算年度应计入财务费用的银行借款利息共 1 140 万元（960＋180）。华丽公司据此编制了公司 2016 年的管理费用和财务费用预算表，见表 8-17。

（十一）资本支出和筹资决策预算

资本支出预算又称长期投资决策预算，是指涉及企业长期建设项目和购建固定资产项目的投资决策预算。这类预算往往同时涉及筹措资金的预算，并经常跨年度，属于企业的专门决策预算。当然预算涉及资金的投资和筹措，必须纳入财务预算的现金预算和预计三大会计报表。

【例 8-17】 华丽公司为了扩大甲产品的生产能力，决定在预算年度引进一条新的生产线，年初开始建造，年末建造完工，达到预定可使用状态，并交付使用。预计此项生产线的投资共需资金 60 950 万元，其分次支出的金额和时间已列入预算表（表 8-18）。为此，华丽公司在预算年度 2016 年 7 月 1 日将发行票面面值为 10 000 万元的公司债券，票面利率为 10%，期限 3 年，每年 12 月 31 日和 7 月 1 日支付利息。生产线建造期间的债券利息可以资本化，计入固定资产价值。根据预算，华丽公司在本预算年度现金流量充裕，为了公司的长远发展，为了公司做大做强，华丽公司决定利用充裕的现金在资本市场上进行股权购并。预算安排用于股权购并的现金分次支出的金额和时间已列入预算表（表 8-18）。华丽公司编制的预算年度 2016 年资本支出和筹资决策预算，见表 8-18。

表 8-17 　　　　　　　　　　　　　　　　**管理费用与财务费用预算表**

2016 年　　　　　　　　　　　单位：均保留至万元

项　目	上年实际	本年比上　年	本年预算	项　目	上年实际	本年比上　年	本年预算
一、管理费用				低值易耗品	50	降低 20%	40
管理人员工资	3 500	增长 8%	3 780	修理费	60	降低 10%	54
福利费	490	增长 8%	529	会议费	400	降低 50%	200
工会经费	128	增长 8%	138	审计费	30	增长 10%	33
职工教育经费	80	增长 8%	86	排污费	40	增长 10%	44
养老统筹保险费	1 215	增长 10%	1 337	水电费	60	降低 5%	57
医疗保险费	756	增长 8%	816	房产税	40	不变	40
失业保险费	110	增长 8%	119	土地使用税	40	不变	40
住房公积金	400	增长 8%	432	印花税	4	增长 25%	5
劳动保护费	200	下降 10%	180	合　计	9 633	—	10 224
折旧费	1 000	增长 50%	1 500	其中现金支出额	8 583	—	8 724
业务招待费	400	下降 40%	240	二、财务费用			
上级管理费	200	增长 5%	210	手续费用	1 720	不变	1 720
办公费	230	降低 20%	184	利息			1 140
差旅费	200	降低 20%	160	合　计			2 860

表 8-18 　　　　　　　　　　　　　　　　**资本支出和筹资决策预算表**

2016 年度　　　　　　　　　　　单位：万元

项　目	第一季度	第二季度	第三季度	第四季度	全　年
固定资产投资：					
勘察设计费	950	1 000			1 950
土建工程	2 000	4 000			6 000
购置设备			24 000	20 000	44 000
安装工程				6 000	6 000
其他			1 000	2 000	3 000
合　计	2 950	5 000	25 000	28 000	60 950
长期股权投资：					
股权购并	4 500	10 500	55 000	30 000	100 000
投资支出总计	7 450	15 500	80 000	58 000	160 950
资金筹措：					
发行公司债券			10 000		10 000
支付债券利息				500	500

（十二）现金预算

现金预算又称现金收支预算,是指以预算期各项日常业务预算和资本支出与筹资的专门决策预算中所涉及的现金收入和现金支出为基础,为反映预算期内企业现金流转状况而编制的一种财务预算。它也是对企业预算期内各项生产经营活动和财务活动中有关现金收支的汇总预算反映,以便企业强化对现金收支的事前、事中、事后的全面控制,对每一笔现金收支实施集中统一管理,防止出现现金闲置和现金短缺,实现现金的最佳使用效益。

现金预算的内容主要由四部分组成:现金收入、现金支出、现金余缺、现金筹措。

"现金收入"部分主要包括期初现金余额和本期经营业务活动的现金收入,是企业预算期内可供使用的现金。

"现金支出"部分主要包括: ① 各项日常生产经营活动中的经营性支出,如直接材料采购、直接人工成本、制造费用、销售费用、管理费用等现金支出; ② 用于缴纳各项税金的现金支出,如应向税务部门缴纳的各项流转税及教育费附加和所得税等; ③ 用于分配现金股利和支付债务利息方面的现金支出; ④ 用于资本性支出方面的现金支出,如购置固定资产、无形资产等长期资产的支出,以及对外进行股权性、债权性投资的支出等。

"现金余缺"是指现金的多余或短缺,也是上述现金收入与现金支出的差额。企业的现金应该保持一个合理的余额范围,过多和过少都对企业不利,过多会造成现金闲置的浪费,过少会影响企业现金周转,使企业陷入现金支付的财务危机,严重的将形成破产风险。

"现金筹措"部分主要包括预算期内向银行借款和发行债券、股票融资,以及归还债务本金和支付债务利息等内容。

【例 8-18】 华丽公司根据上述表 8-7 至表 8-18 的商品销售及现金收入预算、材料采购的现金支出预算、直接人工成本预算、制造费用预算、税金附加预算、销售费用预算、管理费用与财务费用预算和资本支出与筹资预算等反映现金收支的资料,以及计划在 2016 年第二季度分配并发放现金股利 12 000 万元,编制了预算年度 2016 年的现金预算,见表 8-19。另外,该公司 2016 年年初现金余额 3 000 万元,公司预计预算年度每季度末至少应保持现金余额 6 000 万元以上。如果某一季度现金发生短缺,应该按 1 000 万元的整数倍于季初向银行借入短期借款,年利率 8%。如果某一季度现金出现多余,应该于季末及时归还银行借款。银行要求归还本金时应该利随本清,即归还本金时支付相应本金的利息。

表 8-19　　　　　　　　　　　　　　现 金 预 算 表

2016 年度　　　　　　　　　　　　　　　　　　单位:均保留至万元

项　　　　　目	第一季度	第二季度	第三季度	第四季度	全　　年
期初现金余额	3 000	6 825	6 792	7 229	3000
加:销售现金收入	124 880	205 920	234 000	252 720	817 520
可供使用现金	127 880	212 745	240 792	259 949	820 520
现金支出总计	148 055	180 993	240 383	246 879	816 310
直接材料采购	82 913	88 049	95 205	106 326	372 493
直接人工支出	6 725	8 201	8 365	9 776	33 067
制造费用现金支出	5 981	7 238	7 376	8 577	29 172
流转税支出	16 404	21 239	20 671	25 689	84 003

（续表）

项　　　目	第一季度	第二季度	第三季度	第四季度	全　　年
销售费用	971	1 155	1 155	1 339	4 620
管理费用现金支出	2 181	2 181	2 181	2 181	8 724
财务手续费支出	430	430	430	430	1 720
预交所得税支出	25 000	25 000	25 000	34 561	109 561
经营性现金支出小计	140 605	153 493	160 383	188 879	643 360
购建固定资产支出	2 950	5 000	25 000	28 000	60 950
股权投资支出	4 500	10 500	55 000	30 000	100 000
支付现金股利		12 000			12 000
现金余缺	(20 175)	31 752	409	13 070	4 210
向银行借款本金(利率8%)	27 000				27 000
发行公司债券(利率10%)			10 000		10 000
归还银行借款本金		24 000	3 000		(27 000)
支付利息		960	180	500	(1 640)
期末现金余额	6 825	6 792	7 229	12 570	12 570

在现金预算编制完成后,应该根据上述所有日常业务预算、资本支出与筹资预算以及现金预算的资料汇总编制预计资产负债表、预计利润表和预计现金流量表。

(十三) 预计资产负债表

预计资产负债表是指用于总括反映企业在预算期末的财务状况,即有关资产、负债、所有者权益项目的预算执行结果的一种财务预算。

【例 8-19】 华丽公司预算年度 2016 年年初的各项资料已根据该公司实际的数据列入预计资产负债表的"上年实际"栏,在此基础上再结合上述相关预算表和预计利润表的数据,计算确定了各项期末数据,填入预计资产负债表的"本年预算"栏。据此,编制完成了预算年度的预计资产负债表,见表 8-20。

"本年预算"栏各项数据的计算确定如下:

货币资金 12 570 万元,应收账款 168 480 万元,应付账款 137 928 万元,应付债券 10 000 万元,直接根据表 8-19、表 8-7、表 8-11、表 8-18 上的相关数据填列;存货 76 441 万元 {[70 560＋(23 372.5－23 184)×4＋(38 645－38 304)×5＋(21 357.5－21 168)×3＋(412 310－409 457)]};长期股权投资 110 000 万元(10 000＋100 000);固定资产 97 450 万元 (36 000＋60 950＋500);累计折旧 18 212 万元(14 400＋2 312＋1 500);盈余公积 56 288 万元(5 160＋25 564＋25 564);未分配利润 212 513 万元直接根据表 8-21 的预计利润表上相关数据填列。

表 8-20   预计资产负债表

2016 年 12 月 31 日   金额单位：万元

资　　　产	上年实际	本年预算	负债和所有者权益	上年实际	本年预算
流动资产			流动负债		
货币资金	3 000	12 570	短期借款		
交易性金融资产			交易性金融负债		
应收票据			应付票据		
应收账款	50 000	168 480	应付账款	100 000	137 928
预付账款			预收账款		
其他应收款			其他应付款		
存货	70 560	76 441	应付职工薪酬		
一年内到期的非流动资产			应交税费		
			应付股利		
流动资产合计	123 560	257 491	一年内到期的非流动负债		
非流动资产					
可供出售金融资产			流动负债合计	100 000	137 928
长期股权投资	10 000	110 000	非流动负债		
投资性房地产			长期借款		
固定资产			应付债券		10 000
固定资产原价	36 000	97 450	长期应付款		
减：累计折旧	14 400	18 212	长期负债合计		
固定资产净值	21 600	79 238	负债合计	100 000	147 928
在建工程			所有者权益		
固定资产合计	21 600	79 238	实收资本	30 000	30 000
无形资产			资本公积		
开发支出			减：库存股		
长期待摊费用			盈余公积	5 160	56 288
递延所得税资产			未分配利润	20 000	212 513
非流动资产合计			所有者权益合计	55 160	298 801
资产总计	155 160	446 729	负债和所有者权益总计	155 160	446 729

（十四）预计利润表

预计利润表是指用于反映企业在预算年度预计将实现的经营成果以及预计进行的利润分配情况的一种财务预算。可以将预计利润表中预计实现的净利润与企业的目标利润决策相比较，如果有差距，要进行分析，寻找原因，以便采取适当的措施调整相关预算，争取实现目标利润。

【例 8-20】 假定华丽公司适用的所得税税率为 30%，年初未分配利润 20 000 万元，按当年实现的净利润的 10%，分别提取法定盈余公积和任意盈余公积。根据预计销售收入（见表 8-7）、预计销售成本（见表 8-14）、预计城市维护建设税及教育费附加（见表 8-15）、销售费用预算（见表 8-16）、管理费用及财务费用预算（见表 8-17）等资料，计算并编制华丽公司预算年度 2016 年度的预计利润表，见表 8-21。

表 8-21

预 计 利 润 表

2016 年度

金额单位：万元

项　　目	上　年　实　际	本　年　预　算
一、营业收入		800 000
减：营业成本		409 457
税金及附加		7 637
销售费用		4 620
管理费用		10 224
财务费用		2 860
资产减值损失		
加：投资收益		
二、营业利润		365 202
加：营业外收入		
减：营业外支出	（略）	
三、利润总额		365 202
减：所得税费用（税率 30%）		109 561
四、净利润		255 641
加：年初未分配利润		20 000
其他转入		
五、可供分配的利润		275 641
减：法定盈余公积		25 564
任意盈余公积		25 564
应付股利		12 000
六、未分配利润		212 513

（十五）预计现金流量表（主表）

预计现金流量表是指用于反映预算期内企业在经营活动、投资活动和筹资活动中现金流入与现金流出的动态情况的一种财务预算。预计现金流量表一般可以根据现金预算和制造费用预算、销售费用预算、管理费用和财务费用预算等各种预算表分析计算填列。

【例 8-21】 华丽公司预算年度 2016 年度的预计现金流量表（正表）（见表 8-22）中的各项数据已列入"本年预算"栏,其资料来源也已列入预算表,几个较复杂的项目计算确定过程说明如下：

购买商品、接受劳务支付的现金＝372 493＋(29 172－2 495－216)＝398 954(万元)

支付给职工以及为职工支付的现金＝33 067＋2 495＋216＋220＋3 780＝39 778(万元)

支付的各项税费＝84 003＋109 561＋40＋40＋5＝193 649(万元)

支付其他与经营
活动有关的现金 ＝(4 620－220)＋(8 724－3 780－40－40－5)＝9 259(万元)

表 8-22　　　　　　　预计现金流量表（主表）

2016 年度　　　　　　　　　　　　　　　　　　金额单位：万元

项　　　　目	本年预算	本年预算资料来源
一、经营活动产生的现金流量：		
销售商品、提供劳务收到的现金	817 520	见表 8-19
其中：历年应收项目收到的现金	50 000	见表 8-7
收到的税费返还		
收到其他与经营活动有关的现金		
现金流入小计	817 520	
购买商品、接受劳务支付的现金	398 954	见表 8-19、表 8-13
支付给职工以及为职工支付的现金	39 778	见表 8-19、表 8-17 等
支付的各项税费	193 649	见表 8-19、表 8-17
支付其他与经营活动有关的现金	9 259	见表 8-19、表 8-17 等
现金流出小计	641 640	
经营活动产生的现金流量净额	175 880	
二、投资活动产生的现金流量：		
收回投资收到的现金		
取得投资收益收到的现金		
处置固定资产、无形资产收到的现金净额		
收到其他与投资活动有关的现金		
现金流入小计		
购建固定资产、无形资产支付的现金	60 950	见表 8-19
股权投资支付的现金	100 000	见表 8-19
支付其他与投资活动有关的现金		
现金流出小计	160 950	
投资活动产生的现金流量净额	—160 950	
三、筹资活动产生的现金流量：		
吸收投资收到的现金	10 000	见表 8-19
借款收到的现金	27 000	见表 8-19
收到其他与筹资活动有关的现金		
现金流入小计	37 000	
偿还债务支付的现金	27 000	见表 8-19
分配股利、利润或偿付利息支付的现金	13 640	见表 8-19
支付其他与筹资活动有关的现金	1 720	见表 8-19
现金流出小计	42 360	
筹资活动产生的现金流量净额	—5 360	
现金及现金等价物净增加额	9 570	

四、全面预算的控制与考核

如果把编制全面预算仅仅当作一项任务，在每次编制完成并向上级汇报后，便将全面预算文件束之高阁,没有在企业的日常生产经营工作中认真加以执行;或者在实务操作中依然我行我素,完全不按预算要求做,使预算的编制与预算的实施脱节,那么这样的全面预算管理一定是不成功的。

全面预算的编制完成,仅仅是完成了全面预算管理的一个步骤而已,更重要的是实施全面预算,运用全面预算去指导和控制企业的日常生产经营活动,去评价和考核企业内部各级各部门和全体员工的经营业绩。

为此,首先应将全面预算指标逐项细化分解落实到各责任单位,甚至是班组、个人,各级各部门和全体员工明确了自己的职责,有利于实施经济责任制。

其次,应建立定期检查、信息反馈和跟踪制度。平时由各预算执行单位进行自我跟踪,检查自己预算执行情况,并定期向预算主管部门报告。对于实际与预算之间的差异,必须认真对待。若差异较小(如 10% 以内),影响较小,具体执行单位可作简单分析说明;若差异较大(如 10%～20%),影响较大,则应作比较详尽的分析说明,分析原因和提出改进措施;若差异很大(如 20% 以上),影响很大,则应作专题详细分析报告并提出整改措施。预算主管部门和预算最高领导机构也应定期和不定期地检查企业各级各部门财务预算执行和实际完成情况,及时发现差异,纠正差异,同时修改并不断完善财务预算各项指标,使其更切实可行。

最后,应建立有效的激励约束机制,责权利相结合,奖优罚劣,严格考核制度。可以根据因果关系链设置考核指标,将预算的编制、执行、考核与各级各部门的经济利益挂钩,与每一个管理人员和员工的工资奖金挂钩;并且将财务预算执行过程中的动态考评与财务预算执行的期末综合考核相结合,两者相辅相成,形成财务预算管理的良性运行机制。

第四节　全面预算编制中的行为问题和战略因素

一、全面预算编制中的行为问题

全面预算管理的目的就是为了影响人们的行为。而人们并不能总是如期待的那样做出反应。全面预算管理能否成功,一个重要因素就是管理人员如何认识和把握全面预算管理的行为问题。而所谓的全面预算管理中的行为问题,就是指全面预算管理过程中表现出来的各种不当行为导致的问题。

(一)虚假预算

预算中的虚假行为有增加不存在的业务项目,增加不存在的成本项目等。

(二)松弛预算

当企业的管理者故意低估收入或者高估成本时,就产生了松弛预算。

(三)用尽预算

某些管理者的心理是今年度用不完,明年就会被减少预算。因此在预算期末会发生突击使用预算的行为,造成资源浪费,造成资源利用效率降低等恶劣后果。

二、全面预算编制中的行为问题的对策

(一)经常性的业绩反馈

经常性的业绩反馈能够使管理者了解他们的工作是否成功,也能够促使他们在必要时进行工作计划的调整和修改。

(二)非货币性激励

货币性激励边际效用通常降低较快,不持久,而非货币性激励的效果往往更好,将非货币性激励与货币性激励相结合能够更好地鼓励员工努力工作以实现企业的目标。

(三)区分责任成本

不能将预算的目标停留在简单的全部成本、费用、收入的控制上,而是要以具体的责任单位(部门、单位或个人)为对象,区分责任成本与非责任成本,管理者只需要对其承担责任范围内的成本、费用、收入负责即可。

三、全面预算编制中的战略因素

全面预算管理需要与企业发展战略有效衔接,而在绝大多数企业中,预算与战略基本上没有联系,所以企业管理的注意力和行动多集中于短期经营细节,而不是关注长期战略执行情况。一项研究表明,60%的组织没有把战略和预算联系起来,超过一半的被调查企业的情况显示,其预算和业绩评价过程对于战略计划过程来说是完全独立运行的。

全面预算与企业战略目标之间存在着内在联系,计划是为了实现企业的战略目标,预算则是计划的反映形式。这一关系决定了企业战略和预算的密不可分。一方面,预算目标是企业战略目标在预算活动中的体现,预算是对未来预计经营行为的定量化描述,预算和企业战略目标的对接是基于企业战略目标量化前提下进行的。另一方面,预算目标是实现企业战略目标的手段。设置预算目标的根本目的是为了完成企业战略目标。因此企业战略作为企业长期经营的总方针应当在业绩合同以及年度全面预算中得到体现。

本章要点概览

凡事预则立,不预则废。制定全面预算,并实施严格的全面预算管理,已成为现代企业管理的一种国际惯例。

本章首先介绍了财务预算与全面预算的关系以及它们的基本内容,阐述实施全面预算管理的前提、重点和特征,强调将全面预算管理纳入平衡计分卡战略管理系统以及推行全员主动参与型全面预算重要性。

其次,采用比较分析的方法,详细论述了固定预算与弹性预算、增量预算与零基预算、定期预算与滚动预算等几种主要的全面预算编制方法的特点、适用性及其优缺点。

最后,在强调全面预算的编制原则、总体要求、编制程序和内容的基础上,结合企业全面预算的编制实例,以销售预算为起点,完整地逐一说明生产预算、直接材料消耗量预算、

直接材料采购成本预算、直接材料采购现金支出预算、直接人工成本预算、制造费用预算、产品制造成本及期末存货预算、应交税费预算、期间费用预算、资本支出和筹资决策预算、现金预算等各项预算的编制,以及预计资产负债表、预计利润表和预计现金流量表的编制。阐明对全面预算实施控制和考核,是形成全面预算管理良性机制的保障。

 关键词

1. 全面预算　　　　　　　　2. 财务预算
3. 弹性预算　　　　　　　　4. 零基预算
5. 滚动预算　　　　　　　　6. 固定预算
7. 定期预算　　　　　　　　8. 增量预算
9. 现金预算　　　　　　　10. 资本决策预算
11. 日常业务预算

阅 读 文 献

1. [美]康奈尔大学罗纳德·W·希尔顿著:《管理会计》(第九章预算:利润规划和控制制度),机械工业出版社2003年版。

2. [美]查尔斯·亨格伦、格里·桑顿、威廉姆·斯特尔顿著:《管理会计学教程》(第七章总预算:综合计划、第八章弹性预算和控制标准),华夏出版社1999年版。

3. [美]米切尔·马赫著:《成本会计》(第17章计划与预算、第18章弹性预算与业绩评价),机械工业出版社1999年版。

4. 中国会计学会课题主持人冯巧根:《管理会计应用与发展的典型案例研究》(第四章预算管理与企业战略),经济科学出版社2002年版。

5. 黄惠琴主编:《管理会计》(第七章全面预算),科学出版社2004年版。

复 习 思 考 题

1. 全面预算由哪几部分组成? 简述全面预算与狭义或广义的财务预算的联系。
2. 什么是全面预算? 它有哪些作用?
3. 什么是全面预算管理? 简述它的作用和特点。
4. 什么是固定预算和弹性预算? 它们各有什么特点和适用性?
5. 什么是增量预算和零基预算? 请简述它们各自的优缺点和适用性。
6. 什么是定期预算和滚动预算? 请简述它们各自的优缺点。
7. 为什么说企业实施全面预算管理的前提是必须设立强有力的最高领导机构?

练 习 题

一、判断题

1. 管理费用可以在明细化以后采用增量预算方法或者零基预算方法编制预算。　　　　　　　(　)
2. 在编制制造费用预算时,应将固定资产折旧费剔除。　　　　　　　　　(　)
3. 在编制零基预算时,应以企业现有的费用水平为基础。　　　　　　　　(　)

4. 能够克服固定预算缺点的预算方法是滚动预算。 （　）

5. 日常业务预算是指在科学的生产经营预测和决策的基础上,根据企业确定的经营目标,用数量和金额的表格形式反映并规划一定预算期内企业销售、生产经营、采购等各项基本经营业务的专门预算。 （　）

6. 滚动预算的主要特点是,在连续不断的滚动中始终保持一个完整的预算年度。 （　）

7. 销售量和单价预测的准确性,直接影响企业全面预算的质量。 （　）

8. 预计资产负债表是以本期期初实际资产负债表各项目的数字为基础,结合本期若干项预算再作必要的调整进行编制的。 （　）

9. 短期预算通常是指年度预算,也包括月度预算或季度预算。长期预算是指预算期超过1年的预算,有时也可细分为中期预算和长期预算。 （　）

10. 生产预算和直接材料消耗量预算是日常业务预算中以实物量作为计量单位的预算,不直接涉及现金收支。 （　）

二、单项选择题

1. 企业的全面预算是从编制(　)开始的。
   A. 生产预算　　　B. 销售预算　　　C. 产品成本预算　　　D. 现金预算

2. 在基期成本费用水平的基础上,结合预算期业务量及有关降低成本的措施,通过调整有关原有成本项目而编制预算的方法,称为(　)。
   A. 静态预算　　　B. 零基预算　　　C. 滚动预算　　　D. 增量预算

3. 在编制预算时,应考虑预算期内一系列可能达到的业务量水平的编制方法是(　)。
   A. 固定预算　　　B. 增量预算　　　C. 弹性预算　　　D. 滚动预算

4. 下列预算中,不属于日常业务预算的是(　)。
   A. 生产成本预算　　　　　　　　B. 销售预算
   C. 现金预算　　　　　　　　　　D. 直接材料采购成本预算

5. 直接材料消耗量预算主要是根据(　)编制的。
   A. 销售预算　　　B. 生产预算　　　C. 现金预算　　　D. 产品成本预算

6. 在下列各项中,不能作为编制现金预算依据的是(　)。
   A. 制造费用预算　　　　　　　　B. 销售费用预算
   C. 产品生产成本预算　　　　　　D. 资本支出与筹资决策预算

7. 直接人工预算的主要编制基础是(　)。
   A. 销售预算　　　B. 现金预算　　　C. 生产预算　　　D. 产品成本预算

8. 财务预算的编制方法如果按其出发点的特征不同,可分为(　)。
   A. 固定预算方法和弹性预算方法　　　B. 资本决策预算与生产预算方法
   C. 增量预算方法和零基预算方法　　　D. 定期预算方法和滚动预算方法

三、多项选择题

1. 全面预算体系主要由(　)组成。
   A. 日常业务预算　　B. 资本决策预算　　C. 生产预算　　D. 财务预算

2. 下列各项中,属于日常业务预算的内容有(　)。
   A. 生产预算　　B. 产品成本预算　　C. 现金预算　　D. 制造费用预算

3. 编制现金预算的依据有(　)。
   A. 销售预算　　B. 直接材料预算　　C. 生产预算　　D. 直接人工预算

4. 下列项目中,属于产品制造成本预算内容的有(　　)。

　　A. 期末存货成本　　　　B. 本期销售成本　　　　C. 本期生产成本　　　　D. 期初存货成本

5. 下列项目中,属于直接人工预算的内容有(　　)。

　　A. 预计生产量　　　　　　　　　　　B. 单位产品耗用工时

　　C. 直接人工总工时　　　　　　　　　D. 直接人工总成本

四、计算题

1. 某企业的装配车间,正常年生产能力的机器工作小时为 10 000 小时,有关制造费用的资料见表 8-23。

表 8-23　　　　　　　　　　　　　　制造费用资料表

费 用 项 目	变动费用率(元/小时)	固定费用(元/10 000 小时)
间接材料	15	1 200
间接人工	3	48 000
维修费用	3	3 600
水 电 费	2	2 400
折 旧 费		90 000
办 公 费		1 800
其他费用		5 400
小 计	23	152 400

要求:采用弹性预算编制装配车间的制造费用预算。若预算年度装配车间的生产能力变动范围预计为 9 000~11 000 小时,且假定在预算年度生产能力为 11 000 小时的情况下,其固定费用中的折旧费将增长 10%,维修费将增长 5%,其余固定费用不变。

2. 假定东方公司预算期第一季度甲产品各月份的预计销售量分别是:1 000 件、1 500 件、1 800 件;其销售单价均为 500 元,增值税税率为 17%。若该商品含税销货销售当月回收 50%,次月回收 30%,第三个月收回 20%。又假定预算期初应收账款余额 260 000 元,其中包括上年度 11 月份销售应收账款 60 000 元,12 月份销售应收账款 200 000 元。

要求:

(1) 计算上年 11 月、12 月含税销售额。

(2) 编制预算期第一季度甲产品销售及现金收入预算表。

3. 某企业生产 B 产品,预算期 2016 年四个季度预计销售量分别为 2 000 件、1 800 件、2 400 件和 2 200 件;年初结存量 400 件;预计各季度期末结存量为下一季度销售量的 20%;预计 2017 年一季度销售量 2 100 件。

要求:编制预算期 2016 年 B 产品生产量的预算表。

4. 新星公司预算年度各季度甲产品预计生产量分别为 410 件、510 件、590 件和 510 件,每件甲产品的 A 材料基年实际单位消耗定额(单耗)为 5.291 千克,预算年度要求 A 材料单位消耗定额下降 5.5%,A 材料预算单价为 4 元,增值税税率为 17%,每季末 A 材料结存量应保持在下一季度预计生产消耗量的 30%,预算年度的下一年度的第一季度预计 A 材料消耗量为 3 000 千克。假定每一季度的含税购货总价款在当季度支付现金 30%,下一季度支付现金 30%,再下一季度支付现金 40%。该公司基年末应付购货款合计为 10 000 元,其中包括基年第三季度的应付款 3 000 元和第四季度的应付款 7 000 元。

要求:编制 A 材料消耗量预算表和 A 材料采购成本及购货支付现金的预算表。

5. 完成某企业 2016 年度现金预算表(见表 8-24),并列出算式。

表 8-24

现 金 预 算 表

2016 年度　　　　　　　　　　　　　　　　金额单位:万元

项　　　目	第一季度	第二季度	第三季度	第四季度	全　　年
期初现金余额	4 000				
加:销售现金收入	95 584		171 288	201 264	
可供使用现金					605 750
现金支出总计				178 843	
直接材料采购		54 704	66 201	74 054	237 021
直接人工支出		31 848	38 431	46 826	139 834
制造费用现金支出	11 832	14 292		15 806	57 998
流转税支出		14 463	18 351	17 657	
支付销售费用	15 200	17 500		19 500	
管理费用现金支出	2 500		2 500	2 500	10 000
预交所得税支出	2 500	2 500	2 500		10 000
经营性现金支出小计	106 658		163 351		
购建固定资产支出	10 000	5 000	25 000		
股权投资支出	8 000	4 500	20 000		
支付现金股利		6 500			6 500
现金余缺					
向银行借款本金(利率8%)					
发行公司债券(利率10%)		20 000			20 000
发行普通股			40 000		40 000
归还银行借款本金					
支付利息(利率8%)					
期末现金余额					

假定预算年度每季度末至少应保持现金余额 4 000 万元以上。如果某一季度现金发生短缺,应该按 1 000 万元的整数倍于季初向银行借入借款,年利率 8%。如果某一季度现金出现多余,应该于季末及时归还银行借款。银行要求归还本金(必须是 1 000 万元的整数倍)时应该利随本清,即归还本金时支付相应本金的利息。

五、案例分析题

M 公司总裁杰夫瑞正在总结由高级职员参加的预算会议。这是 2016 年 11 月,小组正在讨论 2017 年公司全面预算的编制。杰夫瑞说:"我已决定购买我们一直在讨论的工业机器人。我们将在明年的 1 月 2 日购买,我预计训练人员并重组生产过程以充分利用这一新设备将占用明年的大部分时间。"

在回答购买机器人融资问题时,杰夫瑞说:"机器人成本将为 1 000 000 美元。我们将从银行借入期限为一年的 1 000 000 美元的贷款,年利率为 8%,在每季末分四次等额还款,并利随本清。"

M 公司是一家金属画框的生产商,公司的两条生产线生产 S 框(小框:5 英寸×7 英寸)和 L 框(大框:8 英寸×10 英寸)。主要的原材料为易弯曲的金属条和 9 英寸×24 英寸的玻璃片。每只 S 框要求一根 2 英尺的金属条,而一只 L 框则要求一根 3 英尺的金属条。把正常的破损和玻璃破碎考虑在内,M 公司可从一块玻璃片中得到 4 只 S 框和 2 只 L 框。其他原材料,比如硬纸板封底,其成本不重要,被当作间接材料。金属条每英尺 1 美元,玻璃片每块 8 美元。M 公司与预算相关的其他资料如下:

(1) 2016 年第四季度预计销售 50 000 只 S 框和 40 000 只 L 框。根据市场调查,预测在今后两年内,每季度每一产品的销售量将在上一季度该产品销售量的基础上增加 5 000 只。

(2) M 公司的销售历史表明,所有销售的 60% 为赊销,其余为现金销售。公司的收款经验显示,80% 的赊销款在销售实现的当季度收回,余下的 20% 在下一季度收回。

(3) S 框的销售单价为 10 美元,而 L 框的销售单价为 15 美元。预计销售单价在 2017 年全年将保持不变。

(4) M 公司的每种产品在每季末的结存量应满足下季度销售量的 20% 的需要,每季末的玻璃片结存量应满足下季度生产所需消耗的玻璃片的 20%。由于金属条在当地容易购买,M 公司对金属条的采购建立在适时制基础上,存货可以忽略。

(5) M 公司所有直接材料购买为赊购,每季度购买款项的 80% 将在购买当季以现金偿付,余下的 20% 在下季度支付。

(6) 间接材料根据需要购买,并以现金支付。

(7) M 公司所有产品的预算单位产品工时定额为每件 0.1 小时,直接人工每小时工资率为每小时 20 美元,变动制造费用分配率为每小时 10 美元。其他固定制造费用预算资料见表 8-25。

表 8-25　　　　　　　　　　　　固定制造费用预算资料　　　　　　　　　　单位:美元

项　　目	第一季度	第二季度	第三季度	第四季度	全　　年
间接材料	10 200	11 200	12 200	13 200	46 800
间接人工	40 800	44 800	48 800	52 800	187 200
其他费用	31 000	36 000	41 000	46 000	154 000
折　　旧	20 000	20 000	20 000	20 000	80 000
合　　计	102 000	112 000	122 000	132 000	468 000

除折旧费用以外,直接人工成本和其他制造费用均于发生当季以现金支付。

(8) M 公司每季度的销售与管理费用为 100 000 美元,以现金支付。另外预算年度每季度将以现金支付股利 50 000 美元。

要求:根据上述资料,请你为 M 公司编制 2017 年度全面预算。

第九章　存　货　管　理

————学习目的与要求————

　　本章介绍了存货控制的概念、存货成本的构成,经济订货批量模型及其扩展,定量订货控制,定期订货控制,ABC 分类控制和 JIT 存货控制等方法。通过本章的学习,应能熟练掌握和自如运用各种存货控制模型和方法。

第一节　存货控制概述

　　存货(inventory)在企业流动资产中通常占有相当大的比重。存货控制对整个企业的财务状况和经营成果有重要影响。本章将从存货成本的构成出发,阐述存货最优储存水平的确定及存货日常控制的主要方法。

一、存货及存货控制

　　存货是指企业在生产经营过程中,为销售或耗用而储存的各种资产。它包括各种原材料、燃料、包装物、委托加工材料、低值易耗品、在产品、产成品和商品等。

　　为保证生产经营活动持续而均衡地进行,无论是生产制造企业,还是商品流通等企业,都必须储备一定数量的存货。如何使存货保持“最优的水平”,是企业管理中的一个重要课题。存货过多,将占用过多资金,影响企业流动资金的使用,不仅不能充分利用财力、物力,还要承担存货过时、变质、损毁的风险,并增加保险费用、储存费用和利息支出;若存货不足,又会影响企业生产经营活动正常进行,造成停工待料、销售中断、利润减少。上述无论哪种情况,都会导致经济上的重大损失。这就需要采用科学的方法,对存货进行有效的控制。

　　在保证销售和耗用正常的情况下,使企业存货保持在最优水平,尽可能地减少资金占用、降低存货成本,这就是存货控制。

　　加强存货控制,科学合理地进行存货管理,是现代化大生产的客观要求,是企业正常开展生产经营活动的条件,是提高企业经济效益的重要手段。加强存货控制对企业节约物资消耗、减少资金占用、加速资金周转、提高存货使用效率和资金的使用效果、保持长期竞争优势具有重要意义。

二、存货成本

存货成本是指存货从订购、购入、储存,一直到出库的整个过程所发生的各种费用,以及因存货不正常所引起的经济损失。它主要由以下四部分成本构成。

(一)采购成本

采购成本是指由存货的买价构成的成本。采购成本通常就是存货本身的入账价值,其总额等于采购数量与单位采购成本的乘积。

在采购总量既定的情况下,采购成本不受采购次数和每次采购量多少的影响(假设物价水平稳定且无数量折扣),是与订货批量决策的无关成本;但当供应商为扩大销售而采用数量折扣等优惠方法时,采购成本就成为与决策相关的成本了。

(二)订货成本

订货成本是指在订货过程中发生的差旅费、运输费、采购人员工资、采购部门办公费等与存货的取得相关的货款。

订货成本分为两部分:一部分是与订货次数直接相关的变动订货成本,如差旅费、邮资、电话电报费等支出,是决策的相关成本;一部分是与订货次数无关的固定订货成本,如采购机构的办公费是决策的无关成本。

(三)储存成本

储存成本是指存货在储存过程中发生的各种费用,包括仓储费、保险费、残损霉损、占用资金支付的利息等。

储存成本也可分为两部分:一部分是与储存量呈正比例变动的变动储存成本,如存货资金的应计利息、存货的破损和变质损失、存货的保险费等是决策的相关成本;一部分是与储存量的多少没有直接关系的固定性储存成本,如仓库折旧、仓库职工的固定月工资等是与决策的无关成本。

(四)缺货成本

缺货成本是指由于存货储存不足,不能及时满足生产和销售的需要而给企业带来的损失,包括停工待料损失、紧急订货追加的成本损失、商品存货不足而失去的创利额与企业信誉等。

缺货成本是否属于决策相关成本,主要看企业是否允许出现缺货。如果允许缺货,则缺货成本与存货量呈反向变动,属于决策相关成本;否则,属于无关成本。

第二节　经济订货批量控制

经济订货批量(economic order quantity,EOQ)是指在保证生产或销售顺利进行的前提下,可以使存货相关成本最低的每批订购数量。

一、经济订货批量的基本模型

经济订货批量的基本模型,又称为简单条件下的经济订货批量模型,并假设:

(1) 存货单价不变,不存在数量折扣。

(2) 不允许缺货。

(3) 存货一次性到货并入库。

(4) 存货的日耗用量为已知的常数。

在上述前提下,存货模型可用图 9-1 表示。其中,横轴表示时间,$0\sim t$、$t\sim 2t$、$2t\sim 3t$ 分别表示三个订货周期;纵轴表示存货库存量,Q 表示能立即补足的订货量。因为存货水平介于零到订货量 Q 之间,平均存货量等于订货量的一半,即 $\dfrac{Q}{2}$。

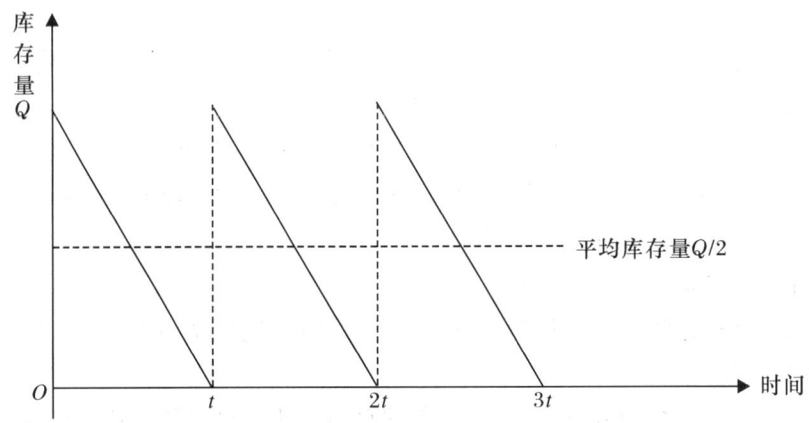

图 9-1 存货模型示意图

由于企业不允许缺货,即每当存货数量降至零时,下一批订货便会随即全部购入,故不存在缺货成本。此时与存货订购批量、批次直接相关的就只有订货成本和储存成本两项。存货年相关总成本 T 就等于年订货成本加上年储存成本,即:

$$T=\text{年订货成本}+\text{年储存成本}=\frac{A}{Q}\cdot P+\frac{Q}{2}\cdot C \qquad ①$$

式中 　A 表示全年需要量;

　　　Q 表示订货批量;

　　　P 表示每批订货成本;

　　　C 表示单位存货年储存成本。

年订货成本、年储存成本及年相关总成本的图形见图 9-2。

从图 9-2 可以看出,年相关总成本是一条凹形曲线,其最低点在横轴上所对应的订货批量值(Q^*)即是使相关总成本达到最低值(T^*)的经济订货批量。

　　　令　　　　　　　　　　　　　　　　$\dfrac{\mathrm{d}T}{\mathrm{d}Q}=0$

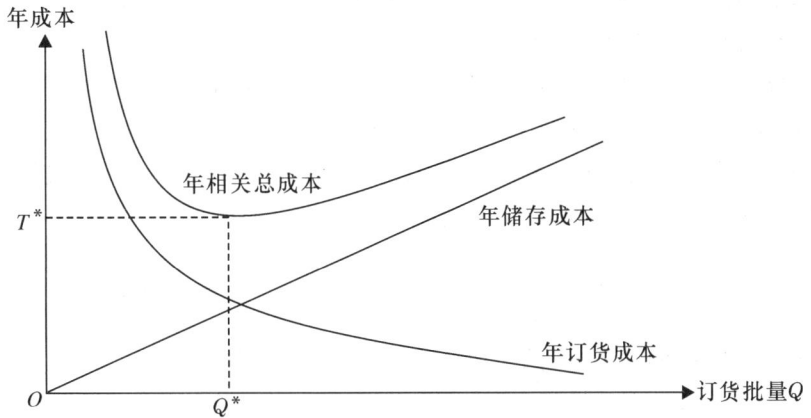

图 9-2 经济订货批量基本模型图

由此解得：

经济订货批量
$$Q^* = \sqrt{\frac{2AP}{C}}$$ ②

最佳订货批次
$$N^* = A/Q^* = \sqrt{\frac{AC}{2P}}$$ ③

将公式②代入①式，可得

$$T^* = \sqrt{2PAC}$$ ④

【例 9-1】 某公司每年耗用 A 材料 1 000 千克，每批订货成本为 25 元，材料年平均储存成本为 5 元。则 A 材料的经济订货批量、经济订货批次、最低相关总成本依次为：

$$Q^* = \sqrt{2 \times 1\,000 \times \frac{25}{5}} = 100(千克)$$

$$N^* = \sqrt{1\,000 \times \frac{5}{50}} = 10(批)$$

$$T^* = \sqrt{2 \times 1\,000 \times 25 \times 5} = 500(元)$$

二、经济订货批量模型的扩展

上述经济订货批量基本模型所假设的条件，在实际经济生活中往往很难得到满足。因此，必须对其加以修正，以适应各种不同的情况。下面就存货控制中经常遇到的几种情况，分别加以说明。

（一）存在数量折扣条件下的决策

数量折扣是指一次性购买某种货物的数量达到或超过一定限度，供应商所给予的价格上的优惠。

为了鼓励购买者多购买商品，供应商对大量购买商品常常实行数量折扣价，即规定每次购买量达到某一数量界限时，给予价格优惠。于是，购买者就可以利用数量折扣价，取得较低商品价、较低运输费和较低年订购费用的机会。在有数量折扣的决策中,上述三种成本的年成本合计最低的方案,才是最优方案。

【例9-2】 某公司每年需用甲材料20 000千克,每千克甲材料的年储存成本0.2元,每次订货费用100元。供应商规定:每次订购数量达到6 000千克时,可获得2%折扣;不足6 000千克时,单价为2元。该材料的经济订货批量计算,可以分如下三步进行。

(1)计算没有数量折扣时的经济订货批量:

$$Q^* = \sqrt{2 \times 20\,000 \times \frac{100}{0.2}} = 4\,472(千克)$$

(2)计算不考虑数量折扣时的年相关总成本:

$$采购成本 = 20\,000 \times 2 = 40\,000(元)$$

$$订货成本 = \frac{20\,000}{4\,472} \times 100 = 447(元)$$

$$储存成本 = \frac{4\,472}{2} \times 0.2 = 447(元)$$

$$年相关总成本 = 40\,000 + 447 + 447 = 40\,894(元)$$

(3)计算考虑数量折扣时的年相关总成本:如果给予数量折扣,在进货数量超过6 000千克时即可以享受2%的价格优惠,此时按给予数量折扣的最低进货批量,即按6 000千克计算存货相关总成本。因为在给予数量折扣的进货批量范围内,无论进货量是多少,单位存货进价都是相同的。而相关总成本的变动规律是:进货批量越小,相关总成本就越低。

$$采购成本 = 20\,000 \times 2 \times (1 - 2\%) = 39\,200(元)$$

$$订货成本 = \frac{20\,000}{6\,000} \times 100 = 333(元)$$

$$储存成本 = \frac{6\,000}{2} \times 0.2 = 600(元)$$

$$年相关总成本 = 39\,200 + 333 + 600 = 40\,133(元)$$

由计算结果可知,在现有条件下,该公司经济订货批量为6 000千克。这时,支付的相关总成本最低,为40 133元。

(二)允许缺货条件下的决策

允许缺货,是指存货短缺时,只需支付一定量的缺货费用,而对企业并不造成重大损失的缺货状态。当为绝对避免存货短缺而增加保险储备量所耗费的代价,比因缺货所发生的经济损失还要大时,允许短时间发生存货短缺在经济上对企业是有利的,故应当允许缺货。在实际工作中,企业管理者要根据缺货的具体情况,确定在允许缺货条件下的经济订货量,以使其存货成本达到最低水平。

图9-3反映了在允许缺货的经济批量模型中,库存量与时间的关系。其中,Q_S为最大缺货量,$(Q - Q_S)$为最高库存量。如果发生缺货,就向顾客发出延期交货单,一旦补充进货,则首先满足延期交货单的需求,即采取缺货预约的管理方式。

记t为两次采购间隔时间,t_1表示其中库存量为正的时间,t_2表示其中库存量为负的时

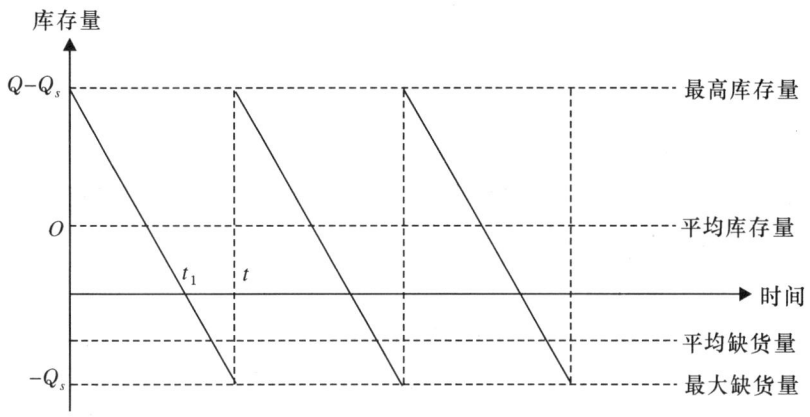

图 9-3 允许缺货条件下的库存示意图

间，d 表示单位时间内存货的需要量。由于

$$t_1 = \frac{Q - Q_S}{d}$$

$$t_2 = \frac{Q_S}{d}$$

$$t = t_1 + t_2 = \frac{Q}{d}$$

所以

$$平均库存量 = \frac{(Q - Q_S)t_1}{2t} = \frac{(Q - Q_S)^2}{2Q} \qquad ⑤$$

依照同样的方法，得：

$$平均缺货量 = \frac{Q_S t_2}{2t} = \frac{Q_S^2}{2Q} \qquad ⑥$$

记 S 为单位缺货成本，则在 t 期间内的

$$订货成本 = \frac{AP}{Q}$$

$$储存成本 = \frac{C(Q - Q_S)^2}{2Q}$$

$$缺货成本 = \frac{SQ_S^2}{2Q}$$

因此，缺货情况下的相关总成本的计算公式为：

$$T = \frac{AP}{Q} + \frac{C(Q - Q_S)^2}{2Q} + \frac{SQ_S^2}{2Q} \qquad ⑦$$

以 Q 和 Q_S 为自变量，对⑦式求偏导数，并令其为零，求得缺货情况下的经济订货批量、最大允许缺货量和最低相关总成本分别为：

$$Q^* = \sqrt{2AP\left(\frac{1}{C} + \frac{1}{S}\right)} \qquad ⑧$$

$$Q_S^* = \frac{Q^*}{C+S} \cdot C \qquad \qquad ⑨$$

$$T^* = \sqrt{\frac{2PACS}{C+S}} \qquad \qquad ⑩$$

【例 9-3】 某公司全年需要甲材料 40 000 千克,允许缺货,每次订货成本 25 元,每千克材料年储存成本为 8 元,缺货成本为每千克 2 元。则该公司对甲材料的经济订货批量、最大缺货量及年最低相关总成本分别为:

$$Q^* = \sqrt{2 \times 40\,000 \times 25 \times \left(\frac{1}{8} + \frac{1}{2}\right)} = 1\,118(千克)$$

$$Q_S^* = \frac{1\,118 \times 8}{8+2} = 894(千克)$$

$$T^* = \sqrt{\frac{2 \times 40\,000 \times 25 \times 8 \times 2}{8+2}} = 1\,788(元)$$

计算结果表明,该公司在允许缺货的条件下,甲材料的经济订货批量为 1 118 千克,最大缺货量为 894 千克,这样可使其相关总成本保持在最低水平 1 788 元。

(三) 逐次订货,边进边出条件下的决策

上述两种决策是建立在一次订购的货物会立即全部入库假设基础上的。但在实际工作中,也存在一次订货后,陆续到达入库的情况。在这种情况下,进库速度必定大于出库速度。而当一次订货全部到达后,有关存货将只出不进,其经常储备量不断下降。在存货经常储备量下降到零时,下一批订货又将分批到达,如此循环往复。其存货库存情况见图 9-4。

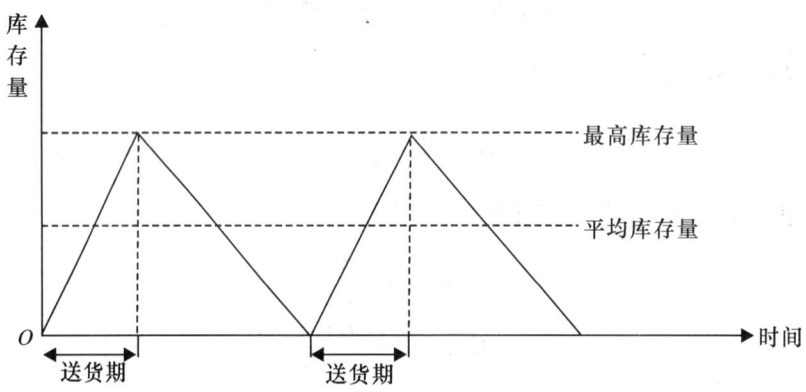

图 9-4 边进边出条件下的库存示意图

若每日入库量为 x,每日耗用量为 y,则:

$$平均库存量 = \frac{Q\left(1-\frac{y}{x}\right)}{2}$$

由于年相关总成本 T 等于年订货成本与年储存成本之和,因此

$$T = \frac{PA}{Q} + \frac{Q\left(1-\frac{y}{x}\right)}{2} \times C \qquad \qquad ⑪$$

以 Q 为自变量,对⑪式求一阶导数并令其为零,得:

$$Q^* = \sqrt{\frac{2PA}{C - \dfrac{Cy}{x}}} \qquad\qquad ⑫$$

将 Q^* 值代入⑪式,得:

$$T^* = \sqrt{2PAC\left(1 - \frac{y}{x}\right)} \qquad\qquad ⑬$$

【例 9-4】 某公司生产甲产品,全年需要 C 材料 7 200 千克,每日入库量为 30 千克,每日耗用 20 千克,每次订货成本为 50 元,每千克 C 材料年储存成本为 2 元。则:

$$Q^* = \sqrt{\frac{2 \times 7\,200 \times 50}{2 - \dfrac{2 \times 20}{30}}} = 1\,040(千克)$$

计算结果表明,在 C 材料陆续到达、陆续使用的条件下,其经济订货批量为 1 040 千克。此时,年相关总成本为:

$$T^* = \sqrt{2 \times 7\,200 \times 50 \times 2 \times \left(1 - \frac{20}{30}\right)} = 693(元)$$

(四) 经济生产批量模型

经济生产批量模型是经济订货批量模型在企业生产中的一种推广应用,用于为成批生产的企业确定每次投产的最优批量。

一般情况下,一批产品投产后将陆续完成入库,同时陆续投入使用或对外发出销售。这种情况与经济订货批量中"逐次进货,边进边出"条件下形成的库存动态表现一致。因此,我们可以类似地得到与生产批量有关的年相关总成本 T 为:

$$T = \frac{SA}{Q} + \frac{Q\left(1 - \dfrac{d}{p}\right)}{2} \times C \qquad\qquad ⑭$$

式中　A 表示全年生产量;

　　　Q 表示生产批量;

　　　S 表示每批调整准备成本;

　　　C 表示单位年储存成本;

　　　p 表示每日生产量;

　　　d 表示每日发出量。

以 Q 为自变量,对⑭式求一阶导数并令其为零,得:

$$Q^* = \sqrt{\frac{2SA}{C - \dfrac{Cd}{p}}} \qquad\qquad ⑮$$

将 Q^* 值代入⑭式,得:

$$T^* = \sqrt{2SAC\left(1-\frac{d}{p}\right)} \qquad ⑯$$

【例 9-5】 某公司全年需要 A 零件 10 000 件,每日生产 150 件,每日领用 30 件,每批调整准备成本 120 元,每件零件年储存成本为 60 元,则经济生产批量、最低年相关总成本分别为:

$$Q^* = \sqrt{\frac{2\times 10\ 000\times 120}{60-\frac{60\times 30}{150}}} = 224(件)$$

$$T^* = \sqrt{2\times 10\ 000\times 120\times 60\times\left(1-\frac{30}{150}\right)} = 10\ 733(元)$$

有些企业往往用同一种设备轮换分批生产多种产品或零部件,这时就不能简单地采用前述方法计算,因为各种产品的最优生产批数各不相同,使企业无法在同一设备上安排生产。在这种情况下,应首先确定出各种产品共同经济生产批次,然后再据以分别计算各种产品的经济生产批量。

设 N 为共同生产批次,则有:

$$N = \frac{A}{Q} \quad 与 \quad Q = \frac{A}{N}$$

当有 n 种产品或零部件轮换分批生产时,第 i 种产品年相关总成本为:

$$T_i = \frac{S_i A_i}{Q_i} + \frac{Q_i\left(1-\frac{d_i}{p_i}\right)}{2}\times C_i = S_i N + C_i A_i \frac{\left(1-\frac{d_i}{p_i}\right)}{2N} \qquad ⑰$$

式中　A_i 表示第 i 种产品年生产量;

　　　Q_i 表示第 i 种产品的生产批量;

　　　S_i 表示第 i 种产品每批调整准备成本;

　　　C_i 表示第 i 种产品单位年储存成本;

　　　T_i 表示第 i 种产品年相关总成本;

　　　p_i 表示第 i 种产品每日生产量;

　　　d_i 表示第 i 种产品每日发出量;

　　　N 表示共同生产批次。

则 n 种产品年相关总成本之和为:

$$T = \sum_{i=1}^{n} T_i = N\sum_{i=1}^{n} S_i + \sum_{i=1}^{n} C_i A_i \frac{1-\frac{d_i}{p_i}}{2N} \qquad ⑱$$

以 N 为自变量,求 T 的一阶导数并令其为零,求得共同经济生产批次:

$$N^* = \sqrt{\frac{\sum_{i=1}^{n} C_i A_i\left(1-\frac{d_i}{p_i}\right)}{2\sum_{i=1}^{n} S_i}} \qquad ⑲$$

第 i 种产品或零部件的经济生产批量为:

$$Q_i^* = \frac{A_i}{N^*}$$ ⑳

【**例 9-6**】 某公司用同一设备轮换分批加工甲、乙两种零件,有关资料见表 9-1。

表 9-1 某公司有关生产资料情况表

项 目	甲 零 件	乙 零 件
年生产量 A_i(件)	2 000	3 600
每批调整准备成本 S_i(元)	256	284
单位年储存成本 C_i(元)	10	8
每日生产量 p_i(件)	50	140
每日发出量 d_i(件)	20	70

将上述资料代入公式⑲,得:

$$N^* = \sqrt{\frac{2\,000 \times 10 \times \left(1 - \frac{20}{50}\right) + 3\,600 \times 8 \times \left(1 - \frac{70}{140}\right)}{2 \times (256 + 284)}} = 5\text{(批)}$$

因此,甲、乙两种零件的经济生产批量分别为:

$$Q_甲^* = 2\,000 \div 5 = 400\text{(件)}$$
$$Q_乙^* = 3\,600 \div 5 = 720\text{(件)}$$

即共同经济生产批数为 5 批,轮换生产时,每批应安排生产甲零件 400 件,乙零件 720 件。

第三节 日常存货控制

在存货控制中,确定经济订货批量,解决每次订货多少的问题,只是存货控制的开始。要使存货经常保持在最佳水平上,就要加强对存货的有效控制。存货控制常用的方法有以下四种。

一、定量订货控制

定量订货控制是指根据相对固定的再订货点和经济订货批量组织订货和控制日常库存的方法。在这种方法下,当某种存货的实际库存量下降到事先确定的再订货点时,马上按经济订货批量组织订货,一旦原有库存下降到保险储备量时,新订的货物刚好到达,实际库存量即恢复到以前的最高水平。

再订货点(reorder point,RP)是指企业需要再次购进存货时的库存量。如果订货过早,会增加存货的储备量,造成物资积压;如果订货过迟,存货储备不足,一旦供货不及时,就会影响生产和销售的需要。

再订货点 RP 的计算公式为：

$$RP = 平均每日耗用量 \times 订货提前期 + 保险储备量$$

其中，订货提前期也称为交货期。

【例 9-7】 某公司每年需用 A 材料 12 000 千克，每批订货成本为 500 元，每千克 A 材料全年平均储存成本为 12 元，假定 A 材料平均每日消耗 33 千克，订货提前期为 10 天，保险储备量为 66 千克。则 A 材料的经济订货批量、再订货点依次为：

$$Q^* = \sqrt{\frac{2 \times 12\,000 \times 500}{12}} = 1\,000（千克）$$

$$RP = 33 \times 10 + 66 = 396（千克）$$

因此，当 A 材料库存量下降到 396 千克时，就需要立即订货 1 000 千克。

二、定期订货控制

定期订货控制是指根据固定的订货周期和定期盘点所确定的实际库存量与预定订货量标准之间的差额，组织订货和进行日常控制的一种存货管理方法。这种存货管理方法的特点是，订货周期固定，订货数量不固定，没有固定的订货点。它也以实现最低存货总成本为目标，确定订货周期、预计订货水平和每次订货数量。

（一）订货周期的确定

订货周期，是指相邻两次订货的间隔天数。在定期订货控制下，订货周期是固定不变的，但要按照能使存货总成本达最低水平的原则来确定一个最经济的订货周期。

记 Q 为每次订货数量，A 为全年货物需要量，则以年为单位的订货周期 T_0 为：

$$T_0 = \frac{Q}{A}$$

每次订货数量为：

$$Q = T_0 A$$

将 $Q = T_0 A$ 代入①式，得：

$$T = \frac{P}{T_0} + \frac{CT_0 A}{2}$$

以 T_0 为自变量，求 T 的一阶导数并令其为零，求得经济订货周期 T_0^* 为：

$$T_0^* = \sqrt{\frac{2P}{AC}}$$ ㉑

【例 9-8】 某公司生产甲产品，全年需要丙材料 3 600 件，每批订货成本 10 元，每件年储存成本 0.8 元，则丙材料的经济订货周期 T_0^* 为：

$$T_0^* = \sqrt{\frac{2P}{AC}} = \sqrt{\frac{2 \times 10}{3\,600 \times 0.8}} = 0.083（年）$$

或

$$T_0^* = 0.083 \times 360 = 30(天)$$

本例丙材料订货周期也可用下列方法计算。

首先,计算经济订货批量 Q^*:

$$Q^* = \sqrt{\frac{2 \times 3\,600 \times 10}{0.8}} = 300(件)$$

其次,计算年经济订货批次 N^*:

$$N^* = \frac{3\,600}{300} = 12(次)$$

再次,计算经济订货周期 T_0^*:

$$T_0^* = \frac{360}{12} = 30(天)$$

(二) 预计订货水平的确定

预计订货水平是指每次订货后货物应达到的特定数量,这一数量必须保证满足提前期和两次供货的间隔时间内生产经营活动对某种货物的正常需要。

记 L_0 为预计订货水平,T_t 为提前期,T_i 为供应周期,d 为每天平均需要量,I 为保险储备量,则:

$$L_0 = (T_t + T_i)d + I \qquad \text{㉒}$$

【例 9-9】　承[例 9-8],该公司丙材料保险储备量为 10 件,提前期为 10 天,供应周期为 30 天,每天平均需要量为 10 件,则丙材料预计订货水平:

$$L_0 = (10 + 30) \times 10 + 10 = 410(件)$$

(三) 每次订货数量的确定

如果每次订货数量是不固定的,那么具体数值取决于每次订购前实际盘点的结果。

记 Q_a 为订货前存货实际盘存量,Q_b 为在本次订货时尚未到达的以往订货,则实际订货数量 Q 为:

$$Q = L_0 - Q_a - Q_b \qquad \text{㉓}$$

【例 9-10】　承[例 9-9],某公司丙材料在第一、第二、第三个订货周期的实际盘存量依次为 120 件、106 件、130 件,则丙材料这三次实际订货量依次为:

$$Q_1 = 410 - 120 = 290(件)$$
$$Q_2 = 410 - 106 = 304(件)$$
$$Q_3 = 410 - 130 = 280(件)$$

三、ABC 分类控制法

工商企业的存货品种繁多,存货与存货之间的差异很大。有的存货数量不多,但价值却很高,这些存货无疑是存货控制的重点;而有的存货尽管品种数量繁多,但是相对价值和绝对价值都不高,即使控制不那么严格,问题也不会很大。针对这种情况,企业可以试采用ABC分类控制法对存货进行分类,实施分类管理。

(一) ABC 分类控制法的含义及其划分标准

ABC 分类控制法是指将全部存货按占用资金量的大小,按一定的标准,划分为 A、B、C 三类,采取有区别、分主次的办法和措施,对各类存货进行相应控制的方法。

ABC 分类的一般划分标准,见表 9-2。

表 9-2 ABC 分类的一般划分标准

存 货 种 类	金 额 比 重	实物量比重
A 类	70%	≤20%
B 类	20%	≤30%
C 类	10%	≥50%

(二) ABC 分类控制的步骤

A、B、C 三类存货的划分没有固定的标准,只是一种分析存货的原则。在实际工作中,由于各企业的情况有所不同,A、B、C 三类存货的划分标准,一般是通过以下的计算步骤确定的。

(1) 以每类存货的年平均耗用量分别乘以单价,确定各类存货的总成本,并按其排序。

(2) 计算各类存货的总成本在所有存货中的百分比。

(3) 按分类标准将全部存货分为 A、B、C 三类,分别采取不同的控制措施。

(三) ABC 分类控制及应用

下面举例说明 ABC 控制法在存货控制中的具体应用。

【例 9-11】 某公司生产中需用 11 种材料,各种材料的有关资料见表 9-3。

表 9-3 某公司有关生产资料情况表

存 货 编 号	年耗用量(千克)	单 价 (元)	总 成 本 (元)
001	50	3.00	150
002	1 000	1.00	1 000
003	10	10.00	100
004	2 600	1.20	3 120
005	600	5.00	3 000
006	1 000	0.30	300
007	1 000	22.00	22 000
008	3 000	0.10	300
009	100	0.40	40
010	600	0.12	72
011	2 000	0.20	400

根据表9-3的资料,将总成本从大到小的顺序重新排列,按分类标准对其分类,见表9-4。

表9-4　　　　　　　　　　　　**某公司材料 ABC 分类表**

存货类别	品种编号	总　成　本		
		金　额	比例	各类材料占总成本
A	007	22 000	72.2%	72.2%
B	005	3 000	9.8%	20.0%
	004	3 120	10.2%	
C	002	1 000	3.3%	7.8%
	011	400	1.4%	
	006	300	1.0%	
	008	300	1.0%	
	001	150	0.5%	
	003	100	0.3%	
	010	72	0.2%	
	009	40	0.1%	
合　计	11	30 482	100%	100%

要有效控制 A、B、C 三类存货,应根据具体情况,进行有区别、有重点的控制。

1. 对 A 类存货的控制

A 类存货品种少,实物量少,但占用资金多,应列为控制的重点,企业应集中主要力量对其进行周密的规划和严格的管理。控制措施有:一是计算确定其经济订货批量、再订货点,使日常存货量达到最优水平;二是采用永续盘存制,对存货的收发结存进行严密监视,当存货数量达到再订货点时,应及时通知采购部门组织进货;三是随时对存货的动态情况进行跟踪,发现问题,立即纠正。

2. 对 B 类存货的控制

B 类存货介于 A 类、C 类物资之间。占用资金次于 A 类存货,控制不必像对 A 类存货那样严格,但也不能过于宽松。其控制要求是:确定每种存货的经济订货批量、再订货点,并采用永续盘存制对存货的收发结存情况进行反映和监督,但一般不需经常逐项进行对比分析,只需定期进行分类的检查即可。

3. 对 C 类存货的控制

C 类存货品种多,实物量多,但资金占用量很少,企业可采用一些较为简化的方法进行管理。"红线法"和"双箱法"是适应这类存货的特点而被广泛采用的方法,前者是企业在储存材料的容器中划一条警戒线,当库存量下降到警戒线时就向外发出订单,补充存货;后者是企业将存货分为大小两箱储存,当大箱内的存货用完时即向外发出订单补充存货,同时以小箱内的存货维持正常生产需求。

4. ABC 分类控制法的拓展

ABC 分类法特别适用于那些原材料库存量大、品种繁多、价值差别大的企业,通过对存货实施分类管理,能有效提高管理效率,同时也能降低存货管理的成本。

依据 ABC 分类控制法的原理,在存货品种多达数百种或上千种甚至更多的情况下,也可将全部存货划分为五类或十类不等,以更充分地体现分清主次、突出重点、区别对待的原则,达到更好的分类控制效果。

另外,随着市场情况、技术条件等因素的不断发展变化,企业在经营品种、生产工艺等各方面也会经常发生变化,从而引起存货品种、价格及需求量等相应发生变化。所以,企业需注意根据新的情况及时进行再分析。ABC 分类控制法在企业经营管理中不仅用于存货控制,而且也常用于生产管理、销售管理等方面。

四、JIT 存货控制(零存货控制)

JIT 是 just-in-time 的缩写,即适时制,是 20 世纪七八十年代起源于日本丰田汽车公司的一种新兴的生产管理模式。在该体系中,材料只有在需要的时候才到达,产品在有需求的时候才生产并立即送货,生产中的等待时间和存货储备时间被尽量压缩。按适时制的观念,存货的存在是一种浪费,必须通过仔细地规划使库存量最小甚至为零。因此,JIT 存货控制又称零存货控制。

JIT 存货控制是配合"适时生产"(JIT production system)而施行的成本控制系统。适时生产是一种需求拉动式的生产模式,其基本指导思想是,仅在"顾客"需要时才组织生产。也就是说,企业的最终产品是通过"顾客"的需要由后向前逐步"推"出来的。可以说,在适时生产线上,任何一个阶段都在下一阶段需要该阶段的产出时才生产。而传统生产属于需求推动式生产,也即在生产中,前面环节居主导地位,后面环节只是被动地接受前一生产环节转移下来的半成品继续加工。因此,对比传统生产模式,JIT 追求的是长期、全局的效益最大化。

(一) JIT 实施的前提条件

(1) 供应商必须能够及时提供物料。

(2) 物料质量可靠。

(3) 生产区域组织合理,对生产区域进行符合逻辑、易于产品流动的规划。

(4) 生产系统要有很强的灵活性,为改变产品品种而进行的生产设备调整时间接近零。

(5) 实行有效的、预防性的设备维修工作。

(6) 工人具有多种技能,能适应多种工种。

(7) 工人、工程技术人员、经理及其他人员有解决突出问题的能力。

(8) 企业所有人员团结一致,不断提高产品质量。

(二) JIT 存货控制的主要内容

1. 由对经济采购批量模型的修正转向对存货总成本的关注

适时生产要求适时采购,材料、零配件等总是在需要的时候才送到并直接交付使用。因此,从理论上看,适时采购下经济采购批量就是当时的需求量。不过,在对存货总成本进行控制的过程中,还是应该将存货成本管理范围由订货成本和储存成本扩展到包括采购成本、缺货成本、质量成本等更广义的存货成本概念中。虽然适时采购和生产使得储存成本为零,但采购成本、订货成本、缺货成本及适时制下特别关注的存货的质量成本还是存在的,只有对存货进行精细的分析和管理,才能使存货总成本最低,而又保证适时制的顺利实现。

2. 对供应商选择标准的变化和对供应商供货行为管理的强化

适时制要求适时生产与适时采购,不适用的原材料、零部件或迟到的供货,将使适时制无法实现。所以,对供应商的管理成为适时采购中的主要内容。

3. 对生产中存货的管理

适时制下的存货控制,着眼于尽可能消灭存货。因此,它不仅仅要求适时供货,还要求适时生产,以减少库存。所以,它要求企业及时收集相关信息,同时经常修正经济生产批量和经济订货批量的计算模型,使企业的整体效益持续保持较好的水平。

(三)JIT 实施的基本步骤

建立适时制需要很长时间,它需要企业文化和管理方式发生巨大的变革。这不是轻易就能完成的。然而,采取适时制的企业的竞争力将大大提高,因而能获得较高收益。实施适时制,主要采取六项步骤。

1. 准备工作

准备阶段的工作包括:进行管理培训,高级管理层对 JIT 存货控制制度的支持,各级管理人员都要明确各自的职责,企业要制定目标和实施计划,对员工进行培训和激励等,使所有员工都参与 JIT 存货控制的建设。

2. 实行全面质量管理

全面质量管理是与 JIT 存货控制紧密联系的。及时存货制的各环节,在全面质量管理的条件下,才能协调一致,也只有实行全面质量管理,在每一个环节上把好质量关,使之尽力实现"零缺陷",才能实现"零存货"。

3. 对现行系统进行分析

在实施 JIT 存货控制之前,首先要对现行的制造系统进行仔细的分析和解剖。

4. 工艺和产品的设计

JIT 存货控制要求企业的生产线具有很强的柔性。一些高科技的企业成功地把适时制与柔性制造系统结合在一起,它们采用标准件降低了 JIT 存货控制系统的复杂程度。技术人员、营销人员和工人应该一起共同发展稳定有效的产品组合。

5. 使供应商成为 JIT 存货控制的一部分

供应商能及时向企业提供优质的材料,是 JIT 存货控制运行的必要条件。把企业 JIT 存货控制与供应商的 JIT 存货控制联结在一起,使供应商成为企业 JIT 存货控制的一部分,可以保证物料供应的及时性和可靠性。

6. 不断改善

JIT 存货控制,需要根据变化的情况,不断改进、调整和完善。

从理论上讲,存货的存在是一种资源的浪费;从现实来看,存货的存在又是不可避免的,甚至是有利于生产经营活动正常进行的。因此,企业一方面应该不断改善经营管理,为最终实现零库存而奋斗;另一方面又应该面对现实,使库存维持在某一特定的水平,做到资源浪费最少而又能保证生产经营正常进行,这就是企业库存控制的较高境界。

五、MRO 管理

MRO 是英文 Maintenance、Repair and Operations 三个词的缩写,指工厂或企业对其生产和工作设施、设备进行保养、维修,保证其运行所需要的非生产性物料,这些物料可能是用于设备保养、维修的备品备件,也可能是保证企业正常运行的相关设备、耗材等物资。网络的普及为 MRO 工业品一站式的存货管理模式的成功带来了契机。

市场竞争越来越激烈,在企业降低自身生产成本的强烈愿望下,MRO 管理正在悄然地发生着变化,这表现在不同层面的活动之中。

美国工业分销集团艾递捷工业品物流公司(Industrial Distribution Group)是全美前三大 MRO 集成供应提供商,其推出的灵活采购方案(FPS™)是应用 ISO 认证的程序及专业化的管理软件(SMS™)来优化客户的间接材料供应链。艾递捷对客户间接材料的集成供应管理旨在降低总体成本,减少客户相应的运作资金投入,提供透明的交易流程,提高供应商服务的评估能力,详细记录每笔成本节省等,为客户提供优质突出的服务。艾递捷已经有超过 120 家集成供应的客户,包括:波音、泰科、博克华纳、霍尼韦尔、霍尼韦尔涡轮增压(中国)、通用电器、通用汽车、上海大众、福特等。

总部设在美国宾州的 SDI 公司是一家 MRO 渠道集成供应商,其业务包括各种 MRO 的采购、接收和供应,以及存货的控制和管理等。该公司按照工厂的要求为它们提供金属加工、设备维修和其他一些生产用物料。作为一体化采购供应合同的一部分,SDI 公司还使用自家的计算机系统管理工厂的工具库。要保证在工具仓库领料窗口的交付满足率达到98%并不是一件容易的事情,因为,面对 6 万个存储单元,稍不注意就会造成缺货。在工具库的领料窗口,SDI 的雇员帮助工厂的员工处理领料申请,并直接把所需物料送到使用的地方。

另一家 MRO 渠道集成商 Graybar 公司专注于炼油厂的 MRO 供应,它所提供的采购管理增值服务有:努力帮助客户识别用量大的产品以寄销存货的方式来保证供应(包括大约 500 种电工器材),并在存货控制和满足供应方面取得了令人满意的平衡;保证客户能够及时了解各个炼油厂有关电工器材的采购支出情况;与产品的制造商一起设法保持产品价格的竞争性并为炼油厂引进专业技术支持,如邀请电工器材产品制造商到炼油厂专门就有关产品的技术问题开展培训。

概括渠道集成商的产品与服务,可以包括以下方面:低成本、高质量的 MRO(渠道集成);快速的物流配送网络;咨询服务,优化企业的仓储管理,提供新产品信息和产品应用方案;在整个供应链上企业的 MRO 供应的整体集成和优化。

中国 MRO 的采购及管理存在众多的问题。对中国 MRO 的采购与管理首先可找到的是市场原因。比如,MRO 供应市场比较分散,还远未形成规模。MRO 供应商规模小,品种少,管理不规范,资金缺乏,网络、渠道不多,不能提供足够的增值服务等。但也不能否认企业在 MRO 的采购和管理上存在的问题:

(1)企业将主要注意力集中在直接性生产物料的采购上,MRO 采购并未得到充分有效的重视和管理。

(2)企业 MRO 采购行为往往分散在不同的职能部门,集中管理实现程度较差,部门间沟通不流畅,导致工作量的加大和潜在采购错误风险的发生。

(3)采购部门管理设置和人员配置存在问题,采购人员缺乏足够的专业知识,常常需要相关部门的协助才能确定物料规格型号、缺乏对采购成本和风险的科学认识等。

(4)大多制造企业备件品种多、采购批量小、消耗低且无规律,大部分备件只能从市场上众多的零售商处采购,造成备件质量无法保证,严重影响企业的正常生产。

(5)由于企业对设备维护和维修计划性不强,而且不很关注历史数据的发掘和需求的预测,导致不确定的提前期和不合理的库存。

(6)缺乏对供应商的战略管理。据调查估计,备件采购花费制造企业采购部门约 80% 的精力,但采购金额却只占企业采购金额的 10% 左右。而且采购人员的精力主要花在采购业务的具体运作上,根本谈不上对供应商的战略管理,甚至有的企业连自己到底有多少家供应商都不是很清楚。

中国巨大、成长的 MRO 市场,会有更多的 MRO 渠道集成供应商进入中国市场,纵横捭阖,快速发展。对于它们,我们看到的可能只是它们大规模的旗舰店,统一规范的服务,而其背后支撑的其强大的物流体系、技术服务系统,这才是其最核心的部分。MRO 分销行业悄然崛起,为中国的企业带来更多的价值,也为完成国务院于 2015 年 5 月 8 日公布的中国版的"工业 4.0"规划《中国制造 2025》提出的中国制造强国建设三个十年"三步走"战略和第一个十年的行动纲领打下基础。

本章要点概览

存货是企业在生产经营过程中为销售或耗用而储存的各种资产,它为维持企业的正常生产和经营发挥着重要的作用。本章从存货相关的基本概念开始,介绍了存货和存货控制的基本概念以及存货成本的类别;本章的第二节比较全面地讲述了经济订货批量控制的相关知识,其中包括经济订货批量模型的假设和最优经济订购批量、最佳订货批次等的推导和计算;并且在此基础上,对于存货控制的经济订货批量模型的前提和假设进行突破,提出存在数量折扣条件下的经济订货批量的计算、允许缺货条件下的经济订货批量的计算、逐次订货,边进边出条件下的存货经济订货批量的决策以及经济订货批量模型在企业生产中推广应用——经济生产批量模型,用于成批生产的企业确定每次投产的最优批量。本章的第三节主要介绍了一系列的日常存货的控制方法,除了一般的定量订货控制和定期订货控制以外,还具体地介绍了存货的 ABC 分类控制法和 JIT 存货控制(适时制)的概念、实施的前提、思路和实施的基本步骤。由于存货的控制和管理以及其相关的各种模型的推导需要一定的数学基础,因此本章通过大量的例题对相关的知识要点进行阐述。

关键词

1. 存货
2. 存货控制
3. 采购成本
4. 订货成本
5. 储存成本
6. 缺货成本
7. 经济订货批量
8. 数量折扣
9. 订货周期
10. 再订货点
11. ABC 分类控制法
12. JIT 存货控制
13. MRO 管理

阅 读 文 献

1. 余恕莲主编:《管理会计》(第八章定价决策分析和存货决策),对外经济贸易大学出版社 2004 年版。

2. 杨义群主编:《管理会计》(第九章存货管理),经济管理出版社 2005 年版。

3. 陈振婷主编:《管理会计》(第十七章存货管理与适时制),清华大学出版社 2005 年版。

4. 孙茂竹、文兴伟、杨万贵编著:《管理会计学》(第十一章存货决策),中国人民大学出版社 2006 年版。

5. 张一贞主编:《管理会计》(第十章存货控制),上海财经大学出版社 2006 年版。

复 习 思 考 题

1. 在存货控制中,主要考虑哪些成本?

2. 什么是经济订货批量? 其基本模型的假设条件是什么? 如何计算经济订货批量?

3. 在考虑数量折扣的条件下,如何确定经济订货批量?

4. 在允许缺货条件下,经济订货批量如何确定?

5. 日常存货控制方法有哪几种?

6. 什么是再订货点? 如何确定存货的再订货点?

7. 简述 ABC 分类控制法的含义及其基本步骤。

8. 什么是 JIT 存货控制? 其主要内容是什么?

9. 什么是 MRO 管理?

10. 中国 MRO 采购及管理存在什么问题? 如何去解决?

练 习 题

一、判断题

1. 在存货采购和使用过程中发生的成本都是存货控制的相关成本。 （   ）

2. 材料采购经济批量是指保证生产经营需要的前提下的最低采购批量。 （   ）

3. 存货控制的 ABC 分类法是依据企业对存货需要量的多少分类的,某种物资需要量多,对企业就显得重要,就应当把它归入 A 类物资。 （   ）

4. 采购部门的一般经费属于存货的订货成本。 （   ）

5. 经济批量控制所要考虑的相关成本包括订货成本和储存成本两部分。　　（　　）

6. 当存在数量折扣时,求存货控制最优解必须求出与各档次最低批量对应的相关总成本。（　　）

7. 定量采购方式的特点是:采购批量固定不变,采购日期不定期。　　（　　）

8. 在允许缺货的存货控制模式下,缺货成本是一种相关成本,它指因材料供应短缺而造成的损失。
　　　　　　　　　　　　　　　　　　　　　　　　　　　　　　　　（　　）

9. 材料采购所花的运输费对存货成本造成影响,因此降低运输费能减少存货控制的相关总成本。
　　　　　　　　　　　　　　　　　　　　　　　　　　　　　　　　（　　）

10. 在存货控制基本模式下,能使变动性的订货成本和变动性的储存成本相等的订货批量必是最优批量。　　（　　）

二、单项选择题

1. 在取得存货过程中,与存货控制必定相关的成本只可能是（　　）。
   A. 存货买价　　　　　　　　　　　　B. 采购部门人员工资
   C. 与订货次数呈正比的费用　　　　　D. 采购部门房租和水电费

2. 存货采购批次的计算公式为（　　）。
   A. 总成本÷单位订货成本　　　　　　B. 总成本÷单位储存成本
   C. 全年需求量÷最高库存量　　　　　D. 全年需求量÷最优批量

3. 在存货控制基本模式下,甲材料年需求 3 600 千克,经济批量为 300 千克,每次订货变动性订货成本 25 元,每千克甲材料年均变动性储存成本 2 元,则最低相关总成本为（　　）元。
   A. 600　　　　　B. 7 500　　　　　C. 3 600　　　　　D. 900

4. A 材料订货后陆续到货,如每天到货 50 件,每天生产消耗 10 件,已求得最优批量为 400 件,则最大库存量为（　　）件。
   A. 400　　　　　B. 320　　　　　C. 80　　　　　D. 250

5. 在定量采购方式下,每次采购量应为（　　）。
   A. 日均耗用量×交货期日数　　　　　B. 经济批量
   C. 经济批量＋日均耗用量×交货期日数　　　D. 日均耗用量×（交货期日数＋保险储备日数）

6. 在定期采购方式下,如每 18 天采购一次,日均耗用材料 10 吨,交货期 5 天,保险储备 2 天,则每次采购最高限量为（　　）吨。
   A. 250　　　　　B. 180　　　　　C. 70　　　　　D. 200

7. 某企业生产 K 配件,年需求 1 200 件,每批调整准备成本 160 元,单位储存成本 3 元,最优生产批次 3 次,则最优生产批量为（　　）件。
   A. 800　　　　　B. 320　　　　　C. 160　　　　　D. 400

8. 某企业生产 K 配件,年需求 1 200 件,每批调整准备成本 160 元,单位储存成本 3 元,最优生产批次 3 次,则全年最小相关总成本为（　　）元。
   A. 1 920　　　　　B. 1 000　　　　　C. 960　　　　　D. 500

9. 在存货控制基本模式下,与采购量不直接联系而与采购次数呈正比的成本是（　　）。
   A. 材料买价　　　　　　　　　　　　B. 订货成本
   C. 变动性订货成本　　　　　　　　　D. 变动性储存成本

10. 在存货控制基本模式下,与采购量呈正比而与采购次数不直接联系的成本是（　　）。
    A. 材料买价　　　　　　　　　　　　B. 订货成本
    C. 变动性订货成本　　　　　　　　　D. 变动性储存成本

三、多项选择题

1. 有可能成为存货控制相关成本的有（　　）。

 A. 材料买价   B. 缺货损失

 C. 变动性订货成本   D. 固定性储存成本

2. 存货控制基本模式需满足（　　）假设条件。

 A. 所订货物陆续到达   B. 不允许缺货

 C. 存货消耗是随机的   D. 不存在数量折扣

3. 在存货控制各模式中，最大库存量与最优批量不相等的有（　　）。

 A. 存货控制基本模式   B. 存在数量折扣模式

 C. 允许缺货模式   D. 订货陆续到达模式

4. 在允许缺货的存货控制模式中，对最优批量构成影响的有（　　）。

 A. 一次订货变动性订货成本   B. 年均单位变动性储存成本

 C. 存货的年需要量   D. 年均单位缺货成本

5. 在每批订货陆续到达的存货控制模式中，对全年最小相关总成本构成影响的有（　　）。

 A. 固定性订货成本   B. 每天到货量   C. 每天耗用量   D. 存货买价

6. 存在数量折扣的存货控制模式中，与最优批量相关的有（　　）。

 A. 数量折扣条款   B. 存货年需求量

 C. 缺货成本   D. 年均单位变动性储存成本

7. 采用定量采购方式时，会影响再订货点的有（　　）。

 A. 单位变动性订货成本   B. 材料日均耗用量

 C. 单位变动性储存成本   D. 保险储备天数

8. 采用定期采购方式时，会影响订货间隔期的有（　　）。

 A. 单位变动性订货成本   B. 材料日均耗用量

 C. 单位变动性储存成本   D. 交货期天数

9. 最优生产批量控制要考虑的相关成本有（　　）。

 A. 订货成本   B. 变动性储存成本   C. 调整准备成本   D. 直接材料

10. 存货控制采用 ABC 分类法时，可以不作最优批量控制的有（　　）。

 A. A 类物资   B. B 类物资   C. C 类物资   D. 所有物资

11. MRO 所管理的物料，包括（　　）。

 A. 用于设备保养、维修的备品备件   B. 用于产品生产的原材料

 C. 保证企业正常运行的相关设备，耗材   D. 用于产品生产的辅助材料和包装物

12. 我国企业在 MRO 的采购和管理上存在的问题主要有（　　）。

 A. 企业将主要注意力集中在直接性生产物料的采购上

 B. MRO 采购行为集中管理实现程度较差

 C. 采购人员缺乏足够的专业知识，缺乏对采购成本和风险的科学认识

 D. 企业对设备维护和维修计划性不强，而且不很关注历史数据的发掘和需求的预测

四、计算题

1. 资料：星光工厂全年需要 A 材料 3 000 千克，每次订货的变动性订货成本为 100 元，每千克 A 材料的年均变动性储存成本为 15 元。

要求：计算经济批量及全年最小相关总成本。

2. 资料:精艺工厂全年需耗用甲部件 50 000 件。当采购量小于 100 件时,单价为 100 元;当采购量达到 100 件时,单价为 96 元;当采购量达到 500 件时,单价为 92 元;当采购量达到 5 000 件时,单价为 85 元。每次订货的变动性订货成本为 16 元,每件甲部件年均变动性储存成本为 10 元。

要求:计算最优采购批量及最小相关总成本。

3. 资料:假定永康制药厂全年需耗用 E 原药 1 500 千克,订货后每天能运达 8 千克,而厂里每天需消耗 5 千克。每次订货的变动性订货成本为 100 元,年均每千克 E 原药变动性储存成本为 5 元。

要求:计算最优订货批量及全年最低相关总成本。

4. 资料:飞灵饮水机厂年产 6 000 件 A 部件,产品单位成本为 12 元,每批调整准备成本为 120 元,单位产品年储存成本为 3 元,平均每日生产 A 部件 30 件,耗用 20 件。

要求:计算最优生产批量及全年最小相关总成本。

5. 资料:振新机器厂每年需用 S 配件 4 900 件,既可自制,也可外购。如自制,每件需变动成本 20 元,另需承担相关固定成本总额 4 000 元,每天可以生产 S 配件 50 件,耗用 40 件。每批生产调整准备成本为 500 元,每件年储存成本为 0.5 元。如果外购,则单价为 22 元,每次订货需支出费用 9 元,这时可将自制 S 配件的有关设备改为生产 B 产品,每年可得边际贡献 7 000 元。

要求:判断振新机器厂应自制还是外购 S 配件? 这时最优批量是多少? 全年最小相关总成本是多少?

6. 资料:光明加工厂全年需耗用乙材料 16 000 吨,单价为 400 元,每次订货成本为 240 元,每吨乙材料年储存成本为 60 元,单位缺货成本每年 240 元。

要求:计算最优批量、最大缺货量及全年最小相关总成本。

7. 资料:启明公司每年需甲材料 12 000 千克,每次变动性订货成本为 400 元,材料单价为 100 元,年均每千克甲材料储存成本为 15 元。日均耗用甲材料 40 千克,交货期 4 天,保险储备 1 天。

要求:计算定量采购方式下的每次采购量及再订货点。

8. 资料:三阳商店经销 A 商品,按计划每月 8 日采购一次,正常情况下每天可销售 A 商品 500 千克,每次订购后约 6 天到货,该店拟定 3 天的保险储备。

要求:计算三阳商店的定期采购量标准;如 5 月 8 日实际盘存 A 商品 3 500 千克,计算该日实际应订购的 A 商品为多少千克。

五、案例分析题

存货管理的新方向——供应链管理

1. 沃尔玛公司供应链管理的成功案例

分析沃尔玛公司的财务会计报表可以发现:沃尔玛公司的总资产周转率是同行业企业的数倍,而其经营费用与销售额的比率几乎是同行业企业的一半,可见在商业界的激烈竞争中,沃尔玛公司仍然找到了获利制胜的新法宝,使其立于不败之地。沃尔玛公司运用供应链管理降低了成本费用,实现了良好的资产管理,从而保证利润的实现。

例如,沃尔玛公司长期销售的宝洁公司(P&G)的产品,如"帮宝适"等妇幼商品,不仅有保质期,而且体积极大,这些商品经常因存货不足影响销售,有时又因存货过多而增加库存管理的困难,且占用公司流动资金。为了解决库存控制的难题,沃尔玛公司提出与宝洁公司合作。沃尔玛公司大胆向宝洁公司提供销售信息,即将沃尔玛公司配送中心、各商场货架上的存货情况及全部的销售资料数据通过跨企业的计算机网络直接传递给宝洁公司,宝洁公司时时掌握产品的销售动态,在适当的时间将适当数量的商品送到沃尔玛公司的配送中心。这时,由于沃尔玛公司的价格标签和 UPS 条形码早已在宝洁公司贴好,因此不用在配送中心存货,沃尔玛公司的配送中心立即根据宝洁公司独立打包的各商品上的标志将商品送到各商场货架。这样,沃尔玛公司明显简化了库存管理,每年可节省数百万美元的费用。沃尔玛公司 1992 年配送成本低于其销售额的 3%,而其竞争对手则高达其销售额的 4.5%~5%,这意味着沃尔玛公司每年比竞争对手节省 7.5 亿美元的配送支出。

沃尔玛公司将这种跨企业业务处理过程再造的思路在公司推广,形成了跨企业的供应链管理的新型运作模式。通过跨企业的供应链管理运作,沃尔玛公司大幅度降低了商品库存,甚至接近零库存的理想状态,节约了大量库存及管理费用;同时,由于简化了采购管理工作,因而减少了相应的采购成本,而且同供应商建立了长期稳定的合作伙伴关系,享受了商品进货价格更加优惠的政策,获得了双赢的结局。

2. 供应链管理(SCM)与企业存货管理

供应链(supply chain,SC)的概念是在 20 世纪 80 年代末提出的。所谓供应链,简单地说就是把买卖的交易过程连接在一起,就好像用一条链子给串联起来。在商业社会,无论是做什么生意,都离不开买与卖,俗话叫“做买卖”,向别人买材料、自己加工或包装,再卖给另外的人。简单的买卖,在运作上比较简单;复杂的买卖,运作就不那么简单了。在接到下游买主的订单时,就要组织材料加工或生产、包装商品,然后送货、收款,万一材料不足,就要向上游厂商购买,同样要经过下订单、收货、清点、付款等程序。如果要同时加工、生产或包装很多种产品,就要向很多上游厂商采购原材料,同时也要向许多家下游买主供货。这样,“做买卖”就变得复杂了,多半会产生时效性的问题。如果在做生意过程中,各种运作过程在时间上拿捏不准的话,就会出现不是存货太多积压资金,就是存货不足买主只好转向他人要货,或者是自己的生产设备不敷使用或闲置。恰好,供应链管理(SCM)就是要对整条链子进行管理,让每个环节在时效性上恰到好处,即达到所谓的“just-in-time”。这正是 SCM 的精髓所在。

SCM 通常由五部分组成,各部分轻重程度在不同应用领域有所不同。

第一,制定 SCM 策略。分析要管理哪些事,通过制订方案来监控、衡量运作是否有效,是否能满足顾客的需要,向顾客提供高质量的产品。

第二,与上游供货商建立关系。制定一套定价、交货、付款的规则,同时制定监控方法;有了规则,就可以与自己的存货管理、付款系统连在一起。

第三,制定企业产品生产程序。它包括加工、生产、测试、包装、运送的计划安排,以及质量控制与生产管理。

第四,交货。也就是与下游买主建立关系,比如对接单、仓储、运送、收款等的管理。

第五,问题处理。对从上游厂商提供的不合格的产品,卖给下游顾客的产品顾客不满意而提出要退换等问题,都需要有一个流程来处理。

近年来随着全球制造(global manufacturing)的出现,供应链管理在制造业中得到普遍应用,成为一种新的管理模式。具体地说,从企业财务管理的角度来看,表现在以下几个方面:其一,供应链管理可以降低采购成本。供应商能够方便地取得存货和采购信息,节约了采购人员的工资,而且由于采用无纸化订货管理,大大提高了效率,节省了订单管理成本。其二,供应链管理可以最大限度地降低存货水平。通过扩展组织的边界,供应能够随时掌握存货信息,组织生产,及时补充,因此,企业只要维持较低的存货水平,就能生产出需要的产品,同时,又不会形成存货堆积,从而降低存货持有成本。其三,供应链管理可以减少交易成本和获取信息的成本。用 Internet 整合供应链将大大降低供应链内各环节的交易成本,缩短交易时间,提高交易的透明度和信用,建立相互信任的伙伴关系。

由于沃尔玛公司成功地运用了供应链管理,所以降低了企业整体的经营费用,从而为其实施低价的销售策略提供了保证,并扩大了销售额,提高了企业的存货周转率。这正是企业财务成本管理所追求的目标,所以企业实施供应链管理,可以达到财务成本管理的目标,实现最佳存货状态,从而更加有效地管理好企业的物流和资金流。目前,国际上一些著名的企业,如惠普公司、IBM 公司、DELL 计算机公司等在供应链管理实践中取得了巨大的成绩,使人们更加坚信进行供应链管理是进入 21 世纪后企业适应全球竞争的一种有效手段。

第十章　责　任　会　计

────────── 学习目的与要求 ──────────

　　本章介绍了责任会计基础,责任中心和内部转移价格的制定。通过本章学习使学生理解责任会计的含义、内容和原则的基础上,理解各种责任中心的概念、特点、类型和考核指标;理解并掌握核算对象,核算程序和核算原则;能够正确地运用责任中心考核指标并对其责任中心进行业绩考评,掌握各种内部转移价格的制定原则和分类并能够运用内部转移价格正确地评价和考核责任中心的经营业绩。

第一节　责任会计概述

　　责任会计是现代分权管理模式的产物。第二次世界大战之后,随着国际经济的迅速发展和市场竞争的日趋激烈,企业的规模越来越大,管理层次繁多,组织机构复杂。正是在分权管理思想的影响下,责任会计得到了迅速发展。分权管理是将生产经营决策权在不同层次的管理人员之间进行实地划分,并将决策权随同相应的经济责任下放给不同层次的管理人员,使其能对日常的经营活动及时做出有效决策的管理模式。责任会计就是指为适应经济责任制的要求,在企业内部建立若干责任单位,并对它们分工负责的经济活动进行规划、控制、考核与业绩评价的一整套会计制度。它实质上是企业为了加强内部经营管理而实施的一种内部控制制度,是把会计资料同各级有关责任单位紧密联系起来的信息控制系统,即责任会计制度。

一、责任会计的基础条件

　　责任会计的重点在于利用会计信息对各分权单位的业绩进行计量、控制与考核。它的基础条件包括六个方面。

　　1. 明确规定权责范围

　　实施责任会计,首先要根据企业的具体情况和内部管理的实际需要,合理地划分各责任中心。责任中心按其授权范围的大小分为成本中心、利润中心和投资中心三种形式。由于各责任中心所承担的责任都不一样,因此,必须首先依据各个责任中心的具体特点,明确规定其权责范围,从而正确地确定其核算内容。

2. 正确编制责任预算

企业应根据全面预算所确定的生产经营总目标和任务,按责任中心进行分解、落实,并为每个责任中心编制责任预算,将其作为今后控制各责任中心经济活动的依据,同时也作为评价其工作成果的基本标准。

3. 制定业绩考核标准

业绩考核标准应当具有可控性、可计量性和协调性等特点,即考核的内容应是责任中心能够控制的因素;考核指标的实际执行情况,要能比较准确地计量和报告,并能使各个责任中心在完成企业总目标的过程中,明确各自目标和任务,以实现局部和整体的统一。

4. 制定内部转移价格

为了分清经济责任,正确的评价各责任中心的工作业绩,对各责任中心之间相互提供的产品和劳务都应该进行结算,这就需要根据各责任中心的特点,对企业内所转移的各种产品和劳务合理地制定内部转移价格。由于内部转移价格的合理与否直接关系到与之相关的各责任中心的利益,因此,内部转移价格的确定要具有科学性和合理性,要既有助于调动各责任中心的积极性,又有助于局部目标和整体目标的统一。

5. 建立健全信息系统

责任预算一经确定,就要按责任中心相应建立一套完整的有关责任预算执行情况的日常记录、计算和积累的信息跟踪系统,对实际执行情况进行跟踪反映,并定期编制业绩报告。企业应根据各责任中心的业绩报告,分析预算执行差异产生的原因,及时通过信息反馈,控制并调节有关责任中心的日常经营活动;同时还要督促它们迅速采取有效措施,纠正缺点,巩固成绩。因此,责任会计的信息系统必须满足相关性、及时性和准确性等要求。

6. 制定合理而有效的奖惩制度

企业应制定一套既完整、合理,又切实有效的奖惩制度,并根据各责任中心的实际工作业绩进行奖惩,鼓励先进,鞭策落后。如果一个责任中心的工作业绩如因其他责任单位的过失而受到损害,应由后者给予赔偿。该制度应有助于实现权、责、利的三者统一。

二、责任会计的内容

(一) 责任会计的核算对象

为了准确核算各责任中心的经营业绩,必须首先明确各项业务的责任对象。财务会计是以企业实体的经济活动为核算对象的,而责任会计是以企业中的各责任中心的经济责任为核算对象的,责任中心所要反映的是每一个责任中心的工作业绩。当企业建有责任中心体系时,企业所发生的每一项经济业务都由特定的中心负责,所以,一切与该责任中心相关的业务和事项都可归属到某一责任中心,都是责任会计所需核算的内容。

(二) 责任会计的核算程序

1. 为各责任中心制定责任预算或确定目标

这是为各责任中心确立一个执行目标,同时也为评价各责任中心的工作确定一个标准。

2. 准确地核算各责任中心的经营业绩

这是责任会计核算的重要环节,它包括原始凭证的填制、费用的归集和分配、内部产品或劳务转移的结算、收入的确认及最终经营业绩的确定等。

3. 评价和考核各类责任中心经济责任的执行情况

通过核算环节,已对各责任中心的实际经营情况作了客观的反映,接着,就应将实际执行结果与预定的责任目标或责任预算进行比较,揭示差异,并对其经营业绩作进一步的评价。

4. 通过调查和分析,编制责任会计报告

责任会计报告是对责任中心经营业绩的全面考核和评价。责任会计报告的内容包括责任目标(或预算)和实际执行情况及其差异的揭示,并根据重要性原则对差异进行调查和分析,找出差异产生的原因,提出改进工作的建议等。

(三) 责任会计报告

责任会计报告是责任会计提供信息的媒介,也是责任会计的工作成果。由于责任会计报告是为企业内部提供信息的,因此,与财务报告相比,在报告对象、报告内容、报告时间等方面都有其特点。总括地说,责任报告具有四个特征。

1. 报告对象

不同责任中心所包含的责任内容、范围不一样,因此,应根据具体的对象确定报告的内容。

2. 报告形式

将责任目标、执行情况及其产生的差异用报表予以列示是责任报告的基本形式,但在揭示差异的基础上,必须对重大差异予以分析,查找其产生的原因,并作出说明或提出改进建议。所以,责任报告的形式除报表外,还必须采用数据分析和文字说明方式。

3. 报告时间

责任报告的编制时间一般是定期的,但由于各责任中心的特点不一样,所以为各责任中心所定的报告期可能不尽一致。

4. 报告内容

由于各责任中心的性质不一样,所以各类责任中心的报告内容也不完全一样,但基本的要求是必须报告报告期责任目标或预算及其实际执行结果和产生的差异,以便各责任中心进行自我控制,以及上层责任中心对下属责任中心予以控制。除此之外,应根据重要性原则对重大差异作进一步的定量分析和定性分析。

三、责任会计的核算原则

建立责任会计制度应当遵循六个原则。

(一) 责任主体原则

当企业建立责任会计制度时,企业所发生的每一项经济业务都由特定的责任中心负责。因此,责任会计的核算应以企业内部各责任中心为对象,责任会计资料的搜集、记录、整理、计算、对比和分析等各项工作,都必须由责任中心负责。

(二)目标一致性原则

责任中心是一个企业的各个局部,为了保证企业整体目标的实现,在为各责任中心确定责任目标或进行责任预算时,应始终注意与企业的整体目标保持一致。在进行责任控制时,同样应注意各个责任中心的业绩与企业整体目标的一致性,以避免因片面追求局部利益而影响整体利益。

(三)激励原则

实现经济责任制的目的是为了最大限度地调动企业全体职工的积极性和创造性,因此所确立的目标或预算应相对合理。目标过高,会挫伤职工的工作积极性;目标太低,不利于企业整体目标的实现。同时,各种奖励措施也应注意适当和合理,既要奖惩分明,又要给人以希望,这样,就能不断激励全体职工为实现目标而努力奋斗。

(四)可控性原则

由于各责任中心的利益直接与其业绩挂钩,因而对其工作业绩的考评必须以可控性为原则,也就是说,各责任中心的收入和费用的核算都必须以各责任中心可以控制为原则。

(五)反馈性原则

各责任中心在执行预算过程中,对各项经济活动发生的经济信息,要及时、可靠地进行计量、记录、计算和反馈,以便发现问题,迅速采取有效措施加以控制,达到强化管理的目的。责任预算执行情况的信息反馈,既是一个经济信息的运用过程,也是责任会计真正发挥其管理作用的一个重要步骤。经济信息通过层层反馈和层层控制而形成的一个反馈控制网络,能保证整个企业的生产经营活动正常有序地进行。

(六)例外管理原则

例外管理原则也称重要性原则,就是在分析评价各责任中心的责任执行情况和编制责任报告时,应重点分析和报告对各责任中心和企业有重大影响的事项或重大的差异。这样,能够集中精力和节省时间解决重大的问题,达到事半功倍的效果。

第二节　责任中心

实行责任会计制度的企业,首先必须将其内部各生产经营单位划分为若干个不同种类、不同层次的责任中心。责任中心是指具有一定管理权限并承担相应经济责任的企业内部单位。它的基本特征是责、权、利相结合。作为责任中心应具备如下四个条件:

(1)有承担经济责任的主体——责任者。

(2)有确定经济责任的客观对象——资金运动。

(3)有考核经济责任的基本标准——经济绩效。

(4)具备承担经济责任的基本条件——职责权限。

企业内部怎样设置责任中心,应设置多少责任中心,完全取决于企业内部控制、考核的需要。根据企业内部责任单位的权限范围以及生产经营活动的特点,责任中心通常分为成本中心、利润中心和投资中心。

一、成本中心

(一) 成本中心的概念

成本中心是指那些只能控制成本从而只对成本负责的责任中心。成本中心的生产经营活动只发生成本或费用,通常没有收入,因而成本中心不需对收入、利润及投资负责。成本中心有狭义和广义之分。狭义的成本中心是指对产品生产或劳务提供资源的耗费负责的责任中心,也即主要指生产产品或提供劳务的责任中心,即标准成本中心;广义的成本中心除包括狭义的成本中心外,还包括那些非生产性的以控制经营管理费用为主的责任中心,也称费用中心。

成本中心的特点是没有经营权或销售权,无法控制收益,因而其责任只是对职权范围内发生的成本或费用负责,成本中心的目标也就是在保质保量完成生产任务或搞好管理工作的前提下控制及降低成本和费用。

(二) 成本中心的控制范围

成本中心只对成本或费用负责,但这并不意味着能对其责任区域内的全部成本或费用负责。因此,为了正确确定成本中心的责任,明确各成本中心承担的责任范围,必须按可控性将成本分为"可控成本"和"不可控成本"。

可控成本是相对于不可控成本而言的。凡是责任中心能控制的各种耗费称为可控成本,凡是责任中心不能控制的耗费则为不可控成本。对某一个成本中心来说,可控成本应具备如下几个条件:

(1) 成本中心能预知将发生怎样性质的耗费。

(2) 成本中心有办法计量它的耗费。

(3) 成本中心有办法控制并调节它的耗费。

属于某个成本中心的各项可控成本之和,即为该中心的责任成本。

必须注意的是,一项费用是否为可控成本,不是由费用本身确定的,而是对成本中心而言的。因为一个成本中心的不可控成本,可能是另一个成本中心的可控成本;下一级成本中心的不可控成本,对于上一级成本中心来说,往往是可控的。例如,材料的价格,对供应部门来说是可控的,但对生产部门来说就是不可控;又如,制造费用中的固定费用,对生产小组来说是不可控的,但对车间来说却是可控的。

(三) 成本中心的业绩考核

成本中心当期发生的各项可控成本的总和,构成了其责任成本,成本中心控制和考核的内容就是其责任成本,而不是产品成本。成本中心的主要责任就是控制和降低其责任成本。成本中心的责任成本与产品成本既有联系又有区别,两者的区别主要体现在四个方面。

1. 成本核算的对象不同

产品成本是以一定种类或批次的产品为计算对象;而责任成本是以责任中心为对象归集的生产或经营管理费用。

2. 成本核算的原则不同

产品成本的核算原则是"谁受益,谁承担";而责任成本的核算原则是"谁负责,谁承担"。

3. 成本核算的内容不同

产品成本既包括可控成本,又包括不可控成本,只要归属产品的,都是产品成本;而责任成本的核算只包括可控成本,不可控成本只作为成本核算参考指标。

4. 成本核算的目的不同

产品成本核算能为考核成本计划完成情况及计算利润、制定产品价格提供依据,是实施经济核算制的重要手段;而责任成本核算则是为了评价和考核责任预算的执行情况,是进行成本控制和考核成本责任的重要手段。

责任成本与产品成本虽有区别,但两者在性质上是相同的,同为企业生产经营过程中的资金耗费,因此两者又有密切的联系。首先,两者核算的原始成本信息是相同的,只是加工整理的主体不同;其次,两者归集的成本都是企业生产经营过程中实际发生的耗费,因此,在狭义的成本中心范围内,一定时期的责任成本总额和一定时期的产品成本总额是相等的。分清产品成本和责任成本,是责任中心核算的一个基本前提。

由于成本中心只对成本负责,职责比较单一,因而,对其业绩进行评价和考核的重点是责任成本。

(1)责任成本考核指标。成本中心的考核指标主要是目标成本节约额和目标成本节约率,其计算公式为:

$$目标成本节约额 = 目标(或预算)成本 - 实际成本$$

$$目标成本节约率 = \frac{目标成本节约额}{目标成本} \times 100\%$$

【例 10-1】 某成本中心生产 A 产品,预算(计划)产量为 4 000 台,单位成本 100 元,实际产量 5 000 台,单位成本 90 元。该成本中心的成本降低额和成本降低率计算为:

$$成本降低额 = 5\,000 \times 100 - 5\,000 \times 90 = +50\,000(元)$$

$$成本降低率 = \frac{+50\,000}{5\,000 \times 100} \times 100\% = 10\%$$

(2)业绩评价。编制成本中心的业绩报告,是其业绩评价和考核的依据。在会计期末,各成本中心根据责任成本的实际数编制业绩报告,业务主管部门根据业绩报告对每个成本中心进行考核和评价。在考核和评价时将责任成本的实际完成数与预算数逐一对比分析。为对比分析方便起见,业绩报告应将可控成本的各明细项目按其预算数、实际数和差异数分项列示。在业绩报告中可将不可控成本与可控成本一同列示,也可单独列示。在对成本中心进行考核时,应注意如果预算产量与实际产量不一致,应首先按弹性预算的方法调整预算指标,然后再进行考核。成本中心的业绩报告见表 10-1。

表 10-1	某车间成本中心业绩报告		金额单位:元
项　　目	实　际　数	预　算　数	差　　异
可控直接成本			
直接材料	26 000	25 000	1 000
直接人工	18 000	21 000	(3 000)
可控间接成本			
间接材料	1 000	1 000	
间接人工	425	425	
制造费用	225	225	
合　　计	45 650	47 650	(2 000)

业绩报告中的差异数,是显示成本中心的工作成果好坏的重要标志,预算数大于实际数,称为"有利差异",表示节约;预算数小于实际数,称为"不利差异",表示超支。

由表 10-1 计算可知,该成本中心实际责任成本较之预算责任成本节约了 2 000 元,成本差异发生的原因是由于材料调价,直接材料实际数比预算数超支 1 000 元;由于工艺技术水平的提高,直接人工实际数比预算数节约 3 000 元,说明该成本中心的责任成本控制有成效。

二、利润中心

(一) 利润中心的特点

利润中心是对利润负责的责任中心。由于利润等于收入减去成本和费用,所以,利润中心是指既能控制成本,又能控制收入,进而能对利润进行考核的责任中心。

利润中心有的是自然形成的,有的是人为划分的。自然形成的利润中心虽然是企业内部的一个责任单位,但它既可向企业内部其他责任单位提供产品和劳务,又可直接向外界市场销售产品和提供劳务,获得收入并赚取利润。那些并没有对外销售产品和提供劳务,只对本企业内部各责任单位提供产品或劳务,但需按"内部转移价格"进行内部结算,实现等价交换,并确认其成本、收入和利润,人为地将该成本中心划分为利润中心的,称人为的利润中心。由此可见,建立"人为"利润中心的主要目的是为了明确划分经济责任,正确评价各责任中心的业绩。由于为成本中心相互提供的产品或劳务规定了一个适当的"内部转移价格",使得这些成本中心可以"取得"收入,进而可评价其业绩,因此,大多数成本中心总能转化为"人为"的利润中心。

一个部门或责任中心是否为利润中心,关键看其是否有独立的经营决策权,如该部门或该责任中心具有生产何种产品、生产多少、选用什么材料等的决策权,那么,该部门或该责任中心就是利润中心。所以,与成本中心相比,利润中心往往处于较高的层次,其权力更大,但责任也更重。

（二）利润中心的业绩评价

1. 利润考核指标

利润中心的考核指标主要是利润，在计量一个利润中心的利润时，首先需要选择一个利润指标，包括如何分配成本到该中心；其次为在利润中心之间转移的产品或劳务规定价格。对利润中心的业绩的评价和考核，对于不同的利润中心，其利润指标的形式并不相同。我们可以有四种选择：边际贡献、可控边际贡献、部门边际贡献和税前部门利润。

【例 10-2】 某公司的某一部门的数据如下（单位：元）：

部门销售收入	60 000
已销商品变动成本和变动销售费用	40 000
部门可控固定间接费用	3 200
部门不可控固定间接费用	4 800
分配的公司管理费用	4 000

假设该部门的利润表如表 10-2。

以边际贡献 20 000 元作为业绩评价依据不够全面。部门经理至少可以控制某些固定成本，并且在固定成本和变动成本的划分上有一定选择余地。以边际贡献为评价依据，可能导致部门经理尽可能多支出固定成本以减少变动成本支出，尽管这样做并不能降低总成本。因此，业绩评价时至少应包括可控制的固定成本。

表 10-2　　　　　　　　某部门的利润表（简表）

单位：元

销售收入	60 000
变动成本	40 000
（1）边际贡献	20 000
可控固定成本	3 200
（2）可控边际贡献	16 800
不可控固定成本	4 800
（3）部门边际贡献	12 000
公司管理费用	4 000
（4）部门税前利润	8 000

以可控边际贡献 16 800 元作为业绩评价依据可能更好，它反映了部门经理在其权限和控制范围内有效使用资源的能力。部门经理可控制收入及变动成本和部分固定成本，因为部门经理可以对可控边际贡献承担责任。以这一标准评价业绩的主要问题是可控固定成本和不可控固定成本的区分比较困难。

以部门边际贡献 12 000 元作为业绩评价依据，可能更适合评价该部门对企业利润和管理费用的贡献，而不适合对部门经理的评价。如果要决定该部门的取舍，部门边际贡献是有重要意义的信息。如果要评价部门经理的业绩，由于一部分固定成本是过去最高管理层投资决策的结果，现在的部门经理已很难改变，部门边际贡献则超出了经理人员的控制范围。

以部门税前利润 8 000 元作为业绩评价的依据通常是不合适的。公司总部的管理费用是部门经理无法控制的成本,由于分配公司管理费用而引起部门利润的不利变化,不能由部门经理负责。不仅如此,分配给各部门的管理费用的计算方法往往是任意的,部门本身的活动与分配来的管理费用高低并无因果关系。普遍采用的销售百分比、资产百分比、工资百分比等评价方法,会使其他部门分配基数的变化影响本部门分配管理费用的数额。许多企业把所有的总部管理费用分配给下属部门,其目的是提醒部门经理注意各部门提供的边际贡献必须抵补总部的管理费用,否则企业作为一个整体就不会盈利。其实,通过给每个部门制定一个期望达到的可控边际贡献标准,可以更好地达到上述目的。这样,部门经理可集中精力增加收入并降低可控制成本,而不必在分析那些他们不可控的分配、来的管理费用上花费精力。

另外,值得注意的是,利润中心的利润总额并不一定与整个企业实际取得的利润总额相等,这是因为利润中心的利润是由利润中心所能影响的控制及可控成本和收入计算决定的,那些在其经营活动范围内发生或取得但不可控的成本和收入,则排除在利润中心的利润计算之外。而且"人为"利润中心的收入是按其对其他责任中心提供的产品或劳务的数量与一定的内部转移价格计算的,并不构成企业实际上的收入,因而相应确定的利润也非企业的财务成果。

2. 业绩评价

利润中心的工作业绩可以通过编制利润中心业绩报告显示,其业绩评价主要集中于分析收入、成本及利润的责任预算数执行情况,通过一定期间实际实现的责任利润同预算利润进行比较,并对产生差异的原因和应负的责任进行具体分析。如某厂利润中心的业绩报告见表 10-3。

表 10-3　　　　　　　　　　某厂利润中心业绩报告　　　　　　　　　　单位:元

项　　　目	实际完成数	预　算　数	差　　　异	差异产生原因
销售收入	210 000	200 000	10 000	增加产量
变动成本				
变动制造成本	125 000	120 000	5 000	产量增加,料费增大
变动销售管理费	22 500	25 000	(2 500)	减少管理人员
边际贡献	62 500	55 000	7 500	
固定成本				
固定制造成本	30 000	30 000	0	
固定销售管理费用	20 000	13 000	7 000	销售人员工资上升
产品销售利润	12 500	12 000	500	
所得税(33%)	4 125	3 960	165	
经营净收益	8 375	8 040	335	

由表 10-3 计算可知,该利润中心的实际利润超额完成预算 335 元,如果剔除所得税因素,利润超额完成 500 元。

三、投资中心

(一) 投资中心的特点

投资中心是既对成本、收入和利润负责,又对其投资及其利用效益负责的责任中心。投资中心在责任中心中处于最高层次,其经理所拥有的自主权不仅包括制定价格、确定产品和生产方法等短期经营决策权,而且还包括投资规模和投资类型等投资决策权。投资中心的经理不仅能控制除公司分摊的管理费用外的全部成本和收入,而且能控制其占用的资产,因此,不仅要衡量其利润,而且要衡量其资产,并把利润与其所占用的资产联系起来衡量。

投资中心实质上也是利润中心,但它的控制区域和职权范围比一般的利润中心要大得多。它与利润中心的主要区别是:利润中心没有投资决策权,因而它在企业确定投资方向后进行具体的经营;而投资中心则拥有投资决策权,即当企业总部将一定数额的资本交给投资中心后,应投资什么行业、生产什么产品等都是投资中心的职权,企业总部一般不予干涉,但投资中心必须对其投资的收益负责。所以投资中心包括了利润中心的特点,但比利润中心范围更大,特别是要更多地考虑长期效益。

为了准确地计算出各投资中心的经济效益,必须对各投资中心共同使用的资产划分清楚:对共同发生的成本应按适当的标准进行分配;各投资中心之间相互调剂使用的现金、存货、固定资产等,均应计息清偿,实行有偿使用。只有这样,才符合责任会计的要求,才能正确计算、评价与考核各投资中心的经济效益和工作业绩。

(二) 投资中心的业绩评价

对投资中心业绩的评价和考核除了使用利润指标外,还通常以投资报酬率、剩余收益以及现金回收率作为评价和考核其业绩的主要指标。

1. 投资报酬率

投资报酬率又称投资利润率,是指投资中心所获得的利润与投资额之间的比率。其计算公式为:

$$投资报酬率 = \frac{利润}{经营资产平均额} \times 100\%$$

公式中的经营资产平均余额是指在生产经营中占用的固定资产和流动资产的平均余额。

由于

$$经营资产周转率 = \frac{销售收入}{经营资产}$$

$$销售利润率 = \frac{销售利润}{销售收入}$$

所以

$$投资报酬率 = \frac{销售收入}{经营资产} \times \frac{销售利润}{销售收入} \times 100\% = 经营资产周转率 \times 销售利润率$$

前一公式告诉我们投资报酬率的大小取决于销售利润和经营资产平均占用额的大小,后一个公式告诉我们投资报酬率的大小与经营资产周转率和销售利润呈正比。

投资报酬率是全面评价投资中心各项经营活动的综合性质量指标。它既能揭示投资中心的销售利润水平,又能反映资产的使用效果。利用投资报酬率指标不仅能够使不同经营规模的责任中心的业绩具有可比性,从而对各利润中心的业绩做出客观公正的评价和考核,而且为企业合理调整资金布局和进行新的投资提供了决策依据。

【例 10-3】 假设某公司下属有 A、B 两个投资中心,两个投资中心的资产和利润情况见表 10-4。

表 10-4 营业资产利润表 单位:万元

投资中心	经 营 资 产		20×1 年利润
	20×1 年年初	20×1 年年末	
A	300	500	600
B	1 000	1 200	1 200

这两个投资中心的经济效益单从利润绝对数看,B 投资中心要比 A 投资中心好得多,但从投资报酬率来分析就恰恰相反:

$$A 投资中心投资报酬率 = \frac{600}{(300+500) \div 2} \times 100\% = 150\%$$

$$B 投资中心投资报酬率 = \frac{1\ 200}{(1\ 000+1\ 200) \div 2} \times 100\% = 109.1\%$$

计算结果显示 A 投资中心要比 B 投资中心的业绩好。

用投资报酬率来评价投资中心业绩有许多优点:它是根据现有的会计资料计算的,比较客观,可用于部门之间,以及不同行业之间的比较。投资人非常关心这个指标,公司总经理也十分关心这个指标,用它来评价每个部门的业绩,促使其提高本部门的投资报酬率,有助于提高整个企业的投资报酬率。

但是利用投资报酬率指标来衡量比较投资中心的业绩也有局限,部门经理会放弃高于资本成本而低于目前部门投资报酬率的机会,或者减少现有的投资报酬率较低但高于资金成本的某些资产,使部门的业绩获得较好的评价,但却不利于企业整体的利益。比如投资中心不愿意生产新产品,因为生产新产品往往投资多,利润小。

【例 10-4】 如[例 10-3]资料,A 投资中心面临一个投资机会,年平均投资额为 400 万元,预计年净收益增加 200 万元,该投资中心接受生产新设备的投资报酬率为:

$$A 投资报酬率 = \frac{600+200}{400+400} \times 100\% = 100\%$$

生产新设备后,该投资中心的投资报酬率从 150% 降到了 100%,比 B 投资中心还要差。

为了克服投资报酬率的这种局限性,管理会计中引入了剩余收益的评价指标来考核投资中心的工作成绩。

2. 剩余收益

除了以投资报酬率指标考核投资中心外,对于一些为整个企业的利益,如为占领某一地区的市场,扩大企业在某一地区的影响而设立的投资中心,由于环境较差或竞争较激烈,投资报酬率可能较低,因而如果与其他投资中心一样用统一的投资报酬率来考核其业绩,就可能会掩盖某些投资中心的实际业绩,就不尽合理。对于这样的投资中心,可用剩余收益指标来考核。用剩余收益指标来考核,只要投资收益超过平均或期望的报酬额,就说明该项投资是可行的。

剩余收益是指投资中心的营业利润,减去其经营资产按规定的最低报酬率计算的投资报酬后的余额。规定的最低报酬率一般是指各投资中心的平均报酬率或企业预期的资金成本率。这一指标的含义是,只要投资收益超过平均或期望的报酬额,对企业和投资中心都是有利的。采用剩余收益指标的主要优点在于可以使业绩评价与企业的目标协调一致,引导部门经理采纳高于企业资本成本的决策。剩余收益的计算公式为:

$$剩余收益 = 营业利润 - 经营资产 \times 规定的最低报酬率(给定的资金成本率)$$

应该指出的是,上述公式中从投资中心营业利润中所扣除的并非是其实际的资本成本,而是机会成本。

【例10-5】 根据[例10-3][例10-4]的资料计算,假设该公司各投资中心的平均报酬率为40%,则A投资中心生产新设备的剩余收益如下:

$$目前投资中心的剩余收益 = 600 - 400 \times 40\% = 440(万元)$$
$$生产新设备后的剩余收益 = (600 + 200) - (400 + 400) \times 40\% = 480(万元)$$

从上述计算可以看出,该投资中心接受生产新产品,可以增加剩余收益。因此,以剩余收益来评价和考核投资中心的业绩,既可以克服利用投资报酬率进行业绩评价所产生的缺点,促使上级部门重视对投资中心业绩绝对金额的评价;还可以鼓励投资中心乐意接受比较有利的投资,使部门目标和企业整体目标一致。

值得注意的是,当资金比较充裕时,一般采用剩余收益指标较好,因为这时资金较难找到市场,只要有利可图即可;而当资金比较短缺时,应尽可能充分利用好资金,力求尽可能高的投资报酬率。

3. 现金回收率

在投资管理中,我们曾经强调要使用现金流量分析投资决策。然后,在评估实际业绩时,重点又转移到收益或以收益为基础的衡量指标上(如投资报酬率或剩余收益)。显然,投资决策的评估方法和投资决策执行结果的评价方法之间存在矛盾。在目前的实践中,投资评估的标准与业绩评价的标准之间不存在直接联系,前者以现金流量为基础,后者以收益为基础。一个通过现金流量分析认为足够好的项目被决定采纳了,因其有较好的净现值、内含报酬率和回收期。这个项目执行以后,我们不再根据实际数据计算这些指标,而是另外建立一套以收益为基础的指标,即投资报酬率和剩余收益,这些指标在项目实施以前从未计算过。

为了使项目评估和业绩评估趋于一致,我们还可以选择以现金流量为基础的业绩评价指标,这就是现金回收率和剩余现金流量。

$$现金回收率 = \frac{营业现金流量}{总资产} \times 100\%$$

式中,分子是年现金收入与现金支出的差额,分母是部门资产的历史成本平均值。

【例10-6】　某部门营业的现金流量为 10 000 元,资产的历史成本平均值为40 000元,则:

$$现金回收率 = \frac{10\,000}{40\,000} \times 100\% = 25\%$$

如果各年的现金流量相同,则现金回收率为回收期的倒数。对于长期资产来说,例如,寿命在 15 年以上的资产,现金回收率近似于内含报酬率,即接近实际的报酬率。因此,这个指标可以检验投资评估指标的实际执行结果。

尽管在计算现金回收率时未遵循权责发生制,但实际经验表明企业的营业现金回收率相当稳定,并且从长期来看与净利率相关程度很高,因而可以作为业绩评价的标准。

由于现金回收率是一个相对数指标,也会产生与投资报酬率类似的缺点。为了克服这个缺点,可以同时使用剩余现金流量来评价部门业绩。其计算公式为:

$$剩余现金流量 = 营业现金流入 - 部门资产 \times 资金成本率$$

【例10-7】　假设[例10-6]中企业的资金成本率为 15%,则:

$$剩余现金流量 = 10\,000 - 40\,000 \times 15\% = 4\,000(元)$$

投资中心责任报告的结构与成本中心和利润中心类似。通过编制投资中心责任报告,可以反映该投资中心投资业绩的具体情况。

第三节　内部转移价格

内部转移价格是企业对中间产品内部转移计价的一种标准。企业内部各责任中心之间相互提供的产品和劳务都应该按内部转移价格进行结算,其目的是正确评价和考核内部责任中心的经营业绩。制定内部转移价格是建立责任会计制度后所必须配套的一种机制。

一、内部转移价格的意义和作用

内部转移价格是指企业内部各责任中心因相互提供产品或劳务所采用的一种结算价格。

企业的组成是复杂的,要考核各个部门、各个环节的业绩并进行统一的管理,没有一个价值量指标来统一度量是很难对各部门的业绩进行评价的,内部转移价格就是在这种要求下产生的,它能解决各工序、各部门之间所提供的产品、劳务的价值量的核算难题。原来不能比较的各种实物量,通过内部转移价格的制定,将其转化为价值量,各工序、各部门之间的评比就成为可能。因此为了正确评价企业内部各个责任中心经营业绩,明确区分各责任中心的经济责任,使对各责任中心的业绩评价与考核建立在客观而可比的基础上,从而有利于调动各责任中心的积极性,必须根据各责任中心业务活动的具体特点,制定具有充分经济依据的内部转移价格。所以,内部转移价格的制定实际上是实行责任会计制度的需要,是企业管理工作的重要内容。

内部转移价格主要有三个方面的作用。

1. 有助于经济责任的落实

利用内部转移价格的调节手段,通过内部交易的形式在各责任中心之间调节"买卖"双方的收入和支出,可使各责任中心的经济责任趋于合理,从而使这些经济责任易于落实。

2. 有助于正确评价各责任中心的业绩,调动生产积极性

有了公平合理的内部转移价格就能正确计量各责任中心的业绩,使责任中心工作成果的评价与考核建立在公正客观的基础上。这样,能充分调动各责任中心的生产积极性,使企业的生产经营进入良性循环状态。

3. 保证各责任中心与整个企业的经营目标一致性

制定内部转移价格,能使企业根据各责任中心提供的相关信息,结合最优化生产计划,使企业的资源得到最佳利用,从而使企业整体获得最佳的经济效益,保证了各责任中心与企业经营目标的一致性。

二、内部转移价格制定的原则

不同类别的责任中心,采用的内部转移价格有所不同,因此必须针对各责任中心业务活动的具体特点及科学合理的经济依据制定内部转移价格。制定内部转移价格一般应遵循以下几条原则。

1. 一致性原则

一致性原则是制定内部转移价格的最基本原则。在制定内部转移价格时,应强调企业利益高于部门利益。一致性原则要求内部转移价格不仅对"买卖"双方有利,还必须符合企业整体利益。

2. 激励性原则

内部转移价格应具有激励作用,有利于调动各责任中心的工作积极性。它要求使"买卖"双方均有利可图,能够客观公正地反映各责任中心的工作业绩。

3. 公平合理原则

内部转移价格应根据公平合理的原则制定,其价格必须是买卖双方自愿接受的,如有一方不同意就不能算公平,只有双方自愿接受的价格才是公平合理的价格。

三、内部转移价格分类

内部转移价格一般可分为两大类:一类是以市价为基础制定的;一类是以成本为基础

制定的。

（一）以市价为基础制定的内部转移价格

1. 市场价格

市场价格法就是直接以市场价格作为责任中心之间中间产品或劳务的内部转移价格的方法。在中间产品存在完全竞争市场的情况下,市场价格减去对外的销售等费用,就是理想的转移价格。

一般认为,市场价格是制定内部转移价格的最好依据。因为,市场价格比较客观,对买卖双方无所偏袒,而且能激励卖方努力改善经营管理,不断降低成本。同时,市场价格也最能体现对利润中心的基本要求,在企业内部创造一种竞争的市场环境,让每个利润中心都成为名副其实的独立生产经营单位,以利于相互竞争,最后再通过利润指标来评价和考核它们的经营成果和工作业绩。

在采用市场价格作为计价基础时,企业内部的买卖双方都应遵守这样一条基本原则:各责任中心之间应尽可能进行内部转移,因为,企业内部转移的中间产品比外购产品的质量可能更有保证,并且更容易根据企业需要加以改进。因此,通过经济分析,如中间产品无明显差别,一般不应该依靠外部供应商,而应该鼓励利用自己内部的供应能力。

以市场价格作为内部转移价格的优点是:"买方"责任中心可以同外部市场相比,如内部转移价格高于现行市场价格,它可以舍内而求外,不必为求内而支付更多的代价;对"卖方"来说,市场价格迫使它不能获得高于市场价格的收入。以市场价格作为内部转移价格是正确评价各个利润中心和投资中心的经营成果,并充分发挥其生产经营主动性的一个重要条件。

实际上,以市场价格作为内部转移价格,也有其局限性。企业内部的"卖方"向"买方"转移产品或提供劳务,由于手续简单,往往能比对外销售节约较多的销售费用和管理费用,如直接按正常的市场价格计价,这方面的节约将全部表现为"卖方"的经营业绩,而"买方"却得不到任何好处,说明以市场价格作为内部转移价格结果不尽合理。

2. 协商价格

如果中间产品存在非完全竞争的外部市场,或为了避免直接以市场价格作为内部转移价格所存在的缺点,可以以协商的市场价格作为内部转移价格。

协商价格法就是责任中心的买卖双方以正常的市场价格为基础,定期共同协商,确定一个双方都愿意接受的价格作为中间产品或劳务内部转移价格的方法。协商的市场价格又称"协商价格"。采用这种价格的前提条件是责任中心相互转移的中间产品或劳务有非竞争性的市场,在这市场内,买卖双方有权决定是否买卖这种中间产品。协商价格通常要比市场价格稍低一点。这是因为内部转移价格中所包含的销售和管理费用,一般要低于外部市场价格所包含的销售和管理费用,而且内部转移的中间产品一般数量较大,故单位成本较低,另外,"卖方"大多拥有剩余的生产能力,因而议价只要略高于单位变动成本即可。

可见,协商价格的上限是市价,下限是单位变动成本,具体价格应当由责任中心的买卖双方在其上下限范围内协商议定。在各责任中心之间相互提供的产品或劳务没有适当市价的情况下,也可以采用议价的方式来确定,即通过买卖双方的协商,确定一个卖方愿卖、买方愿买的"公允市价"。

协商价格的缺陷是:在各责任中心协商过程中,不可避免地要花费很多人力、物力和时间;另外,当买卖双方难以确定内部转移价格时,往往需企业高层管理人员裁定。在这种情况下,不仅与分权管理的初衷相违背,而且也很难起到激励作用。

3. 双重价格

由于设置内部转移价格的目的主要是为了便于对企业内部各责任中心的业绩进行评价和考核,所以买卖双方所采用的内部转移价格并不需要完全一致,可分别选用对自己最有利的价格作为计价基础。

双重价格法就是对同一中间产品,责任中心的买卖双方分别采用不同的内部转移价格进行计价的方法。采取双重价格法,可以使买卖双方都有"卖"和"买"的动机,而使企业整体得到好处。通常"卖方"按协商的市场价格计价,而"买方"则按"卖方"的单位变动成本计价。

采用双重价格法的前提条件是:内部转移的产品或劳务有外部市场,卖方单位有剩余的生产能力,而且它的单位变动成本要低于市价;特别是当采用单一的内部转移价格不能达到激励责任中心的有效经营和保证责任中心与整个企业的经营目标一致时,双重价格法才会行之有效。

制定双重内部转移价格最重要的原则是一致性原则,即协调各责任中心之间的利益关系,使各责任中心共同为实现企业最大的经济效益而努力。

采用双重内部转移价格,既能满足买卖双方不同的需要,保证买卖双方和企业整体的利益,又能促进买卖双方在生产经营上发挥其主动性和积极性。

然而,采用双重内部转移价格,会使买卖双方都有较大的边际贡献,而企业整体实际实现的边际贡献却要小于各责任中心的边际贡献之和,从而就出现了一种事实上不存在的虚增的边际贡献。而且由于存在这种虚增的边际贡献,会使各责任中心不容易看清它们的经营与企业整体利益的真实联系,从而会忽视经营管理,造成企业长远利益的损失。

(二) 以成本为基础制定的内部转移价格

这种方法就是在各中间产品或劳务的成本基础上加上一定比例的内部利润作为内部转移价格的方法。这种方法主要适用于各责任中心之间转移的产品或劳务处于不完全市场竞争条件下,即中间产品或劳务没有正常市场价格的情况。

1. 变动成本加固定费转移价格

这种方法要求中间产品的转移用单位变动成本来定价,与此同时,供应部门还向购买部门收取固定费,作为长期以低价提供中间产品的一种补偿。这样做,供应部门有机会通过每期收取固定费来补偿其固定成本并获得利润;购买部门每期支付特定数额的固定费之后,对于购入的产品只需支付变动成本,通过边际成本等于边际收入的原则来选择产量水平,可以使其利润达到最优水平。

按照这种方法,供应部门收取的固定费总额为期间固定成本预算额与必要的报酬之和,固定费用按照各购买部门的正常需要量按比例分配。此外,为单位产品确定标准的变动成本,按购买部门的实际购入量计算变动成本总额。如果总需求量超过了供应部门的生产能力,变动成本不再表示需要追加的边际成本,则这种转移价格将失去其积极作用;反之,如果最终产品的市场需求很少时,购买部门需要的中间产品也变得很少,但它仍然需要支付固定费。在这种情况下,市场风险全部由购买部门承担了,而供应部门仍能维持一定利润水平,这显得很不公平。实际上,供应和购买部门都受到最终产品市场的影响,应当共同承担市场变化引起的市场风险。

2. 全部成本转移价格

以全部成本或者以全部成本加上一定利润作为内部转移价格,可能是最差的选择。它既不能作为业绩评价的良好尺度,也不能引导部门经理做出有利于企业的明智决策。它的唯一优点就是简单。

首先,它以目前各部门的成本为基础,再加上一定百分比作为利润,以目前成本为基础,会鼓励部门经理维持比较高的成本水平,并据此取得更多的利润。

其次,在连续式生产企业中,随着产品在部门间流转,成本不断积累、使用相同的成本加成率会使后序部门利润明显大于前序部门。如果扣除半成品成本转移,则会因各部门投入原材料出入很大而使利润分布失衡。

因此,只有在无法采用其他形式的转移价格时,才考虑使用全部成本加成办法来制定转移价格。

【例 10-8】 上海市腾飞电机股份有限公司下属的几个分部均为投资中心。其中打印机分部专门生产高端的多功能激光一体机,这种打印机既销售给本公司的电脑分部,也出售给外界的电子公司。2016 年该打印机分部计划生产 100 万台该型号的打印机,其中 90 万台对外销售,其他的 10 万台计划销售给本公司的电脑分部。该产品的单位成本如下:

单位直接材料	600 元	单位直接人工	400 元
单位变动制造费用	300 元	单位固定制造费用	200 元
单位变动销售费用	150 元	单位固定制造费用	150 元
单位总成本	1 800 元		

目前公司财务部提出下列四个标准作为公司内部转移价格的基础:① 单位变动成本;② 变动成本加成 30%;③ 完成成本加成 20%;④ 市场价格 4 500 元。

要求:

(1) 按照上述四种标准分别计算打印机分部销售给本公司电脑分部的销售收入。

(2) 根据上述计算结果,站在总公司的角度,应该选择哪一种结算价格?若站在电脑分部的立场,又应该选择哪一种结算价格?

采用单位变动成本计价:

$$单位变动成本 = 600 + 400 + 300 = 1\ 300(元)$$

$$内部销售收入 = 1\ 300 \times 10 = 13\ 000(万元)$$

采用变动成本加成 30% 计价:

$$内部销售价格 = 1\ 300 \times (1 + 30\%) = 1\ 690(元)$$

$$内部销售收入 = 1\ 690 \times 10 = 16\ 900(万元)$$

采用完成成本加成 20％计价：

$$单位完全成本 = 600 + 400 + 300 + 200 = 1\,500(元)$$
$$内部销售价格 = 1\,500 \times (1 + 20\%) = 1\,800(元)$$
$$内部销售收入 = 1\,800 \times 10 = 18\,000(万元)$$

采用市场价格 4 500 元计价：

$$内部销售收入 = 4\,500 \times 10 = 45\,000(万元)$$

(2) 站在总公司角度,应该选择市场价格,因为市场价格最公正。若站在电脑分部立场,则应该选择单位变动成本法计价,使其购入的打印机成本最低。

由于不同的方法可以适用于不同的情况和条件,而适用于某种情况和条件的方法,又可能不适合某种使用目的,因此,没有一种适合各种使用目的的最佳的内部转移价格。于是,在同一企业组织中,内部转移价格的政策会因不同种类的产品和劳务而多样化。由于转移定价有时是基于公平性考虑的,因此,在这种情况下,转移定价总是基于总收入或总成本的合理分布来定义的。

【例 10-9】　三个责任中心的经理都对仓储空间的情形进行了调查,以确定能满足责任中心需要的单个仓库成本。成本如下:经理 A——3 万元;经理 B——6 万元;经理 C——5 万元。一个开发商建议经理们将他们需要的仓库整合成一个大的仓库,只需要 11 万元,这样就会节约 3 万元。问题是经理们如何将自己的仓库成本从一个大仓库中分离出来。

有一种选择方法(有时被称为相对成本法),就是每一个经理都承担与他们的选择机会呈比例的那部分仓库成本。这可能引起以下的成本分配:

$$经理 A 的份额 = 110\,000 \times 30\,000 \div 140\,000 = 23\,571.43(元)$$
$$经理 B 的份额 = 110\,000 \times 60\,000 \div 140\,000 = 47\,142.86(元)$$
$$经理 C 的份额 = 110\,000 \times 50\,000 \div 140\,000 = 39\,285.71(元)$$

从对称的意义上来说,这个计算过程是公平的,各方受到公平对待,其分配反映了每个部门各自面临的问题。另外一种体现了偿付能力的公平原则的方案就是基于每个经理从仓库使用中的获利进行成本分配。还有一种反映公平分配原则的方案是将仓库成本的各 1/3 分给每个经理。因此成本分配的每一种方案都反映了公平性的特定考虑。

本章要点概览

责任会计是指以企业内部的各个责任中心为会计主体,以责任中心可控的资金运动为对象,对责任中心进行控制和考核的一种会计制度。

责任中心就是一个承担一定责任以达到具体目标的组织单位。为了对各分权单位的业绩作出正确的计量、评价和考核,真正发挥分权管理的作用,必须将企业划分成各种不同形式的责任中心,并建立起以责、权、利统一的机制,通过信息的积累、加工和反馈而形成的企业内部严密的控制系统,该系统即责任会计制度。

根据企业内部责任单位权责范围以及业务活动的特点不同,可将企业生产经营上的责任中心,划分为成本中心、利润中心和投资中心三类,并根据各类责任中心的特点,确定相应的业绩评价和考核重点,据此组织实施责任会计制度。

为了调动各责任中心的积极性,必须根据各责任中心业务活动的具体特点,制定具有充分经济依据的内部转移价格。不同的内部转移价格具有不同的特点和适用范围。

投资报酬率在财务控制中是一个广泛使用的工具,它可以让我们深刻了解所投资的资产的利润率。使用剩余收益以及现金回收率等财务控制的其他工具,可以克服与弥补单一使用投资报酬率的不足。

关键词

1. 责任会计
2. 责、权、利
4. 投资中心
6. 内部转移价格
8. 剩余收益

2. 责任中心
3. 成本中心
5. 利润中心
7. 投资报酬率

阅 读 文 献

1. 乐艳芬主编:《管理会计学》(第十章责任会计),立信会计出版社 2004 年版。

2. 财政部注册会计师考试委员会办公室编:《财务成本管理》(第十四章业绩评价),经济科学出版社 2004 年版。

3. 李天民主编:《管理会计》(第八章责任会计),立信会计出版社 2004 年版。

4. 杨义群主编:《管理会计》(第十一章责任会计),经济管理出版社 2005 年版。

5. 许金叶主编:《管理会计》(第十四章责任会计:企业组织结构设计的衡量系统),经济管理出版社 2006 年版。

6. 陈振婷主编:《管理会计》(第九章分权管理与责任会计),清华大学出版社 2005 年版。

7. 余绪缨主编:《管理会计学》(第十二章预算管理与责任会计),中国人民大学出版社 2004 年版。

8. 孙茂竹、文兴伟、杨万贵编著:《管理会计学》(第十章责任会计),中国人民大学出版社 2006 年版。

9. 张一贞主编:《管理会计》(第十二章责任会计),上海财经大学出版社 2006 年版。

10. 余恕莲主编:《管理会计》(第十五章分权管理与责任会计),对外经济贸易大学出版社 2004 年版。

复 习 思 考 题

1. 什么是责任会计? 试述其基本内容、一般程序及应遵循的基本原则。

2. 什么是责任中心? 它与企业的基本组织结构有何联系?

3. 成本中心的基本特征是什么? 其考核指标主要有哪些? 责任成本与产品成本有何区别与联系?

4. 利润中心的基本特征是什么? 其考核指标主要有哪些? 各有什么主要功能?

5. 投资中心的基本特征是什么? 其考核指标主要有哪些? 各有什么主要功能?

6. 什么是内部转移价格? 其基本功能及定价原则有哪些? ·

练 习 题

一、判断题

1. 在责任会计中对成本中心评价考核的重点是产品成本。 （　）

2. 因为企业内部个人不能构成责任实体,所以企业内部个人不能作为责任中心。 （　）

3. 责任中心的责任成本就是当期发生的各项可控成本之和。 （　）

4. 以市场价格为基础的内部转移价格,通常会低于市场价格,这之间的差额反映了与外部销售有关的销售费、广告费。 （　）

5. 内部转移价格只能用于企业内部各责任中心之间由于进行产品(半成品)或劳务的流转而进行的内部结算。 （　）

6. 内部转移价格的高低只会影响利润在各责任中心之间的分配,而不会影响这个企业的利润总额。 （　）

7. 从企业总体来看,内部转移价格无论怎样变化,企业利润的总数不变。 （　）

8. 利润中心必然是成本中心,投资中心必然是利润中心,所以投资中心首先是成本中心,但利润中心并不一定都是投资中心。 （　）

9. 没有对外销售业务的部门没有收入来源,所以不可能成为利润中心。 （　）

10. 剩余收益是指投资中心获得的利润扣减其投资收益后的余额。 （　）

二、单项选择题

1. 责任会计制度的基本特征是(　　)。

　　A. 目标一致　　　　B. 信息反馈　　　　C. 业绩考评　　　　D. 责权统一

2. 在责任会计中,对成本中心评价与考核的重点是(　　)。

　　A. 产品成本　　　　B. 变动成本　　　　C. 责任成本　　　　D. 直接成本

3. (　　)是企业内部可在一定责任范围内控制成本、使用资金、实现收益的单位。

　　A. 成本中心　　　　B. 利润中心　　　　C. 投资中心　　　　D. 责任中心

4. 只衡量其货币投入量,而不衡量其产出量,这是(　　)的基本特点。

　　A. 成本中心　　　　B. 利润中心　　　　C. 投资中心　　　　D. 责任中心

5. 协商价格的下限是(　　)。

　　A. 生产成本　　　　B. 市价　　　　　　C. 单位固定成本　　D. 单位变动成本

6. 在同一企业中,提高企业内部转移价格会使企业利润总额(　　)。

　　A. 上升　　　　　　B. 下降　　　　　　C. 不变　　　　　　D. 不确定

7. 某公司的某一部门有关资料如下:部门销售收入 30 000 元,已售产品的变动成本和变动销售费用20 000 元,部门可控固定成本 1 600 元,部门不可控固定成本2 400元。则该部门的边际贡献为(　　)元。

　　A. 10 000　　　　　B. 8 400　　　　　　C. 6 000　　　　　　D. 4 000

8. 电线一厂是电线电缆公司下属的一个投资中心,该厂预计 2007 年投资 500 万元,预计净收益增加150 万元,如果该公司的平均报酬率为 30%。则该厂这项投资的剩余收益为(　　)万元。

　　A. 45　　　　　　　B. 150　　　　　　　C. 0　　　　　　　　D. 105

9. 某公司下属某一部门的有关数据为:销售收入 50 000 元,已销产品的变动成本和变动销售费用30 000 元,可控固定成本 2 500 元,不可控固定成本 3 000 元,分配来的公司管理费用为 1 500 元。则该部门的可控边际贡献为(　　)元。

    A. 20 000　　　　　B. 17 500　　　　　C. 14 500　　　　　D. 10 750

10. 在投资中心的主要考核指标中,(　　)指标能使个别投资中心的局部利益与企业整体利益相一致。

    A. 投资利润率　　　B. 利润总额　　　　C. 剩余收益　　　　D. 责任成本

三、多项选择题

1. 划分责任中心的标准包括(　　)。

    A. 可以划清管理范围　　　　　　　　B. 能明确经济责任

    C. 必须自负盈亏　　　　　　　　　　D. 能单独进行业绩考核

2. 与成本中心考核有关的成本有(　　)。

    A. 机会成本　　　B. 可控成本　　　　C. 不可控成本　　　　D. 责任成本

3. 责任中心应具备的条件有(　　)。

    A. 有业务活动　　　B. 有责任者　　　　C. 有资金运动　　　　D. 有经济绩效

4. 对投资中心的考核,一般通过(　　)指标来进行。

    A. 销售利润率　　　B. 投资报酬率　　　C. 经营资产周转率　　　　D. 剩余收益

    E. 现金回收率

5. 投资报酬率可分解为(　　)。

    A. 边际贡献率　　　B. 经营资产周转率　　　C. 销售利润率　　　　D. 销售成本率

6. 影响剩余收益的因素有(　　)。

    A. 利润　　　　　　　　　　　　　　B. 投资额

    C. 规定或预期的最低投资利润率　　　D. 利润留存比率

7. 以市场价格作为内部转移价格,应当具备的条件有(　　)。

    A. 必须是成本中心　　　　　　　　　B. 必须是利润中心

    C. 中间产品有完全竞争的市场　　　　D. 中间产品不能从外单位购买

8. 甲利润中心常年向乙利润中心提供劳务,在其他条件不变的情况下,如提高劳务的内部转移价格可能出现的结果有(　　)。

    A. 甲利润中心内部利润增加　　　　　B. 乙利润中心内部利润减少

    C. 企业利润总额增加　　　　　　　　D. 企业利润总额不变

四、计算题

1. 资料:假定某企业下有一铸造生产车间是成本中心,它下面有 A、B 两个工程也是成本中心。铸造车间 2016 年 6 月份发生的可控成本有以下五个明细项目,见表 10-5。

表 10-5　　　　　　　　**铸造车间 2016 年 6 月的五个明细项目**　　　　　　　　单位:元

项　　　　目	实　　　　际	差　　　　异
间接材料	3 000	140
间接人工	2 500	100
维修费	1 750	(48)
折旧费	1 800	—
其他费用	1 470	(70)

A、B 两工程所发生的可控成本资料见表 10-6。

表 10-6　　　　　　　　　　　A、B 两工程发生的可控成本　　　　　　　　　单位：元

项　　　目	A		B	
	实　　际	差　　异	实　　际	差　　异
直接材料	12 000	600	9 400	（400）
直接人工	8 000	（150）	7 240	320
制造费用	7 600	320	5 670	36

要求：根据上述有关资料，编制该企业铸造车间该月的实绩报告。

2. 资料：假定中信公司下设一事业部为利润中心，该事业部本月份的变动成本、固定成本及变动成本率的实际数与差异数见表 10-7。

表 10-7　　　　　　　　　　　事业部的有关资料　　　　　　　　　　　单位：元

成　本　项　目	实　　际　　数	差　　异　　数
变动生产成本	40 000	1 000
变动推销及管理成本	8 000	200
直接发生的专属固定成本	20 000	（50）
上级分配来的共同固定成本	4 000	100
变动成本率	60％	8％

要求：根据上述有关资料，编制该事业部本月份的成果报告。

3. 鸿达公司下设服务销售部 2016 年销售收入为 210 万元，产品变动成本率为 60％，固定成本为 35 万元，其中折旧 15 万元。

要求：

（1）若该销售部为利润中心，其固定成本中只有折旧为不可控的，试评价该部门经理业绩，评价该部门对公司的贡献。

（2）若该部门为投资中心，其所占用的资产平均额为 100 万元，剩余收益为 35 万元，计算该公司要求的最低投资报酬率。

4. 资料：某公司下设甲、乙、丙三个子公司，均为投资中心，有关资料如下：

公司	经营资产平均余额（万元）	预计销售利润率
甲	200	10％
乙	250	15％
丙	150	20％

假定该公司现定的最低投资报酬率为 25％。

要求：

（1）计算各分公司应达到的最低资金周转率。

（2）计算各分公司应实现的最低销售收入。

（3）计算各分公司应获得的营业利润。

5. 资料:某公司设有若干分厂,其中甲分厂2016年经营资产80万元,营业净利24万元,公司现决定投资40万元扩充甲分厂的经营规模,预计甲分厂2017年全年可增加营业净利润10万元,总公司的平均投资报酬率为20%。

要求:

(1) 计算甲分厂2016年的投资报酬率及剩余收益。

(2) 计算甲分厂2017年预计的投资报酬率及剩余收益。

(3) 若以投资报酬率考核甲分厂的经营业绩,甲分厂是否乐意接受新的投资?若改为以剩余收益考核呢?为什么?

6. 资料:C、D两公司均为某总公司下属的自然利润中心。C公司产品可直接按20元/件外销,也可提供给D公司进一步加工,内部转让可减少固定销售费用3 000元。C公司产品单位变动成本10元,最大生产能力2 000件,D公司需用量1 000件。

要求:

(1) 假定C公司产品有完全竞争的外部市场,试确定其内部转移价格能为C、D两公司所共同接受的合理变动范围。

(2) 假定C公司产品在外部市场可实现的最大销量为1 500件,其生产能力无法转移,试确定其内部转移价格的合理变动范围。

五、案例分析题

1. 资料:假定盛大公司有甲、乙两个投资中心,最近两年有关营业利润和投资额的资料见表10-8。

表 10-8   甲、乙投资中心的有关资料   金额单位:元

项 目	甲		乙	
	2015 年	2016 年	2015 年	2016 年
营业利润	300 000	360 000	500 000	625 000
投 资 额	2 000 000	2 000 000	2 500 000	2 500 000

若盛大公司为投资中心规定的最低投资报酬率为14%。

要求:

(1) 试先用投资报酬率指标来评价甲、乙两个投资中心的业绩,通过计算,你认为哪个投资中心较优?

(2) 试再用剩余收益指标来评价甲、乙两个投资中心的业绩,通过计算,你认为哪个投资中心较优?

(3) 结合两个投资中心近两年营业利润的增长情况,你认为哪个指标的评价比较正确?为什么?

2. 资料:伟业电子仪器公司下面有几个分部均为投资中心。其中打印机分部专门生产为电脑配套用的打印机,它的产品既售给本公司的电脑分部,也出售给外界的电子公司。计划年度打印机分部准备生产10 000台打印机,其中4 000台售给外界的电子公司,销售单价575元;其余6 000台转给本公司电脑分部,作为电脑的配套产品出售。该公司产销打印机发生的成本数据如下(按产销10 000台为基础预计的):

变动制造费用	100 元
固定制造费用	50 元
变动推销费用	55 元
固定推销费用	25 元
单 位 成 本	230 元

　　目前该公司财务部及总会计师提出下列五个标准作为制定内部转移价格的基础：① 变动成本；② 变动成本加成 40%；③ 全部成本；④ 全部成本加成 50%；⑤ 市场价格(即 575 元)。

　　要求：

　　(1) 按上述五种标准分别计算打印机分部转给本公司电脑分部 6 000 台打印机的内部销售收入，并确定打印机分部销售 10 000 台打印机(包括 4 000 台对外出售)的全部销售利润。

　　(2) 对于内部转移价格的上述五个标准，就伟业电子仪器公司来说，宁愿选用哪一个？ 若站在电脑分部立场，则选用哪一个？

第十一章　平衡计分卡

━━━━━━━━━━━学习目的与要求━━━━━━━━━━━

　　本章介绍了平衡计分卡的产生和发展；平衡计分卡的意义、内容和特点；平衡计分卡的建立和应用。通过本章的学习，要求学生了解平衡计分卡的产生和发展及其历史必然性；理解平衡计分卡的两大特点；深刻领会平衡计分卡的核心思想；熟悉平衡计分卡的财务、客户、内部业务流程、学习与成长四个维度的基本内容；掌握建立并完善平衡计分卡的关键和四项具体管理流程；并能将平衡计分卡应用于现代企业和组织的战略管理之中。

第一节　平衡计分卡的产生和发展

　　从人类社会进入工业化时代，尤其是股份制公司诞生以后，所有权与经营权两权分离，股东、债权人等公司外部投资者，主要是通过对公司提供的财务会计信息的分析，来了解公司的经营状况；通过计算财务指标，来评价衡量企业经营者的经营业绩。因此，长期以来企业的绩效评价体系主要由单一的财务指标，如利润、净资产报酬率等构成。其中，由美国杜邦公司创立的"杜邦财务指标体系"是对企业进行综合分析评价的重要方法，也是对企业经营绩效评价的重要依据。然而，20 世纪 80 年代以来，随着计算机的普及，人类社会逐步迈入了一个崭新的时代——信息化时代。在科技发展日新月异、市场瞬息万变的信息化时代，越来越多的企业已经意识到，现有的以财务指标为主的业绩衡量方法已经不适应信息化时代了。平衡计分卡就在这种背景下应运而生。

　　平衡计分卡（balanced scorecard，BSC）从诞生至今已经历了 30 多年的时间，20 世纪 90 年代，平衡计分卡首先在美国的众多企业得到实施，现今已风靡全球，已推广到世界上很多国家的各种行业的企业，甚至已进入了非营利性组织。以美国为例，有关统计数字显示，到 1997 年，美国财富 500 强企业中已有 60％左右实施了平衡计分卡，而在银行、保险公司、会计公司等金融财务服务行业，这一比例则更高，这与美国企业在 20 世纪 90 年代整体的优秀表现不能说毫无关系。安永国际会计公司举办的银行业首席财务官圆桌会议中透露，平衡计分卡已为 60％以上的大银行所采用。Gartner Group 调查表明，在美国《财富》杂志公布的世界前 1 000 位公司中已有 70% 以上的公司实施了平衡计分卡。2003 年,Balanced Scorecard Collaborative Pty Ltd 的调查统计显示:在全世界范围内有 73% 的受访企业正在或计划在不久的将来实施平衡计分卡;有 21% 的企业对平衡计分卡保持观望态度;只有 6% 的企业不打算实施平衡计分卡。因此,平衡计分卡被《哈佛商业评论》评为"过去 75 年来最具影响力的战略管理系统"。从平衡计分卡的产生、发展到成为全球企业界和理论界都广泛接受的一个主要战略管理系统,将近 30 年的成长历程中,它已经历了由诞生到推广运用的快速发展时期。

一、平衡计分卡的诞生——创新业绩衡量模型的需要

1990 年,毕马威会计师事务所的诺兰诺顿研究院资助了一项为期一年、由来自制造、服务、重工业和高科技行业的苹果电脑公司、通用电器公司、杜邦、惠普、美国标准石油等 12 家著名大公司参加的研究项目:"未来的组织业绩衡量"。该研究项目的参与者都认为,过度依赖财务指标的传统业绩衡量体系,可能导致短视的局部最优的行动,会削弱企业创造未来经济价值的能力。该研究项目的目标是:超越以财务指标为主的传统业绩衡量体系,开发创造一个新的业绩衡量模型。

该研究项目的学术顾问、美国著名的哈佛大学工商管理学院的管理会计学教授罗伯特·卡普兰和该研究项目的负责人、诺兰诺顿研究院的 CEO 戴维·诺顿在研究中,"查阅了大量最新的创新业绩衡量系统的案例",发现了美国模拟设备公司(Analog Devices,AD)发明并运用的"公司计分卡"的案例。

美国模拟设备公司是一家半导体公司,主要生产模拟、数字及数模混合信号处理装置,其产品广泛应用于通信、计算机、工业自动化领域。同其他大多数公司一样,美国模拟设备公司每 5 年进行一次战略方案调整,在制定新的战略方案的同时检讨原方案的执行情况。但是,如同管理者们经常遇到的情况一样,"制定战略方案"被当作一项"任务"完成后,形成的文件便被束之高阁,并不能在公司的日常生产经营工作中得以执行,使战略规划与战略实施脱节。在 1987 年的战略方案制定中,公司决策层意识到制定战略不仅仅要注重制定过程,还要更加注意战略实施。他们希望通过面对面与公司员工的交流与沟通,使员工充分理解并认同公司战略。同时,公司高层还希望将公司战略紧密结合日常生产经营业务流程,并推动战略的执行。为此,美国模拟设备公司发明了一种名为"公司计分卡"的绩效考评方法。该方法的指标除了传统的财务指标外,还包括了与交货时间、制造流程的质量和周转期、新产品开发效率等相关的多元业绩指标。这就是平衡计分卡的雏形。

平衡计分卡的创始人罗伯特·卡普兰教授和戴维·诺顿认为,美国模拟设备公司的"公司计分卡"符合"未来的组织业绩衡量"的要求。于是在这个"公司计分卡"的基础上,他们结合最新的管理理论,经过反复研讨,最后根据"化战略为行动"的主旨,利用因果关系链,将"公司计分卡"的内容逐渐扩大,扩展为四个独特的维度:财务、客户、内部业务流程、学习与成长;同时,围绕这四个维度配置了绩效指标体系,由此形成了一个新的业绩衡量系统。由于这四个维度以及指标体系,反映了多种平衡关系:短期目标和长期目标的平衡、财

务指标和非财务指标的平衡、滞后指标和领先指标的平衡、定量评价与定性评价的平衡、外部和内部业绩视角的平衡、结果和动因的平衡等,故将其称为"平衡计分卡"。

二、平衡计分卡的发展——由业绩衡量系统成长为战略管理系统

1992 年年初,罗伯特·卡普兰教授和戴维·诺顿根据"未来的组织业绩衡量"研究项目的研究结果,写成了一篇论文——《平衡计分卡——驱动业绩的指标》,发表在 1992 年 1~2 月号的《哈佛商业评论》。这是他们公开发表的第一篇关于平衡计分卡的理论研究文章。该论文发表后,平衡计分卡马上就引起了企业界的广泛关注,许多知名企业的管理者纷纷邀请罗伯特·卡普兰教授和戴维·诺顿去企业推广平衡计分卡。由此,平衡计分卡的实践与理论,进入了一个令人振奋的快速发展的时期。

在平衡计分卡的推广运用过程中,其卓越的功能得以不断展现。一些具有创新精神的企业家,根据信息化时代的竞争特点,提出了企业的新战略,即"摆脱传统的以降低成本和低价竞争为重点的短视做法,转变为向客户提供客户化的增值产品和服务,从而创造增长机会。"罗伯特·卡普兰教授和戴维·诺顿在推广平衡计分卡的过程中,将平衡计分卡延伸到企业的战略管理之中。他们发现平衡计分卡不只是一个业绩衡量系统,更应成为沟通新战略、管理新战略,使新战略在企业内部协调一致的战略管理系统。为此,他们在《哈佛商业评论》上又发表了第二篇、第三篇关于平衡计分卡的重要论文:《平衡计分卡的实践》和《平衡计分卡在战略管理系统中的应用》。正如美国著名企业家 GE 的前 CEO 杰克·韦尔奇所说"不能衡量就不能管理"。由于企业界对采用平衡计分卡的强烈渴求,以及丰富而详尽的实施经验的涌现,使平衡计分卡从一个业绩衡量系统迅速演变成一个战略管理系统。

第二节　平衡计分卡的意义、内容和特点

一、平衡计分卡的意义

平衡计分卡是通过建立和推行反映多种平衡关系的业绩评价指标体系,将公司的愿景和战略与具体经营目标及绩效考核联系起来的一种战略管理系统。它将企业战略目标逐层分解转化为各种具体的相互平衡的绩效考核指标体系,并对这些指标的实现进行周期性的考核;它提供了评估过程与目标一致程度的衡量工具,并能显示达到这些目标应当采取的措施,从而为公司愿景和战略的实现建立起可靠的执行基础。

绩效衡量在现代企业管理中十分重要,"不能衡量就不能管理"。企业的衡量系统历来都属于财务性质,因为会计从远古时代起就是"商业语言"。但是,财务会计信息主要反映企业的过去,对未来的发展揭示不够,其财务指标具有滞后性;同时过分追求短期的财务利润指标,会造成过度的短期行为,从而可能忽略能创造长期价值的投资活动;尤其是信息时代最具活力的企业创新能力、人力资源价值、品牌效应、自创的商誉、优秀的管理团队、优良

的员工技能和工艺流程等都是会计不能衡量的。

例如,信息时代的高科技企业百度、新浪、阿里巴巴等,它们在开始创业的几年里,根本无法盈利,只有大量的资金和人力的投入,而没有产出。如果那时仅用收入、利润等传统的会计指标去衡量它们,那么就一定不会有今天的百度、新浪、阿里巴巴等高科技网络企业了。

平衡计分卡不是要否定财务会计,财务指标仍然是平衡计分卡的重要内容之一,它强调财务指标与非财务指标的平衡和统一,它克服了单纯利用财务手段进行绩效管理的局限。平衡计分卡不仅是一个新的业绩衡量系统,更是一个战略管理系统。面对信息时代的新情况:客户需求多样化、个性化;产品更新换代加速,产品的生命周期越来越短;生产经营方式从大批量、标准化的产品和服务转向小批量、多样化、高质量的产品和服务等,企业新产品的开发和制造能力、先进的技术诀窍和工艺、积极灵活而技术娴熟的员工、满意而忠诚的客户群、良好的信息系统和数据库等,不仅是信息时代企业的必备要素,而且也是创造企业财务业绩的动因,以及增强企业竞争力,为企业创造价值的关键。平衡计分卡采用了这些衡量未来业绩的驱动因素指标,弥补了仅仅衡量过去业绩的财务指标的不足。同时,平衡计分卡为整个企业描述了未来的企业愿景,它不仅能够使所有的高层管理者达成共识并团结协作,而且能帮助高级管理层将公司的愿景和战略转变为一套全面的连贯的业绩指标;通过平衡计分卡能够非常有效地在整个企业内阐明公司战略、沟通公司战略,并促使个人、组织、跨部门的行动方案一致,为公司愿景和战略的实现建立起可靠的执行基础。平衡计分卡卓有成效地解决了长期以来困扰管理者的战略难题——战略规划与战略实施的脱节。

平衡计分卡的核心思想就是强调"客户至上、追求卓越、以人为本",具体通过财务、客户、内部业务流程及学习与成长四个维度指标之间的相互驱动的关系,来展现公司的战略轨迹,从实现绩效考核到绩效改进,从战略实施到战略修正的整个战略管理过程。当然,平衡计分卡主要是战略实施的机制,而不是战略制定的机制。它能够适应公司制定战略的不同方法,无论是从客户维度出发,还是从卓越的公司内部业务流程出发。不论公司高层管理者采用哪种制定战略的方式,平衡计分卡都将提供一个把战略转化为特定目标、指标和目标值,并在日后监督实施的宝贵机制。

二、平衡计分卡的基本内容

平衡计分卡既以公司的愿景和战略为出发点,又以实现公司的愿景和战略为其最终目标。平衡计分卡的基本内容是由财务、客户、内部业务流程、学习与成长等四个(或者四个以上)维度组成,每个维度又由若干个能反映公司愿景和战略的目标、指标、目标值、措施等要素构成。公司的愿景和战略与各个维度之间的关系,以及各个维度相互之间的关系见图11-1。

从图11-1中可以看出,公司的愿景和战略是如何转化为具体的行动措施的。平衡计分卡可以由四个及以上的维度组成,所谓维度,是指观察公司的视点和分解战略的层面。每个维度均包含目标、指标、目标值、措施等几部分内容。

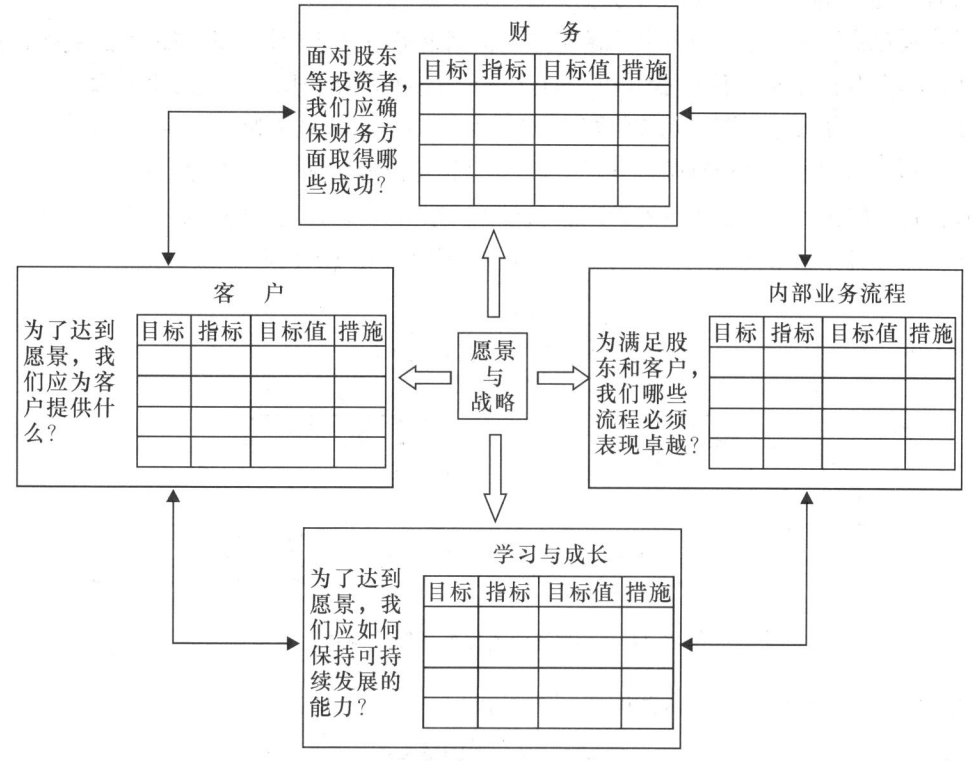

图 11-1 化战略为行动的平衡计分卡

(一) 财务维度

财务维度是平衡计分卡的一个重要层面,财务维度,就是从股东和债权人等投资者角度来观察公司,考虑"股东如何评价我们"的问题。因为财务指标是衡量企业已经取得的经济成果的最佳指标,它也是股东、债权人和政府了解并评估企业已实现的经营业绩的重要渠道。财务维度一般以为股东创造财富、降低财务风险和提高投资回报等为目标;其主要财务绩效指标包括:每股净利润、净资产报酬率、经济增加值、营业收入增长率、经营活动现金流量、资产负债率、总资产周转率、现金周转期和成本降低率等。

财务目标通常与盈利能力有关,财务绩效指标可以显示公司的战略及其实施和执行是否对改善公司的盈利作出贡献,是否对股东财富的增加和风险降低有利。因此,管理者在制定平衡计分卡的财务维度时,应当选择并确定对公司愿景和战略最合适的财务绩效指标,使财务目标及其绩效指标发挥双重作用:它们既能反映公司战略的预期财务业绩;它们又必须是平衡计分卡其他三个维度的目标和指标的最终目标值。

采用平衡计分卡,要求公司在确定财务目标和财务绩效指标时,充分考虑市场竞争态势、公司在市场竞争中所处的地位以及公司自身的实际情况,并在不同的发展时期,确定相应的财务目标。公司某一时期的具体财务目标一般有:收入增长目标、现金流量目标、利润率提高目标、成本降低目标、风险管理目标等,由具体的财务目标确定相应的重点财务指标及其应实现的目标值。当然,对于能够说明公司长期目标的财务指标,以及对创造、驱动长期目标最为重要的变量,始终是财务维度的构成要素。

公司通过提高生产率和增加收入两种方法提高财务业绩达到提高股东价值的最终目标。提高生产率有两种方式。第一,公司可以通过降低直接和间接费用的方式减少成本。第二,通过更加有效率地使用进入资产和实物资产,公司可以减少支持某个业务水平所需的营运资本和固定资本。增加收入同样有两种方式。第一,公司可以通过现有顾客实现更多的销售,如向他们提供首批购买产品和服务以外的产品和服务。第二,公司还可以通过引进新产品、向新客户销售产品和开拓新市场实现收入的增长。财务绩效目标逻辑关系图见图 11-2。

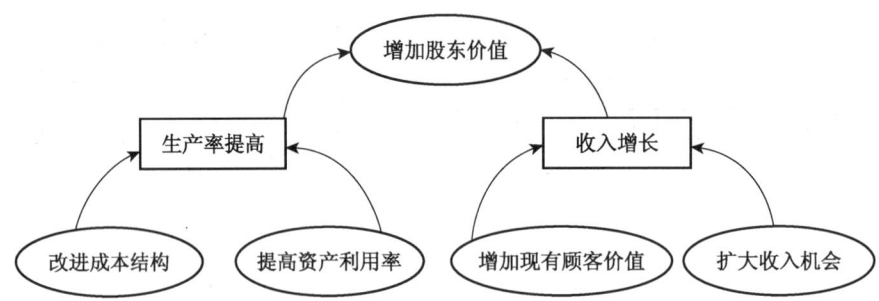

图 11-2　财务绩效目标逻辑关系图

表 11-1 列示了各种财务目标的常用测量指标。

表 11-1　　　　　　　　　　财务目标的常用测量指标

目　　标	指　　标
增加股东价值	已动用资本回报率
	经济增加值
	账面净值
改进指标结构	单位成本,与竞争对手相比
	单位产出的一般管理和销售费用或占销售收入的百分比
提高资本利用率	资产周转率
	存货周转率
增加现有顾客价值	现有顾客增长率
	收入增长率
扩大收入机会	来自新产品的收入增长率
	来自新顾客的收入增长率

(二) 客户维度

市场经济强调"顾客是上帝"的观念。客户维度就是从客户的角度来观察公司,回答"客户如何看待我们"的问题。客户就是市场,失去客户就是失去市场,所以客户是企业之本,是企业的利润来源,客户理应成为企业关注的焦点。"成为向客户提供价值的头号公司"和"成为客户的头号供应商"往往是许多公司的愿景和目标。

现代管理理念认为,企业想要取得长期的卓越的财务业绩,就必须不断创造并提供受客户青睐的产品和服务,即客户的满意度的高低是企业成败的关键。然而,客户有多种层次,有多种类型,有各种不同的需求、偏好。公司不可能同时满足所有客户,必然是有所为,有所不为。

在平衡计分卡的客户维度上,公司必须确定它们希望争取的目标客户群体和细分市场,选择自己参与竞争的舞台,并据此确定应向目标细分市场提供哪些价值主张,来引导目标客户群体的消费趋向,这也是制定客户层面的目标和绩效指标的关键。用于检验客户成果的核心衡量绩效指标,应能够说明客户的满意度、忠诚度和市场占有状况;其核心绩效指标至少应包括:老客户保留率、新客户获取率、客户满意度、客户获利率、市场份额等。

根据上述核心绩效指标的因果关系,可以画成客户绩效指标因果关系图,见图11-3。

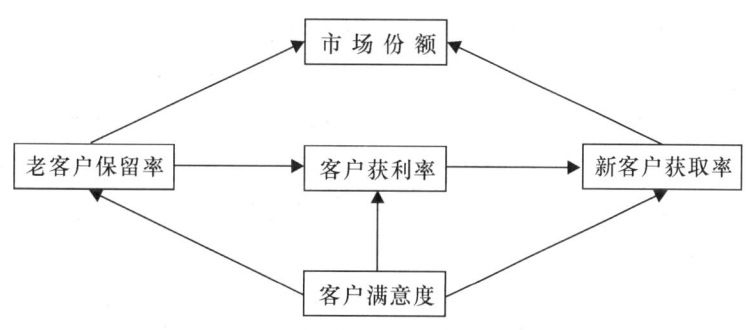

图 11-3 客户绩效指标因果关系

从图11-3中可知,客户满意度指标是影响其他所有绩效指标的关键,只有当客户对公司提供的产品和服务满意了,认同了公司的价值导向,老客户才能对公司有较高的忠诚度,公司才能实现较高的老客户保留率;同时对新客户也会产生强大的吸引力,不断提高新客户获取率。老客户的保留和新客户的不断获取,是公司营业收入增长的根本源泉和公司获利的基础。可以不断增加公司的市场份额,有利于提高公司的市场占有率。

表11-2列示了公司常用来衡量客户成果的目标和指标。

表 11-2   客户成果的目标和指标

目　　标	指　　标
实现客户满意度和忠诚度	目标细分市场的客户满意度
	老客户所占有的百分比
	来自现有客户的销售收入增长率
发展新的客户	客户向其他人推荐公司的意愿
	发展新客户的数量
	发展的每位新客户的成本
	来自新客户的销售收入所占的百分比
提高客户获利能力	不盈利客户的数量或百分比
增加市场份额	在目标客户细分市场上的市场份额

当然,客户层面的核心衡量绩效指标中也一定要包含时间、质量和价格指标,即交货和提供服务的周期、产品和服务的质量以及具有竞争性的价格。这些指标必然要受到市场竞争态势和公司的产品及服务的开发以及经营、营销、售后服务等业务流程的影响。

(三) 内部业务流程维度

内部业务流程维度着眼于企业的核心竞争力,回答的是"我们的优势是什么"的问题。内部业务流程是指企业日常经营业务营运的流程。企业的营运流程,反映了企业的市场竞争力,营运流程是实现股东和客户目标的至关重要的环节。在内部业务流程这个层面,公司管理层应根据已经确定的财务和客户层面的目标及绩效指标,来确认公司擅长的关键的内部流程,尤其是对客户满意度和实现财务目标影响最大的那些内部业务流程必须要求表现卓越。

在平衡计分卡中,内部业务流程的目标根据公司的愿景和战略确定,既可以进一步改善现有的具有竞争优势的业务流程,使其在规模、质量、时间、生产率、成本等一切业务流程上超越竞争者,形成独特的持续的竞争优势;又可以建立创新的业务流程,使公司能不断创造全新的产品和服务,以满足现有的和未来客户的新需求,获得长期的财务成功。

平衡计分卡强调的内部业务流程,应是一套从确定客户需求到满足客户需求的完整的价值链,见图 11-4。

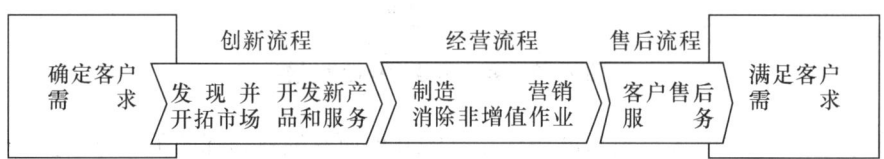

图 11-4　内部业务流程的价值链

由此可知,内部业务流程包含了长期的创新流程和短期的经营循环,涵盖了事前、事中、事后的全过程。在此价值链上,其开端是创新流程,即在确定当前和未来客户消费需求的基础上,设计开发新产品和新服务以满足这些需求,从而不断开拓市场;其中端是经营流程,即力求减少并消除非增值作业,降低成本,通过生产制造及营销程序,将最好的产品和服务提供给客户;其末端为售后流程,即在销售后为客户继续提供服务,增加客户从公司的产品和服务中获得的价值,进一步提高客户的满意度和忠诚度。

在当今科技发展日新月异,市场瞬息万变的信息化时代,保持长期的创新流程,不断提高创新流程的效益、效率和时效性是最为关键的。

内部业务流程的绩效指标主要有三类:

(1) 评价内部创新流程的绩效指标。如技术投入比率,开发新产品和服务的数量、质量及开发所用时间,新产品和服务在营业收入中所占比例,新产品上市速度与竞争者相比,新产品上市速度与计划相比,新产品和服务的投资报酬率等。

(2) 评价内部经营流程的绩效指标。如产品合格率、现场安装调试一次性合格率、技术服务一次性交付合格率、按时交货和按时提供服务率、产品和服务的成本降低率、产品和服务的优质率、废料率、废品损失率、返工率、劳动生产率、销售量增长率等。

（3）评价售后服务绩效指标。如商品和服务的保修率、商品和服务的维修率、商品和服务报修的反应时间和处理时间、修理满意率、返修率、客户的售后服务的评价等。

表 11-3 列示了公司内部流程价值链的目标与指标。

表 11-3	内部流程价值链的目标与指标
目　　标	指　　标
创新流程	
开发创新产品和服务	进入产品开发阶段的基本的新创意数量
	提交的专利应用申请或获得的专利数
研发流程中表现出色	产品开发总时间：从创意到市场
	产品开发成本与预算
经营流程	
降低经营流程的成本，提高质量，并缩短周转时间	供应商平衡计分卡评级：质量、发货、成本
	单位产出成本
	产品周期时间
提高资产利用率	前置时间，从下单到发货
	能力利用率
	设备可靠性
售后流程	
留住现有顾客	解决顾客关注的问题或投诉的时间
增加与顾客的经营往来	售后服务的收入或利润率

（四）学习与成长维度

学习与成长是平衡计分卡的第四个维度，其要解决的是"我们应如何保持可持续发展的能力？"这一类问题，它是企业要创造长期成长所必须建立的基础框架，也是前面三个维度——财务、客户、内部业务流程获得卓越成果的驱动因素。

学习与成长层面主要包含三个要素：员工、系统和组织文化与协作。平衡计分卡强调为未来投资的重要性，它认为企业不能只投资于传统的领域，对新设备、开发新产品和开拓新市场的投资固然重要，但只在这些方面投资是远远不够的。如果企业追求卓越业绩，希望基业长青，达到宏大的长期财务增长目标，就必须对企业的基础框架——员工、系统和组织文化与协作进行投资，以培育企业能力。

平衡计分卡的客户与内部业务流程维度，已经确定了企业为获得突破性的财务业绩必须在哪些方面表现卓越，由此一方面可以揭示企业员工、系统和组织文化与协作的实际能力与实现突破性业绩所必需的能力之间的巨大差距；另一方面也可以说明企业利用现有的技术和能力不大可能达到客户和内部业务流程维度所确定的长期目标；此外，激烈的市场竞争也将迫使企业必须不断改善其为客户提供价值和为股东创造财富的能力。所有这些都充分说明,企业必须投资于员工的知识更新和技术再造,投资于信息技术和系统的加强,投资于激励、授权和协作等各项组织文化与协作的健全完善,这些都是平衡计分卡的学习与成长层面追求的目标。

当然,如果企业仅仅重视短期财务业绩,那么为加强员工、系统和组织文化与协作方面进行的投资就很难维持下去。因为在财务会计制度中,这些投资都被计入当期费用,所以短视的经营管理层都把削减这方面的投资作为降低成本、获取短期利润增加的一条捷径,如减员增效、保持长期的低工资和削减员工培训费等。疏于加强对员工、系统和程序投资的不良后果,在短期内不会显现,但是一旦显现将会给企业带来灾难性的后果。

总之,企业能否达到财务、客户和内部业务流程的目标和绩效指标,要视其学习与成长能力而定。反映学习与成长维度的绩效指标主要有三类:

(1) 评价员工能力的绩效指标。员工角色的转变、强调以人为本以及重视员工对企业的贡献,是现代企业管理最重要的理念之一,也是信息时代的革命性变革。常用的评价员工的指标有:员工满意度、员工保持率、员工生产率、关键员工流失率、人均产值、人均收入、员工技术再造周期、员工技术再造比率、员工技能等级率、员工培训比率、员工年培训时间、员工工作胜任率等。

(2) 评价信息系统能力的绩效指标。要发挥员工的积极性,让员工的技能在当今市场竞争环境中发挥应有的作用,就必须使他们及时获得关于战略实施和关于客户维度、内部业务流程维度与决策所造成的财务后果等方面足够的信息。常用的评价信息系统的指标有:战略信息覆盖率、战略信息可用性、信息获取的及时性、信息适时反馈率和获取信息的途径等。

(3) 评价组织文化与协作的指标。尽管员工已拥有较高技能,又能毫无障碍地获得应有信息,但如果他们无心追求企业的最大利益,或者他们无权作决策和采取行动,那么员工还是无法对企业的成功作出贡献。所以,在学习和成长层面还必须设置组织文化与协作程序,为激励员工的积极性和主动性营造氛围。这方面常用的评价指标有:奖金激励和股权激励措施、员工提出建议的次数和总数量、员工人均建议、采纳员工建议的次数和数量、业务流程达到预期改进的速率和个人、团队、部门之间的协作程度以及与战略目标的一致性等。

表 11-4 列示了学习与成长的目标与常用指标。

表 11-4　　　　　　　　　　　　学习与成长的目标与常用指标

目　　　标	指　　　标
员工	
开发战略能力	具有所需能力和技能的员工所占百分比
吸引和留住优秀人才	员工满意度
	核心人员离职率
系统	

（续表）

目　　标	指　　标
提供对战略形成支持的应用	战略信息覆盖率
开发顾客数据和信息系统	顾客信息的可得性
组织文化与协作	
营造以顾客为中心的文化	员工文件调查
将员工的目标与成功联系在一起	个人目标与组织绩效相联系的员工所占百分比
分享最佳实践和顾客方面的知识	分享和采纳的新实践的数量

　　平衡计分卡的上述四个维度虽然都有各自的目标和绩效指标,但是它们彼此之间存在着密切的因果关系链。例如,净资产报酬率可以反映股东资本的投资回报程度,可以表明公司是否为股东创造财富,该指标是平衡计分卡的财务绩效指标。营业收入的增加将导致净资产报酬率提高,而营业收入增长的驱动因素可能是客户采购量和市场份额的大幅度增加,这必然是客户满意度上升带来的结果。客户满意度是平衡计分卡客户层面的绩效指标,也是影响客户层面其他指标的根本动因。企业之所以会获得较高的客户满意度,可能是客户青睐公司开发的新产品和服务,也可能是客户比较重视按时交货率以及产品和服务的高质量,这些都是因为公司具有卓越的内部业务流程所致。为了使公司拥有卓越的内部业务流程,对员工的培训和提高员工的技能是必需的,而这正是学习与成长层面的目标。平衡计分卡四个维度相互之间的因果关系链,见图11-5。

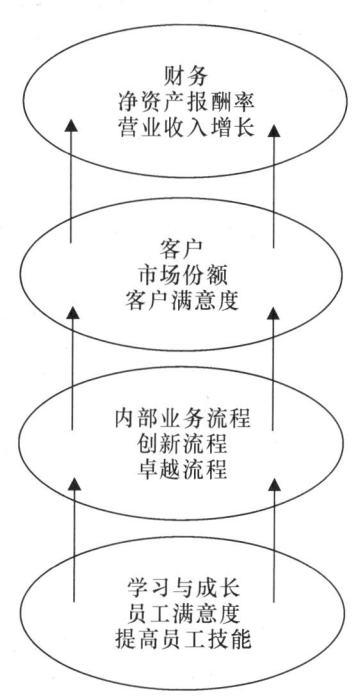

图11-5 平衡计分卡的
因果关系链

　　由此可知,因果关系链贯穿了平衡计分卡的四个层面。良好的学习与成长是形成卓越内部业务流程的基础,卓越的内部业务流程是提高客户满意度、增加市场份额的根本动因,强大的市场份额才能保证长期的财务成功。所以,一份结构严谨的平衡计分卡应由若干个既紧密相连又具备因果关系的层面组成,同时应包含一系列相互联系的目标和绩效指标,这些目标和绩效指标不仅前后一致,因果相连,而且相互强化。

三、平衡计分卡的特点

平衡计分卡主要有两大类特点。

（一）以企业的愿景和战略为核心,化战略为行动

平衡计分卡始终把企业的愿景和战略放在管理过程的核心地位,它始终如一地以愿景

和战略进行组织沟通,促使高级管理层和全体员工达成共识;根据实现愿景和战略的因果关系链,将财务、客户、内部业务流程和学习与成长四个维度整合成一个互动互联的全面的平衡框架,在战略规划和行动措施之间构筑了一座桥梁;它从愿景和战略出发选择具体目标和指标,并层层分解,使战略规划与行动措施紧密相连。

由于结果指标往往能反映战略的终极目标,以及近期的努力是否带来了理想的结果,而业绩驱动指标可以反映企业近期应该做什么才能创造未来的价值,因此,平衡计分卡通过一系列因果关系链把结果指标与业绩驱动指标结合起来,清晰地诠释了公司战略,从而把公司的愿景和战略转变为具体的目标和绩效指标,实现愿景和战略与日常经营活动的有机连接,实现了化战略为行动。

(二) 突出强调了多种平衡关系

"平衡"是平衡计分卡的又一特点,平衡就是兼顾与协调。现实世界充满了矛盾和冲突,通过兼顾与协调能将相互矛盾的方面和事物有机地平衡联结。平衡计分卡主要包含了以下六种平衡关系。

1. 财务指标与非财务指标的平衡

目前对企业的业绩考核一般多采用财务指标,因为财务指标可以通过定期财务会计报告非常容易获得,而定期财务会计报告又主宰了目前企业的公开信息;而非财务指标,如客户、内部业务流程、学习与成长层面的指标,往往既缺乏又不受重视,所以在业绩考核中很少使用。即使有对非财务指标的考核,也往往缺乏系统性和全面性。平衡计分卡是以企业的愿景和战略为核心而整合的新框架,它在保留以往财务指标的同时,引进了未来财务业绩的驱动因素,即客户、内部业务流程、学习与成长等维度的非财务性的目标和指标,体现了财务指标与非财务指标(客户、内部业务流程和学习与成长)之间的平衡。

2. 结果性指标与动因性指标之间的平衡

长期以来人们习惯以成败论英雄,看重结果而忽略原因。财务指标大多是结果性指标,它能说明企业经营理财的成果。如果只有结果性指标而没有业绩驱动因素的动因性指标,就难以正确反映企业业绩是如何实现的,从而可能导致企业采取短视的局部最优的行动;而业绩驱动因素的动因性指标如果不和结果性指标相连接,就可能只鼓励采取局部改进方案,却不能为公司带来任何长期的价值。平衡计分卡通过因果关系链使结果性指标与动因性指标有机结合来达到动态平衡。

3. 战略管理与经营管理的平衡

平衡计分卡是一套战略管理系统,它始终以企业的愿景和战略为核心,通过因果相连的四个层面将战略传达到整个企业;通过战略规划与年度预算的有效结合,将日常的经营管理与企业战略相联系;通过四个维度的循环,将企业的战略目标转化为员工的日常行动,这就有效地解决了企业的战略执行力差的弊端,达到了战略管理与经营管理的平衡。战略管理着重长期目标,而年度预算和经营管理主要完成短期目标。当战略管理与经营管理达到平衡的时候,平衡计分卡也使企业的长期发展目标与短期经营目标达到了平衡。

4. 企业组织内部与外部的平衡

在平衡计分卡中,股东与客户为企业外部群体,员工是企业内部群体。平衡计分卡既强调股东和客户的满意度,要让股东对公司的财务业绩满意,要让客户对公司的产品和服务满意;同时又强调对员工、系统及程序的投资和员工的满意度,这是提高员工技能和让内部业务流程表现卓越的前提和基础,平衡计分卡充分强调在有效执行战略的过程中平衡这些群体间利益的重要性,为此设计了用于外部衡量和用于内部衡量的绩效指标。

5. 领先指标与滞后指标之间的平衡

在财务、客户、内部业务流程、学习与成长这四个层面中包含了领先指标和滞后指标。财务指标往往是结果性的滞后指标,它能反映公司过去已经发生的情况,通过它可以诊断公司存在的问题,但财务指标不能告诉企业如何改善业绩和保持可持续发展。分布在客户、内部业务流程、学习与成长三个层面的、反映业绩驱动因素的动因性指标,往往是领先指标,平衡计分卡对领先指标的特别关注,使企业更关注于过程,而不仅仅是事后的结果,从而达到了领先指标和滞后指标之间的平衡。

6. 定量衡量与定性衡量的平衡

定量指标通过数量化反映结果,具有客观性、标准性、准确性的特点,并能比较衡量,但难以揭示内在的原因。如利润、老客户保留率、产品合格率、关键员工流失率等指标。而定性指标可以揭示内在原因,但缺乏标准性,且具有相当的主观性和一定的判断性,因而准确性受到限制,难以比较衡量。如客户满意度、售后服务的评价、员工满意度、战略信息可用性等。平衡计分卡将定量指标与定性指标进行有效组合,能发挥各自的长处,平衡了定量衡量与定性衡量。

总而言之,平衡计分卡以一套平衡的框架,将企业的愿景和战略转变为目标和指标,又将目标和指标转化为企业日常的各项具体工作,使之成为全体员工的具体奋斗目标。它所包含的上述六种平衡关系,无论是从战略的层面上,还是从战术层面上进行考察分析,都会发现:平衡计分卡集中体现了一个独立经营的经济实体在运行过程中所涉及的人力、物力和财力三大要素之间的交互作用及其相互关系,充分揭示了企业的资金流、物资流与人力资源流之间在一定的环境条件下实现最有效配置的客观规律性。

第三节　平衡计分卡的建立和应用

一、平衡计分卡的建立

平衡计分卡不仅是先进的业绩衡量系统,更是非常有效的战略管理系统,它通过对业绩衡量与战略管理的有效整合,能将企业的战略目标转化为员工的日常行动,弥合了战略开发制定与战略实施之间的鸿沟,成为当今最风靡、最权威的管理工具。在全球经济竞争日益激烈的情况下,平衡计分卡正受到越来越多的企业青睐,许多企业正在或打算建立和实施平衡计分卡,以便提升企业的市场竞争力。

当然,平衡计分卡绝不是一个简单的管理工具,它的建立不可能一蹴而就。同样,也不能幻想依靠少数几个"精英",关起门来画几张远景图、写几个方案、拟几条措施、选择几项考核指标,就能建立平衡计分卡。平衡计分卡的建立是一项长期的系统工程,必须经过下列四个管理程序,逐步建立;而其健全完善至少需要若干年。建立平衡计分卡的四个管理程序为:阐明并诠释愿景与战略、沟通与联系、计划并制定目标值、战略反馈与学习,见图 11-6。如果这四个管理程序能得到很好的执行并不断循环,就会激发高层和中层管理者对平衡计分卡的极大兴趣,从而制定出有助于这些管理者实现其愿景和战略的优秀的平衡计分卡。

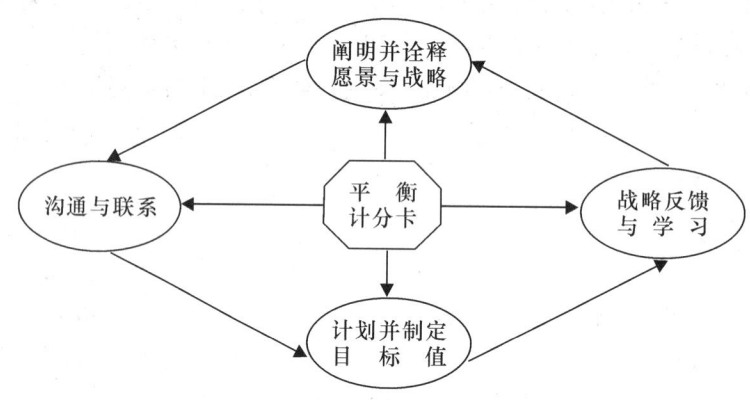

图 11-6 建立平衡计分卡的管理程序

由于平衡计分卡是涉及整个企业全局性的战略管理系统,因此平衡计分卡应该由公司(或战略业务单位)最高管理层负责建立,并作为最高管理层的一个项目,这样,可以反映最高管理层的集体智慧和精力。所以,建立平衡计分卡应先从最高管理团队着手,最高管理团队的决心和承诺,是建立平衡计分卡的基本条件。事实已经充分证明,如果没有最高管理团队全身心致力于平衡计分卡的建立,并持之以恒,那么这个项目就不可能获得成功;如果没有最高管理团队积极倡导和参与,建立平衡计分卡注定会徒劳无功,以失败告终。

(一)阐明并诠释公司的愿景与战略

平衡计分卡是一个战略管理系统,它代表了公司的共同愿景与实现愿景的战略。因此,建立平衡计分卡的第一步,就是首先要在公司的管理人员中确立公司的愿景与战略,包括阐明并诠释,以达成共识。这个程序有两个步骤。

1. 确定公司的愿景和战略

建立平衡计分卡应先从公司最高管理层开始,首先要在最高管理层内部就为什么要建立平衡计分卡达成共识,并在此基础上对公司的愿景和战略进行个人思考和集体讨论,直到整个最高管理层对于愿景和战略达成共识为止。当然,公司在确定愿景和战略时,应有自知之明,应当以自身现有条件为基础,充分考虑可行性,不能脱离实际一味拔高。

例如,宝钢集团董事会在 2006 年年初确定集团公司到 2010 年的愿景和战略目标是:成为一个跻身世界 500 强、拥有自主知识产权和强大综合竞争力、备受社会尊重的"一业特强、适度相关多元化"发展的世界一流跨国公司。

再如,安盛科技的企业愿景是:"跻身全球十大半导体封装测试企业。"企业使命是:"以最具竞争力的专业服务,成为半导体封装测试的首选,实现股东价值与员工价值的最大化。"企业的战略目标是:在未来几年内,通过培育国际化的管理团队和知名品牌,充分发挥引入的国际战略伙伴的整合优势,建立国际主流市场的业务通道,持续扩大投资与经营规模,提升管理素质与客服水平,为客户提供最多选项的引线式 IC 封装测试服务,成为国内引线式 IC 封装测试企业的领头羊。从而形成其自身的企业文化与价值观。

然后,在全体高层管理者达成共识的基础上,再扩大范围,邀请中低层管理者和主要职能部门的管理者代表参加。这样,一方面可以对愿景和战略达成共识;另一方面能够再广开言路,集思广益,经过广泛的讨论修改,以评估愿景和战略的可行性和现阶段的可实施性。这不仅有利于最终确定公司的愿景和战略,而且更有利于建设一个富有激情、充满才智、同心协力的管理者团队,这才是平衡计分卡成功的关键。

2. 在财务、客户、内部业务流程、学习与成长四个层面诠释并分解愿景与战略

在形成公司愿景和战略的基础上,要提出:为了我们的愿景和战略的实现,我们应该在财务、客户、内部业务流程和学习与成长等方面与以前有何不同? 据此,可以将上述全体高层管理者与中低层管理者和主要职能部门的管理者代表分成四个子团队,每个子团队负责一个平衡计分卡的维度工作,分别为每个维度选择确定具体目标和绩效指标。这也是建立平衡计分卡的关键程序之一。开展这项工作,既要注意各维度之间的相互联结关系,又要关注同一维度内部各绩效指标之间的相互联结关系。尤其重要的是,在确定业绩结果指标后,应根据业绩驱动因素,选择确定动因指标,以有利于将战略目标转化为基层部门及员工的具体行动。例如,公司确定了业绩结果指标,即净利润必须增长 20%。根据业绩驱动因素分析,净利润的增长动因主要是营业收入,而营业收入增长意味着市场份额的扩张,市场份额扩张则依赖于老客户的保留和新客户的获取;而如果新老客户特别关注公司产品的某一项质量,那么公司相应的内部业务流程应该达到什么水平,或者应该进行怎样改进,才能保证客户满意的质量;而内部业务流程的提高和改进可能要受到员工技能和工作惯例的制约。经过这样分析和相应指标的设立,对净利润增长的关注就可以逐步转化为关注某项内部业务流程,或者提高或改进员工技能和工作惯例等具体的日常工作。

(二)沟通与联系

公司的愿景与战略仅仅在管理人员层面达成共识是远远不够的,因为平衡计分卡是一个全面的战略管理系统,如果没有股东和全体员工的鼎力支持,也是不可想象的。因此,要将公司的愿景和战略与股东、与全体员工充分沟通,达成共识,以便齐心协力为之奋斗。这就是建立平衡计分卡的第二步程序——沟通与联系的主要目的。这个程序有三个步骤。

1. 上下、内外一致,对愿景与战略达成共识

公司最高管理层应该将愿景和战略通报主要股东,与之沟通,达成共识。同时,应向全体员工宣传公司的愿景和战略,以便与员工进行沟通,影响其日常行为并达成共识。公司最高管理层还应积极鼓励员工提出实现愿景和战略的建议及方法,鼓励员工成为战略制定

和执行的一分子,将公司的战略目标视同自己的目标,自觉主动地为战略的实施作出贡献。

　　2. 沟通与教育计划

　　公司应制定一个沟通与教育计划,不仅计划要全面详细,而且必须按计划执行。应充分利用各种不同的沟通渠道,如召开全体员工大会,出版定期或不定期的刊物和宣传资料,以及黑板报、公告、标语和电子网络等,以便让各级各部门管理人员和全体员工充分了解公司的愿景和战略以及平衡计分卡各层面的目标、绩效指标和目标值。并在取得员工共识的基础上,广泛吸收员工建议和反馈意见,尊重员工,善待员工。也只有这样,才有利于将管理人员和员工与企业的发展前途结合在一起,有利于鼓励每一位员工在日常的本职工作中为公司的愿景和战略的实现作出贡献。

　　3. 将平衡计分卡与部门和个人目标挂钩,与内在激励和外在激励制度挂钩

　　与各部门和员工沟通平衡计分卡的战略目标和绩效指标,是争取各部门和员工个人对公司战略支持和作出承诺的第一步。但是,仅有共识远远不够,若不知道具体该怎么做,或没有与激励机制挂钩,是不足以改变他们原有工作习惯的。因此,公司还需要利用平衡计分卡各层面指标间的因果关系链,将高层的战略目标转化为一系列连接各部门及员工个人层级的具体行动指标,只有这样才能化战略为行动,才能使部门和员工个人对公司的战略目标作出具体的贡献。

　　同时,为了顺利推行平衡计分卡,公司还应建立内在激励和外在激励制度。典型的内在激励就是表扬和提升,典型的外在激励就是奖金和薪酬。两者应相辅相成,任何只偏重于一种激励方式的做法都是不可取的。从某种程度来说,受内在激励的员工,更能将企业的目标视为自己的目标,更会产生创造力和创新精神。当把部门和员工个人对平衡计分卡的贡献与内在激励和外在激励制度相挂钩时,显然可以更有利于平衡计分卡的建立、健全和完善,更有利于在整个企业中实施战略的协调一致以及明确责任的归属。

　　(三) 计划并制定目标值

　　公司的愿景和战略在公司内外和公司上下达成共识是实施平衡计分卡的必要前提,但是,如果希望把雄心勃勃的愿景和战略目标转化为具体行动与现实,那么计划并制定目标值的程序就是非常关键的,它是将公司的愿景和战略与公司日常生产经营活动连接起来的桥梁。该程序应包括:制定挑战性的目标值、将战略行动方案与年度财务预算挂钩两大内容。

　　1. 制定挑战性的目标值

　　事实已经证明,平衡计分卡是一个鼓动人人接受富有进取心目标的强大工具,因为它强调通过若干相关的,而不是孤立的指标来实现杰出的业绩。所以,用平衡计分卡来推动企业变革,是最理想的、最能发挥其功效。

　　平衡计分卡的结果性指标和动因性指标的目标值都必须既切实可行,又具有先进性、激励性和挑战性,既能表明公司业绩的突破,又能体现公司宏伟的愿景和战略。一般可以采用标杆法制定目标值,并结合企业本身的基础,以同行业的竞争对手的先进水平、行业先进水平、国内或国际先进水平等为标杆。当然,目标值不能一下子定得太高,可以逐步推

进,逐步升高。

平衡计分卡的挑战性目标值,必须是所有部门和全体员工都能够接受和信服的,若盲目拔高,可望而不可即,反而会挫伤员工的积极性。在确定挑战性的目标值后,应分析企业当前的业绩与挑战性目标值之间的差距,制定逐步缩小差距的计划和战略行动方案,以确保挑战性目标值的实现。

2. 将战略行动方案与年度财务预算挂钩

一旦制定了挑战性的目标值,确定了战略行动方案,就必须将战略行动方案与企业的年度财务预算挂钩,将公司的愿景与具体的日常行动结合起来。因为财务预算具有承上启下的作用,这里的"上"是指企业最高管理层已经制定的战略目标,"下"是指企业所属各级各部门的日常各项生产经营活动。企业可以通过编制财务预算将具有挑战性的目标值及其战略行动方案具体化、系统化、数量化,与日常各项生产经营活动建立有机的联系,只有这样才能确保将企业最高管理层确定的战略目标转化为基层各级各部门和全体员工的具体日常工作。同时,财务预算作为控制的标准和考核的尺度,既可以合理地分配有限资源,又可以有效地防止企业日常经营活动偏离原定的战略决策目标。

(四) 战略反馈与学习

在当今经济高速发展和市场瞬息万变的年代,要求公司的愿景与战略一次性地建立并完善,是绝对不可能的。一个完整的战略管理系统必须包括战略信息反馈与战略学习的流程,以便不断地分析和反思,检验并调整战略,使之适应将会出现的各种情况。

战略信息反馈是指关于战略层面的信息反馈。处于当今信息时代公司的战略,是不可能一以贯之稳定不变的。一个规划再好的战略,可能有着最好的初衷,也可能会因为市场竞争环境的变化而变得不合时宜或者无法适应变化了的环境。为了建立并不断完善平衡计分卡这个战略管理系统,公司的高级管理团队更需要的是有关战略层面的更多的信息反馈,所以必须建立战略信息反馈系统,作为平衡计分卡战略管理系统的组成部分。建立战略信息反馈系统的目的在于随时捕捉客户、市场、技术和竞争对手的变化所可能带来的机遇,以及平衡计分卡的四个层面的执行和改进的信息,以便收集战略资料、检验战略、证实或反思战略是否符合最近的发展,并就新的战略机遇和方向或者修正已确定的战略行动方案在公司内部广泛征求意见。

战略学习是指高级管理团队的学习。因为平衡计分卡的建立、健全和完善,在很大程度上取决于高级管理团队集体智慧和能力,所以不断提高他们的战略学习能力至关重要。从某种意义上来说,高级管理团队的战略学习过程,是成功实施公司战略的基础。高级管理团队的战略学习过程可以分成三个方面。

首先,战略学习应以明晰整个公司追求的共同愿景为基本出发点。因为建立平衡计分卡的首要程序就是确定公司的愿景与战略。以清晰和经营性的语言来界定整个公司追求的目标,并宣传这种共同愿景,以便充分调动公司员工的积极性并凝聚力量。借助平衡计分卡的建立,能形成使个人的努力与公司的目标结合起来的经营环境,这是高级管理团队战略学习流程的出发点。

其次,战略学习应采用灵活多样的方法。① 经常进行相关性分析。平衡计分卡的一个显著特点就是运用因果关系链将战略目标分解为具体行动指标,如果随着时间的推移,找不到这种相关性和因果关系,就说明战略所依据的理论出了问题,应该重新分析思考战略行动方案。② 定期或不定期开展行动方案研讨和同行战略研讨。研讨的重点是展望未来。如果发现业绩偏离了计划,不应相互指责和追究责任,而应作为一种学习的机会,以提高战略学习的效果。通过定期和广泛的战略研讨,不仅可以了解平衡计分卡在公司中的认知水平和渗透性,而且可以向所有管理者发出清晰的信号,即公司将会持续评价平衡计分卡实施的进度,以坚定他们进一步实施的信心。③ 定期总结,分析评估。在平衡计分卡实施一定时间后,应该定期进行总结,重点考虑外部环境是否与制定战略时的预期有所不同?分析战略中是否存在致命缺陷。如果某个指标没有完成,管理者必须找出可能的原因,考虑模型中是否遗漏了重要的驱动因素。通过对战略成功驱动因素的思考,从而作出未来的改进战略。

最后,确立一个行之有效的高级管理团队解决问题制度。平衡计分卡的实施非常重视高级管理团队的作用,因为这是团队才能完成的战略管理系统。一方面,要求这个高级管理团队通过战略学习避免陷入职能专业化的俗套,成为跨职能的团队,为由团队集体解决问题奠定基础;另一方面,有关战略层面发生问题的解决,同建立、健全平衡计分卡一样,应当由整个高级管理团队共同承担。

二、平衡计分卡的应用条件

平衡计分卡已风靡全球,是当今最权威的管理工具,成为 75 年来最具影响力的战略管理系统,有越来越多的企业准备引进并实施。但是,综上所述以及从实践经验看,平衡计分卡主要适用于具有以下特征的企业:

(1) 适用于具有协商式或民主式管理风格的分权管理制的企业。因为采用平衡计分卡要求企业既要充分发挥管理团队的作用,又要动员全员参与,所以实施平衡计分卡的企业必须是具有民主式管理风格的企业。当然,只要企业的最高管理层决心实施平衡计分卡,则在实施的过程中,随着管理人员和员工参与程度的提高,一个目前尚不是民主式管理风格的企业,也必定会逐步转变其管理风格。从这一意义上来说,平衡计分卡这个战略管理系统,不仅具有业绩衡量的功能,而且还具有改变企业文化的功能。

(2) 适用于以目标、战略作为导向且具有长期经营发展要求的企业,尤其适用于已经确立了长远发展的战略目标,但却陷于战略规划与战略实施脱节的困境的企业。那么平衡计分卡正是可以帮助他们解脱这个困境的最理想的战略工具。

(3) 比较适用于在知识经济和信息化时代成长起来的高科技企业。此类企业往往面临较大的市场竞争压力和创业风险,而竞争的压力正是企业谋求发展的内在动力,也是实施平衡计分卡的内在原因;同时,这类企业的管理层比较年轻,能接受现代科学管理的理念,企业的员工往往又是知识型的,这些都是推行平衡计分卡的极好基础。

当然,如果企业缺乏实施平衡计分卡的内在原因,又缺乏实施的基础和企业文化,只是为了赶时髦而引入平衡计分卡,那么就如同给牛车安上汽车的外壳,不会起到应有的作用。

三、平衡计分卡的实施案例

LY 公司是经国家科技部发文确认的国家级高新技术企业,主要从事 LX 品牌手机的研发、生产、销售和服务,公司拥有 530 多名员工,设立了生产、研发、产品、市场、销售、资材、客服、质控等多个部门,目前是国内手机行业中的领先企业。LY 公司成立于 2010 年,该公司秉承"求实、进取、创新"的企业精神,致力于为用户提供应用国际先进技术、满足用户个性化需求的个人移动通信产品。2011 年 LY 公司在国内手机行业中尚处于中游,为了实现公司"成为国内一流、国际著名的手机厂商"的愿景,公司最高管理层决定采纳某咨询公司的建议,在公司内部全面推行平衡计分卡。

作为推广平衡计分卡的第一步,LY 公司的高级管理人员开了 3 天会,以公司的综合业务计划作为讨论的基础。在此期间要求每一位管理人员都要完成以下项目:

(1) 定义公司愿景。

(2) 设定长期战略目标(大致的时间范围为 3 年)。

(3) 描述当前形势。

(4) 思考:我们需要一种什么样的价值导向业绩管理体系,以保障公司的中、长期战略能有效实现,保障公司具有可持续发展所需的竞争力?

(5) 描述将要采取的战略计划。

经过学习、讨论,管理层一致认为,只有建立平衡计分卡战略管理体系,将公司的愿景与战略和激励机制有机结合,以形成一种保障公司可持续发展的企业文化和竞争力,才能实现公司"成为国内一流、国际著名的手机厂商"的愿景。

为此,LY 公司专门成立了"平衡计分卡"领导小组,由公司总经理亲自担任组长。通过六七个月的公司内部沟通、学习、教育,整个公司各级各部门的管理人员和全体员工达成了共识。同时,在建立公司的平衡计分卡时,公司最高管理层强调保持各方面平衡的重要性。公司根据平衡计分卡的四个层面:财务、客户、内部业务流程和学习与成长,分别确定了考核指标体系,见表 11-5。

表 11-5   **LY 公司平衡计分卡考核指标**

层　面	考　核　指　标	考核权重
财务	主营业务收入、主营业务利润、应收账款回收天数、超过 90 天的应收账款、资产利用率等	40%
客户	送货准时率、客户满意度、老客户保留率、新客户获取率、产品退货率、合同取消数等	20%
内部业务流程	劳动生产率、产品生产周期、合格品率、新产品开发速度、出勤率等	20%
学习与成长	员工士气、员工满意度、平均培训时间、再培训投资、关键员工流失率等	20%

公司"平衡计分卡"领导小组在选择、确定考核指标体系后,在公司《2003 年规划目标策略》中提出:"我们要强化执行力度,利用平衡计分卡的方式进行绩效考核。要把 2012 年的目标通过编制财务预算分解到各个部门,各个部门也要把部门的目标分解到每一个员工身上,做到人人肩上背指标,公司指标大家挑的企业氛围;每个部门、每个员工在每个季度、每个月甚至每一天都要把指标拿出来,对照审视,看看指标完成得怎么样? 要不要改进实施的策略? 同时,我们在工作中要建立和形成一种互为客户关系的部门间协作配合关系;要建立一套以平衡计分卡为基础的科学的绩效评估体系,来监督、推进和考核各部门、每个员工的指标完成情况;要建立公平、公正、合情、合理的激励机制,多劳多得,形成一种绩效优先的企业文化。"

为了将公司的愿景和目标通过财务预算指标转化为部门、员工的日常具体工作,公司"平衡计分卡"领导小组又确定了编制财务预算考核指标数值的原则:指标必须尽可能具体,缩小范围;指标数值达到与否尽可能有衡量标准和尺度;设定的指标数值必须是通过努力可达到的;其完成程度必须与时间相关联;应该体现市场竞争的要求以及与其他任务的关联性。

为了平衡计分卡的建立、健全和完善,该公司非常重视战略反馈与学习程序,具体做法是建立一套有效的工作机制:设立信息反馈及数据管理库,负责收集和积累有关平衡计分卡实施中各级各部门和员工的建议、意见、措施、经验、教训等资料;高级管理层每月召开一次研讨与沟通会以及实时沟通会。

LY 公司实施平衡计分卡以后,公司的面貌发生了很大变化,提高了市场竞争力,市场占有份额从 6% 上升至 15%,提前半年实现了公司愿景:成为国内一流、国际著名的手机厂商。该公司所属的集团,荣获"中国最有价值品牌"称号,品牌价值达到 198.32 亿元人民币。

本章要点概览

平衡计分卡自 1992 年诞生以来风靡全球,得到了理论界和实务界的广泛关注,被称为管理学历史上"最具影响力的战略管理系统"。平衡计分卡理论涉及管理会计、财务管理、战略管理、营销管理、研发管理、生产管理、人力资源管理等多个学科的知识,是产学研相结合的产物,具有强大的生命力,适用于任何一种类型的组织。

本章介绍了平衡计分卡的产生和发展,强调了平衡计分卡理论诞生的必然性,简要说明了平衡计分卡实现业绩衡量工具成功转型为战略管理系统的推动力是其在企业实务界的应用实践。

本章阐释了平衡计分卡的核心思想,详细说明了财务、客户、内部业务流程和学习与成长四个维度的基本内容,以及平衡计分卡的两大特点:以企业的愿景和战略为核心,将战略转化为行动和强调多种平衡关系。

为解决企业建立、健全和应用平衡计分卡的难题,本章着重阐述了建立平衡计分卡的关键和四项管理流程,并通过一个企业实施案例,说明平衡计分卡的建立、健全和应用。

关键词

1. 平衡计分卡
2. 财务维度
3. 内部业务流程维度
4. 客户维度
5. 学习与成长维度
6. 结果性指标
7. 动因性指标
8. 领先指标
9. 滞后指标

阅 读 文 献

1. ［美］罗伯特·卡普兰、戴维·诺顿著:《平衡计分卡——化战略为行动》,广东经济出版社 2004 年版。

2. ［美］罗纳德·W·希尔顿著:《管理会计》(原书第 4 版)(第十章当今制造环境中的标准成本计算和绩效评价 10.11 平衡计分卡),机械工业出版社 2000 年版。

3. ［美］米切尔·马赫著:《成本会计》(第 5 版)(第 22 章非财务手段的业绩计量 22.3 平衡记分卡),机械工业出版社 1999 年版。

4. 黄惠琴主编:《管理会计》(第十二章平衡计分卡),科学出版社 2004 年版。

5. ［美］安东尼·A·阿特金森著:刘曙光、陈静译《管理会计》(原书第 6 版)(第二章平衡计分卡与战略地图),清华大学出版社 2011 年版。

复 习 思 考 题

1. 平衡计分卡相对于传统的业绩衡量系统有什么优点?
2. 为什么说平衡计分卡不仅是业绩衡量系统,更是战略管理系统?
3. 平衡计分卡的主要内容是什么?
4. 平衡计分卡的主要特点是什么?
5. 简述建立平衡计分卡的管理程序。
6. 如果一个电脑销售商店或者一个书店要实行平衡计分卡,请你帮助它们中的任一个设计平衡计分卡的四个维度的每一个层面的衡量指标,并简要说明其因果关系链。
7. 国内某会计师事务所准备实施平衡计分卡,请你帮助该所设计客户维度和学习与成长维度的衡量指标,并简要说明理由。

练 习 题

一、判断题

1. 因为财务指标具有滞后性,所以平衡计分卡不使用财务指标。 （　）
2. 杜邦财务指标体系是工业化时代的产物,而平衡计分卡则是信息时代的产物。 （　）
3. 美国模拟设备公司发明的"公司计分卡"是平衡计分卡的雏形。 （　）
4. 平衡计分卡的四个维度就是指观察公司的四个角度和分解公司战略的四个层面。 （　）
5. 公司各部门管理人员和全体员工的素质是实现平衡计分卡的基本条件。 （　）
6. 产品合格率和现场安装调试一次性合格率都是财务维度评价业绩的指标。 （　）

7. 平衡计分卡不仅是一个业绩衡量系统,更是一个战略管理系统。 （　　）

8. 平衡计分卡虽然可以反映多种平衡关系,但是它不能说明结果和动因的平衡。 （　　）

9. 强调以人为本以及重视员工对企业的贡献,是现代企业管理最重要的理念之一,也是信息时代的革命性变革。 （　　）

10. 平衡计分卡主要是战略实施的机制,而不是战略制定的机制。 （　　）

二、单项选择题

1. （　　）是建立平衡计分卡客户维度的所有绩效指标的根本原因。

    A. 市场份额　　　　B. 老客户保留率　　　C. 客户满意度　　　　D. 新客户获取率

2. 下列指标不属于学习与成长维度的是（　　）。

    A. 营业收入增长率　　　　　　　　　B. 员工满意度

    C. 关键员工流失率　　　　　　　　　D. 员工技术再造周期

3. 下列指标属于财务维度的是（　　）。

    A. 经济增加值　　　　　　　　　　　B. 修理满意率

    C. 返修率　　　　　　　　　　　　　D. 客户对售后服务的评价

4. 平衡计分卡既以公司的愿景和战略为出发点,又以实现公司的（　　）为其最终目标。

    A. 愿景和战略　　　B. 经济增加值　　　C. 利润最大化　　　　D. 长远发展

5. 平衡计分卡通过一系列因果关系链把（　　）结合起来,以便清晰地诠释公司战略,从而实现了化战略为行动。

    A. 结果指标与业绩驱动因素指标　　　B. 管理层与员工

    C. 沟通与教育　　　　　　　　　　　D. 企业与市场

6. 战略学习应以（　　）为基本出发点。

    A. 确立一个行之有效的高级管理团队解决问题制度

    B. 明晰整个公司追求的共同愿景

    C. 建立战略层面的信息反馈系统

    D. 采用灵活多样的方法

三、多项选择题

1. 平衡计分卡的基本内容由（　　）四个维度组成。

    A. 内部业务流程　　B. 学习与成长　　　C. 财务　　　　　　　D. 客户

2. 平衡计分卡可以反映（　　）平衡关系。

    A. 短期目标和长期目标　　　　　　　B. 财务指标和非财务指标

    C. 滞后指标和领先指标　　　　　　　D. 战略管理与经营管理

3. 平衡计分卡有四个维度,每个维度均应包括（　　）等内容。

    A. 目标　　　　　　B. 绩效指标　　　　C. 目标值　　　　　　D. 措施和任务

4. 评价企业内部业务流程的绩效指标主要有（　　）几类。

    A. 评价内部创新流程　　　　　　　　B. 评价内部经营流程

    C. 评价售后服务　　　　　　　　　　D. 评价激励、授权和协作程序

5. 建立平衡计分卡的管理程序有（　　）。

    A. 阐明并诠释愿景与战略　　　　　　B. 沟通与联系

    C. 计划并制定目标值　　　　　　　　D. 战略反馈与学习

6. 建立平衡计分卡的计划并制定目标值的程序至少应该包括（　　）内容。

    A. 将战略行动方案与年度财务预算挂钩

    B. 将平衡计分卡与部门和个人目标挂钩，与内在激励和外在激励制度挂钩

    C. 确定公司的愿景和战略

    D. 制定挑战性的目标值

四、案例分析题

宏通汽车销售公司主要经营新、旧汽车销售业务。公司共有三个部门：新车销售部门、二手车销售部门和服务部门。公司现行的考核激励方法是，以每个部门实际达到的投资利润率作为对部门经理的年度评估和奖励的依据。

新车销售部门的经理抱怨，新车部门的销售和营业利润较低的一个原因是服务部门的效率和声誉太差。因为服务部门缺少一种先进的设备——新型液压升降机，导致客户都不愿意来本公司购买新车，而选择到另一家汽车销售公司——本公司的竞争对手处去购买新车。因为竞争对手的服务部门拥有该种新型液压升降机，其服务效率和质量就更高。因此，新车销售部门经理希望本公司的服务部门也应该拥有该种新型液压升降机，以提高服务效率和质量，增强对客户的吸引力，从而有利于新车销售部门提高销售业绩。

但是，服务部门经理却不愿意投资购买该种新型液压升降机，认为此举将会降低本部门的投资利润率，因为购买该种新型液压升降机需要投资 1 000 000 元，而服务部门每年的营业利润却只能增加 200 000 元。

宏通汽车销售公司的新车销售部门、二手车销售部门和服务部门三个部门的 2016 年的财务预算信息见表 11-6。

表 11-6　　　　　　　　　　**2016 年预算资料**　　　　　　　　　单位：元

财 务 指 标	新车销售部门	二手车销售部门	服 务 部 门
平均投资额	50 000 000	10 000 000	5 000 000
销售收入	100 000 000	50 000 000	6 000 000
销售成本	87 500 000	40 000 000	3 000 000
销售费用	7 500 000	8 000 000	1 750 000
营业利润	5 000 000	2 000 000	1 250 000

为了克服单纯采用投资利润率考核各部门经营业绩的缺陷，宏通汽车销售公司决定 2016 年建立平衡计分卡作为新的业绩衡量系统。

要求：请你分别为宏通汽车销售公司的新车销售部门、二手车销售部门和服务部门三个部门各设计四个维度的具有因果关系链的考核指标，并分析说明实施平衡计分卡与该公司原考核体系的区别。

第十二章　作业成本管理

　　本章介绍了作业成本法的概念、基本要素和基本核算原理；作业成本管理的概念、核心内容和本量利分析模型等内容。通过本章的学习应理解作业成本法的基本原理；掌握作业成本管理的概念和核心；掌握作业成本系统中成本函数的确定；掌握作业成本系统中的本量利分析模型；能够运用作业成本管理系统中的方法与相关信息作决策。

第一节　作业成本法

一、作业成本法的概念

　　在前述章节中，我们学习了成本的概念，即成本是企业为了一定的目的而付出的价值牺牲，它包括了企业生产一定种类和数量的产品实际耗费的货币价值。由于成本与经营收入配比得出利润，因此准确地计算成本直接关系到利润的确定。同时成本信息的准确性对于企业的经营决策、产品的价格制定等有着重大影响，它是衡量企业经营管理水平的重要标志。在资源稀缺的现代经济社会里，对产品成本的有效控制是企业在市场竞争中取得优势地位的基本保障。由此，采用什么样的成本管理方法对成本进行合理分配，并进行有效控制就显得尤为关键。

　　作业成本法(activity-based costing，ABC)在"成本会计学"中已经有详细介绍，由于作业成本管理是建立在作业成本法基础之上的成本管理系统，因此本章第一节对作业成本法的核算体系作一个概括。

二、作业成本法的基本要素和作业分类

　　作业成本管理系统是建立在作业成本核算系统之上的成本管理系统，所以在作业成本核算系统中的各环节及要素是密不可分的。

（一）作业成本计算法的基本要素

作业成本计算法的基本要素包括资源、作业和作业成本动因。

　　资源(resource)是指在产品制造过程中所耗费的人力、物力、财力等,而作业是成本分配的第一对象。资源耗费是成本被汇集到各作业的原因,而作业是汇集资源耗费的对象。

　　成本动因(也称成本驱动因素),是指引起相关成本对象的总成本发生变动的因素。在作业成本计算中,成本动因可分为资源动因和作业动因。① 资源动因是引起作业成本变动的因素。资源动因被用来计量各项作业对资源的耗用,运用资源动因可以将资源成本分配给各有关作业。② 作业动因是引起产品成本变动的因素。作业动因计量各种产品对作业耗用的情况,并被用来作为作业成本的分配基础。

　　作业成本计算法把资源作为成本计算对象,是要在价值形成的最初形态上反映被最终产品吸纳的有意义的资源耗费价值。在这个环节上,成本计算要处理两方面问题:一是区分有用消耗和无用消耗,把无用消耗价值单独汇集为不增值作业价值,而只把有用消耗的资源价值分解到作业中去。二是要区别消耗资源的作业状况,看资源是如何被消耗的,找到资源动因,按资源动因把资源耗费价值分别分解计入吸纳这些资源的不同作业中去。

　　作业作为成本计算对象,不仅有利于相对准确地计算产品成本,还有利于成本考核和分析工作。既然作业耗用了资源,那么搞清作业状况,就能搞清资源耗费状况,就能了解资源消耗的渠道,这都为降低产品成本提供了基本依据。

　　作业的特点主要包括以下几个方面:

　　(1) 作业是以人为主体的。掌握并且操纵各种机器设备的人仍然是现代制造业中各项具体生产工作的主体,也就是作业的主体。

　　(2) 作业消耗一定的资源。作业以人为主体,至少要消耗一定的人力资源;作业是人力作用于物体的工作,因而也要消耗一定的物质资源。

　　(3) 区分不同作业的标志是作业目的。在一个完备的制造业中,其现代化程度越高,生产程序的设计和人员分工越合理,企业经营工程的可区分性也就越强。这样,可以把企业制造过程按照每一部分工作的特定目的区分为若干作业,每个作业负责该作业职权范围内的每一项工作,这些作业互补并且互斥,构成完整的经营过程。

　　(4) 对于一个生产程序不尽合理的制造业,作业可以区分为增值作业和非增值作业。非增值作业虽然也消耗资源,但并不是合理消耗,对于制造产品的目的的本身并不直接作出贡献。

　　(5) 作业的范围也可以被限定。由于作业区分的依据是作业动因,而作业动因对于特定企业是客观存在的,因而,作业范围是能够得到本质上的限定的。

　　作业中心是负责完成某一项特定产品制造功能的一系列作业的集合。强调作业中心是作业成本计算的对象,是基于作业考核的目的。因为作业成本计算法既是一种成本计算方法,也是一种责任考核方法。将作业中心作为成本计算对象,还有利于汇集资源耗费。

(二) 作业动因的分类

　　按照作业动因可以把作业分为三类:

　　(1) 非增值作业。把那些"无用的消耗",并且企业希望消除且能够消除的作业称为非增值作业。

　　(2) 专属作业。把为某种特定产品提供专门服务的作业称为专属作业。

（3）共同消耗作业。把为多种产品生产提供服务的作业称为共同消耗作业，按其为产品服务的方式和原因又可以分为几个小类，即批别动因作业、产品数量动因作业、工时动因作业和价值管理作业。

三、作业成本法的基本核算原理

作业成本法是以与传统成本核算方法不同的观点看待产品制造成本的，特别对于制造费用的分摊，作业成本法是基于"作业"，而不是基于"产品"。而作业是指在一个组织内为了某一目的而进行的耗费资源的工作，如产品设计、产品生产、产品推销等。

与传统的成本分配与计算法所不同的是，作业成本法将成本分为两个阶段进行归集分配。第一阶段：作业耗用资源，即资源所内含的价值由于作业的需要归集到各个作业成本库上；第二阶段：成本计算对象（产品）耗用各个作业，即由于产出需要作业才将各作业成本库的成本分配给成本计算对象。

这种"作业耗用资源、产品耗用作业"的实质是：作业被看作连接产品与资源的纽带，除了产品作为最终的成本计算对象外，作业也成了一种"中介"式的新的成本计算对象。

成本归集与分配方法是先计算作业所耗用的资源成本，然后再计算产品所耗费的作业成本。因为作业确实与产品有着更为紧密和直接的关系，按照特定作业的耗用数来分配成本，比用产品数量或单一的工时基准加以分配更具合理性，相对而言也就更具准确性和精确性。现行公认的理论认为，在此两阶段中分别存在成本驱动因素。对作业成本法下产品成本计算的"两个阶段进行归集分配"，其中隐含的因果性表述为"资源作用因"与"作业作用因"，通过作业这种行为中介，将资源成本转换到产出上。在这个转换过程中包括双层因果关系。第一层是资源成本与作业成本的因果关系，资源可视为初始的"成本发生因子"，有此，才有作业成本之果；第二层是作业成本与产出成本的因果关系，由于作业对成本性态作了不同于传统方式的区划，以致改变了成本流动机制与流向，从而加速或减缓了成本流动（包含受成本机制制约的成本分流方式），这可理解为"成本驱动因子"，因此，导致了正确的产出成本（见图 12-1）。

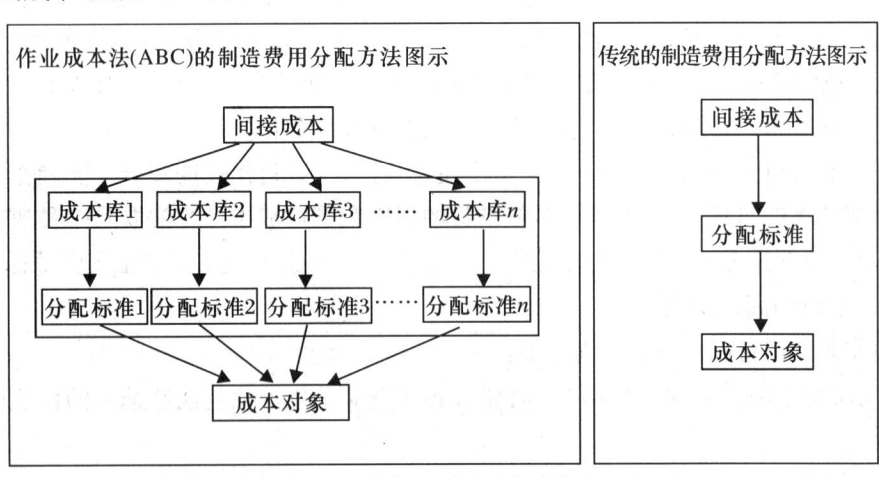

图 12-1　作业成本法与传统制造费用分配法比较示意图

【例 12-1】 幸福公司某年生产甲、乙、丙、丁四类产品。有关实际的产量和成本资料见表 12-1。

表 12-1　　　　　　　　幸福公司某年四类产品的产量、成本资料　　　　　金额单位：元

产 品 名 称	甲产品	乙产品	丙产品	丁产品	合 计
年产量(件)	100	500	200	400	1 200
单位直接材料	8	4	20	5	—
单位直接人工	2	2	4	1	—
制造费用	—	—	—	—	25 000
单位机器工时	4	2	2.5	1.5	—

该公司准备以成本为基准为四类产品定价。以往制造费用的分配都以机器工时为分配标准计算的,见表 12-2。

表 12-2　　　　　　　　　　四类产品的机器工时　　　　　　　生产量单位：工时

产 品 名 称	甲产品	乙产品	丙产品	丁产品	合 计
年产量(件)	100	500	200	400	1 200
单位机器工时	4	2	2.5	1.5	—
总工时	400	1 000	500	600	2 500

由此,制造费用分配率=25 000÷2 500=10(元/工时)。

各产品成本计算如下:

甲产品:

直接成本总额=(8+2)×100=1 000(元)

制造费用总额=10×400=4 000(元)

产品总成本=1 000+4 000=5 000(元)

产品单位成本=5 000÷100=50(元)

乙产品:

直接成本总额=(4+2)×500=3 000(元)

制造费用总额=10×1 000=10 000(元)

产品总成本=3 000+10 000=13 000(元)

产品单位成本=13 000÷500=26(元)

丙产品:

直接成本总额=(20+4)×200=4 800(元)

制造费用总额=10×500=5 000(元)

产品总成本=4 800+5 000=9 800(元)

产品单位成本=9 800÷200=49(元)

丁产品：

$$直接成本总额＝(5＋1)×400＝2\ 400(元)$$
$$制造费用总额＝10×600＝6\ 000(元)$$
$$产品总成本＝2\ 400＋6\ 000＝8\ 400(元)$$
$$产品单位成本＝8\ 400÷400＝21(元)$$

根据以上计算,甲、乙、丙、丁四类产品,甲产品的成本最高,丙产品次之,因而它们的价格处于高位;乙产品和丁产品成本最低,所以它们的价格处于低位。根据市场信息反馈,乙产品和丁产品的盈利性,基本符合预计情况;然而丙产品盈利性比预计的差,甲产品的价格高于市场的平均水平,影响了产品的竞争力。为此,公司的管理人员经过研究,决定采用作业成本法重新计算每个产品的成本。

按照作业成本法,该公司将材料处理,启动准备,折旧、维修,动力,质量检验五个作业归集于成本库,每个作业的成本动因即每单位成本动因的成本见表12-3。

表 12-3   **五个作业的成本动因**

1. 材料处理	成本动因：搬动次数
	每单位金额：400 元
2. 启动准备	成本动因：准备次数
	每单位金额：175 元
3. 折旧、维修	成本动因：机器工时
	每单位金额：6 元
4. 动力	成本动因：机器工时
	每单位金额：0.8 元
5. 质量检验	成本动因：检验数量
	每单位金额：15 元

按照作业成本法,各产品的总成本与单位成本计算见表12-4。

表 12-4   **按作业成本法计算的各产品总成本与单位成本**   金额单位：元

产 品 名 称		甲产品	乙产品	丙产品	丁产品
年产量(件)		100	500	200	400
单位直接材料		8	4	20	5
单位直接人工		2	2	4	1
1. 材料处理	搬动次数	1	2	5	2
	金 额	400	800	2 000	800
2. 启动准备	准备次数	1	3	10	2
	金 额	175	525	1 750	350

（续表）

产　品　名　称		甲产品	乙产品	丙产品	丁产品
3. 折旧、维修	机器工时	400	1 000	500	600
	金　额	2 400	6 000	3 000	3 600
4. 动力	机器工时	400	1 000	500	600
	金　额	320	800	400	480
5. 质量检验	检验数量	6	4	50	20
	金　额	90	60	750	300
1～5 项制造费用合计		3 385	8 185	7 900	5 530
总成本		4 385	11 185	12 700	7 930
单位成本		43.85	22.37	63.5	19.83

　　根据以上成本计算，甲、乙、丙、丁四类产品，丙的成本最高，并且大大高于甲产品，可见，传统成本计算法提供的成本信息发生扭曲势必造成定价失误。

第二节　作业成本管理基础

一、作业成本管理的概念和应用的条件

　　作业成本管理(activity based management，ABM)是在企业内部管理和价值评估方面利用作业成本计算法提供成本核算的信息，面向企业的全部流程，包括市场需求分析、研究开发、产品设计、材料采购、生产、质量检验、销售、售后服务等环节的系统化、动态化和前瞻性的成本管理。

　　适时生产法(just in time，JIT)和企业资源计划(enterprise resource planning，ERP)系统为作业成本管理的可行性创造了条件。

　　JIT 使得企业生产自动化、减少生产和销售过程中的周转时间，使原材料进厂、产品出厂、进入流通的每个环节，都能紧密衔接，减少浪费现象，减少生产环节中不增加价值的作业活动，使企业生产经营的各个环节相互协调，减少产品成本、全面提高产品质量、提高劳动生产率和综合经济效益的目的。

　　ERP 整合了企业内部和外部的所有资源，并使用信息技术来对企业的业务流程进行了重新定义，用"流程制"取代了传统的管理模式，建立以顾客和员工为核心的管理理念。同时 ERP 借助现代信息技术，使企业的大量基础数据共享，以信息代替库存，最大限度地降低库存成本和风险，并借助计算机对这些基础数据进行查询和统计分析，提高决策的速度和准确率，体现了事先预测与计划、事中控制、事后统计与分析的管理思想。ERP 中的财务、生产系统组成了一个高效的、具有高度集成性的企业资源系统。ERP 系统为繁琐复杂的成

本统计和计算提高了及时性和精确度。

二、作业成本管理的核心

目前,实务界和理论界的不少专家学者已经提出作业分析是作业成本管理的核心,然而,价值链和作业成本的性态分析是作业分析过程中必不可少的。

(一) 价值链分析

价值链(见图 12-2)是与作业相关的一个重要概念,是指从产品和劳务开发、生产、营销,最终到向顾客交付产品和劳务所必需的一系列作业价值的集合,或者指伴随着作业转移在价值转移过程中全部价值的集合。价值链观念可以推广到对企业的定义——认为企业是其职能价值的集合。从作业成本法引申出来的作业成本管理则可鉴别哪些作业能够被消除以及哪些作业是确实需要的、能带来效果的。为了改善经营,管理阶层必须找出不必要或者无效的作业,为作业确定成本动因,并且改变那些成本动因的水平。作业分析的一项主要工作即鉴别增值和非增值作业。

在企业价值链分析中,要把企业职能中的各部分视为在企业生产过程中最基本、最能够创造价值的因素;融合和协调所有企业职能,并把企业职能价值链向最前端——供应商和最后方——顾客两个方向延伸,将它们视为总体价值链分析的基本组成部分,这样,便构成了扩展的企业职能价值链。扩展的价值链强调对价值链整体把握的重要性和"优先考虑顾客的满意程度",目的是提高企业整体效益。

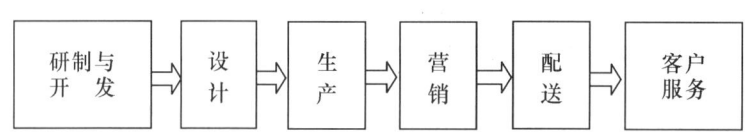

研制与开发 → 设计 → 生产 → 营销 → 配送 → 客户服务

图 12-2　价值链

根据价值链可以建立一条为满足顾客需要、前后有序的作业集合体——作业链。每项作业的转移伴随着价值的转移,作业链的形成过程也就是价值链的形成过程。每一项作业消耗一定量的资源,同时也包含一定价值量的产出转移到下一个作业,作业的转移伴随着价值集合而形成价值链的结果,因此作业链的形成过程就是价值链的形成过程。价值链分析的目标是:① 进行作业分析,筛选作业,发现和消除对价值链无贡献的作业。② 改善作业,即提高作业环节的工作成效。

(二) 作业成本性态分析

传统的成本性态分析通过既定的业务量、既定的成本来观察以成本与业务量(包括产量、工时等)之间的因果依存关系,并据此将成本划分为变动成本、固定成本和混合成本,在此基础上对成本进行管理。

然而,在技术密集型的企业中,成本内容主要由固定成本构成;在多品种小批量生产的企业中,成本内容因产品品种而异,又动摇了传统的成本性态分析理论基础。

作业成本性态是指在特定的范围内某一组织的成本总额与成本动因之间的依存关系,

换句话说,作业成本性态是指成本总额如何随成本动因的变动而变动。例如,卡车的修理费与运行的公里数、搬运工人的工资费用与搬运次数等依存关系。成本动因是指与成本总额的变动存在因果关系的活动因素。

一个组织会有很多成本动因,有许多活动影响成本。对某些成本来说,生产产品或提供劳务的总量是主要动因,例如,印刷教材所消耗的纸张、油墨和装订成本,印刷教材的册数显然会影响纸张、油墨和装订成本。

与传统的成本性态的业务量的相关范围相比,成本动因的相关范围是指能够使成本总额与成本动因保持特定关系的成本动因的范围。在这个范围内,成本与成本动因间特定的关系才能成立。

由此可见,作业成本的观念诞生后,成本性态分析范围大大拓宽,而且分析思路也有所改变,即在成本数额既定的基础上,从单位层次的作业成本动因到综合能力维持层级的作业成本动因中,选择与该成本存在因果关系的作业成本动因,这样,充分反映了成本与作业、作业与成本动因之间的双层因果关系。要合理恰当地选取成本动因,就必须了解作业的层次及其相关的成本动因。作业成本计算中的作业在企业生产经营中可区分为以下四个层次。

1. "单位"层级的作业及其成本动因

这一类型的作业是生产每"单位"的产品都必须发生的,如用机器生产产品,机器必须运转,产品才能生产出来。因而对于操作机器这一作业来说,机器运转小时(以下简称机器小时)就是其成本动因,而为保证机器正常运转所发生的成本,包括机器的折旧、维修费用,能源消耗,润滑油耗用都可归属于与机器相关的作业成本库,并要按机器小时计算其成本库分配率。

2. "批"层级的作业及其成本动因

这一类型的作业是为完成每一"批"产品而不是为完成每一"单位"产品发生的,如每一"批"产品的投产必须进行机器的准备,它以产品生产中的变换批次数为成本动因,其成本归属于准备成本库,并要按产品生产中变换的批次数计算其成本库分配率。在以下例解中,属于"批"层次的作业还有"接收与测试"、"材料整理"、"质量保证"和"包装与发运"作业,要为它们分别设置成本库,并以每种产品的生产线消耗各作业量的百分比计算各成本库的分配率。

3. "产品"层级的作业及其成本动因

这类的作业是为维护一条生产线的整体的运作而发生的,并不是直接服务于生产一个新"单位"或新"批次"产品的生产,其成本动因是工程师的工作量,其有关成本(如工程师的薪金,工程设施的折旧、维修费用等)都归属于工程成本库,并要按各产品耗用工程师工作量的百分比作为其成本库分配率。

4. "综合能力维持"层级的作业和成本动因

"综合能力维持"作业是为维持整个生产程序得以正常运行的作业,其作业成本包括:工厂管理人员的薪金,厂房的折旧、维修费,财产税和保险费等,其成本动因具有很大的综合性。其有关成本可归属于"综合生产维持"成本库,并要按各产品的直接人工小时计算其成本库分配率。

例如,材料采购成本既定,该采购业务,每次采购的数量为 X 件,生产需求 $10X$ 件/月,若按照采购数量(单位层级动因)作为成本驱动因素,则见图 12-3(a),采购成本与采购数量因果关系不明显,但是如果将"次"(批层级动因)作为成本驱动因素,发现采购成本与采购次数存在明显因果关系见图 12-3(b),也就是说当采用批级的作业动因作为采购成本的分配标准时,才真正体现出作业被产品消耗的原因,以及作业成本法强调产品与其所消耗的资源之间因果关系的价值。

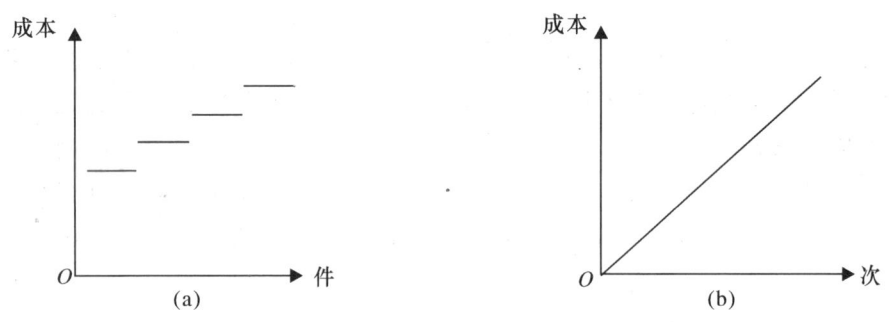

图 12-3   不同层级的成本动因与所驱动的成本

三、作业成本管理中成本函数的确定

(一) 作业分析与成本动因选择

在实施作业成本计算法后,企业往往继续进行作业成本管理,并通过成本动因分析、作业分析和业绩计量来达到管理目的。

首先,要进行作业成本管理,必须通过动因分析来寻找成本发生的根源。在作业成本法下,既然每项作业都有投入和产出,那么作业投入就是为取得产出而由作业消耗的资源,同时,作业产出是一项作业的结果或产品。

其次,进行作业分析,作业分析是作业成本管理的核心内容,而把所有的作业分为增值作业和非增值作业又是作业分析的关键,这样,可使企业不断提高所有增值作业的效率,并作出消除非增值作业活动的计划。

增值作业构成了企业的价值链,价值链是从研究与开发到最终提供产品或服务的一个产生价值的作业链。

作业分析最主要的工作就是把这些作业分为增值作业和非增值作业。目的是尽量消除或者减少这些非增值作业。而对于增值作业,则应不断地对它们进行重新评估以确保这些作业确实增值。

不论增值作业还是非增值作业都要耗费成本,其中,非增值作业的成本是指那些可以在不影响产品性质、性能或价值的条件下应消除的作业。例如,非生产需要的物品的储存成本、废品损失、返工成本、产品检验成本等。

通过作业分析,在确认企业的增值作业与非增值作业的基础上,对于非增值作业应该消除或减少,对于增值作业应该提高其产出效率。采取的主要措施有:

第一,非增值作业的消除或减少。一旦断定某些作业是非增值的,就必须采取措施予以消除。例如,对生产线进行更新设计,可减少废品的发生,提高产品质量,又可减少返工成本和检验成本。随着非增值作业的消除,成本节约随之实现。

第二,作业选择。作业选择是指在由相互竞争的策略决定的不同作业组之间作出选择。不同的策略产生不同的作业。例如,不同的产品设计策略可能需要截然不同的作业。由于作业引起成本,每一产品设计策略都有相应的一组作业及相关成本。

第三,提高作业效率。提高作业效率是指降低作业所需的时间。例如,生产准备作业就是一项必要作业,常被用来作为能够用更少的时间和资源来完成的作业的例子。

总之,采用作业分析是能识别正确的成本动因以及它们对于生产一个产品或提供一项服务的影响。因为最终的产品或服务可能涉及很多独立的业务活动,由此产生许多成本动因。作业分析的最大好处是它可指导管理人员为每项成本找到正确的成本动因。

作业分析对于计量并预测那些成本动因并不明显的成本尤其重要。而且相当一部分成本对于某一个成本动因来说是变动的,但对另一个成本动因来说是固定的。例如,生产设备调试成本,对产品产量来讲是固定成本,但对调试次数来讲则是变动成本。所以,作业分析是判定每项潜在的成本动因是否与某项成本存在可靠的因果关系。当然,对于任何一种计量成本性态的方法来说,正确识别成本动因都是最为关键的。

【例 12-2】 假定某公司生产甲、乙两种产品,而且该公司产品的大部分生产工作都已采用自动化设备。又假设本月甲、乙两种产品各生产一批,每批甲产品 300 台,每批乙产品 200 台,均主要由机器进行加工、传送和组装,且平均每生产 5 台产品(无论甲还是乙),该生产线的设备都须调试一次。本月甲、乙两种产品共需耗费间接费用(主要由调试成本构成)30 000 元,目前有两个作业成本动因——机器工时和设备调试项数可选择。

(1)选用机器工时为成本动因。设甲、乙两个产品耗费机器工时数分别为 40 小时和 60 小时。据此,机器工时分配率为 300 元/小时[30 000÷(40+60)]。

甲产品负担的间接费用=300×40=12 000(元)
乙产品负担的间接费用=300×60=18 000(元)

(2)选用设备调试次数为成本动因。本月生产两种产品共调试了 100 次[(300+200)÷5]。

据此,产品部件数量分配率为 300 元/次(30 000÷100)。

甲产品负担的间接费用=300×(300÷5)=18 000(元)
乙产品负担的间接费用=300×(200÷5)=12 000(元)

本例选用(1)、(2)两种成本动因所计算的成本数据正好相反。根据作业分析得出,主要由调试成本构成的间接费用属于"批"层级的作业成本,应当以每种产品的生产线所耗各作业量有关的成本动因来进行分配;而"机器工时"则主要用于生产每单位的产品都必须发生的"单位"级成本动因,所以在此不适合作为确定"批"层级的作业成本。可见,通过作业分析可选择使用一个更准确的成本动因,该公司管理人员利用这个更准确的信息可以作出决策,如为产品所定的价格可与产品成本有更密切关联。

(二)作业成本管理中的成本函数

为了描述成本及成本动因之间的关系,假设所有成本动因都能够明确地分为单位层级、批层级、产品层级和综合能力维持层级,那么,

令 X_1 为单位层级成本动因;X_2 为批层级成本动因;X_3 为产品层级成本动因;X_4 为综合能力维持层级成本动因。

则,成本函数可以表示为:

$$Y=F(X_1,X_2,X_3,X_4)$$

假设,各层级的成本动因与各层级成本函数都呈线性关系,则可得:

$$Y=aX_1+bX_2+cX_3+dX_4$$

相对于批层级成本动因、产品层级成本动因及综合能力维持层级成本动因驱动的成本,"单位"层级成本动因所驱动的成本最具有变动成本的特征;"批"层级成本动因所驱动的成本相对于"产品"层级成本动因及综合能力维持层级成本动因驱动的成本,也具有变动成本的特征。

"产品"层级的作业是为维护一条生产线的整体作业而运作的,其有关成本不随单位层级和批层级成本动因驱动而变动,如果生产活动在这条生产线的生产能力之内,则成本保持固定,如果超出该生产能力范围,其成本的变动则通常是呈阶梯式的,所以"产品"层级的作业成本的固定性特征较强。"综合能力维持"作业是用于维持整个生产程序得以正常运行的作业,其作业成本包括:工厂管理人员的薪金,厂房、设备的折旧、维修费,财产税和保险费等,其成本动因具有很大的综合性,因此,"综合能力维持"作业的成本的固定性特征更强。

据此,成本函数可列为:

$$Y=aX_1+bX_2+c+d$$

(三)确定成本函数的方法

一旦公司的管理人员找到了在不同成本背后最为合理的动因,他们便可选择各种方法来确定成本函数。这些方法包括高低点法、散布图法和回归直线法等定量方法;也包括:① 工程研究法;② 账户分析法;③ 合同确认法等定性方法。其中,由于成本的变化受多个因素影响,此时,就需要从多个因素中选择,则回归直线法常用多元回归分析,即假设其他条件既定,选择成本动因时,需要考虑成本动因(自变量)与成本(因变量)的偏相关系数(或单相关系数),选择偏相关系数(或单相关系数)最高的那一个因素(自变量)作为成本动因,同时还要考虑各成本动因相互间不存在高度相关即不存在多重共线性。

无论用哪种方法,管理活动中的决策、计划及控制等活动都依赖对将来的固定及变动

成本进行有效而准确的估计。在作业成本管理系统中估计和预测成本的第一步是作业成本计量——以适当的成本动因的函数来计量成本性态；第二步是使用这些成本计量，在预期的成本动因活动水平上估测未来的成本。

与成本动因有明显联系的成本经常是较容易计量的，因为可以将这个成本追溯到某一特定的成本动因上，计量过程仅仅需要一个确认成本的系统。然而，当计量与成本动因无明显联系或有多个成本动因的成本通常就比较困难，因为没有直观联系，所以在成本与成本动因间经常使用假设的关系来做简化处理。

第三节　作业成本管理中的本量利分析模型和决策相关信息

一、作业成本管理中的本量利分析模型

在产销平衡，而且成本是销售量的线性函数的情况下，在作业成本管理系统中，本量利分析模型是对传统模型的修正。根据第二节的分析，我们得知成本函数可列为：

$$Y = aX_1 + bX_2 + cX_3 + dX_4$$

或

$$Y = aX_1 + bX_2 + c + d$$

相对于整个生产线而言，所分配的"综合能力维持层级"总成本和"产品"层级总成本为该产品生产线的固定成本。在作业成本原理中，总成本的表达式为：

总成本＝综合能力维持层级总成本＋产品层级总成本＋批层级总成本＋单位层级总成本＝
综合能力维持层级总成本＋产品层级总成本＋单位"批"成本×批数量＋
单位(变动)成本×产销量

而相对于整个组织而言，综合能力维持层级总成本为固定成本，则上式也可表示为：

总成本＝综合能力维持层级总成本＋单位"产品"层级成本×"产品"层级数量＋
单位"批"成本×批数量＋单位(变动)成本×产销量

因此，在作业成本法下，盈亏平衡点的销售量计算为：

$$\text{盈亏临界点销量} = \frac{\text{综合能力维持层级总成本＋产品层级总成本＋单位"批"成本×批数量}}{\text{单价－单位(变动)成本}}$$

或

$$\text{盈亏临界点销量} = \frac{\text{综合能力维持层级总成本＋单位"产品"层级成本×"产品"层级数量＋单位"批"成本×批数量}}{\text{单价－单位(变动)成本}}$$

【例 12-3】　假设 A 公司只生产一种产品，本期有关预计数据见表 12-5。

表 12-5　　　　　　　　　　　　A 公司某产品本期预计数据

各层级成本	单位成本	成本动因及其销量	总成本
单位级（变动）成本	20 元/件	—	—
设备调试成本	200 元/次	20 次	4 000 元
包装成本	3 元/盒	1 000 盒	3 000 元
质检成本	40 元/次	10 次	400 元
生产线工程师成本	50 元/小时	200 小时	10 000 元
厂房折旧及其他行政管理费用	40 元/小时	400 小时	16 000 元
合　　计	353 元	—	33 400 元

假设产品单价为 40 元，计算盈亏临界点销量和销售额。

盈亏临界点销量=33 400÷(40−20)=1 670(件)

盈亏临界点销售额=40×1 670=66 800(元)

【例 12-4】 承[例 12-3]。假设 A 公司产品单价仍为 40 元，本期预计实现目标税后利润 6 000 元，假设公司所得税税率为 40%，计算实现该目标利润的销售量（保利点销量）和销售额。

预计税前利润为=6 000÷(1−40%)=10 000(元)

实现该目标利润的销售量（保利点销量）=(33 400+10 000)÷

(40−20)=2 170(件)

实现该目标利润的销售额=40×2 170=86 800(元)

【例 12-5】 沿用[例 12-3][例 12-4]资料。假设其他成本不变，单位包装成本增加到 5 元/盒，分别计算盈亏临界点销量和销售额，以及实现该目标利润的销售量（保利点销量）和销售额。

单位包装成本增加到 5 元/盒，那么总包装成本为 5 000 元(5×1 000)，总成本由原来的 33 400 元增加到 35 400 元。

盈亏临界点销量=35 400÷(40−20)=1 770(件)

盈亏临界点销售额=40×1 770=70 800(元)

实现该目标利润的销售量=(35 400+10 000)÷(40−20)=2 270(件)

实现该目标利润的销售额=40×2 270=90 800(元)

由[例 12-5]可见，在作业成本管理系统中，盈亏临界点模型中的总固定成本由非三项"单位"层级的成本构成，这些成本各自与每一种作业动因的特定水平相关。只要这些作业水平发生变化，即使单位变动成本水平不变，盈亏临界点也会发生变动，因此作业成本管理系统所提供的信息能更详细地表述主要成本性态，并包含重要的战略信息。

二、作业成本管理系统与决策相关信息

通过第五章的学习，我们已经知道了信息的相关与否取决于决策。也就是说，对于预

计的未来数据,只有会随着备选方案而发生变化的数据才是与决策相关的,否则就是与决策无关的数据。

在作业成本管理系统中,我们也对相关成本和无关成本进行了划分。同时"单位"层级作业的成本由于对特定产品的成本动因的敏感性最强,因此在绝大部分情况下,这种成本往往是相关的;相对于"单位"层级作业的成本,"批"层级和"产品"层级作业的成本与产品生产线也存在联系性,只要它们与特定产品的联系性较强,那么也属于相关成本;但是"综合能力维持"层级作业的成本,由于不与特定的产品及其生产线有较强的联系性,所以在大部分情况下对于特定的生产部门而言是无关成本。

【例 12-6】 某车间年生产能力为 300 000 个单位,目前只生产和销售 200 000 个单位,现有一客户前来签订订货合同,要求在一年订购 80 000 个单位的产品。已知生产 200 000 个单位该类产品需材料成本 200 000 元,生产工人工资成本 200 000 元。另外,若按照生产能力生产,设备需调试 30 次,每次费用 5 000 元;质量检验了 300 次,每次费用 30 元;两名生产工艺设计人员年固定工资每人 30 000 元。如果接受此订货,还须一次性支付两名设计人员工资,每人 2 000 元;而且还要购买专门染料,每年相关费用共需 8 000 元。厂房、保险以及一般行政管理等费用每年 120 000 元。则该客户出价多少时,可签署其订货合同?

第一步,成本分层级。

"单位"层级作业成本:

材料成本 200 000 元,则单位成本为 1 元(200 000÷200 000)。

生产工人工资成本 200 000 元,则单位成本为 1 元(200 000÷200 000)。

"批"层级作业成本:

设备调试 30 次,每次 5 000 元,则每 10 000 单位(300 000÷30)产品调试一次。

质量检验 300 次,每次 30 元,则每 1 000 单位(300 000÷300)产品质检一次。

"产品"层级作业成本:

两名生产工艺设计人员年固定工资每人 30 000 元。

如果接受此订货,还须一次性支付两名设计人员工资,每人 2 000 元。

而且还要购买专门染料,共需 8 000 元/年。

"综合能力维持"成本:

厂房、保险以及一般行政管理费用每年 120 000 元。

第二步,计算相关性成本,已知特殊订货为 80 000 单位。

"单位"层级作业成本:

$$1 \times 80\,000 + 1 \times 80\,000 = 160\,000(元)$$

"批"层级作业成本:

$$5\,000 \times (80\,000 \div 10\,000) + 30 \times (80\,000 \div 1\,000) = 42\,400(元)$$

"产品"层级作业成本:

$$2\,000 \times 2 + 8\,000 = 12\,000(元)$$

而两名生产工艺设计人员年固定工资不与特殊订货联系,为无关成本,所以在此决策过程中可以不予考虑。

"综合能力维持"成本:

厂房、保险以及一般行政管理等费用不与特殊订货联系,为无关成本,所以在此决策过程中可以不予考虑。

$$与特殊订货相关总成本=160\,000+42\,400+12\,000=214\,400(元)$$
$$与特殊订货相关单位成本=214\,400\div80\,000=2.68(元)$$

所以,只要客户出价高于2.68元,即可接受签约。

【例12-7】 沿用[例12-6]资料。假设生产该客户的所订产品,每生产20 000单位产品才需调试设备一次,每次则需7 000元;每生产2 000单位才需质检一次,质量检验300次,但每次50元;两名设计人员专项工资,每人2 500元。则该客户出价多少时,可签署其订货合同?

"单位"层级作业成本:

$$1\times80\,000+1\times80\,000=160\,000(元)$$

"批"层级作业成本:

$$7\,000\times(80\,000\div20\,000)+50\times(80\,000\div2\,000)=30\,000(元)$$

"产品"层级作业成本:

$$2\,500\times2+8\,000=13\,000(元)$$
$$与特殊订货相关总成本=160\,000+30\,000+13\,000=203\,000(元)$$
$$与特殊订货相关单位成本=203\,000\div80\,000=2.54(元)$$

所以,只要客户出价高于2.54元,即可接受签约。

由[例12-7]可见,不论任何层级的相关作业成本发生变动,就能够改变决策结果;从另一个方面看,作业成本管理系统所提供的成本变动信息更为详尽,这对公司制定战略决策是至关重要的。

总之,在西方国家,作业成本管理系统已经覆盖了公司所有计划与控制活动,包括全面预算与弹性预算、规划与决策、业绩考核等。

第四节　作业成本管理系统在我国的应用

有学者在20世纪末21世纪初对我国大陆(包括香港)应用作业成本法情况的研究说明在西方许多行业都有了一定程度的运用,而作业成本法在我国的运用还很少,在非制造业的应用案例则更少;大量公司接触作业成本法的时间还不长;公用事业的使用率比其他行业都高,实施作业成本法最困难的是为系统收集信息;缺少足够的培训人员是不实施作业成本法的一个主要原因。

一、作业成本管理实施成功的经验

应认识到作业成本管理是一个长期的实践活动,实行作业成本管理需要时间、努力和耐心。许多放弃作业成本管理的企业,主要是由于它们对其缺乏持续的关注和资源的投入。据调查,我国相当一部分企业认为实行作业成本管理的成本太高。实际上,它们高估了作业成本管理系统中的核算成本(包括跟踪、收集数据成本)。随着计算机系统的普及,可以通过电子数据处理环境获得大部分信息。因此,这种观念缺乏成本效益原则,实际情况是,使用作业成本管理所获得的收益远远大于增加的核算成本。另外,在管理信息系统中,作业成本管理是其重要组成部分,并且是与制造系统紧密联系的,所以,管理信息系统和信息技术系统是作业成本管理成功的重要保障,状况良好的信息系统非常有利于作业成本管理的成功实施。信息系统状况不佳是造成曲解和影响作业成本管理的重要因素。

作业成本管理重要内容之一是从作业人员那里收集信息,了解他们的信息输入工作对作业成本管理结果的影响。实行作业成本管理系统需要进行成本效益分析,公司内外因素会影响作业成本管理成功实施。短期成本费用的削减不是应用作业成本管理的主要目标,成功实施作业成本管理需要清晰的目标、组织内外的紧密合作,以及一致的和长期地贯彻。另外,把作业成本管理纳入预算过程,也是提高作业成本管理应用程度的好办法。首先,用作业成本管理的信息作为编制预算的基础,可以使预算建立在真实的基础上,提高预算的精确性、科学性;其次,报告的实际成本和事前预算的成本采用同一种方法进行核算,增强了实际成本与预算成本的可比性,从而使决策和控制落到实处。

二、作业成本管理在我国应用、发展的基本对策

首先,坚持管理会计职业建设方向,努力造就一支专业管理会计师队伍,自从我国加“WTO”后,竞争日趋激烈,所有竞争:包括商品竞争、技术竞争、市场竞争等。归根到底是人的竞争,是知识和智力的竞争。作业成本管理方法在我国尚处于初试阶段,没有统一的样板,也缺乏规范。这就决定了管理会计及其作业成本管理的应用水平,很大程度取决于会计人员素质的高低,譬如在作业成本管理系统下成本驱动因素的确定,需要财务性质的分配标准:如工人工时工资率、机器运转工时比率等,更需要一系列非财务性质的分摊标准:如搬运次数、送货次数、调试次数、设备运行时间、产品体积及其数量等,这些都需要通过一系列有经验的专职人员来加以认定和选择。又如:不同的企业有不同的动因,在同一企业内不同部分也有不同的成本动因,不同的产品也有不同的动因,所以,在一个企业内将会产生无数种动因,在这种情况下,更需要造就一支专业的管理会计师队伍,及时、准确地完成作业成本管理。

其次,成立中国管理会计师协会:在西方国家专门设置了管理会计师的执业资格证书,而且其资格认证考试中,作业成本管理是必考的,在美国企业会计人员的岗位培训中,作业

成本管理和作业成本管理的应用早已是不可缺少的内容。在中国成立管理会计师协会以推动管理会计的理论在企业的实际应用,诸如作业成本管理的实际推广应用,也能提高管理会计师的社会地位,更有利于实现企业的若大化目标。

再次,完善管理会计的理论建设和制度建设。目前我国管理会计理论研究还处于相对落后地位,因此,我们必须尽快成立管理会计的专业机构,出版有关管理会计期刊,吸取具有深厚理论功底的高级会计人才,对管理会计的理论架构及发展趋势进行深入研究,其中就应当包含作业成本管理的研究。企业应当成立管理会计科室,配备专门的管理会计人员,有关管理会计方面的工作不再由财务人员附带去完成。需要财会人员与工程师和技术人员合作,确认和选取最佳的成本动因。同时,要让作业成本管理在中国成功的应用,还须加强财会人员的培训,这样才能有希望在全社会推广作业成本管理,才能有希望在中国成功地采用作业成本管理。

最后,进一步推广适时生产法理念和开发企业资源计划系统,为我国企业应用作业成本法及其管理系统提供必要的观念、技术、管理和系统创造必要的条件。

三、正确选择试点,逐步推广

在我国,作业成本管理系统不仅适用于制造业,也适用于非制造业;不仅适用于非国有企业,也适用于国有企业;作业成本法的实施需要从企业高层重视到企业所有员工培训参与,尤其是一线的技术工艺人员与行政人员的配合。作业成本法的实施有赖于企业的会计、计量、统计等基础工作;作业成本法的实施应与企业的其他管理信息系统相结合。

目前,我国大力鼓励发展高新技术产业,扶持民营企业。在这些企业中,许多企业实际上已经具备了采用作业成本管理的条件,诸如:自动化型的生产流水线、多功能型的生产设备等等。这样的企业直接参与生产的工人人数少,间接生产费用比例高。在这些企业中,可以选择其中一些工艺流程相对简单的企业来作为作业成本管理应用试点,因为在这样的企业中应用作业成本管理的成功率相对会高一些。一旦作业成本管理在这些试点企业应用成功,可再向工艺流程复杂的大型企业推广。

总之,对应用作业成本管理需不断探索、实践,不断创造条件使其扎根于我国。因此,作业成本管理在我国的采用还需继续研究、试验,除此之外,还需加强宣传,加强相关人员的培训、合作,还需进行试点,从点到面逐步推行。

本章要点概览

在资源稀缺的现代经济社会里,实现产品的成本的有效控制是企业在市场竞争中取得优势地位的基本保障。采用什么样的成本管理方法对成本进行合理的分配,有效的控制就显得尤为关键。

作业成本管理系统是建立在作业成本核算系统之上的成本管理系统,所以在作业成本核算系统中的各环节及要素对作业成本管理系统的实际和应用密不可分。在作业成本法下,作业被看作连接产品与资源的"纽带"。作业成本管理系统已经覆盖了公司所有计划与控制活动,包括作业成本管理系统中的全面预算与弹性预算,规划与决策,业绩考核等新的管理内容和管理理念。适时生产法(JIT)和企业资源计划(ERP)为作业成本法及其管理系统的实施创造了条件。

作业成本管理是在企业的内部改进和价值评估方面利用作业成本计算法提供成本核算的信息,面向企业的全部流程的成本管理。作业分析是作业成本管理的核心,而价值链和作业成本的性态分析是作业分析过程中必不可少的。

在作业成本管理系统中,盈亏临界点模型中各层"固定成本"分别与每一种作业动因的特定水平相关。只要这些作业水平会变化,即使单位变动成本水平不变,盈亏临界点也会发生变动,因此作业成本管理系统所提供的信息能更详细地表述主要成本性态,并提供重要的战略信息。

在我国,作业成本法的实施需要从企业高层重视到企业所有员工培训参与,尤其是一线的技术工艺人员与行政人员的配合。作业成本法的实施有赖于企业的会计、计量、统计等基础工作;作业成本法的实施应与企业的其他管理信息系统相结合。

 关键词

1. 作业
2. 作业成本法
3. 成本动因
4. 适时生产法(JIT)
5. 企业资源计划(ERP)
6. 价值链
7. 作业成本性态
8. 作业的层次
9. 单位层级成本动因
10. 批层级成本动因
11. 产品层级成本动因
12. 综合能力维持层级成本动因
13. 本量利分析
14. 决策相关信息

阅 读 文 献

1. 管理会计应用与发展的典型案例研究课题组:《作业成本法在我国铁路运输企业应用的案例研究》,《会计研究》,2001 年第 2 期。

2. 朱云、陈工孟主编:《作业成本法在香港应用的调查分析》,《会计研究》,2000 年第 8 期。

3. 林涛主编:《管理会计——学习与指导》,厦门大学出版社 2005 年版。

4. 侯晓红主编:《管理会计》,东北财经大学出版社 2004 年版。

5. Anthony A. Atkinson, Rajiv D. Banker, Robert S. Kaplan and S. Mark Young: *Management Accounting*, 5th Edition, Prentice Hall, Inc. 2006.

复 习 思 考 题

1. 什么是作业成本法? 作业成本法有哪些要素? 它们之间是怎样联系的?

2. 什么是作业成本管理? 它的核心内容是什么? 这些核心内容对整个成本管理系统有哪些影响?

3. 作业成本管理中的成本函数是怎样表达的? 它又是如何确定的?

4. 作业成本管理中的本量利模型与传统的本量利模型有哪些异同?

5. 作业成本管理中的相关性信息及决策程序与传统的短期经营决策的程序有何不同?

6. 你认为我国应怎样建立作业成本管理系统?

练 习 题

一、判断题

1. 作业成本性态是指任何范围内成本总额与成本动因之间的依存关系。　　　　　（　　）

2. 作业成本分析是用来识别正确的成本动因以及它们对于生产一个产品或提供一项服务的影响。

　　　　　　　　　　　　　　　　　　　　　　　　　　　　　　　　　　　（　　）

3. 与资源费用的关联程度越低的成本动因越容易被选择。　　　　　　　　　　　（　　）

4. "综合能力维持"作业是为维持整个生产过程中某个生产程序得以正常运行的作业。（　　）

5. 成本动因的相关范围是指成本总额与成本动因特定关系保持不变的成本动因的范围。（　　）

6. 作业成本计算法为作业成本管理系统提供成本核算的信息。　　　　　　　　　（　　）

二、单项选择题

1. 总的来说,一定量的作业消耗一定量的(　　)。

　　A. 人力　　　　　　B. 时间　　　　　　C. 产品　　　　　　D. 资源

2. (　　)是指从产品劳务开发、生产、营销,最终到向顾客交付产品和劳务所必需的一系列作业价值的集合。

　　A. 资源　　　　　　B. 制造费用　　　　C. 价值链　　　　　D. 作业成本

3. 驱动一种业务活动即一个作业的成本的因素,并与该作业产生的成本与作业成本动因存在明显的因果关系的是(　　)。

　　A. 机器工时　　　　B. 成本动因　　　　C. 订单数量　　　　D. 包装数量

4. 为多种产品生产提供服务的作业是(　　)。

　　A. 专属作业　　　　B. 增值作业　　　　C. 不增值作业　　　D. 共同消耗作业

5. 下列各项中,不属于作业分析的内容的是(　　)。

　　A. 识别增值的作业与非增值的作业　　　　B. 对增值作业进行仔细分析

　　C. 消除非增值作业　　　　　　　　　　　D. 分析各作业之间的相互联系

6. 下列各项中,不属于作业成本管理的优势的是(　　)。

　　A. 注重成本发生的因果关系

　　B. 以标准成本和差异分析为核心

　　C. 注重制造成本、注重市场营销以及基础设施等企业的完全成本

　　D. 估计竞争对手的成本

7. 下列各项中,是非增值作业的是(　　)。

　　A. 产品设计　　　　B. 产品加工　　　　C. 过量储存　　　　D. 产品交付

8. 下列各项中,属于"综合维持能力"层级的作业的是(　　)。

　　A. 材料采购　　　　B. 设备运行　　　　C. 厂级行政管理　　D. 直接人工提供

三、多项选择题

1. 作业业绩指标主要涉及(　　)方面。

　　A. 效率　　　　　　B. 质量　　　　　　C. 时间　　　　　　D. 成本动因

2. 作业成本计算法适用于(　　)的企业。

A. 制造费用比较大　　　　　　　　　B. 产品品种较少

C. 生产经营环节较多　　　　　　　　D. 企业信息化水平高

3. 下列成本动因中,可能成为设备调整作业成本动因的有(　　)。

A. 设备调整次数　　　　　　　　　　B. 设备调整时间

C. 每次调整的资源成本　　　　　　　D. 直接人工小时

4. 下列各项中,属于作业成本法特点的有(　　)。

A. 缩小制造费用的分配范围　　　　　B. 扩大制造费用的分配范围

C. 增加分配标准　　　　　　　　　　D. 减少分配标准

5. 下列各项中,属于选择成本动因时要考虑的因素的有(　　)。

A. 因果关系　　　B. 客观性　　　　C. 成本与效益　　　D. 及时性

6. 作业成本管理系统包括的内容有(　　)。

A. 本量利分析　　　B. 相关信息分析　　　C. 计划与预测　　　D. 业绩考核

四、计算题

1. 某厂经分析有如下的作业:

(1) 物料采购。

(2) 物料验收及处理。

(3) 机器调整准备。

(4) 产品质量控制。

(5) 包装。

(6) 设备运行。

(7) 生产指令。

可供选择的成本动因有:材料移动次数、检验小时、机器小时、指令单份数、订单数量、包装次数、准备次数。

要求:为上述每一项作业选择成本动因。

2. 假设某公司准备生产一种新产品,相关的生产包括四个层次的作业,各个层次的成本动因如下:单位作业层次——销售量,批作业层次——机器调整次数,产品作业层次——分类次数,能量作业层次以直接人工为基础分配。有关的生产数据资料见表 12-6。

表 12-6　　　　　　　　　　　　　　　生产数据资料

项　　　　目	单 位 成 本	成 本 动 因
单位级成本	55 元	—
机器调整	2 000 元/次	60 次
分类	100 元/次	800 次
一般行政管理费用	300 000 元	
其他数据:		
传统方法下的总固定成本	500 000 元	
产品单位售价	80 元/件	

要求:用传统成本管理系统和作业成本管理系统分别计算新产品保本点的产销量。

3. 沿用第 2 题资料,假设市场调查表明产销量不足以达到 20 000 件,并认为可能的市场需求量是 18 000 件。公司经理因此要求设计人员采取措施降低成本。设计人员提交了一份新的设计方案,它可以使单位产品原材料消耗减少 5 元,但是,新的设计方案虽然降低了材料的单耗,但是提高了生产的复杂性,使机器调整次数增加 20%,并使每次的分类费用增至 140 元。

要求:用作业成本管理系统计算新产品保本点的产销量。

4. 某车间对某零件年需求量为 50 000 件,如果自制需直接材料成本 20 000 元;生产工人工资成本 60 000 元;产品设备调试 20 次,每次 1 500 元;质量检验 50 次,每次 20 元,生产线设计人员年工资 20 000 元。若要外购,则外购成本 2.5 元/件,另外,厂房、保险以及一般行政管理等费用每年 200 000 元。

要求:根据以上条件分析成本的相关性,作出零件是自制还是外购的决策。

五、案例分析题

惠普是世界上管理最完善、最富创新精神的企业之一。它的成功,部分归功于它不断地重新评估自身的控制机制和分权式的组织结构,从而为它带来许多竞争优势,能够经常为各种市场问题提供多样化的解决方案。然而,在实施作业成本控制的过程中,这种多样化解决方案带来的绩效好坏不一。惠普公司的大多数作业成本法案例研究侧重于实施这些解决方案的好处,但也有例外。惠普 col orado springs 厂在实施作业成本法时却未见成效,其失败的一个重要原因就是寻找的成本动因过多。实施 ABC 者曾试图为一个流程的每项作业活动都找出一个成本因素,因此,该厂竟然在一个生产流程中挑出 20 多个成本因素。成本动因是作业成本法的核心概念之一,但是并不意味着成本动因越多越好,过多的成本动因,不仅增大了信息的收集、处理成本,更重要的是扰乱了决策环境,分散了管理者的注意力。对过多的成本动因进行计划和控制,产品成本的计算会变得无效率,不利于把握公司管理中的瓶颈问题。设该厂生产 4 种产品,有 10 类作业:直接材料消耗、直接人工、原料处理、设备维护、电力消耗、折旧、检验、调整与准备、辅助材料消耗、管理,成本动因分别为材料价值、人工小时、搬运次数、维护时数、千瓦时数、机器小时、检验小时、整备次数、辅助材料价值、直接人工小时,各个产品消耗的作业量见表 12-7。

表 12-7 作 业 量 表

作 业	作业耗费(元)	作业动因	作 业 量				作业量合 计
			产品 A	产品 B	产品 C	产品 D	
直接材料消耗	4 000	材料价值	1 600	2 400	3 200	800	8 000
直接人工	2 000	人工小时	1 000	1 000	1 000	1 000	4 000
原料处理	3 000	搬运次数	2 400	3 600	4 800	1 200	12 000
设备维护	5 000	维护时数	938	625	312	625	2 500
电力消耗	4 500	千瓦时数	169	113	56	112	450
折旧	5 000	机器小时	938	625	312	625	2 500
检验	2 500	检验小时	1 500	1 500	1 000	1 000	5 000
调整与准备	3 500	整备次数	2 100	2 100	1 400	1 400	7 000
辅助材料消耗	2 000	辅助材料价值	200	300	400	100	1 000
管理	4 000	直接人工小时	1 000	1 000	1 000	1 000	4 000

其中四种产品产量分别为 20、30、40、10 单位。

要求:

(1) 使用作业成本法,计算四种产品的成本。

(2) 题中作业动因的设置是否合理,如果不合理请予以改进。

练习题参考答案

第一章　总　　论

一、判断题

1. √　2. ×　3. ×　4. √5. ×　6. √　7. √　8. ×　9. ×　10. ×　11. ×　12. √

二、单项选择题

1. A　2. C　3. C　4. B　5. D　6. B　7. A　8. C　9. B　10. D　11. C　12. B　13. B
14. C

三、多项选择题

1. ABCD　2. AC　3. BCD　4. ABC　5. ABC　6. BCD　7. ACD　8. BCD　9. ABCD
10. ABCD　11. ABCD　12. ABCD　13. ABD　14. BCD

第二章　成本性态分析与变动成本法

一、判断题

1. √　2. ×　3. ×　4. ×　5. √　6. √　7. ×　8. √

二、单项选择题

1. B　2. C　3. A　4. D　5. D　6. A　7. B　8. D

三、多项选择题

1. AC　2. ACD　3. AD　4. BD　5. AB　6. AC　7. ABCD　8. ABC

四、计算题

1. $b=2$　$a=120\,000$　$y=120\,000+2x$　成本总额 $=372\,000$ 元

2. $r=0.9846$　$y=8\,333.33+60x$

3. 完全成本法：

　　营业收入 $=240\,000$ 元

　　本期生产成本 $=216\,000$ 元

　　营业成本 $=194\,400$ 元

　　营业毛利 $=45\,600$ 元

　　变动成本法：

　　本期销售产品生产成本 $=162\,000$ 元

　　边际贡献 $=66\,000$ 元

　　固定销售费用 $=8\,400$ 元

　　固定管理费用 $=15\,600$ 元

　　营业利润 $=6\,000$ 元

4.

	生产成本	销售成本	期末存货成本	营业利润
完全成本法	335 000	268 000	67 000	42 000
变动成本法	270 000	216 000	54 000	29 000

5.

	完全成本法	变动成本法	营业利润差异	差 异 验 证
2010 年	757 500	653 000	104 500	
2011 年	741 000	653 000	88 000	
2012 年	1 444 250	1 613 000	−168 750	5 000×4.75−35 000×5.5

第三章　本量利分析

一、判断题

1. ×　2. ×　3. ×　4. ×　5. ✓　6. ×　7. ×　8. ×　9. ✓　10. ×

二、单项选择题

1. B　2. A　3. C　4. B　5. D　6. B　7. A　8. B　9. A　10. B

三、多项选择题

1. ABCD　2. ACD　3. ABC　4. BCD　5. ABCD　6. ACD　7. AC　8. ABCD　9. ABCD
10. AD

四、计算题

1. (1) 保本销售额=945 万元　　　　保本销售量=6.3 万件

(2) 保利销售额=975 万元　　　　保利销售量=6.5 万件

2. (1) 加权平均法：

综合边际贡献率=25.5%　　　　综合保本额=360 000 元

A 产品的保本额=108 000 元　　A 产品的保本量=540 件

B 产品的保本额=108 000 元　　B 产品的保本量=450 件

C 产品的保本额=144 000 元　　C 产品的保本量=450 件

(2) 联合单位法：

三种产品的销量比为 1.2∶1∶1　　联合单价=800 元

联合单位变动成本=596 元　　　联合保本量=450 联合单位

综合保本额=3 600 000 元

A 产品保本量=540 件　　　　　A 产品保本额=10 800 元

B 产品保本量=450 件　　　　　B 产品保本额=10 800 元

C 产品保本量=450 件　　　　　C 产品保本额=144 000 元

3. 综合边际贡献率=27%　　　　综合保本额=340 000 元

A 产品的保本额=68 000 元　　　A 产品的保本量=340 件

B 产品的保本额=68 000 元　　　B 产品的保本量=283 件

C 产品的保本额=204 000 元　　C 产品的保本量=638 件

4. (1) 2011 年扭转亏损的销售量＝1 800 件,需增加销售量＝400 件

(2) 销售量＝3 800 件

5. (1) (售价－72)×20 000－120 000＝20 000 元　售价＝79 元

(2) (77－单位变动成本)×20 000－120 000＝20 000 元　单位变动成本＝70 元

(77－72)×20 000－固定成本＝20 000 元　固定成本＝80 000 元

销量＝28 000 件

6. (1) 保本点＝7 000 件　安全边际＝3 000 件　安全边际率＝30%

保本点作业率＝70%

利润＝10 000×(200－120)－560 000＝240 000(元)

(2) 利润＝288 000 元

提高单价	$p=204.8$ 元	增加比例:2.4%
增加销售量	$x=10\,600$ 件	增加比例:6%
降低单位变动成本	$b=115.2$ 元	下降比例:4%
降低固定成本	$a=512\,000$ 元	下降比例:8.57%

(3) 单价敏感系数＝8.33

单位变动成本敏感系数＝－5

销售量敏感系数＝3.33

固定成本敏感系数＝－2.3

7. 税前利润＝100 万元

单位变动成本的最大允许值＝400 元/件

单价的最小允许值＝400 元/件

销售量的最小允许值＝5 000 件

固定成本的最大允许值＝200 万元

第四章　预 测 分 析

一、判断题

1. × 2. × 3. √ 4. √ 5. √ 6. √ 7. √ 8. √

二、单项选择题

1. A 2. A 3. B 4. B 5. C 6. D

三、多项选择题

1. ABCDE 2. BCDE 3. ABC 4. AB 5. CD 6. BD

四、计算题

1. (1) 795(台) (2) 773(台) (3) 915(台)

2. (1) $S_1=8\%$,$S_2=5\%$,$S_3=3\%$,$S_4=2\%$

(2) $DOL=3$

(3) 单位售价增加 10% 时:利润变动率 $K_0=80\%$,利润额 $P=180\,000$ 元

单位变动成本下降 10% 时:利润变动率 $K_0=50\%$,利润额 $P=150\,000$ 元

销售量增加 10% 时:利润变动率 $K_0=30\%$,利润额 $P=130\,000$ 元

固定成本下降 10% 时:利润变动率 $K_0=20\%$,利润额 $P=120\,000$ 元

(4) 6%

3. (1) 150 台　(2) $K_0 = 26.24\%$

4. 22 万元

5. 8 820 元

第五章　短期经营决策

一、判断题

1. √　2. √　3. √　4. √　5. ×　6. √　7. √　8. √　9. √　10. √

二、单项选择题

1. C　2. D　3. A　4. D　5. D　6. B　7. B　8. C　9. A　10. D

三、多项选择题

1. AB　2. BCD　3. CD　4. BC　5. BCD　6. ACD　7. ACD　8. ABCD　9. BCD　10. BC

四、计算题

1. (1) 应该接受包销计划。　　　(2) $p = 281.25$ 元。

2. (1) 自制的方案为好。　　　(2) 不改,自制方案为好。

3. (1) 外购为好。　　　(2) 自制为好。

4. (1) 应该拒绝订货。　　　(2) 当订货价格为 252 元时可以接受。

5. (1) 进一步加工为乙产品出售合算。

　 (2) 应该直接出售甲产品。

6. (1) 应该进一步加工成乙产品,这样会使得企业增加 2 000 元利润。

　 (2) 直接出售甲产品为好,如继续加工,会使企业减少利润 16 000 元。

　 (3) 应该直接出售甲产品,加工后反而使企业亏损 4 000 元。

7. (1) 应该接受追加订货,这样会给企业带来边际贡献 4 000 元。

　 (2) 接受订货使企业亏损 1 000 元,不要接受为好。

　 (3) 不应该接受订货,接受后会使企业亏损 3 000 元。

　 (4) 不应该接受订货,接受后会使企业亏损 4 000 元。

第六章　长期投资决策

一、判断题

1. ×　2. ×　3. ×　4. √　5. √　6. ×　7. √　8. ×　9. ×　10. √

二、单项选择题

1. C　2. D　3. A　4. C　5. C　6. D　7. A　8. B　9. D　10. B

三、多项选择题

1. ACD　2. ABC　3. ABC　4. ACD　5. ABC　6. BCD　7. ABC　8. CD　9. ACD　10. CD

四、计算题

1. 甲方案:$P = 10$ 万元

　 乙方案:$P = 3 + 4 \times (P/A, 10\%, 2) = 3 + 4 \times 1.7355 = 9.942$(万元)

　 因此乙方案较好。

2. (1) 15 869 元　(2) 22 080.4 元　(3) 4 665 元　(4) 972.22 元　(5) 13.96%　(6) 12.68%

3. (1) 3 276 元　(2) 2 978.18 元

4. 方案(1) 支付款的现值之和为 202.77 万元;方案(2) 支付款的现值之和为 184.66 万元。应选择方

案(2)

5. (1) $NCF_0 = -200$ 万元　$NCF_1 = 0$　$NCF_{2\sim6} = 60 + 200 \div 5 = 100$ 万元　(2) 3年　(3) 30%
(4) $NPV = 144.62$ 万元　$NPVR = 0.7231$　$PI = 1.7231$　(5) 27.63%　(6) 可行

6. (1) 甲方案：$NCF_0 = -20\,000$ 元　$NCF_1 = -3\,000$ 元　$NCF_{2\sim4} = 9\,200$ 元

　　　　　　$NCF_5 = 12\,200$ 元

　　乙方案：$NCF_0 = -20\,000$ 元　$NCF_{1\sim5} = 5\,800$ 元

　　(2) 3 660.5 元　(3) 27.65%　(4) 应选择甲方案

7. $\Delta IRR = 11.42\%$　应售旧购新

8. 旧设备年等额净现值 $= 10\,696.45$ 元　新设备年等额净现值 $= 12\,147.40$ 元 应该更新

9. 旧设备年等额成本 $= 6\,674.79$ 万元　新设备年等额成本 $= 7\,483.89$ 万元　应继续使用旧设备

10. (1) 甲方案共有计算期的净现值 $= 271.67$ 万元　乙方案共有计算期的净现值 $= 260.40$ 万元　应选择甲方案

　　(2) 甲方案共有计算期的净现值 $= 108.26$ 万元　乙方案共有计算期的净现值 $= 103.76$ 万元　应选择甲方案

五、案例分析题

1. (1) ① 使用新设备比使用旧设备增加的投资额 $= 150\,000 - 60\,000 = 90\,000$(元)

② 因旧设备提前报废发生的处理固定资产净损失抵税 $= (70\,000 - 60\,000) \times 25\% = 2\,500$(元)

③ 计算使用新设备比使用旧设备每年增加的息税前利润使用新设备比使用旧设备每年增加的折旧 $= (150\,000 - 10\,000) \div 5 - (60\,000 - 5\,000) \div 5 = 17\,000$(元)

使用新设备比使用旧设备每年增加的总成本 $= -8\,000 + 17\,000 = 9\,000$(元)

使用新设备比使用旧设备第一年增加的息税前利润 $= 11\,074.63 - 9\,000 = 2\,074.63$(元)

使用新设备比使用旧设备第二至第四年每年增加的息税前利润 $= 16\,000 - 9\,000 = 7\,000$(元)

使用新设备比使用旧设备第五年增加的息税前利润 $= 15\,253.73 - 9\,000 = 6\,253.73$(元)

④ 计算使用新设备比使用旧设备每年增加的净现金流量

$\Delta NCF_0 = -(150\,000 - 60\,000) = -90\,000$(元)

$\Delta NCF_1 = 2\,074.63 \times (1 - 25\%) + 17\,000 + 2\,500 = 21\,056$(元)

$\Delta NCF_{2\sim4} = 7\,000 \times (1 - 25\%) + 17\,000 = 22\,250$(元)

$\Delta NCF_5 = 6\,253.73 \times (1 - 25\%) + 17\,000 + 5\,000 = 26\,690$(元)

⑤ $21\,056 \times (P/F, \Delta IRR, 1) + 22\,250 \times (P/F, \Delta IRR, 2) + 22\,250 \times (P/F, \Delta IRR, 3) + 22\,250 \times (P/F, \Delta IRR, 4) + 26\,690 \times (P/F, \Delta IRR, 5) - 90\,000 = 0$

利用插补法：

$21\,056 \times (P/F, 8\%, 1) + 22\,250 \times (P/F, 8\%, 2) + 22\,250 \times (P/F, 8\%, 3) + 22\,250 \times (P/F, 8\%, 4) + 26\,690 \times (P/F, 8\%, 5) - 90\,000 = 751.69$

$21\,056 \times (P/F, 9\%, 1) + 22\,250 \times (P/F, 9\%, 2) + 22\,250 \times (P/F, 9\%, 3) + 22\,250 \times (P/F, 9\%, 4) + 26\,690 \times (P/F, 9\%, 5) - 90\,000 = -1\,666.22$

可知 ΔIRR 介于 8% 和 9% 之间

$\Delta IRR = 8\% + (751.69 - 0)/(751.69 + 1\,666.22) \times (9\% - 8\%) = 8.31\%$

(2) ① 更新设备比继续使用旧设备增加的投资额 $= -\Delta NCF_0 = 37\,908$(元)

② 乙设备的投资 $= 37\,908 + 60\,000 = 97\,908$(元)

③ 乙方案的差额内部收益率($\Delta IRR_乙$)：

依题意,可按简单计算法

$(P/A,\Delta IRR,5)=37\ 908/10\ 000=3.7908$

$\because (P/A,10\%,5)=3.7908$

$\therefore \Delta IRR_Z=10\%$

(3) $\because$ 乙方案的差额内部收益率$(\Delta IRR_Z)=10\%>$企业资金成本率9%

$\therefore$ 应当按乙方案进行设备的更新改造

$\because$ 甲方案的差额内部收益率$(\Delta IRR_甲)=8.31\%<$企业资金成本率9%

$\therefore$ 不应当按甲方案进行设备的更新改造

决策结论:应当按乙方案进行设备的更新改造。

2. (1) 根据我国税法的规定,判别该租赁的税务性质:

A. 该租赁在期满时资产所有权不发生变更;

B. 租赁期与资产预计使用年限的比值 $=6/10\times 100\%=60\%$,低于税法规定的75%的比例;

C. 最低租赁付款额的现值 $=300\times (P/A,9\%,6)=300\times 4.4859=1\ 345.77$(万元),低于租赁资产公允价值的$90\%[(2\ 000\times 90\%=1\ 800$(万元)]。

所以,该租赁从税法的角度可以认定为"租金可直接税前扣除租赁"。

注意:在租金可直接税前扣除租赁下,该设备每年的维修保养费用8万元属于租赁替代购买决策的相关现金流量,即对于承租方而言,如果自行购买则维修保养费用需其负担,但如果租赁则维修保养费用应由承租方负担,税后维修保养费用5.6万元$[8\times (1-30\%)=5.6$(万元)]属于租赁替代购买决策的相关现金流入量。

① 每年折旧$=2\ 000\times (1-5\%)/10=190$(万元)

每年折旧抵税$=190\times 30\%=57$(万元)

② 每年税后租金$=300\times (1-30\%)=210$(万元)

③ 每年税后维修保养费用节约$=8\times (1-30\%)=5.6$(万元)

④ 债务税后资本成本$=9\%\times (1-30\%)=6.3\%\approx 6\%$

⑤ 第六年年末该设备的账面价值$=2\ 000-190\times 6=860$(万元)

第六年年末该设备变现净损失抵税$=(860-450)\times 30\%=123$(万元)

注意:第六年年末该设备变现收入、变现净损失抵税的折现率10%。

⑥ 租赁替代购买的净现值 = 资产购置成本 − 租赁期税后现金流量现值 − 期末资产税后现金流量现值 $=2\ 000-(210+57-5.6)\times (P/A,6\%,6)-(450+123)\times (P/F,10\%,6)=2\ 000-1\ 285.38-323.46=391.16$(万元)

计算结果表明,租赁替代购买的净现值大于零,因此,通盛公司应该选择租赁。

(2) 通盛公司可以接受的最高租金,即承租人的损益平衡租金,承租人的损益平衡租金是指租赁替代购买的净现值为零的租金数额。假设每年的税后租金为 X,则有:

$NPV=2\ 000-(X+57-5.6)\times (P/A,6\%,6)-(450+123)\times (P/F,10\%,6)=2\ 000-(X+57-5.6)\times 4.9173-(450+123)\times 0.5645=0$

求得:$X=[2\ 000-(450+123)\times 0.5645]/4.9173-57+5.6$

$=(2\ 000-323.46)/4.9173-57+5.6$

$=340.95-57+5.6=289.55$(万元)

每年的税前租金 $=289.55/(1-30\%)=413.64$(万元)

所以,通盛公司可以接受的最高租金为413.64万元。

3.

年序	0	1	2	3	4	5～13	14	15
缩短投资期的 NCF	$-x$	$-x$	0	350	350	350		
正常投资期的 NCF	-200	-200	-200	-200	0	350	350	350
ΔNCF	$-x+200$	$-x+200$	200	550	350	0	-350	-350

$NPV = -x + 200 + (-x+200)(P/F, 10\%, 1) + 200(P/F, 10\%, 2) + 550(P/F, 10\%, 3) + 350(P/F, 10\%, 4) - 350(P/F, 10\%, 14) - 350(P/F, 10\%, 15) = 0$

解得 $x = 536$ 万元。

第七章　成本控制与标准成本系统

一、判断题

1. ×　2. ×　3. √　4. ×　5. ×　6. ×　7. √　8. ×　9. ×　10. ×

二、单项选择题

1. C　2. B　3. D　4. B　5. C　6. A　7. D　8. D　9. B　10. B

三、多项选择题

1. ABD　2. ABC　3. ABD　4. ACD　5. ABC　6. ABD　7. AD　8. BD　9. ABC　10. BC

四、计算题

1. 直接材料的价格差异＝90 000元(有利差异)

　直接材料的数量差异＝42 000元(有利差异)

2. 直接人工工资率差异＝135元(有利差异)

　直接人工效率差异＝900元(不利差异)

3.

A产品标准成本卡

产品名称：A　计划产量：50 单位　　　　　　　　　　编号：00011

成 本 项 目	标准用量	标准价格或标准分配率	单位产品标准成本	标准成本预算数
直接材料	20 千克	15 元/千克	300 元/单位	15 000 元
直接人工	5 工时	16 元/工时	80 元/单位	4 000 元
变动制造费用	5 工时	8 元/工时	40 元/单位	2 000 元
固定制造费用	5 工时	6 元/工时	30 元/单位	1 500 元
合　　计			460 元/单位	22 500 元

4. (1) 直接材料的价格差异＝8 000元(有利差异)

　　直接材料的数量差异＝6 400元(不利差异)

　　直接人工工资率差异＝4 000元(不利差异)

直接人工效率差异＝15 000 元（不利差异）

变动制造费用耗用差异＝8 000 元（不利差异）

变动制造费用效率差异＝5 000 元（不利差异）

固定制造费用预算差异＝3 000 元（有利差异）

固定制造费用能力差异＝30 000 元（不利差异）

固定制造费用效率差异＝15 000 元（不利差异）

(2) 如果实际生产 6 000 件产品,固定制造费用预算差异和能力差异不变,固定制造费用效率差异变为有利差异 30 000 元。

5. (1) 每小时实际工资率＝15.7 元/小时

(2) 实际产出所允许投入的标准工时＝1 420 小时

6. (1) 制造费用差异总额＝2 800 元（有利差异）

(2) 固定制造费用预算差异＝400 元（不利差异）

固定制造费用能力差异＝200 元（不利差异）

固定制造费用效率差异＝600 元（有利差异）

7. (1) 变动制造费用标准分配率＝1.55 元/工时

固定制造费用标准分配率＝3.75 元/工时

(2) 变动制造费用耗用差异＝4 860 元（不利差异）

变动制造费用效率差异＝930 元（有利差异）

(3) 固定制造费用预算差异＝1 500 元（有利差异）

固定制造费用能力差异＝13 500 元（不利差异）

固定制造费用效率差异＝2 250 元（有利差异）

第八章　财务预算

一、判断题

1. √　2. ×　3. ×　4. ×　5. √　6. √　7. √　8. √　9. √　10. √

二、单项选择题

1. B　2. D　3. C　4. C　5. B　6. C　7. C　8. C

三、多项选择题

1. ABD　2. ABD　3. ABD　4. ABCD　5. ABCD

四、计算分析题

1. 生产能力为 9 000 小时的制造费用合计＝359 400 元

生产能力为 10 000 小时的制造费用合计＝382 400 元

生产能力为 11 000 小时的制造费用合计＝414 580 元

2. (1) 上年 11 月含税销售额＝60 000÷20%＝300 000 元

上年 12 月含税销售额＝200 000÷50%＝400 000 元

(2)

项目	1月	2月	3月	合计
含税销售额（元）	585 000	877 500	1 053 000	2 515 500
现金收入（元）	472 500	694 250	906 750	2 073 500

3.

	第一季度	第二季度	第三季度	第四季度	全年
预计生产量（件）	1 960	1 920	2 360	2 180	8 420

4.

A材料消耗量预算表：

	单耗	第一季度	第二季度	第三季度	第四季度	全年
A材料消耗量预算	5	2 050	2 550	2 950	2 550	10 100

A材料采购成本及购货支付现金的预算表：

项 目	第一季度	第二季度	第三季度	第四季度	全年
A材料采购成本（元）	8 800	10 680	11 320	10 740	41 540
含税购货总价款（元）	10 296	12 496	13 244	12 566	48 602
现金支付合计（元）	9 089	10 838	11 840	12 741	44 508

5.

现金预算：	第一季度	第二季度	第三季度	第四季度	全 年
	99 584	4 926	4 733	4 490	4 000
	124 658	133 614	176 021	205 754	601 750
	42 062	138 540	208 351		665 659
	22 729	153 807	16 068	2 500	60 306
	9 835	2 500	19 300	178 843	71 500
	(25 074)	137 807	(32 330)	26 911	586 659
	30 000	(15 267)	3 000	21 000	40 000
	4 926	4 733	180	1 680	32 500
			4 490	4 231	(59 909)
				30 000	
				(24 000)	
				(1 860)	
				4 231	

第九章 存 货 管 理

一、判断题

1. × 2. × 3. × 4. √ 5. × 6. × 7. √ 8. √ 9. √ 10. √

二、单项选择题

1. C 2. D 3. A 4. B 5. B 6. A 7. D 8. C 9. C 10. D

三、多项选择题

1. ABC 2. BD 3. CD 4. ABCD 5. BC 6. ABD 7. BD 8. AC 9. BC 10. BC

11. AC 12. ABCD

四、计算题

1. $Q^* \approx 200$ 千克 $TC^* = 3\,000$ 元

2. 最优采购批量 5 000 件，最小相关总成本 4 275 160 元

3. $Q^* = 400$ 千克　$TC^* = 750$ 元

4. $Q^* = 1\,200$ 件　$TC^* = 1\,200$ 元

5. 自制：109 700 元　外购：108 010 元　应外购

　　最优批量 420 件　全年最小相关总成本 108 010 元

6. $Q^* = 400$ 吨　$W^* = 80$ 吨　$TC^* = 19\,200$ 元

7. $Q^* = 800$ 千克　$R = 200$ 千克

8. $Q_1 = 19\,500$ 千克　$Q = 16\,000$ 千克

第十章　责任会计

一、判断题

1. ×　2. ×　3. √　4. √　5. ×　6. √　7. √　8. √　9. ×　10. ×

二、单项选择题

1. D　2. C　3. D　4. A　5. D　6. C　7. A　8. C　9. B　10. C

三、多项选择题

1. ABD　2. BD　3. BCD　4. BDE　5. BC　6. ABC　7. BC　8. ABD

四、计算题

1.（略）

2.（略）

3.（1）部门经理可控利润为 64 万元　利润中心可控利润为 49 万元

　（2）该公司要求的最低投资利润率为 14%

4.（1）甲：250%　　乙：167%　　丙：125%

　（2）甲：500 万元　乙：417.5 万元　丙：187.5 万元

　（3）甲：50 万元　乙：62.625 万元　丙：37.5 万元

5.（1）投资报酬率＝30%　　剩余收益＝8 万元

　（2）投资报酬率＝28.33%　　剩余收益＝10 万元

　（3）若以投资报酬率考核甲分厂的经营业绩,甲分厂不乐意接受新的投资,若改为剩余收益考核,

　　　则乐意接受。

6.（1）最高价＝20 元/件　　最低价＝17 元/件

　（2）最高价＝20 元/件　　最低价＝12 元/件

第十一章　平衡计分卡

一、判断题

1. ×　2. √　3. √　4. √　5. √　6. ×　7. √　8. ×　9. √　10. √

二、单项选择题

1. C　2. A　3. A　4. A　5. A　6. B

三、多项选择题

1. ABCD　2. ABCD　3. ABD　4. ABC　5. ABCD　6. AD

第十二章　作业成本管理

一、判断题

1. ✕　2. ✓　3. ✕　4. ✕　5. ✓　6. ✓

二、单项选择题

1. D　2. C　3. B　4. D　5. C　6. B　7. C　8. C

三、多项选择题

1. ABC　2. ACD　3. ABC　4. AC　5. AC　6. ABCD

四、计算题

1. (1) 订单数量　(2) 材料移动次数　(3) 准备次数　(4) 检验小时
   (5) 包装次数　(6) 机器小时　　(7) 指令单份数

2. 传统成本管理系统：盈亏临界点销售量为 20 000 件
   作业成本管理系统：盈亏临界点销售量为 20 000 件

3. 盈亏临界点销售量为 18 533 件

4. 131 000 元＞125 000 元，因此选择外购

期数	1%	2%	3%	4%	5%	6%	7%	8%	9%	10%
1	1.0100	1.0200	1.0300	1.0400	1.0500	1.0600	1.0700	1.0800	1.0900	1.1000
2	1.0201	1.0404	1.0609	1.0816	1.1025	1.1236	1.1449	1.1664	1.1881	1.2100
3	1.0303	1.0612	1.0927	1.1249	1.1576	1.1910	1.2250	1.2597	1.2950	1.3310
4	1.0406	1.0824	1.1255	1.1699	1.2155	1.2625	1.3108	1.3605	1.4116	1.4641
5	1.0510	1.1041	1.1593	1.2167	1.2763	1.3382	1.4026	1.4693	1.5386	1.6105
6	1.0615	1.1262	1.1941	1.2653	1.3401	1.4185	1.5007	1.5869	1.6771	1.7716
7	1.0721	1.1487	1.2299	1.3159	1.4071	1.5036	1.6058	1.7138	1.8280	1.9487
8	1.0829	1.1717	1.2668	1.3686	1.4775	1.5938	1.7182	1.8509	1.9926	2.1436
9	1.0937	1.1951	1.3048	1.4233	1.5513	1.6895	1.8385	1.9990	2.1719	2.3579
10	1.1046	1.2190	1.3439	1.4802	1.6289	1.7908	1.9672	2.1589	2.3674	2.5937
11	1.1157	1.2434	1.3842	1.5395	1.7103	1.8983	2.1049	2.3316	2.5804	2.8531
12	1.1268	1.2682	1.4258	1.6010	1.7959	2.0122	2.2522	2.5182	2.8127	3.1384
13	1.1381	1.2936	1.4685	1.6651	1.8856	2.1329	2.4098	2.7196	3.0658	3.4523
14	1.1495	1.3195	1.5126	1.7317	1.9799	2.2609	2.5785	2.9372	3.3417	3.7975
15	1.1610	1.3459	1.5580	1.8009	2.0789	2.3966	2.7590	3.1722	3.6425	4.1772
16	1.1726	1.3728	1.6047	1.8730	2.1829	2.5404	2.9522	3.4259	3.9703	4.5950
17	1.1843	1.4002	1.6528	1.9479	2.2920	2.6928	3.1588	3.7000	4.3276	5.0545
18	1.1961	1.4282	1.7024	2.0258	2.4066	2.8543	3.3799	3.9960	4.7171	5.5599
19	1.2081	1.4568	1.7535	2.1068	2.5270	3.0256	3.6165	4.3157	5.1417	6.1159
20	1.2202	1.4859	1.8061	2.1911	2.6533	3.2071	3.8697	4.6610	5.6044	6.7275

值系数表

$$(F/P,i,n)=(1+i)^n$$

12%	14%	16%	18%	20%	24%	28%	32%	36%
1.1200	1.1400	1.1600	1.1800	1.2000	1.2400	1.2800	1.3200	1.3600
1.2544	1.2996	1.3456	1.3924	1.4400	1.5376	1.6384	1.7424	1.8496
1.4049	1.4815	1.5209	1.6430	1.7280	1.9066	2.0972	2.3000	2.5155
1.5735	1.6890	1.8106	1.9388	2.0736	2.3642	2.6844	3.0360	3.4210
1.7623	1.9254	2.1003	2.2878	2.4883	2.9316	3.4360	4.0075	4.6526
1.9738	2.1950	2.4364	2.6996	2.9860	3.6352	4.3980	5.2899	6.3275
2.2107	2.5023	2.8262	3.1855	3.5832	4.5077	5.6295	6.9826	8.6054
2.4760	2.8526	3.2784	3.7589	4.2998	5.5895	7.2058	9.2170	11.7034
2.7731	3.2519	3.8030	4.4355	5.1598	6.9310	9.2234	12.1665	15.9166
3.1058	3.7072	4.4114	5.2338	6.1917	8.5944	11.8059	16.0598	21.6466
3.4785	4.2262	5.1173	6.1759	7.4301	10.657	15.112	21.199	29.439
3.8960	4.8179	5.9360	7.2876	8.9161	13.215	19.343	27.983	40.037
4.3635	5.4924	6.8858	8.5994	10.699	16.386	24.759	36.937	54.451
4.8871	6.2613	7.9875	10.147	12.839	20.319	31.691	48.757	74.053
5.4736	7.1379	9.2655	11.974	15.407	25.196	40.565	64.359	100.71
6.1304	8.1372	10.748	14.129	18.488	31.243	51.923	84.954	136.97
6.8660	9.2765	12.468	16.672	22.186	38.741	66.461	112.14	186.28
7.6900	10.575	14.463	19.673	26.623	48.039	85.071	148.02	253.34
8.6128	12.056	16.777	23.214	31.948	59.568	108.89	195.39	344.54
9.6463	13.743	19.461	27.393	38.338	73.864	139.38	257.92	468.57

期数	1%	2%	3%	4%	5%	6%	7%	8%	9%	10%
21	1.2324	1.5157	1.8603	2.2788	2.7860	3.3996	4.1406	5.0338	6.1088	7.4002
22	1.2447	1.5460	1.9161	2.3699	2.9253	3.6035	4.4304	5.4365	6.6586	8.1403
23	1.2572	1.5769	1.9736	2.4647	3.0715	3.8197	4.7405	5.8715	7.2579	8.9543
24	1.2697	1.6084	2.0328	2.5633	3.2251	4.0489	5.0724	6.3412	7.9111	9.8497
25	1.2824	1.6406	2.0938	2.6658	3.3864	4.2919	5.4274	6.8485	8.6231	10.835
26	1.2953	1.6734	2.1566	2.7725	3.5557	4.5494	5.8074	7.3964	9.3992	11.918
27	1.3082	1.7069	2.2213	2.8834	3.7335	4.8223	6.2139	7.9881	10.245	13.110
28	1.3213	1.7410	2.2879	2.9987	3.9201	5.1117	6.6488	8.6271	11.167	14.421
29	1.3345	1.7758	2.3566	3.1187	4.1161	5.4184	7.1143	9.3173	12.172	15.863
30	1.3478	1.8114	2.4273	3.2434	4.3219	5.7435	7.6123	10.063	13.268	17.449
31	1.3613	1.8476	2.5001	3.3731	4.5380	6.0881	8.1451	10.868	14.462	19.194
32	1.3749	1.8845	2.5751	3.5081	4.7649	6.4534	8.7153	11.737	15.763	21.114
33	1.3887	1.922	2.6523	3.6484	5.0032	6.8406	9.3253	12.676	17.182	23.225
34	1.4026	1.9607	2.7319	3.7943	5.2533	7.2510	9.9781	13.690	18.728	25.548
35	1.4166	1.9999	2.8139	3.9461	5.5160	7.6861	10.677	14.785	20.414	28.102
40	1.4889	2.2080	3.2620	4.8010	7.0400	10.286	14.974	21.725	31.409	45.259
45	1.5648	2.4379	3.7816	5.8412	8.9850	13.765	21.002	31.920	48.327	72.890
50	1.6446	2.6916	4.3839	7.1067	11.467	18.420	29.457	46.902	74.358	117.39
55	1.7285	2.9717	5.0821	8.6464	14.636	24.650	41.315	68.914	114.408	189.06
60	1.8167	3.2810	5.8916	10.520	18.679	32.988	57.946	101.26	176.03	304.48

（续表）

12%	14%	16%	18%	20%	24%	28%	32%	36%
10.804	15.668	22.574	32.324	46.005	91.592	178.41	340.45	637.26
12.100	17.861	26.186	38.142	55.206	113.57	228.36	449.39	866.67
13.552	20.362	30.376	45.008	66.247	140.83	292.30	593.20	1178.7
15.179	23.212	35.236	53.109	79.497	174.63	374.14	783.02	1603.0
17.000	26.462	40.874	62.669	95.3962	216.54	478.90	1033.6	2180.1
19.040	30.167	47.414	73.949	114.48	268.51	613.00	1364.3	2964.9
21.325	34.390	55.000	87.260	137.37	332.95	784.64	1800.9	4032.3
23.884	39.204	63.800	102.97	164.84	412.86	1004.3	2377.2	5483.9
26.750	44.693	74.009	121.50	197.81	511.95	1285.6	3137.9	7458.1
29.960	50.950	85.850	143.37	237.38	634.82	1645.5	4142.1	10143
33.555	58.083	99.586	169.18	284.85	787.18	2106.2	5467.5	13795
37.582	66.215	115.52	199.63	341.82	976.10	2696.0	7217.2	18761
42.092	75.485	134.00	235.56	410.19	1210.4	3450.9	9526.6	25514
47.143	86.053	155.44	277.96	492.22	1500.9	4417.1	12575	34699
52.800	98.100	180.31	328.00	590.67	1861.1	5653.9	16599	47191
93.051	188.88	378.72	750.38	1469.8	5455.9	19427	66521	219562
163.99	363.68	795.44	1716.7	3657.3	15995	66750	*	*
289.00	700.23	1670.7	3927.4	9100.4	46890	*	*	*
509.32	1348.3	3509.0	8984.8	22645	*	*	*	*
897.60	2595.9	7370.2	20555	56348	*	*	*	*

*＞99999

期数	1%	2%	3%	4%	5%	6%	7%	8%	9%	10%
1	0.9901	0.9804	0.9709	0.9615	0.9524	0.9434	0.9346	0.9259	0.9174	0.9091
2	0.9803	0.9612	0.9426	0.9246	0.9070	0.8900	0.8734	0.8573	0.8417	0.8264
3	0.9706	0.9423	0.9151	0.8890	0.8638	0.8396	0.8163	0.7938	0.7722	0.7513
4	0.9610	0.9238	0.8885	0.8548	0.8227	0.7921	0.7629	0.7350	0.7084	0.6830
5	0.9515	0.9057	0.8626	0.8219	0.7835	0.7473	0.7130	0.6806	0.6499	0.6209
6	0.9420	0.8880	0.8375	0.7903	0.7462	0.7050	0.6663	0.6302	0.5963	0.5645
7	0.9327	0.8706	0.8131	0.7599	0.7107	0.6651	0.6227	0.5835	0.5470	0.5132
8	0.9235	0.8535	0.7874	0.7307	0.6768	0.6274	0.5820	0.5403	0.5019	0.4665
9	0.9143	0.8368	0.7664	0.7026	0.6446	0.5919	0.5439	0.5002	0.4604	0.4241
10	0.9053	0.8203	0.7441	0.6756	0.6139	0.5584	0.5083	0.4632	0.4224	0.3855
11	0.8963	0.8043	0.7224	0.6496	0.5847	0.5268	0.4751	0.4289	0.3875	0.3505
12	0.8874	0.7885	0.7014	0.6246	0.5568	0.4970	0.4440	0.3971	0.3555	0.3186
13	0.8787	0.7730	0.6810	0.6006	0.5303	0.4688	0.4150	0.3677	0.3262	0.2897
14	0.8700	0.7579	0.6611	0.5775	0.5051	0.4423	0.3878	0.3405	0.2992	0.2633
15	0.8613	0.7430	0.6419	0.5553	0.4810	0.4173	0.3624	0.3152	0.2745	0.2394
16	0.8528	0.7284	0.6232	0.5339	0.4581	0.3936	0.3387	0.2919	0.2519	0.2176
17	0.8444	0.7142	0.6050	0.5134	0.4363	0.3714	0.3166	0.2703	0.2311	0.1978
18	0.8360	0.7002	0.5874	0.4936	0.4155	0.3503	0.2959	0.2502	0.2120	0.1799
19	0.8277	0.6864	0.5703	0.4746	0.3957	0.3305	0.2765	0.2317	0.1945	0.1635
20	0.8195	0.6730	0.5537	0.4564	0.3769	0.3118	0.2584	0.2145	0.1784	0.1486

值系数表

$$(F/P,i,n)=(1+i)^{-n}$$

12%	14%	16%	18%	20%	24%	28%	32%	36%
0.8929	0.8772	0.8621	0.8475	0.8333	0.8065	0.7813	0.7576	0.7353
0.7972	0.7695	0.7432	0.7182	0.6944	0.6504	0.6104	0.5739	0.5407
0.7118	0.6750	0.6407	0.6086	0.5787	0.5245	0.4768	0.4348	0.3975
0.6355	0.5921	0.5523	0.5158	0.4823	0.4230	0.3725	0.3294	0.2923
0.5674	0.5194	0.4762	0.4371	0.4019	0.3411	0.2910	0.2495	0.2149
0.5066	0.4556	0.4104	0.3704	0.3349	0.2751	0.2274	0.1890	0.1580
0.4523	0.3996	0.3538	0.3139	0.2791	0.2218	0.1776	0.1432	0.1162
0.4039	0.3506	0.3050	0.2660	0.2326	0.1789	0.1388	0.1085	0.0854
0.3606	0.3075	0.2630	0.2255	0.1938	0.1443	0.1084	0.0822	0.0628
0.3220	0.2697	0.2267	0.1911	0.1615	0.1164	0.0847	0.0623	0.0462
0.2875	0.2366	0.1954	0.1619	0.1346	0.0938	0.0662	0.0472	0.0340
0.2567	0.2076	0.1685	0.1372	0.1122	0.0757	0.0517	0.0357	0.0250
0.2292	0.1821	0.1452	0.1163	0.0935	0.0610	0.0404	0.0271	0.0184
0.2046	0.1597	0.1252	0.0985	0.0779	0.0492	0.0316	0.0205	0.0135
0.1827	0.1401	0.1079	0.0835	0.0649	0.0397	0.0247	0.0155	0.0099
0.1631	0.1229	0.0930	0.0708	0.0541	0.0320	0.0193	0.0118	0.0073
0.1456	0.1078	0.0802	0.0600	0.0451	0.0258	0.0150	0.0089	0.0054
0.1300	0.0946	0.0691	0.0508	0.0376	0.0208	0.0118	0.0068	0.0039
0.1161	0.0829	0.0596	0.0431	0.0313	0.0168	0.0092	0.0051	0.0029
0.1037	0.0728	0.0514	0.0365	0.0261	0.0135	0.0072	0.0039	0.0021

期数	1%	2%	3%	4%	5%	6%	7%	8%	9%	10%
21	0.8114	0.6598	0.5375	0.4388	0.3589	0.2942	0.2415	0.1987	0.1637	0.1351
22	0.8034	0.6468	0.5219	0.4220	0.3418	0.2775	0.2257	0.1839	0.1502	0.1228
23	0.7954	0.6342	0.5067	0.4057	0.3256	0.2618	0.2109	0.1703	0.1378	0.1117
24	0.7876	0.6217	0.4919	0.3901	0.3101	0.2470	0.1971	0.1577	0.1264	0.1015
25	0.7798	0.6095	0.4776	0.3751	0.2953	0.2330	0.1842	0.1460	0.1160	0.0923
26	0.7720	0.5976	0.4637	0.3607	0.2812	0.2198	0.1722	0.1352	0.1064	0.0839
27	0.7644	0.5859	0.4502	0.3468	0.2678	0.2074	0.1609	0.1252	0.0976	0.0763
28	0.7568	0.5744	0.4371	0.3335	0.2551	0.1956	0.1504	0.1159	0.0895	0.0693
29	0.7493	0.5631	0.4243	0.3207	0.2429	0.1846	0.1406	0.1073	0.0822	0.0630
30	0.7419	0.5521	0.4120	0.3083	0.2314	0.1741	0.1314	0.0994	0.0754	0.0573
31	0.7346	0.5412	0.4000	0.2965	0.2204	0.1643	0.1228	0.0902	0.0691	0.0521
32	0.7273	0.5306	0.3883	0.2851	0.2099	0.1550	0.1147	0.0852	0.0634	0.0474
33	0.7201	0.5202	0.3770	0.2741	0.1999	0.1462	0.1072	0.0789	0.0582	0.0431
34	0.7130	0.5100	0.3660	0.2636	0.1904	0.1379	0.1002	0.0730	0.0534	0.0391
35	0.7059	0.5000	0.3554	0.2534	0.1813	0.1301	0.0937	0.0676	0.0490	0.0356
40	0.6717	0.4529	0.3066	0.2083	0.1420	0.0972	0.0668	0.0460	0.0318	0.0221
45	0.6391	0.4102	0.2644	0.1712	0.1113	0.0727	0.0476	0.0313	0.0207	0.0137
50	0.6080	0.3715	0.2281	0.1407	0.0872	0.0543	0.0339	0.0213	0.0134	0.0085
55	0.5785	0.3365	0.1968	0.1157	0.0683	0.0406	0.0242	0.0145	0.0087	0.0053
60	0.5504	0.3048	0.1697	0.0951	0.0535	0.0303	0.0173	0.0099	0.0057	0.0033

（续表）

12%	14%	16%	18%	20%	24%	28%	32%	36%
0.0926	0.0638	0.0443	0.0309	0.0217	0.0109	0.0056	0.0029	0.0016
0.0826	0.0560	0.0382	0.0262	0.0181	0.0088	0.0044	0.0022	0.0012
0.0738	0.0491	0.0329	0.0222	0.0151	0.0071	0.0034	0.0017	0.0008
0.0659	0.0431	0.0284	0.0188	0.0126	0.0057	0.0027	0.0013	0.0006
0.0588	0.0378	0.0245	0.0160	0.0105	0.0046	0.0021	0.0010	0.0005
0.0525	0.0331	0.0211	0.0135	0.0087	0.0037	0.0016	0.0007	0.0003
0.0469	0.0291	0.0182	0.0115	0.0073	0.0030	0.0013	0.0006	0.0002
0.0419	0.0255	0.0157	0.0097	0.0061	0.0024	0.0010	0.0004	0.0002
0.0374	0.0224	0.0135	0.0082	0.0051	0.0020	0.0008	0.0003	0.0001
0.0334	0.0196	0.0116	0.0070	0.0042	0.0016	0.0006	0.0002	0.0001
0.0298	0.0172	0.0100	0.0059	0.0035	0.0013	0.0005	0.0002	0.0001
0.0266	0.0151	0.0087	0.0050	0.0029	0.0010	0.0004	0.0001	0.0001
0.0238	0.0132	0.0075	0.0042	0.0024	0.0008	0.0003	0.0001	*
0.0212	0.0116	0.0064	0.0036	0.0020	0.0007	0.0002	0.0001	*
0.0189	0.0102	0.0055	0.0030	0.0017	0.0005	0.0002	0.0001	*
0.0107	0.0053	0.0026	0.0013	0.0007	0.0002	0.0001	*	*
0.0061	0.0027	0.0013	0.0006	0.0003	0.0001	*	*	*
0.0035	0.0014	0.0006	0.0003	0.0001	*	*	*	*
0.0020	0.0007	0.0003	0.0001	*	*	*	*	*
0.0011	0.0004	0.0001	*		*	*	*	*

* ＜0.0001

附表三

期数	1%	2%	3%	4%	5%	6%	7%	8%	9%	10%
1	1.0000	1.0000	1.0000	1.0000	1.0000	1.0000	1.0000	1.0000	1.0000	1.0000
2	2.0100	2.0200	2.0300	2.0400	2.0500	2.0600	2.0700	2.0800	2.0900	2.1000
3	3.0301	3.0604	3.0909	3.1216	3.1525	3.1836	3.2149	3.2464	3.2781	3.3100
4	4.0604	4.1216	4.1836	4.2465	4.3101	4.3746	4.4399	4.5061	4.5731	4.6410
5	5.1010	5.2040	5.3091	5.4163	5.5256	5.6371	5.7507	5.8666	5.9847	6.1051
6	6.1520	6.3081	6.4684	6.6330	6.8019	6.9753	7.1533	7.3359	7.5233	7.7156
7	7.2135	7.4343	7.6625	7.8983	8.1420	8.3938	8.6540	8.9228	9.2004	9.4872
8	8.2857	8.5830	8.8923	9.2142	9.5491	9.8975	10.2598	10.6366	11.0285	11.4359
9	9.3685	9.7546	10.1591	10.5828	11.0266	11.4913	11.9780	12.4876	13.0210	13.5795
10	10.462	10.950	11.464	12.006	12.578	13.181	13.816	14.487	15.193	15.937
11	11.567	12.169	12.808	13.486	14.207	14.972	15.784	16.645	17.560	18.531
12	12.683	13.412	14.192	15.026	15.917	16.870	17.888	18.977	20.141	21.384
13	13.809	14.680	15.618	16.627	17.713	18.882	20.141	21.495	22.953	24.523
14	14.947	15.974	17.086	18.292	19.599	21.015	22.550	24.214	26.019	27.975
15	16.097	17.293	18.599	20.024	21.579	23.276	25.129	27.152	29.361	31.772
16	17.258	18.639	20.157	21.825	23.657	25.673	27.888	30.324	33.003	35.950
17	18.430	20.012	21.762	23.698	25.840	28.213	30.840	33.750	36.974	40.545
18	19.615	21.412	23.414	25.645	28.132	30.906	33.999	37.450	41.301	45.599
19	20.811	22.841	25.117	27.671	30.539	33.760	37.379	41.446	46.018	51.159
20	22.019	24.297	26.870	29.778	33.066	36.786	40.995	45.762	51.160	57.275

值系数表

$$(F/A,i,n)=[(1+i)^n-1]/i$$

12%	14%	16%	18%	20%	24%	28%	32%	36%
1.0000	1.0000	1.0000	1.0000	1.0000	1.0000	1.0000	1.0000	1.0000
2.1200	2.1400	2.1600	2.1800	2.2000	2.2400	2.2800	2.3200	2.3600
3.3744	3.4396	3.5056	3.5724	3.6400	3.7776	3.9184	4.0624	4.2096
4.7793	4.9211	5.0665	5.2154	5.3680	5.6842	6.0156	6.3624	6.7251
6.3528	6.6101	6.8771	7.1542	7.4416	8.0484	8.6999	9.3983	10.1461
8.1152	8.5355	8.9775	9.4420	9.9299	10.9801	12.1359	13.4058	14.7987
10.0890	10.7305	11.4139	12.1415	12.9159	14.6153	16.5339	18.6956	21.1262
12.2997	13.2328	14.2401	15.3270	16.4991	19.1229	22.1634	25.6782	29.7316
14.7757	16.0853	17.5185	19.0859	20.7989	24.7125	29.3692	34.8953	41.4350
17.549	19.337	21.321	23.521	25.959	31.643	38.593	47.062	57.352
20.655	23.045	25.733	28.755	32.150	40.238	50.398	63.122	78.998
24.133	27.271	30.850	34.931	39.581	50.895	65.510	84.320	108.44
28.029	32.089	36.786	42.219	48.497	64.110	84.853	112.30	148.47
32.393	37.581	43.672	50.818	59.196	80.496	109.61	149.24	202.93
37.280	43.842	51.660	60.965	72.035	100.82	141.30	198.00	276.98
42.753	50.980	60.925	72.939	87.442	126.011	181.87	262.36	377.69
48.884	59.118	71.673	87.068	105.931	157.253	233.79	347.31	514.66
55.750	68.394	84.141	103.74	128.12	195.99	300.25	459.45	770.94
63.440	78.969	98.603	123.41	154.74	244.03	385.32	607.47	954.28
72.052	91.025	115.38	146.63	186.69	303.60	494.21	802.86	1 298.8

期数	1%	2%	3%	4%	5%	6%	7%	8%	9%	10%
21	23.239	25.783	28.676	31.969	35.719	39.993	44.865	50.423	56.765	64.002
22	24.472	27.299	30.537	34.248	38.505	43.392	49.006	55.457	62.873	71.403
23	25.716	28.845	32.453	36.618	41.430	46.996	53.436	60.883	69.532	79.543
24	26.973	30.422	34.426	39.083	44.502	50.816	58.177	66.765	76.790	88.497
25	28.243	32.030	36.459	41.646	47.727	54.863	63.294	73.106	84.701	98.347
26	29.526	33.671	38.553	44.312	51.113	59.156	68.676	79.954	93.324	109.182
27	30.821	35.344	40.710	47.084	54.669	63.706	74.484	87.351	102.723	121.100
28	32.129	37.051	42.931	49.968	58.403	68.528	80.698	95.339	112.968	134.210
29	33.450	38.792	45.219	52.966	62.323	73.640	87.347	103.966	124.135	148.631
30	34.785	40.568	47.575	56.085	66.439	79.058	94.461	113.283	136.308	164.494
31	36.133	42.379	50.003	59.328	70.761	84.802	102.07	123.35	149.58	181.94
32	37.494	44.227	52.503	62.701	75.299	90.890	110.22	134.21	164.04	201.14
33	38.869	46.112	55.078	66.210	80.064	97.343	118.93	145.95	179.80	222.25
34	40.258	48.034	57.730	69.858	85.067	104.18	128.26	158.63	196.98	245.48
35	41.660	49.994	60.462	73.652	90.320	111.43	138.24	172.32	215.71	271.02
40	48.886	60.402	75.401	95.026	120.80	154.76	199.64	259.06	337.88	442.59
45	56.481	71.893	92.720	121.03	159.70	212.74	285.75	386.51	525.86	718.90
50	64.463	84.579	112.80	152.67	209.35	290.34	406.53	573.77	815.08	1163.9
55	72.852	98.587	136.07	191.16	272.71	394.17	575.93	848.92	1 260.1	1 880.6
60	81.670	114.05	163.05	237.99	353.58	533.13	813.52	1 253.21	1 944.8	3 034.8

（续表）

12%	14%	16%	18%	20%	24%	28%	32%	36%
81.699	104.768	134.84	174.02	225.03	377.46	633.59	1 060.8	1 767.4
92.503	120.436	157.41	206.34	271.03	469.06	812.00	1 401.2	2 404.7
104.60	138.297	183.60	244.49	326.24	582.63	1 040.4	1 850.6	3 271.3
118.155	158.659	213.98	289.49	392.48	723.46	1 332.7	2 443.8	4 450.0
133.334	181.871	249.21	342.60	471.98	898.09	1 706.8	3 226.8	6 053.0
150.334	208.333	290.09	405.27	567.38	1 114.6	2 185.7	4 260.4	8 233.1
169.374	238.499	337.50	479.22	681.85	1 383.1	2 798.7	5 624.8	11 198
190.699	272.889	392.50	566.48	819.22	1 716.1	3 583.3	7 425.7	15 230
214.583	312.094	456.30	669.45	984.07	2 129.0	4 587.7	9 802.9	20 714
241.333	356.787	530.31	790.95	1 181.9	2 640.9	5 873.2	12 941	28 172
271.29	407.74	616.16	934.32	1 419.3	3 275.7	7 518.7	17 083	38 315
304.85	465.82	715.75	1 103.5	1 704.1	4 062.9	9 625.0	22 550	52 110
342.43	532.04	831.27	1 303.1	2 045.9	5 039.0	12 321	29 768	70 870
384.52	607.52	965.27	1 538.7	2 456.1	6 249.4	15 772	39 294	96 385
431.66	693.57	1 120.7	1 816.7	2 948.3	7 750.2	20 189	51 869	*
767.09	1 342.0	2 360.8	4 163.2	7 343.2	22 729	69 377	*	*
1 358.2	2 590.6	4 965.3	9 531.6	18 281	66 640	*	*	*
2 400.0	4 994.5	10 436	21 813	45 497	*	*	*	*
4 236.0	9 623.1	21 925	49 910	*	*	*	*	*
7 471.6	18 535.1	46 058	*	*	*	*	*	*

*＞99999

期数	1%	2%	3%	4%	5%	6%	7%	8%	9%	10%
1	0.9901	0.9804	0.9709	0.9615	0.9524	0.9434	0.9346	0.9259	0.9174	0.9091
2	1.9704	1.9416	1.9135	1.8861	1.8594	1.8334	1.8080	1.7833	1.7591	1.7355
3	2.9410	2.8839	2.8286	2.7751	2.7232	2.6730	2.6243	2.5771	2.5313	2.4869
4	3.9020	3.8077	3.7171	3.6299	3.5460	3.4651	3.3872	3.3121	3.2397	3.1699
5	4.8534	4.7135	4.5797	4.4518	4.3295	4.2124	4.1002	3.9927	3.8897	3.7908
6	5.7955	5.6014	5.4172	5.2421	5.0757	4.9173	4.7665	4.6229	4.4859	4.3553
7	6.7282	6.4720	6.2303	6.0021	5.7864	5.5824	5.3893	5.2064	5.0330	4.8684
8	7.6517	7.3255	7.0197	6.7327	6.4632	6.2098	5.9713	5.7466	5.5348	5.3349
9	8.5660	8.1622	7.7861	7.4353	7.1078	6.8017	6.5152	6.2469	5.9952	5.7590
10	9.4713	8.9826	8.5302	8.1109	7.7217	7.3601	7.0236	6.7101	6.4177	6.1446
11	10.368	9.7868	9.2526	8.7605	8.3064	7.8869	7.4987	7.1390	6.8052	6.4951
12	11.255	10.575	9.954	9.385	8.863	8.3838	7.9427	7.5361	7.1607	6.8137
13	12.134	11.348	10.635	9.986	9.394	8.8527	8.3577	7.9038	7.4869	7.1034
14	13.004	12.106	11.296	10.563	9.899	9.2950	8.7455	8.2442	7.7862	7.3667
15	13.865	12.849	11.938	11.118	10.380	9.7122	9.1079	8.5595	8.0607	7.6061
16	14.718	13.578	12.561	11.652	10.838	10.105	9.4466	8.8514	8.3126	7.8237
17	15.562	14.292	13.166	12.166	11.274	10.477	9.7632	9.1216	8.5436	8.0216
18	16.398	14.992	13.754	12.659	11.690	10.828	10.059	9.3719	8.7556	8.2014
19	17.226	15.678	14.324	13.134	12.085	11.158	10.336	9.6036	8.9501	8.3649
20	18.046	16.351	14.877	13.590	12.462	11.470	10.594	9.8181	9.1285	8.5136

值系数表

$$(P/A,i,n)=[1-(1+i)^{-n}]/i$$

12%	14%	16%	18%	20%	24%	28%	32%	36%
0.8929	0.8772	0.8621	0.8475	0.8333	0.8065	0.7813	0.7576	0.7353
1.6901	1.6467	1.6052	1.5656	1.5278	1.4568	1.3916	1.3315	1.2760
2.4018	2.3216	2.2459	2.1743	2.1065	1.9813	1.8684	1.7663	1.6735
3.0373	2.9173	2.7982	2.6901	2.5887	2.4043	2.2410	2.0957	1.9658
3.6048	3.4331	3.2743	3.1272	2.9906	2.7454	2.5320	2.3452	2.1807
4.1114	3.8887	3.6847	3.4976	3.3255	3.0205	2.7594	2.5342	2.3388
4.5638	4.2883	4.0386	3.8115	3.6046	3.2423	2.9370	2.6775	2.4550
4.9676	4.6389	4.3436	4.0776	3.8372	3.4212	3.0758	2.7860	2.5404
5.3282	4.9164	4.6065	4.3030	4.0310	3.5655	3.1842	2.8681	2.6033
5.6502	5.2161	4.8332	4.4941	4.1925	3.6819	3.2689	2.9304	2.6495
5.9377	5.4527	5.0286	4.6560	4.3271	3.7757	3.3351	2.9776	2.6834
6.1944	5.6603	5.1971	4.7932	4.4392	3.8514	3.3868	3.0133	2.7084
6.4235	5.8424	5.3423	4.9095	4.5327	3.9124	3.4272	3.0404	2.7268
6.6282	6.0021	5.4675	5.0081	4.6106	3.9616	3.4587	3.0609	2.7403
6.8109	6.1422	5.5755	5.0916	4.6755	4.0013	3.4834	3.0764	2.7502
6.9740	6.2651	5.6685	5.1624	4.7296	4.0333	3.5026	3.0882	2.7575
7.1196	6.3729	5.7487	5.2223	4.7746	4.0591	3.5177	3.0971	2.7629
7.2497	6.4674	5.8178	5.2732	4.8122	4.0799	3.5294	3.1039	2.7668
7.3658	6.5504	5.8775	5.3162	4.8435	4.0967	3.5386	3.1090	2.7697
7.4694	6.6231	5.9288	5.3527	4.8696	4.1103	3.5458	3.1129	2.7718

期数	1%	2%	3%	4%	5%	6%	7%	8%	9%	10%
21	18.857	17.011	15.415	14.029	12.821	11.764	10.836	10.017	9.2922	8.6487
22	19.660	17.658	15.937	14.451	13.163	12.042	11.061	10.201	9.4424	8.7715
23	20.456	18.292	16.444	14.857	13.489	12.303	11.272	10.371	9.5802	8.8832
24	21.243	18.914	16.936	15.247	13.799	12.550	11.469	10.529	9.7066	8.9847
25	22.023	19.523	17.413	15.622	14.094	12.783	11.654	10.675	9.8226	9.0770
26	22.795	20.121	17.877	15.983	14.375	13.003	11.826	10.810	9.9290	9.1609
27	23.560	20.707	18.327	16.330	14.643	13.211	11.987	10.935	10.027	9.2372
28	24.316	21.281	18.764	16.663	14.898	13.406	12.137	11.051	10.116	9.3066
29	25.066	21.844	19.188	16.984	15.141	13.591	12.278	11.158	10.198	9.3696
30	25.808	22.396	19.600	17.292	15.372	13.765	12.409	11.258	10.274	9.4269
31	26.542	22.938	20.000	17.588	15.593	13.929	12.532	11.350	10.343	9.4790
32	27.270	23.468	20.389	17.874	15.803	14.084	12.647	11.435	10.406	9.5264
33	27.990	23.989	20.766	18.148	16.003	14.230	12.754	11.514	10.464	9.5694
34	28.703	24.499	21.132	18.411	16.193	14.368	12.854	11.587	10.518	9.6086
35	29.409	24.999	21.487	18.665	16.374	14.498	12.948	11.655	10.567	9.6442
40	32.835	27.355	23.115	19.793	17.159	15.046	13.332	11.925	10.757	9.7791
45	36.095	29.490	24.519	20.720	17.774	15.456	13.606	12.108	10.881	9.8628
50	39.196	31.424	25.730	21.482	18.256	15.762	13.801	12.233	10.962	9.9148
55	42.147	33.175	26.774	22.109	18.633	15.991	13.940	12.319	11.014	9.9471
60	44.955	34.761	27.676	22.623	18.929	16.161	14.039	12.377	11.048	9.9672

（续表）

12%	14%	16%	18%	20%	24%	28%	32%	36%
7.5620	6.6870	5.9731	5.3837	4.8913	4.1212	3.5514	3.1158	2.7734
7.6446	6.7429	6.0113	5.4099	4.9094	4.1300	3.5558	3.1180	2.7746
7.7184	6.7921	6.0442	5.4321	4.9245	4.1371	3.5592	3.1197	2.7754
7.7843	6.8351	6.0726	5.4509	4.9371	4.1428	3.5619	3.1210	2.7760
7.8431	6.8729	6.0971	5.4669	4.9476	4.1474	3.5640	3.1220	2.7765
7.8957	6.9061	6.1182	5.4804	4.9563	4.1511	3.5656	3.1227	2.7768
7.9426	6.9352	6.1364	5.4919	4.9636	4.1542	3.5669	3.1233	2.7771
7.9844	6.9607	6.1520	5.5016	4.9697	4.1566	3.5679	3.1237	2.7773
8.0218	6.9830	6.1656	5.5098	4.9747	4.1585	3.5687	3.1240	2.7774
8.0552	7.0027	6.1772	5.5168	4.9789	4.1601	3.5693	3.1242	2.7775
8.0850	7.0199	6.1872	5.5227	4.9824	4.1614	3.5697	3.1244	2.7776
8.1116	7.0350	6.1959	5.5277	4.9854	4.1624	3.5701	3.1246	2.7776
8.1354	7.0482	6.2034	5.5320	4.9878	4.1632	3.5704	3.1247	2.7777
8.1566	7.0599	6.2098	5.5356	4.9898	4.1639	3.5706	3.1248	2.7777
8.1755	7.0700	6.2153	5.5386	4.9915	4.1644	3.5708	3.1248	2.7777
8.2438	7.1050	6.2335	5.5482	4.9966	4.1659	3.5712	3.1250	2.7778
8.2825	7.1232	6.2421	5.5523	4.9986	4.1664	3.5714	3.1250	2.7778
8.3045	7.1327	6.2463	5.5541	4.9995	4.1666	3.5714	3.1250	2.7778
8.3170	7.1376	6.2482	5.5549	4.9998	4.1666	3.5714	3.1250	2.7778
8.3240	7.1401	6.2492	5.5553	4.9999	4.1667	3.5714	3.1250	2.7778

教学课件索取单

敬爱的老师：

感谢您使用我们出版社的教材。为了方便您的教学，教材配有相关教学课件。如果您需要，请您填写下面表格中的相关信息，并以**电子邮件**的形式发到我社，我们在核对您的信息后，即免费向您提供教学课件。

我社网站上提供电子版的课件索取单以及所有课件清单。

我们的联系方式：

地址：上海市徐汇区中山西路 2230 号 1 号楼　　　　邮编：200235

　　　立信会计出版社　　　　　　　　　　　　　　电话：(021) 64411265

电子邮件：lixinaph@163.com　　　　　　　　　网站：www.lixinaph.com

教材名称					作者姓名	
教师姓名		性别		身份证号		
学　校		院系		教研室		
学校地址				邮　编		
职　务		职称		办公电话		
E-mail		手机		宅　电		
通信地址				邮　编		
教材用量		册	委托订购单位			

您对本教材的意见和建议是：